本书系国家社会科学基金重大项目

“构建金融稳定的长效机制研究——基于美国金融危机的经济学分析”

（08&ZD035）的研究成果之一

中国金融安全研究丛书

何德旭　张军洲◇主编

中国社会科学院创新工程学术出版资助项目

中国金融安全的多向度解析

CHINA'S FINANCIAL SAFETY: A MULTI-DIMENSIONAL ANALYSIS

何德旭　张军洲　张雪兰 等／著

社会科学文献出版社
SOCIAL SCIENCES ACADEMIC PRESS (CHINA)

主要撰稿人

何德旭　张军洲　张雪兰　郑联盛　娄　峰
何　炜　张　捷　史晓琳　吴伯磊　饶云清
应寅锋　王卉彤　王朝阳　饶　明　钟　震
邱恒昌　董　捷　郑健鹏　李　睿

总　序

2007年美国次贷危机爆发至今已过去五年，全球经济却依然风声鹤唳、难以平复，金融市场更是在低迷之间动荡不已。一方面，是迥异于以往的金融危机导致的经济社会的急剧变化；另一方面，则是对其变动前景的茫然，整个世界似乎正处于制度转型与秩序重构的临界时刻。然而，与茫然的深切相对应的，则是金融稳定和金融安全重要性前所未有的凸显，以及由此激发的一系列关于新形势、新趋势背景下如何实现金融稳定和金融安全的探究。

在这一背景之下，我们有幸承担了国家社会科学基金重大项目“构建金融稳定的长效机制研究——基于美国金融危机的经济学分析”（08&ZD035）的研究，特别是与国内知名高校及研究机构的专家通力合作，对中国金融稳定和金融安全长效机制的构建问题进行了较为系统而深入的探讨，并由此形成了本套“中国金融安全研究丛书”：《创新 风险 保障：中国金融发展安全观》，《中国金融安全网：理论分析与制度设计》，《宏观审慎管理与中国金融安全》，《中国金融安全的多向度解析》。

丛书以理论脉络和知识发展方式为依凭，从两个向度展开对中国金融稳定及安全问题的思考：在国际向度上，我们以经济学人的视角，探析此次金融危机的成因及演进历程，基于对历次金融危机的比较反思，描摹西方国家政府为应对金融危机而在金融监管体系、货币政策、政府职能重构等方面做出的种种努力，挖掘其蕴涵的改革理念与研究思潮；在国内向度上，我们根植中国现实，在构建及测度中国金融稳定与安全指数的基础上，从宏观审慎管理制度、货币政策选择、金融安全网设计、金融市场结构、政府职能及行为诸方面，探讨如何在由西方所主导的全球化进程和世界秩序中捍卫中国的经济金融稳定与安全。

尽管学识及笔力有限，但在我们努力建构一个全景式的中国金融稳定和安全长效机制的诉求背后，有我们以思辨笔耕来践履报效社会使命的责任感，更有我们对伟大祖国繁荣昌盛的美好祝愿。我们也深刻地认识到，我们所作的努力，不过是学术长河中的一朵小小浪花。中国金融稳定和安全长效机制的构建，需要更多学界同人的集体努力。我们真诚地期待着各位专家学者的批评与建言。

何德旭　张军洲

2012 年 11 月

目　　录

上篇　金融危机引发的金融安全思考

中篇　银行体系稳定与金融安全

下篇　金融安全的行为特征与网式保障

CONTENTS

Part One The Reflection of Financial Security Triggered from Financial Crisis

上　篇

金融危机引发的金融安全思考

1

金融危机：全球视角的回顾与反思

由美国次级抵押贷款问题引发的“金融海啸”，逐步升级并蔓延，已经演化为“大萧条”以来最严重的全球性金融危机，其负面冲击已经远远超过1987年美国储贷危机、20世纪90年代北欧银行危机、20世纪90年代日本泡沫危机和1997年东亚金融危机。本轮金融危机发生在全球金融体系的核心地带，并向全球发达经济体和发展中经济体广泛扩散，对房地产市场、信贷市场、金融部门乃至实体经济部门都造成严重的冲击。到目前为止，金融危机对国际金融市场和全球经济的影响仍在深化。美国金融危机的爆发，引发了对金融危机演进、影响和启示等的广泛思考和激烈争论。

1.1 金融危机的演进和冲击：一般理论分析

1.1.1 金融危机演进过程

金融危机通常被认为是对经济体系中不健全的部分进行的“自残式”的自我矫正，尤其是对市场和制度失灵的“清算”，触发金融危机的因素有内部、外部和内外结合之别。当金融危机发生时，全部或者部分金融指标（比如短期利率、资产价格、企业破产数和金融机构倒闭数等）都会发生急剧的恶化甚至造成整个金融行业的困顿，并对经济基本面产生巨大的冲击（IMF，1998）。

不同类型的金融危机，其演化过程是存在很大区别的，很难将不同的金融危机纳入一个统一的分析框架中。很多研究都对金融危机的演化过程进行了描述，基于不同的分析框架和金融危机类型，这些描述还存在不小的差异。比如，Minsky（1992）、金德尔伯格等人（2007）侧重于一般性金融危机的分析，Kaminsky 和 Reinhart（1999）则关注银行危机和货币危机的双重危机分析，而 IMF（1998）、Krugman（1979，1998）、Eichengreen 等人（1998）主要分析新兴经济体的金融危机，Allen 等人（1998）侧重于基于金融中介等微观基础的银行系统性危机。尽管如此，基于 Minsky 和金德尔伯格的一般性框架（主要基于系统性银行危机），同时考虑到其他一些相关的研究，金融危机的演进还是有一定的路径和规律可循的（何德旭等，2009）。

第一，金融危机孕育阶段。很多研究认为，政府政策过失和制度缺陷是金融危机产生的土壤。在 Minsky 和金德尔伯格看来，这个阶段的典型特征是“错位”（displacement），包括政策与制度之间的错位、政府与市场的错位等。Krugman 等人在分析新兴经济体的货币危机时认为，新兴经济体的制度错配、政府过度扩张的财政和货币政策为金融危机的爆发埋下了种子。Laeven 等人（2008）通过分析 1970～2007 年共计 42 次系统性银行危机得出结论，金融危机往往是不可持续的宏观经济政策（比如巨额的贸易逆差、债务）、过度的信用扩张和外部冲击等的产物。金融危机的爆发一般都是和经济萧条之后的扩张相联系的，与经济扩张相伴随的信用扩张一般是金融危机产生的重要原因，尤其是银行危机大部分是与信用过度扩张直接相关的。Mendoza 和 Terrones（2008）对 1960～2006 年 49 次信用扩张（工业化国家为 27 次，新兴经济体为 22 次）的研究表明，经济扩张过程中信用急剧扩张带来了公司、银行业和整体经济的潜在脆弱性，虽然不是所有的信用危机都以金融危机的方式结束，但是大部分金融危机都和信用扩张紧密相关。

在金融危机孕育阶段，经济往往处在一个上升的通道之中。在政府扩张性政策的引导下，加上金融自由化的强大支撑，一个经济体的总需求是不断扩张的。经济和信用扩张使得微观层面的公司杠杆倍率、公司价值和对外部融资的依赖性都大幅增加。在银行等金融部门，资产质量、利润和信贷出现膨胀（Mendoza and Terrones，2008）。私人部门投资需求不断增长，银行大肆发放非审慎的贷款，特别是在资产证券化的推动下，资金流动速度加快，货币乘数变大，即产生了货币创造的过程（Allen and Gale，1998，2004），整个经济的货币供应量扩大，投机需求大量涌现，同时就产生了过度交易的情况（Minsky，1992）。此时，市场就进入到上升阶段，由于投机需求已经转化为对商品和金融资产的有效需求，结果是商品和资产价格快速上涨。价格的上涨又带来了更多的赢利机会，并吸引更多的投资者进入市场。在金融中介和金融业务的推动下，尤其是银行信用扩张，使得总需求水平不断偏离真实需求水平，经济出现了非理性的繁荣。以北欧银行危机为例，芬兰银行贷款占 GDP 的比例从 1984 年的 55% 狂升至 1990 年的 90% 多，挪威、瑞典的情况也相似。Minsky 认为，如果政府能够在这个阶段采取果断的措施，尤其是控制货币扩张的途径，那么由此带来的不稳定性可能可以避免。Minsky 的观点得到了希尔的认同，希尔（2008）指出，格林斯潘在 1996 年底就意识到非理性繁荣的危害性，但是他并没有采取紧缩性金融政策，反而在网络泡沫之后，格林斯潘期权（Greenspan Put）大肆盛行。

第二，金融危机引发阶段（这个阶段被 Minsky 称为“财务困难”阶段）。随着投机性繁荣的继续，利率、货币流通速度和资产价格等都大幅上升，整个金融体系已经成为一座高耸入云的摩天大厦，金融系统的脆弱性大大增加。此时市场预期已经发生变化，大幅上升的资产价格使得市场预期未来资产的价格将更高，市场预期和信用扩张进一步推高资产价格，从而产生泡沫，危机的爆发就只是时间问题了。金融危机爆发的早晚实际上取决于外部冲击（Laeven et al.，2008）和“内部人”（Minsky，1992）。此时，体系内的“内部人”开始抛售资产，以锁定利润，或者外部冲击使得投资者作出了卖出的决定，市场开始走向脆弱的均衡。随着“内部人”的进一步行动或外部冲击逐步深化，资产价格开始下跌，对投资者的资产负债表开始产生影响。由于某些金融机构的过度冒险，其在资产价格调整过程中首先会成为遭殃者，并将由此面临重大的财务困难。危机爆发的诱因除了“内部人”因素之外，还有贸易恶化（芬兰等）、利率上升（墨西哥、阿根廷、美国等）、汇率变动（拉美、东亚等）等外部因素。

第三，金融危机爆发阶段。在金融危机爆发初期，如果金融机构是以自有资金进行投资，那么市场下跌仅仅会影响到各个机构自身。但是，金融中介已经完全超乎“中介”的职能，而成为一个市场投资者，更重要的是，金融中介往往是举债投资而且杠杆率很高，这样金融体系由众多金融机构组成的以流动性为血液的有机体，单一金融机构的过度冒险行为可能导致其他金融机构出现问题，即现代金融体系具有内在传染性（Allen and Gale，2000）。传染性使得财务困难并不是问题的终结，投资者和金融机构开始急需流动性，整个金融体系的流动性发生逆转，市场开始出现巨量的恐慌性卖出，资产价格急剧下挫，投资者纷纷溃逃，大量金融机构破产，最后演化为金融危机。金融危机主要是通过信息渠道和信贷渠道传染的，这个过程通常具有四个典型的特征：资产价格大幅快速下挫，产生大量问题资产，金融机构大量破产，流动性状况的逆转和金融市场的资金融通功能受到冲击。其中，流动性状况的逆转和金融市场的资金融通功能受到冲击，使得市场的整体流动性大幅萎缩（即信用骤停），产生流动性危机（Reinhart et al.，2008），进而产生信用的大幅萎缩，即从信用急剧扩张骤变为信用的极度紧缩（见图 1－1）。因此，这个阶段也被 Minsky 称为“骤变”阶段。

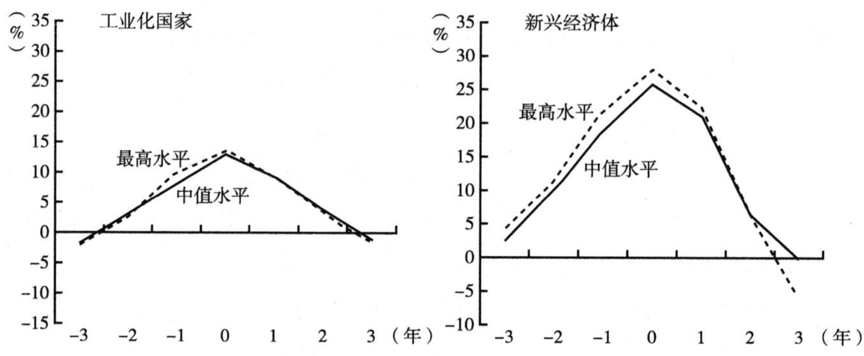

图 1－1　金融危机前后三年信贷的人均水平变化

注：横轴 0 代表金融危机发生的基期，刻度为年，以工业化国家 27 次金融危机、新兴经济体 22 次金融危机为样本，数据经过 H－P 滤波处理。

资料来源：Mendoza，E. G. and Terrones，M. E.，“An Anatomy of Credit Booms: Evidence from Macro Aggregates and Micro Data”，FED Discussion Papers No. 936，Jul.，2008。

第四，金融危机深化阶段。金融危机爆发之后，资产价格大幅下挫，金融机构大量破产，金融市场资金融通和资源配置功能受到重创，金融危机对实体经济部门开始产生重大影响，即金融危机演化为经济危机。当然，并不是所有的金融危机都会引发经济危机，这主要取决于金融危机的程度和政府政策的有效性。金融危机深化的另一个表现是金融危机的国际传染，由于金融机构的多国经营造成不同市场的溢出效应、蝴蝶效应和羊群效应、贸易和金融渠道等（IMF，1998；Eichengreen et al.，1998；Allen and Gale，2000），使得金融危机可能在区域（东亚金融危机）甚至全球范围内（美国次贷危机）传导，进而对区域经济和全球经济产生重大的负面影响和冲击。

1.1.2　金融危机的冲击

政府失败的政策和金融市场的各种“理性”行为可能导致整体的非理性，即出现所谓的“囚徒困境”，实际上是丧失了对现实和理性的感觉，甚至是某种近似于集体的歇斯底里或疯狂（金德尔伯格，2007）。这些崩溃性的金融动荡，不仅导致资产价格下挫、金融机构破产和金融行业危机，而且冲击实体经济稳定增长的基础，甚至破坏全球经济的基本面。另外，每次金融危机都对金融市场和金融制度带来程度不同的或大或小的矫正，这种矫正对未来的金融稳定和经济发展也是有利的。当然，这种矫正的代价往往也是非常巨大的。

金融危机巨大的破坏力，造成金融机构的大量破产和坏账的大量产生。以“大萧条”为例，1930～1933 年，各年银行倒闭的比例分别为 5.6%、10.5%、7.8%和 12.9%，到 1933 年底，坚持经营的银行仅为 1929 年的一半多一点，美国的银行数量从 25000 家减少到不足 15000 家（Bernanke，1995）。在日本的银行危机中，1993 年 3 月，日本前 20 家银行的官方坏账规模为 12.8 万亿日元（约占 GDP 的 2.5%），5 年以后，银行冲减了 37.6 万亿日元的坏账，并且还面临 40 万亿日元的坏账（刘静，2004）。更重要的是，银行大量不良贷款的产生、问题资产的处理和金融机构的救援还使得政府处于两难的境地。

金融危机的破坏力还表现在破坏了金融市场的资金融通功能。1930～1933 年是美国历史上金融体系最艰难、最混乱的时期。1933 年 3 月，银行破产达到高潮，银行体系瘫痪，违约和破产程度严重，影响了除联邦政府之外的几乎所有借款人，金融机构和投资者基本上丧失了再融资功能，使得市场的整体流动性大幅萎缩（即信用骤停），进而产生流动性危机（Reinhart et al.，2008），金融体系的资金融通功能受到巨大影响，资金配置的效率也大大降低。金融体系流动性的逆转使得经济的复苏处在非常被动的境地，市场信心在流动性方面是最为关键的因素，一旦市场对政府公信力和行为能力产生质疑，政府就很难恢复市场对流动性的信心（Krugman，1998）。

此外，金融危机爆发还会影响金融稳定性。金融机构所从事的证券化和高杠杆操作，使得金融体系的流动性容易被数倍放大或者缩小。第一，金融机构的行为改变了人们持有货币的动机，引起货币需求结构的变化；第二，货币需求的决定因素变得更为复杂和不确定，各因素的影响力及其与货币需求函数关系不确定性的增加，也会降低货币需求的稳定性；第三，货币供给的内生性大大增加。总体上看，金融危机使得货币供应在一定程度上脱离中央银行的控制，而越来越多地受制于经济体系内部因素的支配（比如货币乘数的变化），从而严重削弱了中央银行对货币供应的控制能力和控制程度（Allen et al.，2000；Reinhart et al.，2008）。在金融危机爆发之后，市场开始出现严重的惜贷和信用紧缩，尤其是大型金融机构的纷纷倒闭，给市场带来了巨大的信心问题。这样，金融危机就给信贷流动渠道造成了大量渠道内和渠道外的变动，扰乱了正常的信贷配置的过程，金融市场不确定性大大增加，金融稳定性受到极大的冲击。

更为重要的是，金融危机还可能引发经济衰退。银行危机爆发之后，对挤兑的担忧导致存款人大规模提前提取存款，政府不得不因此提高准备金的比率，银行也必须增加流动性强的资产。当整个金融部门提供服务的效率大幅降低，中介行为的实际成本大幅提高，借款人就会发现信贷变得昂贵而难以获得，信贷紧缩就会演变为总需求的萎缩，最终导致产出的大量下挫，从而演变成为一次经济衰退。衰退持续的时间长短取决于两个要素：一是在信贷混乱之后，建立新的信贷渠道或者重塑旧的信贷渠道的时间；二是债务人恢复正常经营和偿还能力的时间（Bernanke，1983）。

从全球层面来看，金融危机还具有区域和（或）全球传染性。危机的传染性指的是始于一个地区、经济体或行业的危机传导至与其相关的其他地区、经济体或行业。金融危机的传染一般是通过两个渠道，即信息渠道和流动性渠道（BIS，2008）。信息渠道是一个节点上发生金融危机的消息，经过信息渠道迅速扩散并放大，成为一个大的金融动荡，即所谓的“蝴蝶效应”；而流动性渠道则是一个节点发生危机，直接影响相关金融机构的流动性，进而可能导致更多的金融机构倒下，即所谓的“探戈效应”，同时还具有严重的羊群效应（Chari et al.，2003）。尤其是金融机构近来出现的交叉持有对方流动性的操作，这在金融体系稳定阶段有利于缓解金融机构的流动性困境，但是这种机制只是流动性的再分配而不是流动性创造，由此产生了一张更大的流动性交叉网络，使得流动性渠道网络化。在金融危机阶段其金融风险的传染性更强（Allen et al.，2000；BIS，2008）。Krugman、Eichengreen 等人除了认同信息和信贷渠道之外，还强调了金融危机对贸易和直接投资的影响。他们认为，金融危机可能使得区域之内和区域之外的贸易关系发生改变，并对外国直接投资的流向产生实质性影响。对于发展中经济体来说，贸易和投资是拉动其经济增长的动力，来自于贸易渠道和FDI渠道的影响对于发展中经济体的创伤也就更为严重。

就政府而言，金融危机带来了巨大的政策压力，尤其是危机的救治和危机之后相关方面的改革，这对政府的智慧和能力是一个大的考验。在“大萧条”中，美联储的失策是危机进一步深化升级的重要诱因。比如，1931年10月美联储迅速提高了贴现率，带来了更多的银行失败以及更大程度的经济衰退，不断加深的通货紧缩在1931年秋天就变成了“大萧条”（Friedman et al.，1963；恩格尔曼等，2008）。恩格尔曼等人甚至认为，美联储的政策已经使得“大萧条”不可避免，因为此时全面通货紧缩中的蒙代尔效应已经远远大于凯恩斯效应，通货紧缩终将导致“大萧条”。在危机救治中，政府在财政收入大幅下滑之时还必须花费大量的财政资金，扩大赤字，这将带来更大的政治压力。

当然，任何危机都是危险和机会并存的，只是危险和机会的大小程度不同。一般情况下，金融危机之后，政府会对金融市场和制度的失败进行纠正，同时加强金融监管，完善金融制度和法律框架，为金融市场和金融体系的进一步发展打下一个更加坚实的基础。比如，北欧三国在金融危机之后对其银行体系的放松政策进行了反思和改革，破除各种压力健全了监管制度和透明度要求，使得北欧国家的银行体系更加健康。而美国“大萧条”使得美国金融体系走向分业经营和分业监管的模式。1933年，罗斯福新政批准了《格拉斯—斯蒂格尔法案》（即银行法），将投资银行业务和商业银行业务严格地划分开，保证商业银行规避证券业务的风险，确立了分业经营和分业监管的制度框架。之后的60多年时间里，美国金融业坚持银行、证券分业经营的模式，美国政府对金融业基本都朝着减少干预的方向发展，直到1999年《格拉斯—斯蒂格尔法案》被全部废止（饶波等，2009）。

1.2 美国金融危机的反思：基于制度层面

2008年9月以来，随着美国政府宣布接管房利美和房地美（简称“两房”），美林被收购、雷曼兄弟宣布申请破产保护，美国国际集团（AIG）被国有化，高盛和摩根大通转型银行控股公司，在半个多月的时间内，美国金融市场跌宕起伏，次贷危机全面升级，爆发了全球金融历史上一次罕见的“海啸”。

对此，美国财政部和美联储进行了史无前例的救援，并向美国国会参众两院提交了经济稳定紧急法案（The Emergency Economic Stabilization Act of 2008，EESA）以及问题资产救助计划（Troubled Asset Relief Program，TARP）的框架文件。经过一番周折，经济稳定紧急法案终于在参议院和众议院通过。美国政府的救市行为对稳定金融市场信心，促进金融市场稳定，保障金融体系安全无疑是至关重要的。但与此同时，市场投资者和学术界对该计划仍然心存疑虑，认为美国政府的救市之路并不平坦，美国经济前景存在巨大的不确定性。

虽然美国新一轮金融危机尚未结束，美国和欧洲等经济体大规模的救援效果仍有待观察，但毫无疑问的是，次贷危机已经演化为新一轮金融危机，格林斯潘甚至认为美国已经陷入“百年一遇”的金融危机，在格林斯潘看来，它甚至比“大萧条”更为严重。美国新一轮金融危机的爆发和升级中，住房抵押贷款标准放松、金融产品过度证券化、金融机构风险管理不到位、货币当局的政策放松和监管不力以及信用评级机构的渎职等都是重要的原因（Baily et al.，2008；Goldstein，2008；Eichengreen，2008）。追根溯源，美国金融的体制和制度也存在一些缺陷，多种因素交叉且相互影响，最终导致金融危机的爆发。

1.2.1 金融体系：市场主导型与银行主导型

1929～1933 年“大萧条”之后，美国颁布了《格拉斯—斯蒂格尔法案》，确立了商业银行业务和证券业务、其他非银行业务相分离的金融市场体系，并形成了银行业务、证券业务和其他非银行业务等齐头并进的金融市场发展格局，产生了相关的金融市场、金融工具和金融机构，最后构建了一个市场主导型的美国金融体系。

一般而言，市场主导型金融体系是以市场为中心的金融体系，它以直接金融为主要依靠。直接金融市场较受重视或较为发达，且直接金融与间接金融相互融合，二者在社会储蓄转化为投资、影响公司控制和加强风险管理方面共同发挥作用。与此相对应，银行主导型金融体系是以银行为中心的金融体系，在这样一种金融结构中，间接金融占据优势地位并发挥主导作用，直接金融则相对薄弱或不受重视。

在美国市场主导的金融体系的形成过程中，金融风险不断地从商业银行等传统金融中介向资本市场转移和集中，尤其是在资产证券化之后，银行业作为独立的中介的地位已经丧失。在金融创新和信息技术革命的推动下，美国金融市场的一体化趋势更加突出，以市场为主导的金融市场的范围和影响不断向外围扩散。这个过程实际上也是金融风险逐步积聚、转移并分散的过程。我们看到，在美国次级住房抵押贷款市场出现问题之后，迅速蔓延至整个住房抵押贷款市场和中介机构（投资银行、抵押贷款担保机构等），进而又冲击持有抵押贷款证券化产品的金融机构（商业银行、保险公司、共同基金等），最后升级演化为金融危机。可以说，市场主导的金融体系是美国新一轮金融危机爆发和升级的制度基础之一。

1. 美国市场主导型金融体系的形成

虽然“大萧条”之后美国就确立了分业经营的法律体系，但是证券业务和非银行业务的长足发展发生在20世纪70年代之后。1970年以后的经济波动为金融系统带来了极大的压力，尤其是布雷顿森林体系的坍塌，使得美国在20世纪70年代末实行了紧缩货币政策和宽松财政政策的政策组合，同时在一定程度上限制了竞争。该政策组合和对竞争的限制政策为新进入的、较少受到管制的金融中介和市场带来了发展机遇，虽然这是建立在“传统”的金融机构作出牺牲的基础上的。1970～1990年，商业银行、共同储蓄银行以及人寿保险公司持有的金融资产的份额有继续下降的趋势。传统的金融中介中，只有储蓄贷款协会的资产份额上升了，但是随后由于工业的衰退，储蓄贷款协会也陷入崩溃。另外，保险基金和共同基金占据的范围扩大，更重要的是，货币市场共同基金、抵押入股以及证券化的贷款迅速增加。当受到管制的贷款者不能满足企业的贷款需要时，企业寻找其他融资途径，包括商业票据、欧洲债券以及垃圾债券。美国金融市场在真正意义上实现了市场主导的金融体系（恩格尔曼等，2008）。

美国市场主导的金融市场体系的强化是在20世纪80年代之后。这个时期，金融部门最为重大的转变是证券化过程扩大，非市场化的资产转换为市场化的证券。住房抵押贷款以及之后的自助贷款和信用卡应收账款，被证券化之后当做证券，在二级市场上买卖。银行和存贷机构提供的有特色的系列服务，比如发行、服务、持有以及贷款分配，被分解了。在这一时期的利率浮动环境中，银行和存贷机构尽力减少遭受利率风险，在这一过程中，他们参与了证券化的发展过程。一个流动强的抵押贷款市场却损害了商业银行和存贷机构作为独立的专业化金融中介的本质（恩格尔曼等，2008）。

20 世纪 90 年代以来，经济全球化和信息技术革命推动了美国金融市场发展的又一个高潮。出于金融市场的全球竞争和逃避金融监管，不断的金融创新产生了新的市场工具、金融机构和金融子市场，同时降低了交易成本，提高了交易效率，并促进了金融市场的一体化。在全球化背景下，金融资源在全球进行配置，使得美国金融市场的外延不断扩展。各国的各个产业之间的界限已经大大模糊，各个金融机构甚至企业成为多样化的金融混合物，这也造就了极度繁荣的美国金融市场。

Hoenig（2008）对美国和全球金融市场从银行主导向市场主导的趋势进行分析，阐述了该转变的重要原因。一是机构投资者发起的投资基金数量和规模的急剧增长，比如养老基金和共同基金。二是信息处理和通讯的技术创新，极大地降低了信息成本和交易成本。三是金融理论也做出了贡献，金融产品的数学定价模型可以为广泛的金融工具进行定价，这些定价模型同时还允许银行和其他金融机构建立其债务债权的支付体系，并建立资产的风险管理体系以安排风险敞口和资产组合。Weistein 和 Yafeh（1998）指出，金融创新强化了市场主导的金融制度及其在全球的应用。

2. 市场主导型金融市场的收益

一般而言，市场主导型金融体系可以更加有效地分散风险，而且投资组合策略更加灵活，可以获得更高的收益。Allen 和 Gale（1997）将金融体系风险分散的功能区分为横向风险分担和跨期风险分担。市场主导型的金融体系有着更发达的市场，允许个人分散投资组合，对冲异质风险，投资者可以根据风险承受能力调整资产组合，这样，在既定的时点上，不同投资者可以进行风险互换，就是横向风险分担。跨期风险分担是不同时点上风险的跨时平均化，市场主导的体系和银行主导的体系在此方面的风险转移功能相近。从历史经验看，市场主导的金融体系的收益性的确高于银行主导的金融体系。

更重要的是，市场主导型的金融体系由于金融产品丰富、金融市场发达，可以吸引更多的资金流入。在全球范围内，就形成了以美国为中心，以欧洲国家、东亚国家、中亚国家等为外围国家的国际资本流动体系。这种体系被 Dooley 等人（2003）称为后布雷顿森林体系。在这个“体系”下，美国得到的好处是能够以低利率为经常账户赤字和财政赤字融资，保证本国居民的高消费；外围国家（东亚国家、石油出口国）可以通过长期出口来拉动经济增长和解决就业问题。美国长期以来贸易赤字和信贷消费得以维持，的确有其市场主导的金融市场的功劳。

3. 市场主导型的风险

虽然市场主导的金融市场结构给美国居民和国家带来了巨大的收益，但是，该体系同时也存在着重大的风险。首先，市场主导型的金融体系使得投资者的资产更多地暴露在风险之下，市场信息、市场情绪和短期流动性的变化将导致资产价格的较大波动。资本市场本身对信息和流动性的需求更大，对资产价值波动的敏感性更大，尤其是在监管放松的条件下，金融市场的过度交易使得市场的脆弱性加大（Minsky，1992）。在市场主导型的金融体系中，市场动荡的来源是资产价格的剧烈波动，市场危机来源于资产价格与基本面的偏离和持续性的资产泡沫（Allen and Gale，1997）。比如 1987 年美国股灾、2000 年网络泡沫和美国新一轮金融危机中，危机的诱发因素都是资产价格泡沫，而且美国和英国等市场主导型金融体系受到的冲击远远大于以德国为代表的银行主导型金融体系的损失。

更值得注意的是，市场主导型金融体系可能存在更大的系统危机。该体系下，各项金融业务的界限模糊，不同种类的金融机构组成了金融风险链条的各个环节。资本市场由于金融创新、杠杆操纵和过度交易等带来的风险，自然地转移分散到银行业市场之中，这样资本市场的风险就演化为整个金融体系的风险。Baily 等人（2008）指出，金融机构在信息不透明的条件下进行高杠杆操作，致使流动性更加脆弱，加上这些行为都是规避性质的金融活动，系统风险就被放大了。另外，该体系存在着商业银行和以投资银行、担保机构、基金等为代表的资本力量之间的竞争。由于资本市场是以资金交易为对象，而商业银行和存贷机构是以资金为经营对象，尤其在全球化的条件下，还必须面对全球的竞争，这样，各金融机构过于大胆地进行业务创新和资本运作，而忽略了对风险的防范，最后使得整个金融体系由于过度的竞争造成风险定价过低的局面，蕴藏了更大的系统风险。这在美国新一轮金融危机中，最典型的例子就是评级机构的行为。他们之间的竞争，使得证券化产品得到普遍偏高的信用评级，而忽略了风险。

还有，混业经营的风险更容易跨境传递。在混业经营下，资本的跨境投资和跨境活动被认为是提高全球金融市场效率的有效途径，可以促进资本在全球的配置。但是，随着资本的跨境配置，风险也在全球分散。但是，这个过程是建立在流动性充足、资本流动稳定和资产价格稳定的基础之上，一旦产生外部冲击（比如国际投资者进行风险重估、资产价格下滑或者流动性逆转），资本的国际流动就面临巨大的风险。而且，风险的爆发不仅会影响资本所有者，更会影响到资本投资的目的地市场。

最后，市场主导型的市场对监管的要求更高。在银行主导的市场中，可以通过对银行及银行控股公司的统一监管而达到较好的监管效果。在市场主导的金融体系中，尤其是美国的金融市场，是多头的伞形监管，各监管当局在分业监管的模式下，无法充分有效地实行监管，尤其是混业经营日趋繁荣的时候，美国金融监管不到位日益显现。因此，保证金融部门的安全和稳定运行将是监管当局最大的挑战。①

在市场主导的体系中，金融机构基于资产的贷款的重要性日益下降，而其他可以采取杠杆操作的业务，比如自营、做市商、投资银行和风险管理等却不断扩大。尤其是在传统银行向混业经营转变过程中，这个趋势更加明显。但是，在美国，商业银行仍是金融市场中最大的信用债权持有人，传统的借贷业务已经逐步被大型银团贷款、房地产信贷、证券化和信用卡等取代。实际上，美国金融动荡的前期表现，最恰当的描述是做市商危机（Maker Turmoil）（Hoenig，2008）。

1.2.2 市场经营模式：分业经营与混业经营

美国颁布了《格拉斯—斯蒂格尔法案》之后，相继出台了1934年《证券交易法》和《投资公司法》等一系列法案，这些法案不仅确定了美国以市场为主导的金融市场结构，还确立了金融分业经营的法律制度基础。随后分业监管的实施，也逐步强化和完善了相应的法律法规，加强了银行业和证券业的分业经营模式。该模式还被日本、英国等许多国家效仿，也是中国金融市场经营模式的模板。

德国、瑞士、法国等国家一直以分业经营和分业监管为主要的经营模式。但是，20世纪80年代以来，国际金融体系出现了从分业经营向混业经营的转变。其中，英国于80年代中期开始转型，至1992年完成；日本在1998年底放弃分业经营模式，很多效仿美国的拉美国家同样取消了分业经营制度（蔡浩仪，2002）。分业经营的典范国家美国也在1980年底出现混

---

① 恩格尔曼等人（2008）在《剑桥美国金融史》中指出，在金融一体化和全球竞争的条件下，各产业的界限模糊，机构成为多样化的金融混合物，20世纪初期的核心问题之一就是金融部门的安全和稳定运行，这是监管当局面临的主要政策问题。

业经营的迹象，并在1999年放弃《格拉斯—斯蒂格尔法案》，而颁布《金融服务现代化法》，奠定了美国从分业经营向混业经营的法律基础。

美国确立混业经营模式之后，美国金融行业得到了长足的发展，金融工具层出不穷，金融市场不断深化，但是，美国对于混业经营的监管却是缺失的。因为，美国现行的监管体系仍建立在分业经营的基础之上。在混业经营模式下，商业银行通过实施证券化，就可以将风险资产从资产负债表中转出，从而规避美联储对资本充足率的管制。与此同时，由于ABS和MBS的发起人是商业银行，证券交易委员会也无法全力介入对此类资产支持证券的监管。各个主要监管者的权力在一定程度上受到其他专业监管部门的牵制，这样就造成了“监管死角”，进而引发严重的金融风险。从美国新一轮金融危机的发生和发展看来，虽然混业经营模式本身具有特定的风险因素，但是美国金融监管对金融风险的预警、披露和防范并非有效。

1. 分业经营与混业经营的比较

分业经营和混业经营是国际金融行业的两种经营体制，前者是指商业银行业务与证券业务、非银行业务相分离的经营模式，而后者是指银行、证券、保险等业务互相渗透、交叉，而不仅仅局限于各自的分营业务范围。

分业经营采取的是专业化经营的方式，具有两个主要的优势：其一，可以充分显示规模效应，一般在其领域内的效率要高于混业经营中的相关业务；其二，避免金融机构陷入风险过高的关联业务，同时保护投资者利益。但是，这两个优势也是分业经营的风险所在。一方面，业务单一而且集中，容易造成风险的过度积累；另一方面，各个业务相互分离，而使得金融行业总体的效率低下，收益偏低。

混业经营弥补了分业经营的劣势：一是可以充分体现规模效应，提高金融行业的整体效率和赢利水平；二是业务多样化，有利于分散风险，混业经营相对分业经营具有更大的灵活性，可以弹性调整业务范围和资产组合；三是混业经营可以提供相对多样化的服务，尤其是各种业务的组合，可以创新多种金融产品。但是，混业经营也存在巨大的风险：其一，管理难度大、成本高；其二，风险在各个业务之间传递，容易发生牵连，尤其在市场动荡和危机阶段，容易产生风险放大和连锁反应效应；其三，道德风险，混业经营要求更高的市场信息和透明度，如果金融监管不到位、不充分，金融机构和投资者都有可能利用不同业务之间的市场和法律漏洞，产生道德风险问题。

可以清楚看出两种经营模式各有利弊，而且历史经验表明两种模式都出现过较大问题乃至金融动荡。混业经营偏向于效率性，分业经营偏向于安全性和稳定性。但是，从目前的发展趋势看，混业经营有取代分业经营的趋势，这可能是金融体系从追求稳定向追求效率转变的重要表现。

2. 混业经营与金融效率

从20世纪80年代以来，混业经营模式在全球得到了广泛的运用，混业经营可以促进金融深化，提高金融效率，推进经济增长，已经成为一种市场和政府的共识。混业经营有着分业经营无法比拟的信息优势、范围经济效应和市场弹性。

现代金融中介理论是混业经营模式的理论基础。金融中介功能的逐步深化和整合，直接导致金融行业行为方式的改变和金融行业各子部门的融合，金融中介职能的变化过程也是金融行业从分业经营模式向混业经营模式转变的过程。金融中介与交易成本、参与成本以及风险管理等之间的关系，促成了金融中介的功能从一个领域向多个领域扩散，进而导致金融行业分业经营向混业经营转变。

一方面，金融中介可以促进降低信息成本和交易成本，混业经营模式下的金融机构可以进一步降低成本。金融机构通过提供种类繁多的产品更好地为企业和投资者等服务。由于与企业和投资者的合作和互动不断深化，金融机构对他们的信息了解更为充分。而且在一个混业的金融机构中企业和投资者的信息可以更好地共享，而不需要针对各个领域的业务分别进行信息收集。Diamond（1991）从信息优势和交易成本理论出发认为，混业经营具有的信息优势可以极大地降低信息收集成本，进而降低交易和投资成本，整个市场的交易成本将降低，整体的效率将提高。另外，信息优势也可以使得投资者更容易获得融资。

另一方面，各领域金融中介存在专业化优势，而混业经营可以在专业化基础上产生较大的范围经济效应：一是金融机构的固定成本可以分摊到更广泛的产品中去；二是金融产品的多样化可以更好满足需求的变化；三是避免重复建设分支机构等。这些金融服务的“联合”生产中产生了较大的范围经济。

从宏观层面看，Merton和Bodie（1995）基于金融中介理论指出，采取混业经营的金融中介更有利于其功能的发挥，有利于资源在一个不确定的环境中进行跨越时空的配置，进而促进经济效率的提高，比如：对冲风险、多样化投资和流动性创造。

20 世纪 80 年代以来，分业经营的各个行业的界限日益模糊，各个行业业务也相互交叉，尤其是美国《金融服务现代化法》颁布之后，全球金融市场的经营模式转向了混业经营。在信息革命、金融创新等的推动下，混业经营在 21 世纪初获得了良好的收益，取得了高度的繁荣。混业经营也日益成为一些国家金融体制改革和经营模式转换的一个方向。

3. 混业经营与金融风险：美国金融危机分析

从上述分析中，混业经营的确可以获得更好的金融效率和金融发展。但是，混业经营有着自身内生的弊端，更重要的是，美国 20 世纪 80 年代以后分业经营向混业经营模式的转变，是在经济全球化过程中，金融创新、金融结构变动与金融监管的博弈结果。在新一轮的金融危机中，混业经营仍然是危机爆发和升级的一个制度因素。Kansas 联储主席 Hoenig（2008）认为，市场主导和混业经营的体系，加上金融监管落后，是次贷危机爆发的基础性因素。

第一，混业经营的信息优势是不均衡分布的，可能恶化信息不对称问题。不管是银行主导体系还是市场主导体系，不管分业经营还是混业经营，都需要解决信息不对称和委托—代理问题，但是市场主导体系和混业经营模式对此要求更高。

一般地，解决信息不对称问题的传统方法有：与借款人建立长期关系，要求提供担保，提供一定水平的资产或者资本，对借款人行为和贷款使用进行限制。但是，在混业经营和金融创新中，借款人和贷款人的距离越来越远，基础资产越来越模糊，限制和监管难度越来越大。Hoenig（2008）指出，一家著名投资银行发行的抵押贷款信托产品是由次级抵押贷款组成的，而借款人的担保资产几乎为零，其中超过一半的贷款只有很少的文件证明，有的甚至根本没有任何证明。但是，却有 93% 的抵押资产被两大信用评级机构捧为“投资级”。而截至 2007 年 9 月底，该信托产品中的贷款就有 18% 成为坏账。

最近几年来，信用评级机构对于资产抵押贷款的爆炸式增长具有极其重要的推动作用。评级机构甚至将私营部门发行的资产抵押支持债券（MBS）的信用等级与政府支持企业发行的债券等级相提并论。除了巴塞尔协议支持信用评级的职能之外，更重要的是评级机构与债券发行人之间的“激励冲突”，即信用的评级高低与评级服务费用高低的相关性。当然，还有一个问题就是信用评级的公式和参数有问题。而所有这些问题，都是在投资者和监管者不知情或者无法知情的条件下进行的，这也是美国金融危机爆发前重大的信息不对称问题，蕴藏了巨大的道德风险。

第二，范围经济效应可能成为委托—代理问题的土壤。金融中介理论中，委托—代理问题同样是影响金融中介功能的重要问题。在分业经营模式下，比如银行，可以将委托—代理成本内部化；但是在市场主导、混业经营模式下，委托—代理是更为普遍的市场关系，尤其是金融创新、金融一体化和国际化以及金融投资者复杂化，还有金融投资的日益专业化，使得个人甚至是领域外的机构无法熟知金融产品投资的过程，必须采取委托—代理的方式进行。委托人和代理人目标的不一致（利益冲突），将导致中介过程的不稳定，进而影响到金融体系的稳定。Puri（1995）对混业经营的全能银行与投资者的内部潜在利益冲突进行分析发现，全能银行有机会并有动机利用中介身份与职能，通过捆绑产品和隐藏内部信息等不道德手段，引起利益冲击损害投资人利益，引发委托—代理的不道德风险。

第三，混业经营可能导致金融机构的期限和流动性错配。最近几年，美国许多抵押贷款都是在储蓄贷款体系外进行的，也处于商业银行监管的体系之外。很多金融机构像商业银行一样借短贷长，而且由于没有储蓄来源，这些金融机构通过发行资产抵押商业票据或证券化，在短期货币市场融资。在市场出现动荡之后，期限错配使得金融机构陷入流动性短缺，被迫低价卖出持有的长期资产，造成巨大损失和连锁反应。由于这些金融机构和金融活动在监管体系之外，而且不受传统的金融安全体系的保障，即无法获得贷款保险和中央银行的最后贷款支持，如果不是美国和欧洲等央行的公开市场操作和“攀越藩篱式”的信贷工具支持，这些金融机构将陷入更加严重的流动性危机。

更严重的是，混业模式下，银行体系外的机构出现危机迅速传递到商业银行。因为，商业银行为了在混业经营模式下获得生存和发展的空间，大肆扩大了表外业务，甚至直接参与证券化。在混业经营下，投资银行、对冲基金、担保机构、公共基金乃至商业银行，都更加依赖从资本市场获得流动性，而本身资产的流动性是不足的，他们更容易陷入流动性危机，尤其在以市定价的会计准则下，混业经营对流动性更为敏感。IMF（2008a）指出，在危机期间，流动性传递各个机制将在各个金融市场之间放大并传播流动性冲击，进而产生系统性风险，各个流动性传递机制不仅在资产负债表相关的金融机构之间发生直接作用，还将通过资产价格波动对金融机构和表外业务产生负面冲击。

第四，混业经营外部性更为明显。混业经营具有外部性，在金融繁荣阶段，该外部性是正的，而在信贷紧缩和金融动荡阶段，该外部性是负的。在混业经营的链条中，各个金融机构在金融市场和支付体系中具有天生的内在联系，一个子行业的冲击或倒塌，在外部性效应下，可能导致其他行业的不稳定，即产生系统性冲击。混业经营的外部性解决需要政策部门强有力的措施保证体系的透明、效率和稳定性。在微观层面（比如清算、盯市）和宏观层面（监管）都需要有明确而有力的政策，如果没有，那么混业经营负的外部性将更具冲击力。因此，混业经营首先需要处理好两个问题：一是微观投资者，尤其是中小储户的利益保护问题；二是宏观的金融稳定问题，以维持流动性的安全和稳定，尽量最小化外部性的冲击（Rochet，2008）。Hoenig（2008）就认为美国主要的法规、监管政策和中央银行流动性支持工具主要是为了处理传统的银行危机，在应对资本市场产生的危机和外部银行危机方面显得力不从心，而且，监管和政策框架没有以同样的速度跟上金融市场的发展步伐。这使得混业经营的风险不断暴露和传递，最后造成严重的金融危机。

1.2.3 市场监管：功能监管与统一监管

在美国新一轮金融危机爆发的原因研究之中，金融监管部门的监管放松和监管不到位受到了极大的批判。在任何一个金融体系中，金融监管是保证金融体系健康稳定有效运行的最后“堡垒”。美国新一轮金融危机中，这一最后堡垒没有充分发挥其作用。一个方面，这一工事已经不适合经济全球化和信息革命带来的金融体系发展的要求，即不合时宜；另一个方面，堡垒本身出现了缺口和漏洞，使得金融风险有机可乘。下面主要讨论金融市场结构与金融监管的匹配，混业经营对金融监管的要求，功能监管与统一监管的关系以及美国新金融危机中的功能监管与混业经营的错配。

1. 金融市场结构与市场监管

在市场主导型的金融体系下，商业银行和其他存款机构、保险公司、从事证券和期货交易的公司以及其他金融机构，通过在资金的提供者和使用者之间提供资金中介服务，通过使资金以一种高效方式找到其效益较高的使用途径，这些机构及其得以运行的市场共同对经济活动构成支撑。可以说，市场主导的金融体系和各种类型的金融机构，在美国经济中起到极其重要的资源配置作用。因此，对这些金融机构和相关行业的监管对金融体系的稳定和资源配置作用的发挥，是十分必要的。美国财政部（2008）认为，在新的形势下，美国需要对其金融监管架构进行检查和再检查。

不同的金融市场结构，应该有不同的监管体系相对应。在市场主导的金融体系中，金融市场显示出高度的异质性，金融产品远比银行主导的体系要丰富而且复杂，如果将这些产品看做信用商品，那么信用商品所代表的权利远大于某种资产或者资产组合的所有权，而且还包括了一个赋予其他人或者代理商的委托管理权（Spencer，2000）。因此，市场主导的金融体系中，金融监管的作用在于防止信息不对称，以维持信用和市场的功能。美国财政部（2008）设计了一套在市场主导的体系下的“最优监管框架”，必须满足三个方面的监管：市场稳定监管（Market Stability Regulation）、与政府担保有关的安全和稳健监管（Safety and Soundness），以及商业行为监管（Business Conduct Regulation）。

但是，在银行主导的金融市场中，金融稳定的挑战性在于银行的脆弱性。造成银行体系脆弱的主要原因除了系统性的宏观经济不稳定之外，还有银行自身管理和经营的结构性环境的弱点。银行体系本身的弱点主要表现在五个方面：一是银行管理不善引起承担过度风险，二是缺乏充分的财务状况信息，三是公共部门对银行负债提供隐性或者明确的担保，四是无效的银行监管环境，五是过于集中的所有权结构和关系贷款。与此相对应的监管体系是建立在“有效银行监管的核心原则”之上的，即建立在资本充足率基础之上的审慎监管原则。其目标是保证银行资本充足、公司结构透明、风险管理机制健全、股东与管理人称职以及监管有效（IMF，1998）。

可以看出，两个不同的金融市场体系，其监管的重点和体系配套的制度存在巨大的差异。在全球金融市场体系从银行主导的体系向市场主导的体系加速转变的过程中，监管的调整是落后于市场本身的发展的，因此，就可能存在市场体系与监管体系的不匹配，进而造成严重的监管不到位的风险。

2. 混业经营与金融监管

20世纪90年代以来，英国、日本和美国等原本实行分业经营的国家，纷纷修改法律，允许金融机构进行混业经营，可以说，混业经营已经成为全球金融行业的一个发展趋势。众所周知，混业经营管理难度大、成本高，金融风险更容易在各个业务之间传递，并且存在比较严重的道德风险，因此，在监管方面，混业经营比分业经营的不确定性更多。

在分业经营的模式下，金融风险相对单一，金融监管更容易标准化。各个监管机构可以制定标准的监管方式，要求各个金融机构提供“标准”产品，以将不同金融机构分别纳入各个监管机构的监管范围。监管当局可以充分利用专业化和标准化，以达到有效监管的目标。此外，在分业经营模式下，监管当局更容易出台风险管理措施。比如，针对银行业可以出台存款保险制度，这样就可以防止小储户的破产。

从理论上讲，分业经营模式向混业经营模式转变是建立在金融体系不确定性参数、风险回避系数、外部性因素和监管成本等减小的基础之上（谢平等，2003）。但是 Coffe（1999）指出，混业经营的风险可能被低估了，而且如果是以功能监管为主，可能出现监管目标和机构之间的竞争，而不是紧密的协调与配合，那么混业经营的理论基础就可能动摇，甚至可能导致监管体系的分裂。

比如，金融业开放在监管充分的条件下可以减小金融体系的不确定性因子，但是如果监管不到位，结果可能相反。其次，在分业经营中，针对监管的金融创新是一种非生产性利润追求行为，是创新与监管的一种博弈，势必降低金融体系的整体效率，但是在混业经营下，金融创新往往导致杠杆化操作，效率提高下损失了稳定性，风险回避系数的变化趋势不明确。再次，混业经营促进金融行业的外部成本内部化，但是，却可能导致道德风险的泛滥。最后，监管成本问题更是混业监管面临的最大现实挑战之一。因此，政府作为整个市场投资者的监管代理人遭遇了较为复杂的监管难题。

更重要的是，在混业经营的条件下，金融监管的力量相对薄弱。因为当前金融体系的监管是建立在股东对债务负有限责任以及提供公共存款保险的基础之上，股东和储户、投保人等市场主体对代理人的监管积极性不足，金融机构运作的内部监管部分缺失。这样就造成了市场规则、保险、监管和流动性援助之间的平衡关系受到扭曲，导致了公众对监管功效和资产安全性的不现实的预期（Spencer，2000）。

由于内部监管人的职能丧失，政府监管部门监管不到位，加上混业经营中金融体系日益复杂化，即使存在合适的机制激励监管人进行充分的监管，以股东为代表的内部监管人和以货币当局为代表的外部监管人也会逐渐丧失进行充分监管的能力。

3. 功能监管和统一监管

功能性金融监管（Functional Regulation，简称“功能监管”）是指基于金融体系基本功能而设计的更具连续性和一致性，能实施跨产品、跨机构、跨市场协调的监管。在这一监管框架下，政府公共政策关注的是金融机构的业务活动及其所能发挥的功能，而不是金融机构的名称，其目标是在功能给定的情况下，寻找能够最有效地实现既定功能的制度结构（Merton and Bodie，1993；Merton，1995）。

理论上，功能性金融监管体制更适应混业经营对监管体制的要求。功能性金融监管以金融产品所实现的基本功能为依据确定相应的监管机构和监管规则，从而能有效地解决混业经营条件下金融创新产品的监管归属问题，避免监管“真空”和多重监管现象的出现。其次，功能性金融监管体制能够更有效地防范金融风险。在金融业转向混业经营以后，跨行业的金融产品日益增多，可能引发的金融风险将不局限于个别行业，很有可能危及整个金融业。还有，由于金融产品的基本功能具有较强的稳定性，使得据此设计的监管体制和监管规则更具连续性和一致性。实行功能性金融监管体制以后，监管当局不必再通过限制金融创新产品的发展来维护金融稳定与金融安全，可更多地关注功能监管体系的完善（王自力，2008）。

功能性金融监管体制的最大优势是能够顺应混业经营的趋势，实行跨行业、跨市场、跨产品的金融监管，但功能监管要求设立一个统一的中央监管机构，以实现对整个金融业的监管。在混业经营下，金融业务交叉现象层出不穷，风险在不同产品、机构和市场之间传递与分散，因此需要一个统一的监管机构对金融业实施整体监管，以使监管不局限于各行业内部的金融风险。功能监管的统一监管机构缺失或职能不到位往往导致监管冲突与监管疏漏。①

功能监管的最大挑战在于需要一个强有力的统一监管机构，这使得统一监管模式具有越来越大的吸引力。统一监管模式是由一个统一的机构实施对所有金融机构、金融产品和金融市场的监管，监管者不仅要对金融安全和稳

① 监管冲突在大多数情况下是由不同机构的监管目标不同所致。监管冲突可能会导致重复监管和监管效力降低；监管疏漏主要缘于监管机构权责不清，或权责不对称，经常导致监管机构被迫“弃权”，或者监管死角。

定负责，防范和化解系统风险，还要对金融机构的审慎经营、商业行为进行全面的监管。这一组织模式又被称为“全能监管”（Mega-regulation）模式。

建立统一的金融监管机构，最直接的效益是规模经济与范围经济。由于存在着监管规模经济，能有效地降低成本，更为充分地利用“共享资源”。另一方面，统一监管机构可以以较低的成本为具有不同需要的市场主体提供多种监管服务。统一监管机构可以最大限度地实现监管政策的连续性，保证监管政策具有稳定性，进而给被监管者带来稳定的监管“预期”。

更重要的是，统一监管可以有效避免监管冲突与监管疏漏。混业经营模式使得整个金融体系的联系由以前主要的、关键的宏观层面拓宽到一个更为深入的微观层面。通过建立一个多边机构的监管体系和一个统一的金融监管机构体系，相对而言更能反映金融体系的变化和金融结构的重构。美国财政部（2008）指出，英国就其金融服务业监管架构进行了根本性变革，建立了由中央银行（即英格兰银行）、财政部及对所有金融服务业进行监管的全国性金融监管机构（即金融服务局）组成的三方监管架构。每一个监管机构都扮演一个界定明晰、相互补充的角色，这一架构增强了英国经济的竞争力。

统一监管或许可以避免多边监管经常出现的监管冲突和监管重叠，但是，统一监管在消除上述现象的同时，会同时产生另外两个问题，即统一监管会导致监管目标和监管文化的内部冲突。这两个问题也可能提高监管的行政成本，极大地损害监管的效率。

因此，在现代金融体系下，金融机构的多元化经营要求有相应的监管组织模式与其相适应。不管是功能监管还是统一监管都有其独特的优势和内在的缺陷，如何在不同的金融环境下，采取相适应的金融监管模式，是金融监管当局的重大挑战。

4. 美国新一轮金融危机：混业经营与分业监管的背离

次贷危机爆发以来，美国金融体系动荡迭起，已经演化为严重的金融危机。与此同时，美国金融监管体系及其职能的发挥也受到众多的非议。一些研究（IMF，2008b）认为，在美国新一轮金融危机的爆发和升级过程中，由于美国金融监管模式和金融经营模式在一定程度上的背离，加上监管当局放松监管，美国金融监管当局对次贷危机的爆发难辞其咎。

当前的金融机构监管框架是在 70 多年前建立的架构基础之上产生的，可能已经无法适应市场主导的金融体系和混业经营的模式。对存款机构监管的绝大部分基本构架与20世纪30年代构架相似。证券业和期货业同样实行分业监管，该监管模式也是在20世纪70年之前就已基本确立。然而，目前资本市场全球化使得其他国家正在向“市场主导型经济体”不断发展成熟，提供了美国以外具有深度和流动性的资金来源，却带来资本流动的不稳定性。信息技术和信息流的改善导致了创新型、风险分散及通常较为复杂的金融产品和交易策略的出现。然而，这些创新复杂的内在属性可能阻碍投资者和其他市场参与者对其风险进行恰如其分的评估。资本市场中机构投资者日益增多给市场带来了流动性、提高了定价效率、改善了风险分散，并鼓励了产品的创新和复杂化。但这些机构可以使用较高比例的杠杆操作和更加相关的交易策略，这对广泛的市场具有潜在的破坏性。这些发展状况正暴露出监管的差距和冗余，给美国金融服务业及其监管架构施加了压力（美国财政部，2008）。

其次，当前的以业务功能划分功能监管制度无法甄别系统风险。在本轮金融危机爆发和升级过程中，功能性监管暴露了其最明显的缺陷：没有一个单独的监管部门拥有监督系统性风险所需的全部信息和权利（美国财政部，2008）。任何一个监管部门都无法在整个金融体系中采取协调行动，这使得解决与金融市场稳定性有关的问题变得更加困难。美联储未曾也没有真正处于监管的核心，至少是没有发挥监管核心的作用（Cecchetti，2008）。而目前的金融体系中，与金融机构有关的事件可能触发更大范围的混乱或一系列的违约，这会严重影响金融体系，以至于实体经济也会受到负面影响。

还有，美国金融监管体系中存在比较严重的监管冲突与监管疏漏。目前，美国实行的是以美联储为中心的伞形监管模式。该模式是以中央银行为核心、各金融监管机构为组成要素的监控体系。但是，伞形监管对金融风险的预警、披露和防范并非有效（Cecchetti，2008）。主要监管者美联储的权力在一定程度上受到专业监管部门的牵制，产生监管冲突；另外，由于职能分工，又疏于对交叉业务的监管，监管效率还不能达到最佳，往往出现监管疏漏。例如，商业银行通过实施证券化，就可以将风险资产从资产负债表中转出，从而规避美联储对资本充足率的管制。与此同时，由于相关资产证券化的发起人是商业银行，证券交易委员会也未全力介入对此类证券的监管。证券化将信贷风险由信贷市场转移到资本市场，但由于信贷市场和资本市场的监管体系是彼此分割的，从而不能充分识别和控制证券化的风险。金融监管的不充分、无效率和监管“死角”，尤其是缺乏对MBS、CDO等结构性金融产品和相关机构的有效监管，使得金融创新和金融市场过度暴露于风险之中。

当然，金融创新的复杂性和金融机构经营的多层次使得金融监管的能力受到挑战，金融监管也不能代替金融机构进行风险管理。最后，还有监管准则的问题，虽然美国银行业将巴塞尔协议Ⅱ当做监管的重要准则，但是，巴塞尔协议Ⅱ本身鼓励证券化（以分散风险）和表外融资（IMF，2008b）。

问题的严重性除了体制因素之外，更重要的是监管当局的监管放松。2007年和2008年次级借款人的贷款拖欠、贷款违约和取消抵押品赎回权的比率较高，这凸显了美国抵押贷款发起的监管制度存在的缺陷。最近几年，抵押经纪人和贷款人在没有联邦监管的情况下发起了全部抵押贷款的大部分和超过50%的次级抵押贷款。这些抵押发起人受到的监管程度是不尽相同的（在某些情况下监管程度有限或者没有监管）（美国财政部，2008）。

从次贷危机演化为“金融海啸”，美国金融市场受到极大冲击。美国财政部因此出台了改革监管机制的“蓝图”，提出了相关的短期和中长期的政策选择，以期对美国金融监管体系进行系统性改善。短期内应该注重以下问题：一是强化总统金融市场工作小组在金融市场监管和政策问题上保持了一种有效和有用的机构之间协调人的角色；二是解决抵押贷款发起监管中存在的缺陷，建立一个按揭监管委员会，全国按揭贷款法律起草条例应该继续成为联邦储备银行的专有职责，明确并加强联邦法律的执法权限；三是联邦储备体系提供流动性，联邦储备银行需要解决与金融体系总体流动性供应方面有关的某些根本问题，在保持市场稳定性和考虑扩大安全网的相关问题之间取得平衡（美国财政部，2008）。

在中长期，逐步废除并将联邦储蓄宪章转变为国民银行宪章，因为美国消费者居民按揭贷款已经具有足够的来源，联邦储蓄宪章已经不是必不可少的了。[①] 加强对州注册银行的联邦监管，应该对州注册银行的直接联邦监

① 作为应对“大萧条”的举措，1933年美国国会创建了联邦储蓄协会宪章（Federal Savings Association Charter，简称“联邦储蓄宪章”）。起初联邦储蓄宪章专注于为居民按揭贷款提供稳定的资金来源。随着时间的推移，联邦储蓄贷款的权限扩展到居民按揭贷款之外。例如，20世纪80年代国会扩大了联邦储蓄宪章的投资权限，并于1996年批准将非按揭资产纳入其中，以通过合格储蓄贷款人的检验（美国财政部，2008）。

管进行合理的调整。要么将对参加联邦存款保险的州注册银行进行所有这类银行检查的职责交由联邦储备银行来负责，要么对参加联邦存款保险的州注册银行进行所有这类银行检查的职责交由联邦存款保险公司来负责。还有，加强对支付结算系统的监管，美国的主要支付结算系统往往不受任何统一的、专门制定的及全局性的监管制度的监管，其结果是，对主要支付结算系统的监管具有异质性。另外，加强对保险业监管，保险业主要由州监管机构进行监管，而联邦政府几乎没有介入监管，这一情况持续了130多年。最后是期货和证券业的监管，在其当前的监管架构之内和在其当前的权力之下，证券交易委员会应该采取若干特定举措使其监管方法现代化，以实现一种机构之间更加无缝的合并，防止监管疏漏（美国财政部，2008）。

由美国次贷危机引发的美国新一轮金融危机，已经成为“大萧条”以来最严重的金融危机。该危机的爆发、升级与蔓延是由住房抵押贷款标准放松、金融产品过度证券化、金融运行信息不透明等因素造成的，更有金融体系、经营模式以及监管制度等制度性层面的原因。

在金融体系方面，相对于银行主导金融体系，市场主导型金融体系可更加有效地分散风险，而且投资组合策略更加灵活，可以获得更高的收益。但是，该类型金融体系使投资者的资产更多地暴露在风险之中，市场信息、市场情绪和短期流动性的变化将导致资产价格的较大波动。风险更容易跨境传递，市场主导型的金融体系可能存在更大的系统危机，对监管的要求更高。市场主导和银行主导的金融体系是适应不同情况的金融制度选择，但是在体系稳定性方面，市场主导的体系更脆弱。

从经营模式角度看，混业经营模式在全球得到了广泛的运用，混业经营可以促进金融深化，提高金融效率，推进经济增长。混业经营模式下银行体系外的机构出现的危机迅速传递到商业银行。该模式下信息优势是不均衡分布的，可能恶化信息不对称问题和委托—代理问题，混业经营可能导致金融机构的期限和流动性错配，可能产生更大的危机。混业经营相对分业经营在金融稳定方面并没有优势。

从金融监管角度看，功能监管和统一监管都各有长处与缺陷，在美国新一轮金融危机中，功能监管制度与混业经营模式发生了重大的背离，是危机爆发的重大原因。美国金融监督制度将产生较大的改革，可能从功能监管向统一监管转变。

1.3　日本金融危机：演进与启示

20 世纪 60 ~70 年代，日本经济经历了黄金发展时期，经济高速增长，出口大幅提升，积累了大量的贸易顺差，其中主要是对美国的顺差。80 年代之后，日本与美国的双边贸易摩擦不断加剧，贸易战逐渐升级到汇率战，美国认为是日元低估造成日本对美国的巨额贸易顺差。在美国的压力下，1985 年，五国集团（G5）签订了著名的“广场协议”，日元被迫大幅度升值。其后，由于日本宏观政策的失误，日本遭遇了严重的资产泡沫和金融危机，并于 90 年代初破灭，此后日本进入长达 10 年的经济萧条期。直至目前，日本仍然处在 20 世纪 90 年代泡沫危机的深化影响中，尤其是 21 世纪初的经济复苏态势在美国金融危机的冲击下又戛然而止，日本经济发展前景仍然令人担忧，可见日本泡沫危机的影响何其深远！

1.3.1　泡沫时代之前的日本经济

在第二次世界大战之后，随着布雷顿森林体系的建立，美国实际上处在制造业核心和资本核心的位置，而以欧洲和日本为代表的国家则处于外围地带，外围国家和核心国家通过贸易和资本的往来促进了战后全球经济的复苏和繁荣，全球经济进入了康德拉季耶夫周期的复苏和繁荣阶段，从 20 世纪 40 年代末到 70 年代初（1948 ~1974 年）长达 25 年左右。

此轮全球经济增长长周期的复苏和繁荣阶段正好与熊彼特创新周期的技术升级和应用阶段相叠加，这个时期的创新主要是生产自动化、电气化，即工业的现代化。资本、人力资源和技术等生产要素的重新组合（第二次世界大战之后，在布雷顿森林体系的配置下，全球经济实现了真正意义上的国际分工和生产网络），新的生产要素组合提高了资源配置的效率，特别是以自动化和电气化为代表的技术革新极大地促进了生产效率的提高和生产专业化程度的提升，从而产生了影响巨大的规模经济效应和范围经济效应。

20 世纪 60 年代是全球经济发展的黄金时期，也是日本经济的高速增长时期。1959 年，日本从此前一年多的“锅底萧条”快速反弹，当年经济同比增长 11.2%，并且是物价稳定、国际收支平衡和低失业率等内外经济目标同时实现，这被称为日本经济历史上的“数量景气”。此后，日本经济进入了长达 42 个月的“岩户景气”，日本经济高度活跃，带来了“投资引致投资”的空前繁荣。日本的经济增长与长波周期是趋同的。经过将近两年的内生性调整，1966 年开始日本经济又开始回升，并实现了历史空前的“伊奘诺景气”，增长区间长达 57 个月。直至 1970 年 7 月，日本经济一直保持繁荣向上的局面，日本实现了经济的真正腾飞。①

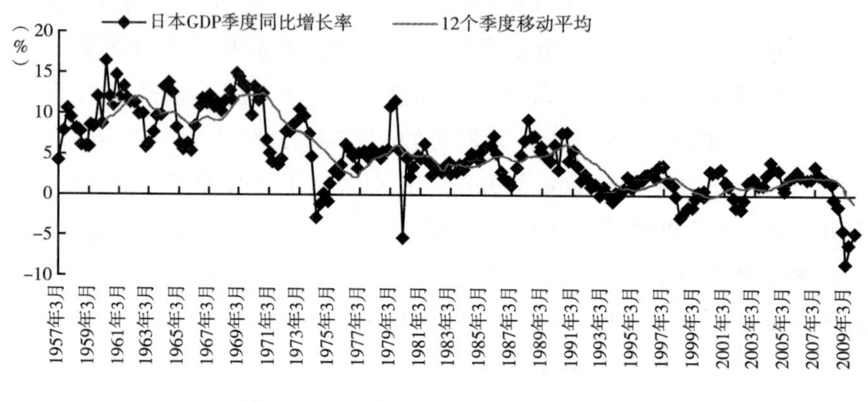

图 1－2　日本 GDP 季度同比增长率

资料来源：CEIC。

但是，20 世纪 70 年代初，全球经济处在长波繁荣和衰退的转折期，而且技术创新也处在相对低潮阶段。随后，日本经济结构发生了重大的变化，日本的增长中枢跟随全球经济下移，进入了工业化国家的“滞胀”时期，日本经济也基本结束高速增长的年代。

20 世纪 60 ~ 70 年代，日本经济处在一个重要的转型期，即从工业化的起飞阶段向成熟阶段转型和升级。但是，日本经济结构失衡的问题开始显现，并逐渐成为工业化进程升级的约束。日本经济失衡的主要表现，一是二元结构问题，即国民经济的不同部门之间以及制造业内部不同行业之间的不均衡发展，现代部门和传统部门生产效率和工资水平的差异不断提高，从而导致资源配置水平的总体紊乱，尤其是资本积累的规模和速度在不同产业之间的差异性最为明显。比如，钢铁行业，1960 ~ 1967 年动工建设的新钢厂的粗钢产能高达 8000 万吨，是 1960 年日本粗钢产量的 3.5 倍。日本在 1964 年秋季出现了严重的衰退，经济增长率下跌至 5%，为国民收入倍增计划实

① 资料来源：日本通商产业省《通商产业政策史》编纂委员会编《日本通商产业政策史》，(第 10 卷)，中国《日本通商产业政策史》编译委员会译，中国青年出版社，1995；〔日〕香西泰著《高速增长的时代》，彭晋璋译，贵州人民出版社，1987。

施以来之最低点（《日本通商产业政策史》，1995）。二是资源能源约束。日本在20世纪50～60年代建立起来的强大的工业体系，都需要有强大的资源能源流入才能维持运作，比如钢铁、船舶、石油化工等重化工业（《日本通商产业政策史》，1995）。但是，日本是一个典型的资源严重依赖外部的经济体，尤其是20世纪70年代初期的第一次石油危机重创了日本工业体系，日本经济增长在10年内首次跌至5%以下，在1974年甚至出现2%的负增长，为战后以来之首次（都留重人，1980）。

在日本经济面临内部结构失衡压力的同时，日本面临的国际压力也在20世纪60年代后期开始逐步显现。按照传统经济学的逻辑，一个处在高速工业化的国家，一般需要足够多的外部资源流入来支撑工业生产的进行，为此如果需求条件在决定进口和出口方面都起支配作用的话，那么就很容易导致国际收支的逆差。但是，1965年之后，日本“违背”了经济学的逻辑，其进口增长速度远低于出口增长速度，日本开始累积大量的贸易顺差。1965年之后，日本工业制成品出口占比大幅提高，从1955年的3.68%提升至1972年的10.37%（《日本通商产业政策史》，1995），加上日本出口市场主要是美国和亚洲，这就使得这些经济体穷于应对膨胀式的外来供给，国外市场供需的失衡矛盾更加突出。另外，日本经济的封闭性、管制性受到了当时国际社会的极大批判，尤其是美国认为，日本应该开放市场。

虽然日本在20世纪60年代末期就出现了内外经济失衡的问题，但是，其经济结构调整、贸易金融自由化和国际化改革却进程缓慢。80年代之后，日本出于自身需要和国际压力的考虑，经济改革、金融自由化和国际化进程加快，日本政治经济面临三个重大的战略调整。一是政治国际化。日本政府一直希望通过积极参与国际经济政策协调行动，扩大国际影响、提升国际地位，实现其从“经济大国”走向“政治大国”的理想。1983年，日本首相中曾根康弘提出了日本的“大国思维”战略，并把对美关系作为这一战略的基石。二是金融、经济自由化、国际化。20世纪60年代之后，日本放弃了战后一直延续的封闭和管制，在1960年代末期至1970年代初期，开始逐步实行贸易自由化，逐步放宽了利率限制，修订了外汇与外贸管理法，开放了日本金融市场，并积极拓展日本银行海外业务。1985年，日本政府发表了《关于金融自由化、日元国际化的现状与展望》公告，推进了日本利率市场化、金融业务开放、资本流动自由化和日元国际化等进程。三是经济结构调整（《日本通商产业政策史》，1995）。从20世纪80年代初期，国际社会要求日本开放国内市场、改变出口导向型经济增长模式的呼声日高，日本的经济增长模式由“外需主导型”向“内需主导型”转变的压力渐升。日本政府也认为，出口导向型的经济增长模式已经不可持续，日本必须扩大内需，以缓和与国际社会的关系。

简言之，20 世纪 80 年代中期，日本面临着三个重大的战略转变：一是由“经济大国”向“政治大国”的转变；二是由“管制经济”向“开放经济”的转变；三是由“外需主导型经济”向“内需主导型经济”的转变。但是，三个战略转变却带来了内部均衡与外部均衡、国内经济目标与国外经济目标、国内政策协调与国际政策协调等矛盾，这极大地挤压了日本经济政策的空间和独立性，增加了宏观政策选择和调整的难度。

1.3.2 “广场协议”与日本政策的失误

20 世纪 80 年代，美国经济面临着贸易赤字和财政赤字的困境。面对“双赤字”，里根政府采取高利率政策，以吸引大规模外资流入，一方面为赤字国债融资，另一方面维系国际收支平衡。但是，高利率的结果是加剧了美元升值趋势，美国制造业及出口面临更加严峻的形势。1982 ~ 1984 年，美国出口额连续出现负增长，其中，1984 年贸易逆差高达 1090 亿美元，对日本的贸易逆差约占一半。80 年代初期，在美国成为世界最大债务国的同时，日本成为世界最大的债权国。日本经济规模的不断扩展、对外贸易的大量顺差、日元资产需求的不断上升，在客观上对日元升值形成强大的内在压力。

1985 年初，强硬的詹姆斯·贝克成为里根政府的财长。贝克强调需要用强有力的国际合作和多边汇率协调来解决贸易争端问题，他甚至要求日本、联邦德国等国家必须大幅度扩张财政货币政策，扩大国内需求，以减少出口。但是，德国拒绝了美国的要求，却认为美国的政策方向是正确的；在中曾根主义和日美关系基石论的影响下，日本对美国妥协了。

在欧洲原则性认同和日本的妥协下，1985 年 9 月，美国、日本、联邦德国、英国和法国的财长和央行行长在美国纽约广场饭店举行会议。五国集团达成了通过密切合作联合干预外汇市场，使美元对主要货币的汇率有秩序地贬值的决议。这就是著名的“广场协议”（Plaza Accord）。五国财长和央行行长一致认为，汇率必须更好地反映经济基本面，以充分发挥汇率调节外部失衡的作用，主要的非美元货币对美元的进一步有秩序的升值是可取的，因为如此行事确实有助于世界经济的稳定增长。“广场协议”之后，日元进入了快速升值的轨道。“广场协议”签订之时，日元对美元汇率为250左右，在协议之后3个月内，日元快速升值20%至200，1986年底进一步升值至150左右，1987年升至120，至此美元对日元贬值超过50%。

然而，美元对日元大幅度贬值，并没有使得美国贸易逆差收窄，反而在“J曲线效应”下，美国贸易逆差继续扩大，尤其是美国对日本的贸易逆差更是持续扩大。美国没有意料到美元会贬值如此之快、如此之大，而弱势美元对美国而言显然是不利的，因为美国难以吸纳足够的国际资本购买其国债来为财政赤字融资。美国政府意识到制止美元大幅度贬值的重要性和必要性，1987年2月，美国财长又号召七国集团在法国巴黎召开多边协调会议，并达成同意采取联合措施稳定美元汇率的协议。这些措施主要包括利率政策、经济增长和失业保障等一系列政策，这就是著名的“卢浮宫协议”。

从理论上说，一种货币大幅度升值之后，首先出口会受到极大的冲击，进而从贸易部门传递到非贸易部门，从而影响经济增长。尤其是货币在短期内大幅度升值将会严重扰乱贸易部门内部以及贸易部门与非贸易部门之间的资源配置，降低经济效率，拉低经济增长水平。

“广场协议”之后，日本经济的走势与相关理论是极其吻合的。受日元升值打击最大的是与出口相关的企业，特别是制造业出口企业，出口受阻导致了名义出口额和实际出口额幅度有较大的下降。当时日本的外贸出口增速由1985年的2.4%下降到1986年的－4.8%，实际经济增长率从1985年的5.1%下降至1986年的3.0%（《日本通商产业政策史》，1995）。外需对总需求和经济增长的贡献度为负数，日本经济陷入了较为严重的萧条局面，即“日元升值萧条”。

不过，日元升值萧条并没有持续很长时间。由于当时日本经济正处在平稳上升期，市场对经济发展的前景较为乐观。而且，日元升值降低了进口消费品价格、增加了居民实际收入，使民间消费支出明显上升，并带动了投资增加，从而拉动了国内总需求的快速扩张。同时，日元升值后，日本政府加快了结构调整步伐，开始了经济增长模式由“外需主导型”向“内需主导型”的转变。大约经历了一年半的时间，日本经济就恢复增长。1987年，日本经济出现快速增长，截至1991年10月，日本经济出现了51个月持续增长的局面，这就是“平成景气”。

在不到两年的时间内，日本成功地克服了“日元升值萧条”，经济又走上了较快增长的轨道，长达51个月的“平成景气”是两次石油危机之后日本创造的又一个奇迹。可以看出，日本经济对国际压力、国际经济环境变化适应性逐步增强，经济也表现出巨大的弹性。

20 世纪 80 年代是日本经济改革的关键时期，日元升值后的宏观政策为日本泡沫经济埋下种子。日本经济增长模式正实践着由“外需主导型”向“内需主导型”转变的战略，该战略的落脚点在于扩大日本的内需。当时，日本扩大内需主要是通过增加政府公共投资、扩大企业设备和对外投资以及转变居民消费结构等方式，其基本思路是严格遵循国际经济学的理论，即通过增加国内投资，减少储蓄，缩小经常项目顺差，改善国际收支失衡。值得注意的是，扩大内需战略需要扩张性财政政策和货币政策的支持。

“广场协议”是日本经济政策的关键点。“广场协议”之后对升值负面效应及升值萧条的担忧使得日本进入宏观政策的宽松时代，尤其是宽松的货币政策为泡沫经济的产生埋下了种子。升值后，亮丽的日本经济又给日本政策制定者带来了巨大的自信，从而忽视了其政策所存在的致命弱点。实际上，广场协议之后日本错误的经济政策引发了严重的泡沫经济，最后导致日本陷入 10 年的衰退。

在日本泡沫经济形成过程中，日本货币政策出现了多次重大的失误，最终造成严重的资产泡沫和金融危机。

其一，日本对日元升值萧条反应过度，连续多次下调贴现率。日本政府担心升值带来紧缩效应，中央银行贴现率从 1985 年的 5% 降低到 1987 年 2 月的 2.5%，该贴现率水平是当时日本的历史最低纪录，也是当时世界主要国家之最低，日本与美国之间的利差高达 300 个基点。

其二，日本对国际经济形势反应过度，长期执行低利率政策。1987 年，美国爆发了储贷危机，股市暴跌，但是此次金融危机对美国实体经济的影响并不大，约拉低经济增长 2 个百分点。然而，日本认为全球经济可能陷入困境，日元升值之后的日本经济复苏缺乏坚实的基础，因此需要继续实行宽松的货币政策。日本中央银行直到 1989 年 5 月才提高贴现率，2.5% 的超低利率水平维持了 27 个月，距离美国股市黑色星期一也有 19 个月。长期的超低利率政策，造成货币供应量快速上升，过剩流动性涌入股票和房地产市场，资产价格急剧攀升，泡沫经济逐步形成。1987 年 3 月，日本股市市值高达 2.7 万亿美元，超过美国成为全球第一，占全球股市市值的 36%。1985 ~ 1989 年，日本股市年均增长率近 50%，而同期实际 GDP 仅增长 4%。房地产行业成为另外一个大泡沫，1987 ~ 1989 年，日本城市土地价格平均上涨

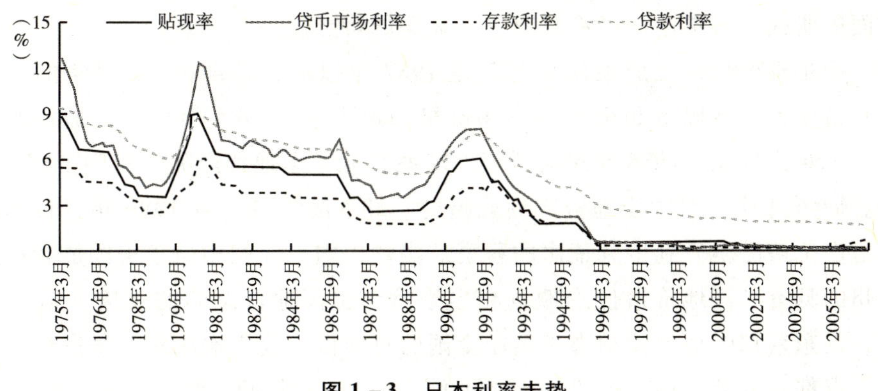

图 1－3 日本利率走势

资料来源：CEIC。

103%（野口悠纪雄，2005）。

其三，日本实行扩张性财政政策，鼓励私人部门进行资产投资。1987年4月，日本国内产业组织联合要求日本政府采取刺激经济发展的政策。5月，日本政府实行了一项6万亿日元的综合财政扩张计划，该财政扩张额度相当于当时日本GDP的1.8%（野口悠纪雄，2005）。另外，日本鼓励私人部门进行资产投资，试图以内需促增长，私人部门广泛进军资产市场，尤其是金融、地产领域呈现出高度繁荣的景象。

其四，日本金融机构在外汇市场上积极购买美元，流动性过剩局面加剧。1987年2月，在美国认为纠正美元汇率过高的目标已经实现后，七国集团（G7）又缔结了旨在稳定七国间美元汇率的“卢浮宫协议”。日本货币当局和银行开始主动进入外汇市场进行干预，积极买进美元，这进一步加剧日本的流动性过剩。

1.3.3 日本泡沫和金融危机

20世纪80年代，日本总体上实行扩张性的财政和货币政策，加上经常项目顺差和日本当局的外汇操作，日本出现了较为严重的流动性过剩，原有产业结构下的日本经济增长已趋于极限，迅速增大的货币供应无法被产业吸收。

在日本实行宽松的货币政策、鼓励私人资本投资资产市场的条件下，过多的流动性便流向了资产市场，大量的资金涌向了股票市场和房地产市场，炒股、买房、投资在日本轰轰烈烈地展开，日本资产泡沫迅速产生。综合各方面的研究，日本泡沫经济具有三个显著的特点。

一是资产价格上涨很快。尤其是 1987 年以后，长期执行 2.5% 的低利率政策使得日本股市和房地产市场价格加速上涨。1985 年日本土地资产总额为 176 兆日元，1988 年迅速升至 529 兆日元，土地资产额三年间上涨了 3 倍。1986 年中，日本土地资产额就超过了日本的 GDP。到 1989 年，日本的房地产价格已飙升到十分荒唐的程度。当时，国土面积相当于美国加利福尼亚州的日本，其地价市值总额竟相当于整个美国地价总额的 4 倍。到 1990 年，仅东京都的地价就相当于美国全国的总地价。股市泡沫相对于房地产泡沫一点都不逊色。1985 年 9 月到 1990 年 9 月的五年间，城市地价指数上涨了近 4 倍（张景超、张舒英，1998）。在股票市场方面，1985 年，日经指数为 12000 点左右，1986 年股指大幅上升，至 1989 年底，日经指数逼近 40000 点，4 年期间上涨 3 倍多。股票资产额从 1985 年 169 兆日元，急剧上涨至 1989 年底的 527 兆日元（见图 1－4）。

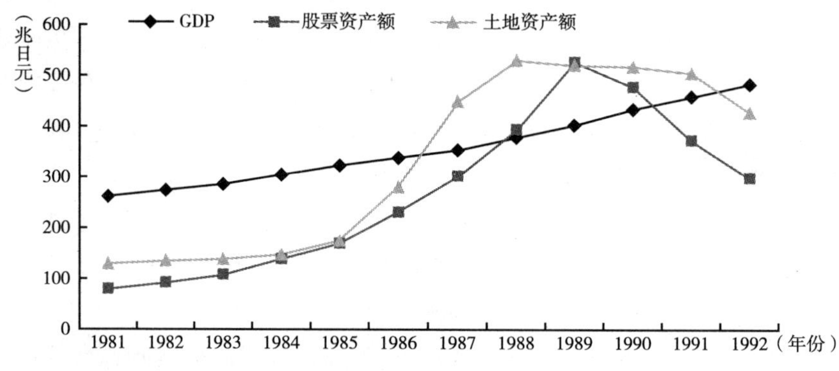

图 1－4　日本 GDP、股票资产总额和土地资产总额的比较

资料来源：CEIC。

二是资产投资主体范围极其广泛。这个时期的日本出现了全国人民购买资产的热潮，公务员、家庭主妇、学生等都纷纷投资股票，形成了全民炒股的景象。

三是宏观经济指标没有反映资产泡沫的状况。这个时期，宏观经济呈现高增长低通胀的良好态势。20 世纪 80 年代，日本经济每年的增长速度约为 5.5%，而通货膨胀率只有 0.2%，物价完全没有上涨。日本物价指数在 80 年代末期才开始缓慢上涨，1989 年 3 月同比增长 1.1%，1990 年 4 月同比增长 2%，同年 11 月才达到 3%（野口悠纪雄，2005）。

由于日本地价过度上涨，个人无力买房，住宅市场逐渐显现出有价无市的境况，房地产企业陷入现金流的困境；工业建筑用地价格过高，使许多工厂企业难以扩大规模；地价高涨，也极大地制约了中央和地方政府的城市开发及基础设施建设。

日元在20世纪80年代中期总体处于升值通道中，抵消了流动性过剩带来的可能的通货膨胀。直到20世纪80年代末期，日本通货膨胀出现抬头的趋势，日本政府才意识到问题的严重性。为了抑制通货膨胀进一步恶化，日本货币当局不得不提高利率。

现在看来，日本银行利率的提高是日本房地产泡沫破灭的首要诱因。1989年初，日本央行表示，金融机构大肆放贷直接导致资产泡沫的产生，日本地价有可能下跌，金融体系也存在巨大的风险，并对房地产贷款增长幅度控制在信贷总量增长率的幅度内。从1989年5月31日至1990年8月30日，日本连续加息五次，从3.25%提高至6%（Bernanke et al.，1996）。市场规律的力量在1990年第一个交易日便显示出来，股指一开盘就一路狂跌，至1990年12月底，日经指数下挫40%多，1991~1992年又继续狂泻。泡沫的破灭紧接着表现在土地市场上，1991年，日本地价开始大幅下挫，1991年7月~1992年7月，东京、大阪住宅用地价格分别下降27.5%和23.8%。相应地，股市资产价值和土地资产价值迅速缩水，1992年底，股票市值仅为260兆日元，为高峰值590兆日元的约50%。1990年底至1992年底，日本土地市场价值缩水100万亿日元，尤其是六大城市土地价格下降50%（野口悠纪雄，2005）（见图1-5、图1-6）。

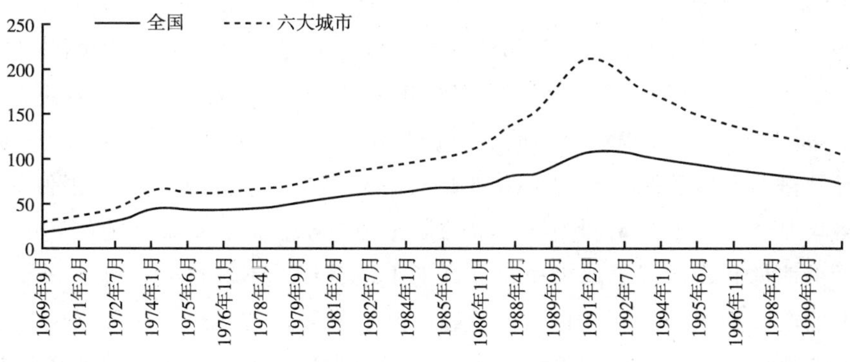

图1-5 日本全国及六大城市土地价格指数

资料来源：CEIC。

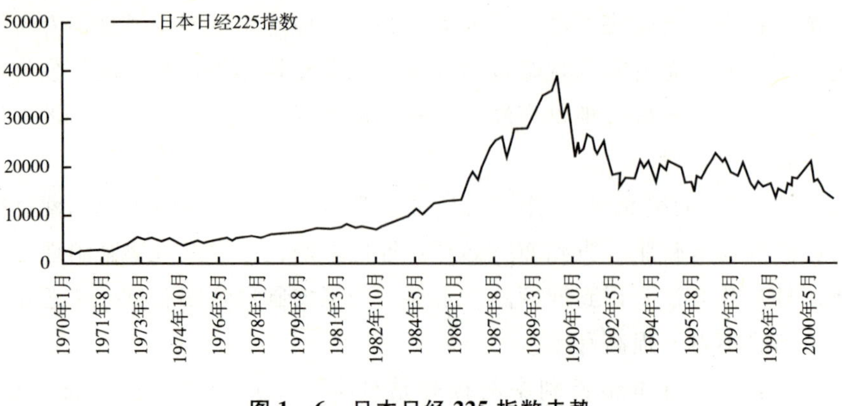

图 1－6　日本日经 225 指数走势

资料来源：CEIC。

房地产价格的暴跌导致大量不动产企业及关联企业破产。据统计，不动产破产企业的负债总额高达 3 万亿日元。紧接着，作为土地投机主角的非银行金融机构因拥有大量不良债权而陆续破产。银行坏账比例加大，使得银行和其他金融部门又进一步紧缩信贷，一时过剩的流动性消失殆尽，日本股市和房地产市场雪上加霜，这给日本经济留下了严重的后遗症——日本进入了“失去的十年”。

日本紧缩货币政策过于仓促而严厉，直接导致金融危机和日本经济硬着陆。日本资产价格的持续、大幅上涨，使日本政府逐渐感受到了压力。1989 年 5 月，日本银行决定改变货币政策方向，将维持了 27 个月的 2.5%“超低利率”提高至 3.25%。值得注意的是，类似美联储前主席、通胀斗士沃克尔的三重野康于 1989 年底出任日本央行行长，在其任期的前 9 个月中，他连续四次提高央行贴现率至 6%。急剧紧缩货币政策，使得货币供应量增长速度从 1989 年的 12% 下降到 1990 年的 7.4%，再跌至 1991 年的 2.3%（Ito and Iwaisako，1995）。与此同时，日本银行从 1990 年 4 月到 1991 年底实行严格的窗口管制，规定金融机构对不动产贷款必须实行总量限制原则，日本政府还修改了国土利用法，以控制土地投机，促进闲置土地的利用并调整了土地税制，设置了地价税，提高了土地转让成本。这样，日本股票市场和房地产市场大幅下挫，日本泡沫经济开始崩溃。泡沫经济破灭之后，日本经济硬着陆，并陷入长期萧条。日本资产价格严重缩水，负债恶性膨胀，大量企业倒闭；个人和家庭收支严重恶化，国内消费不振，投资需求减少，经济转型严重受阻；商业银行陷入困境，不良债权急剧增加，大批金融机构破产。受泡沫经济破灭的影响，日本经济陷入了长期严重的衰退之中，这长达10年之久的经济衰退被称为“平成萧条”，是第二次世界大战以来持续时间最长、对日本经济打击最严重的一次经济萧条。

1.3.4　日本金融危机的启示

资产泡沫破灭和金融危机的爆发，将日本带入了“失去的十年”，日本经济徘徊在通货紧缩和低增长的境地中。日本泡沫危机的根源成为众多学者深入研究的问题。野口悠纪雄（2005）、Ito 和 Iwaisako（1995）、Okina 等人（2001）的研究具有很强的代表性，他们在回顾日本泡沫经济和金融危机的同时，提出了值得深刻反思的几个重要方面。

第一，对日元升值过于担忧及其导致的政策失误是泡沫产生的基础性因素。“广场协议”之后，日元的确出现了大幅升值，日本遭遇了日元升值萧条。但真正对日本经济产生破坏性影响的并不是日元升值本身，而是当时极度扩张的财政政策和货币政策。“广场协议”之后，日本当局允许日元大幅升值，但又担心货币升值带来的通货紧缩问题。这一担忧直接促使日本政策的一边倒。一方面，日本过于担心美国的立场，担心承受更大的国际压力，使得日元升值幅度和升值速度远远超出了美国等的预期。在“卢浮宫协议”之后，日本又担心美元汇率的不稳定，大幅买进美元，同时下调利率。另一方面，日本过于担心日元升值给出口产业带来的冲击，国内政策导向出现“一边倒”的趋势，采取了金融放松、信贷扩张和扩大财政赤字等方式以增加投资，试图以此缓解日元升值的负面影响。实际上，日本当时还存在较多的管制，加上美国消费结构刚性等原因，出口产品生产者和消费者在日元大幅升值下并没有发生大范围的利益转移，汇率对出口产业的影响与日本当局的考虑大相径庭。在1986～1988年实行了过度扩张的财政政策和货币政策，结果导致日本20世纪80年代末的严重资产泡沫。

第二，流动性过剩是导致日本资产泡沫的根本原因。为了抵消日元大幅升值的影响，日本采取了扩张性货币政策，货币供应急剧增加，信贷规模不断扩大；同时，日本政府还采取扩张性财政政策，鼓励私人投资，直接导致对股市和房地产的投资热潮；另外，日本货币当局为了承担相应的国际责任，为了稳定美元汇率，大幅买入美元，使得国内流动性泛滥进一步恶化。

第三，日本银行业大幅增加对房地产的投资贷款种下了资产价格迅速上涨的“第一颗种子”，银行业也是泡沫经济发生问题的“第一个环节”。20世纪80

年代，日本银行业热衷于投放资产抵押贷款，甚至建议储蓄者进行土地和房地产的再抵押投资，银行发放的土地投资贷款占当时银行放贷总额的26%。20世纪80年代末期，利率提高和货币当局对房地产信贷的调控使得银行出现巨额坏账，银行业资金链条出现断裂，银行等金融机构首先遭遇流动性短缺问题。

第四，日本企业资本运营方式的改变形成了支撑泡沫的资金循环。在金融自由化和日本政府的“号召”下，日本企业由于可以获得成本较低的资本，所以通过负债融资、权益融资获得的资金进行了大规模的股票、地产等资产投资，资本运营从以借款返还的成本削减型转变为追求高利润的积极运用型，股价和地价相互交织上涨，“收益”不断增加，再融资规模随即扩大，形成了支撑泡沫的资金循环。

第五，日本忽视了在CPI稳定表象下的资产泡沫化。当时，日本经济决策过多地依赖于经济模型。在日本资产泡沫形成期间，日本经济增长向好，通胀水平很低，日本学术界和决策界通过经济学模型计算的结果，认为经济基本面良好，资产价格上涨是经济增长的体现，而对于20世纪80年代末期出现的难以用经济学模型解释的现象却视而不见。实际上，日本当时的利率水平很低，是流动性过剩的一个结果，日本已经进入了货币政策无效的境地；股市上涨和土地价格上涨，并无法在CPI中得到体现。

第六，日本政府的舆论导向要为泡沫快速破灭负部分责任。在日本股市大幅下挫的情况下，日本当局的悲观舆论，直接导致房地产市场恐慌。1990年9月，日本国有广播电视台NHK连续五个晚上在黄金时段播放了有关土地问题的特别节目，指出地价可以也可能下跌，并提出应让日本的地价下降一半。同时主张进行土地税制的改革，限制房地产融资。这五个晚上的节目，让经受股市下挫的市场人心惶惶，投资者和投机者都产生了恐慌情绪，做空力量急剧膨胀。一般情况下，货币政策必须是渐进和稳健的，应该采取多次微调的方式，过度扩张与突然收缩都有可能对货币供给、货币乘数和国民经济产生破坏性影响。在日本泡沫经济形成的过程中，极度扩张的货币政策是泡沫经济产生的货币基础，而在泡沫经济破灭过程中，急剧收缩的货币政策同样是罪魁祸首。

1.4 东亚金融危机：回顾与反思

1997年7月2日，泰国财政部和中央银行宣布实行浮动汇率制度，泰铢汇率由市场决定，泰国放弃了实行 14 年的固定汇率制度。当天，泰铢对美元汇率贬值 17%。泰铢放弃固定汇率制度及其汇率的大幅贬值引发了周边地区的金融动荡，加上金融投机的冲击，菲律宾、印度尼西亚和马来西亚等东亚国家的货币遭到攻击，先后放弃了固定汇率制度，引发了区域性的货币危机。1997 年 10 月之后，金融危机蔓延至中国台湾、中国香港和韩国等，进而引发了一场东亚地区的金融危机。1997 年泰铢、印尼盾、马来西亚林吉特、韩元对美元的汇率全年分别下跌 43.5%、57.5%、53.8%、48.3%；股市分别下跌 56.0%、52.4%、37.0%、42.2%（IMF，1999 年）。1998 年，亚洲金融危机继续蔓延和深化，大量金融机构和企业破产，经济增长大幅下挫，成为“大萧条”以后截至当时最为严重的区域性金融危机。出于讨论的方便，本节主要讨论受金融危机冲击最大的几个经济体，亚洲“四小虎”和“四小龙”，即泰国、印度尼西亚、马来西亚、菲律宾和韩国、中国香港、新加坡、中国台湾，简单通称为东亚经济体。

1.4.1 东亚金融危机的演进

东亚金融危机从 1997 年 7 月初爆发，到 1999 年初基本进入尾声，此轮金融危机持续时间近两年，对东亚主要经济体的冲击之大是史无前例的，相当于在一个区域范围内发生了一次“大萧条”（Wade，1998）。根据 IMF（1999）、Fischer（1998）、Goladstein（1998）和 ADB（1999）的研究，一般将东亚金融危机分为四个阶段。

危机浮现期。金融危机爆发之前，东亚经济发展的模式，曾被誉为发展中国家的典范。世界银行 1993 年出版了颇具影响力的报告——《东亚奇迹：经济增长与公共政策》，赞扬东亚取得的成就及其给世界发展的启示。即使在 1996 年，国际货币基金组织仍认为东亚经济前景十分看好。但是，东亚发展模式具有很大的脆弱性，经济体经济基础和估值过高的货币可能存在相脱节的风险，东亚奇迹可能是一个神话（Krugman，1994）。1996 年，东亚经济的问题开始浮现。以泰国为例，1995 年之后，大量流入泰国的资金，并没有投入制造业部门，而是转向房地产市场和股票市场，引起了房地产市场和股票市场的泡沫。大量的资本流入还抬高了非贸易品价格，国内价格相对国外价格迅速上涨，导致真实汇率急剧上升，泰铢被严重高估。泰国政府的财政赤字和外债都不高，但是企业和金融部门却积累了大量的外债。在金融自由化之后，企业纷纷举借外债，因为美元利率比本国利率要低，这就增加了货币错配的风险。泰国的银行为了弥补资本金不足和增加竞争筹码，也大量借入美元债务，这使金融体系的资产负债表处于十分危险的境地。1997年5月初，高盛的研究报告就预测泰铢可能面临贬值压力。随后，国际货币市场开始大肆做空泰铢，泰铢危机已经初现端倪。当时，泰国中央银行已经就未来市场投机和保卫泰铢策略开展政策讨论。但是，大部分决策者认为市场动荡主要是利差交易导致的，以前保护固定汇率资产的失策主要是经济基础薄弱，而“现在亚洲经济基础是强大的”（沈联涛，2009）。决策者大大低估了市场的作用和经济潜在的脆弱性，从而放松了对危机的警惕性。

危机爆发期。这个阶段是1997年7月至1997年底，主要表现为货币危机。1997年7月2日，泰国宣布放弃固定汇率制，实行浮动汇率制，由此引发连锁反应，菲律宾、印度尼西亚和马来西亚等新兴经济体货币遭到冲击。在泰铢波动的影响下，菲律宾比索、印尼盾、马来西亚林吉特相继成为国际炒家的攻击对象。7月泰国放弃固定汇率制度之后，8月马来西亚也实行了浮动汇率制度，印度尼西亚则坚持固定汇率制度到次年年初。与此同时，发达经济体日本、韩国、新加坡和中国香港的货币也受到一定的冲击，东亚地区的货币动荡日益加剧，演化成为一场重大的货币危机（见图1－7）。

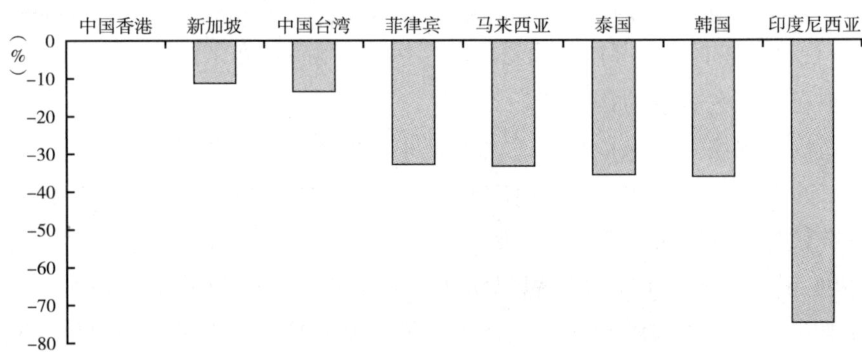

图1－7　东亚部分经济体货币贬值幅度

资料来源：Glodstein，M.，“The Asian Financial Crisis：Causes，Cures and Systemic Implications”，Institute for International Economics Policy Brief No. 55，1998。

危机升级期。这个阶段是1998年初至1998年秋季，货币危机深化为金融危机。在这个阶段，东亚经济体对危机的负面冲击的认识仍然不足，大部分政策应对主要集中在货币市场上。但是，东亚经济发展模式的外向型使得金融体系脆弱性更大，危机的严重程度、潜在风险和传染效应都被低估了。东亚货币危机从货币市场向信用市场和实体经济蔓延，金融体系陷入混乱，经济增长遭遇严重衰退。1997 年 7 月至 1998 年中，大约有 150 家金融机构破产、被吊销营业执照或被国有化、重组等（谢世清，2009）。东亚货币危机已经逐步演化为金融危机，甚至在印度尼西亚升级为经济政治危机。

危机深化期。这个阶段大约是 1998 年秋季至 1999 年初。东亚金融危机之后，国际货币基金组织出面救援，至 1998 年中，基本达成了救援条件和救援方案等，东亚金融危机得以缓解。但是，在全球股市动荡、日元汇率持续下跌之际，国际投机资本对中国香港发动新一轮进攻，恒生指数下挫至 6600 多点。香港金融管理局当机立断动用外汇基金进入股市和期货市场，吸纳国际投机资本抛售的港币和股票，稳定了汇率和股票市场；1998 年 8 ~ 9 月，国际资本开始撤离香港转向俄罗斯。1998 年 8 月中旬，俄罗斯宣布当年内将卢布兑换美元汇率的浮动幅度扩大到 6.0∶1 ~ 9.5∶1，并推迟偿还外债及暂停国债交易。9 月，卢布大幅贬值 70%，俄罗斯股市、汇市急剧下跌，引发金融经济危机。东亚金融危机进一步深化。1999 年初，随着金融救援的开展和市场信心的恢复，东亚金融危机的负面影响开始逐步消退，但是危机的影响是深远的。受到冲击的主要经济体，经济增长大幅下挫，泰国、印度尼西亚和韩国的 GDP 增长率从危机前年均 7% 的增长变为负增长，其中，印尼 GDP 增长从 1996 年的 7.8% 暴跌至 1998 年的 -13.2%（见图 1-8）。危机还对汇率市场、股票市场和直接投资等带来极大的负面冲击。

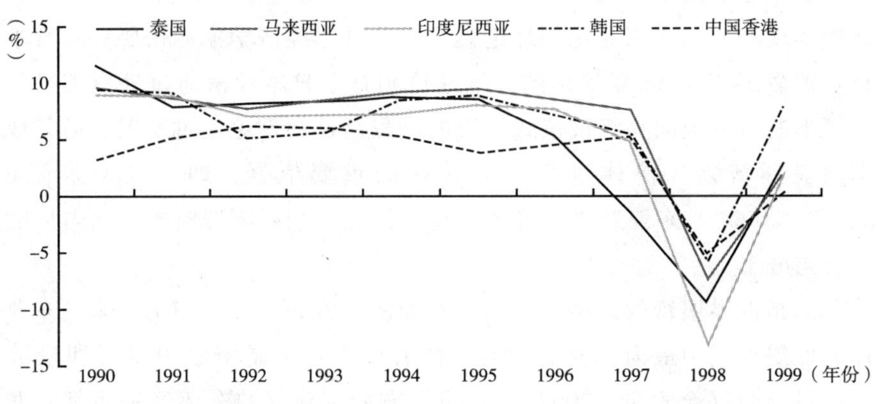

图 1-8　东亚部分经济体 GDP 同比增长率

资料来源：IMF，IFS Database。

1.4.2 金融危机之前的东亚模式

东亚经济体的经济发展创造了“奇迹”。在 1997 年之前的 30 年左右的时间里，东亚经济体加快了工业化进程，扩大了对外贸易，保持了高速的经济增长，并实现了减少贫困、提高平等水平等社会目标。在这一背景下，经济学界对东亚模式的兴趣也与日俱增，对东亚经济体的工业化、城市化、投资贸易政策等的研究不断深化，其中新古典主义学派的研究最为深入和流行。新古典主义认为，自由贸易、自由投资、放松监管、私有化等是发展中国家实现经济增长的最佳途径，为此还萌生了所谓的“华盛顿共识”，认为东亚模式是其他发展中国家的典范，并向拉美等地区推广。其中，最为经典的研究是美国彼得森国际经济研究所 Williamson（1990）提出的 10 项政策建议、世界银行的《贸易与工业化》以及《东亚奇迹：经济增长与公共政策》等。

Williamson 总结的 10 项政策建议包括财政赤字限制、政府支出的秩序选择、税制改革、金融自由化、竞争性的汇率机制、贸易自由化、投资自由化、私有化、监管放松以及产权保护等。结合“华盛顿共识”，世界银行（1993）在总结东亚模式时认为，东亚模式有赖于五个关键性的基本因素：宏观经济稳定、实物资本和人力资本的有效积累、分配的有效性、强有力的政府领导和经济增长成果分享性以及外向型出口战略。

日本经济学家将大多数东亚经济体的发展称为一种“雁形模式”。雁形产业发展形态学说是指通过“国外引进—国内生产—产品出口”的循环使后起国实现产业结构工业化的理论模型，是日本经济学家赤松要针对日本纺织行业的发展于 1932 年提出的，该理论阐释了日本经济通过外贸和替代性生产而不断由低级向高级波浪式发展的进程。这一理论经过发展之后，成为日本向亚洲新兴经济体进行产业转移的重要依据，即“产业扩张论”（Kojima，2000）。东亚新兴经济体的腾飞得益于东亚雁形模式及其内部的产业转移与分工。

无论是世界银行的总结，还是日本经济学家的研究，归纳起来，东亚经济体的发展模式中最为重要的因素可能有两个：一是资本积累（即投资）；二是出口导向（余永定，2007）。在投资方面，新兴的东亚经济体都有非常高的投资率，这种高投资率是以高储蓄率为基础的，当然，外商直接投资也扮演了极其重要的角色（比如日本的投资）；在出口导向模式上，对外贸易在东亚经济体中占有十分重要的地位，进出口占 GDP 的比重都很高。由于严重依赖投资和出口，东亚经济体就需要大量引入外商直接投资甚至外币贷款，同时，由于产业转移和分工需要大量进口，最后的结果是，虽然东亚经济体的出口增长很快，但经常项目基本是逆差的。在金融危机发生前 20 ~ 30 年，东亚模式得以维系和发展，主要是得益于全球化背景下国际分工的重塑以及经常项目逆差占 GDP 比重较低，从而得以维系固定汇率制度，尤其是在布雷顿森林体系崩溃之后。为此，东亚模式高投资、高出口等特征是符合国际经济秩序和结构的演进的，东亚模式也是成功的。但是，经常项目逆差占 GDP（见图 1 -9）的比重是否能够维持在一个适度的水平上，这是决定东亚模式是否能够维持的一个重要条件（余永定，2007）。

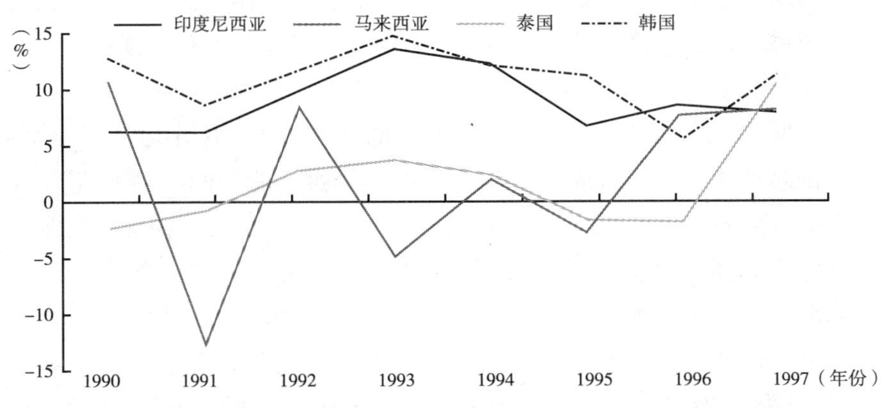

图 1 -9　东亚部分经济体经常项目逆差占 GDP 比重

资料来源：IMF，IFS Database。

值得注意的是，东亚模式存在一个最致命的弱点，就是难以承受国际资本的突然逆转，不仅包括国际资本，也包括本国的资本。如果资本的流动方向突然发生变化，那么“资本流入—高投资—高出口—高增长”这一链条将断裂，整个模式就变得不可持续。而具有这种模式的国家资本流动方向之所以发生逆转，往往是由一些人们意想不到的外部冲击造成的，比如泰国在 1996 年出口的增长速度就急剧下降，1996 年出口速度由 1995 年的两位数降到了 -1.9%。出口增长速度的骤降成为泰国金融危机的触发点。

1.4.3　东亚金融危机的反思

东亚金融危机爆发之后，东亚经济体受到了史无前例的负面冲击，金融市场和实体经济都陷入了极度的困顿，经济从高速增长到负增长，企业破产、工人失业、经济社会问题不断出现，印度尼西亚甚至爆发了政治危机。危机爆发之后，学术界极为震惊，开始反思东亚模式的脆弱性及其适用性。

根据世界银行和IMF的研究，可以将导致东亚金融危机的因素分为两个方面：一是外部性的冲击；二是内部经济结构失衡。笔者认为，导致东亚金融危机的外部性冲击因素包括全球化及其带来的资本自由化、监管放松；而内部经济结构失衡则包括经济增长模式、国际收支失衡、汇率政策选择和资产价格泡沫等。

从外部冲击来看，全球化、资本自由化以及相关政策的失误是东亚金融危机爆发的一个重大因素。20世纪60~70年代之后，随着国际贸易的深入发展，国际分工和全球产业链也开始逐步形成，主要体现在以美国为主的货币核心国和以日本、德国为主的制造核心国，也就是基于布雷顿森林体系的国际贸易和资本流动格局。在该体系崩溃之后，全球国际贸易和国际分工更加深入发展，尤其是国际投资和国际资本流动的全球一体化趋势更为明显，全球化掀起了新的一轮高潮。实际上，包括“四小虎”和“四小龙”等在内的东亚新兴经济体都是新一轮全球化的受益者，外部技术和资本的流入使得这些经济体迅速实现工业化和高速的经济增长。然而，全球化是一把“双刃剑”，在东亚金融危机爆发之前，一些经济体实际上已经处于国际经济学中“不可能三角”的巨大困境之中，全球化尤其是资本自由化导致了东亚经济体金融体系的脆弱性，加上内外经济政策的错配，最终引致金融危机（易纲等，1999）。

20世纪80年代之后，随着信息技术的兴起，全球化最为重要的一个趋势就是金融全球化，并直接带来了资本迅速地在全球流动。为了促进金融交易的达成并降低交易成本，金融自由化和放松金融监管成为一个必要的条件。一般而言，金融自由化主要体现为利率市场化、国际收支的资本账户自由化、金融市场进入门槛降低、金融机构私有化以及金融市场对外资开放等。金融自由化最为核心的部分，也是对金融体系影响最大的是资本账户自由化，允许外国投资者在本国开设资本投资账户，直接买卖证券。一旦资本账户自由化之后，国际资本就可以自由出入本国金融市场，国内资本市场就成为全球资本市场的一个组成部分，市场中的金融资产就成为国际投资者投资甚至投机的对象。事实上，当时大部分东亚经济体在加速资本账户自由化进程甚至已经完成资本账户自由化进程的同时，并没有深化对国际资本流动的监管和进行相应的风险管控，国际资本的流动性潜在地提高了东亚经济体金融体系的脆弱性，尤其是泰国、印度尼西亚、马来西亚和韩国等，金融市场上存在巨量的外币负债，不管是企业部门还是经济整体都处在一个高负债高风险的运行机制中，而外币负债比例高直接造成了货币错配。很显然，当资本市场的价格和流动性发生逆转时，金融机构、企业部门和经济整体都将遭遇极大的困境。资本自由化及其监管缺乏有效性被认为是东亚金融危机爆发的重大外部因素，东亚经济体为此遭遇的是“全球化的报复”（沈联涛，2009）。

在东亚经济体的内部，大量的经常贸易逆差、缺乏灵活的汇率制度、资产泡沫和政策失误等被认为是危机爆发的重大内部因素。由于东亚经济体主要发展模式都是高投资率和出口依赖型，虽然国内的储蓄率一般都比较高，但是仍然无法为持续高涨的投资融资，为此需要引入外商直接投资或者外部贷款，而且东亚经济体需要引入技术、设备和原材料等来支撑其强大的出口，因此大部分东亚经济体保持着长期的经常项目逆差。应该说，这是符合发展中经济体发展的规律的，然而东亚经济体在逐步开放其资本账户之后，外国资本的进入并未全部进入实体经济部门。根据相关的研究，在 20 世纪 90 年代之后，外国资本的进入主要以短期资本为主。以韩国为例，1990 ~ 1996 年，韩国短期外债增长了 158%，达到 759 亿美元，1997 年 7 月进一步上涨至 1774 亿美元，其中 45% 为短期债务。再以泰国为例，泰国的净资本流入从 1990 年的 97 亿美元，大幅上涨至 1995 年的 219 亿美元，泰国净外债头寸从 1990 年的 30% 飙升至 1997 年的 63.6%（IMF，1999）。

由于当时大部分东亚经济体实行的是固定汇率制度，而资本项目是开放的或者处在开放的过程中，这意味着货币政策当局必须丧失全部或者部分的货币独立性。大量外资的流入直接提升经济体内部货币发行量的水平，直接导致国内流动性的膨胀。最后的结果是，过剩的流动性大量进入了股票市场和房地产市场，资产泡沫不断被吹大。以泰国为例，1990 ~ 1994 年，股票市场指数几近翻倍，其中房地产板块上涨幅度近 300%。马来西亚的股票市场更被视为“大赌场”，1990 ~ 1996 年，股票市场上涨幅度超过 140%；房地产市场更是疯狂，房屋价格指数从 1990 年的 100，飙升至 1997 年危机爆发前夕的 216.8（沈联涛，2009）。

由于经常项目逆差、净外债扩大和资产泡沫的存在，国际投资者对东亚经济体的投资愈发谨慎。1994 年马来西亚外汇储备出现负增长、经常项目逆差占 GDP 比重从 1993 年的 -4.6% 大幅上升至 -7.6%；泰国经常项目逆差占 GDP 比重从 1994 年的 -5.4% 上升至 1995 年的 -7.9%；韩国经常项目逆差占 GDP 比重从 1995 年的 -1.7% 上升至 1996 年的 -4.1%（IMF, 2009）。1995～1996 年，随着泰国、马来西亚等国际收支的继续恶化，净外债水平不断提升，以及资产泡沫日益严重，国际资本流入开始出现逆转。以泰国为例，1996 年净资本流入同比下挫 11%，这是 10 年来之首次，反映了国际投资者对泰国信心的动摇，1996 年 9 月穆迪下调泰国短期信用评级，1997 年 5 月高盛发布泰国投资的风险提示（沈联涛，2009）。最后，由于制度性缺陷导致普遍高估的东亚经济体货币开始受到国际投机资本的冲击，东亚金融危机将东亚经济体拖入困顿和衰退的深渊。

1.5 美国金融危机与“大萧条”：比较与启示

2008 年 9 月以来，美国政府宣布接管房利美和房地美，美林被收购、雷曼兄弟宣布申请破产保护，AIG 被国有化，高盛和摩根大通转型为银行控股公司。美国金融市场跌宕起伏，次贷危机全面升级，演绎了全球金融历史上的一次重大“金融海啸”。实际上，次贷危机已经演化为新一轮金融危机，格林斯潘甚至认为美国已经陷入“百年一遇”的金融危机。本轮金融危机发生在全球化的背景之下，是一次流动性危机，也是一场信用危机。“大萧条”是一次严重的银行危机和偿付危机，更是一次破坏性极大的经济危机。通过对“大萧条”和当前危机的比较，有助于加深我们对金融危机演进历程以及如何妥善应对金融危机的认识。

1.5.1 两次危机的相似性

“大萧条”是美国历史上乃至全球经济史上最严重的一次经济危机，虽已过去 70 多年，但对危机的研究仍是经济学界的一个重要课题。对比“大萧条”和本轮金融危机，其相似性主要体现在以下几个方面。

1. 房地产泡沫是两次危机的引爆点

“大萧条”爆发初期，房地产市场生产过剩，而且所有住宅中大约一半被抵押；其后，大规模的违约造成美国房地产市场的崩溃。1934 年 1 月美国《城市住宅金融调查》显示，在被调查的 22 个城市中，自有房屋抵押贷款的违约比例均超过 21%，其中，超过一半的城市违约比例超过了 38%，克里夫兰甚至高达 62%。当时美国经济除 1920 ~ 1926 年的土地泡沫之外，1925 年美国股市泡沫迅速成长，不到 4 年时间，标普综合指数上涨了 3 倍多（Bernanke，1983）。

而本轮金融危机的引爆点，就是众所周知的次级住房抵押贷款和房地产泡沫（何帆、张明，2007）。美联储持续降息和贷款标准的放松，迅速地在全国范围内催生了资产泡沫，尤其是房地产泡沫。2001 年美国次贷总额占抵押贷款市场总额的比率仅为 5.6%，到 2006 年该比率上升到 20%；无需或可较少提供财务资料的房贷自 2001 年的 28.5% 上升到 2006 年的 50.8%。

2. 两次危机的破坏力极大

1930 ~ 1933 年是美国历史上金融体系最艰难、最混乱的时期。1933 年 3 月，美国银行破产达到高潮，银行体系瘫痪，违约和破产程度严重，影响了除联邦政府之外的几乎所有借款人。1930 年 11 ~ 12 月，第一次银行危机爆发；1931 年夏天，金融恐慌演化为经济衰退；1933 年 3 月，银行"休假"，整个银行体系陷入瘫痪；直到 1933 ~ 1935 年，罗斯福新政之后，重建金融体系，经济才缓慢复苏。相关数据显示，1930 ~ 1933 年，各年银行倒闭的比例分别为 5.6%、10.5%、7.8% 和 12.9%，到 1933 年底，坚持经营的银行仅为 1929 年银行数的一半多，美国的银行数量从 25000 家减少到不足 15000 家（Bernanke，1995）。

另外，"大萧条"的破坏力体现在对实体经济的冲击上，即严重的经济危机。美国的经济活动从 1929 年中期到 1933 年初持续衰退。工业产出下降了 37%，价格下降了 33%，实际的国民生产总值下降了 30%，而名义的国民生产总值则下降了一半以上。失业率上升到 25% 的最高峰，并在 20 世纪 30 年代其他的年份中一直保持在 15% 以上（恩格尔曼等，2008）。

美国次级抵押贷款问题已经演化为"大萧条"以来最为严重的全球金融危机，直接导致金融体系的混乱和大规模有毒资产的产生。国际货币基金组织（2009）在《全球金融稳定报告》中估计，全球金融体系因金融危机导致的资产减计约 4.4 万亿美元，其中银行业资产减计为 2.8 万亿美元左右，美国和欧洲的金融机构资产减计规模相当于其 GDP 总和的 13%。截至 2009 年 11 月底，全球已经核销的银行业有毒资产为 1.7 万亿美元，为银行业资产减计规模的六成，总体的有毒资产核销也处于大致相似的进程。

3. 危机的爆发和金融部门非审慎行为密不可分

"大萧条"和美国银行业的资产负债期限错配和非审慎经营是紧密相关

的。一方面，美国的银行业是由小型的分散的独立银行组成，带来了银行体系的整体脆弱性。银行持有的负债主要是活期存款，而其资产却主要是非流动性资产，这就导致了期限错配，带来了一种不良的预期。对银行破产的市场预期，就可能产生挤兑，最后导致不良预期的自我实现。另一方面，“大萧条”和20世纪20年代大规模的债务扩张紧密相连。公开发行的公司债券和票据从1920年的261亿美元增长到1928年的471亿美元，非联邦公开证券从118亿美元增加到336亿美元，城市房地产抵押债券的未清偿价值从1920年的110亿美元增加到1929年的279亿美元，而1929年美国国民收入为868亿美元（Bernanke，1983）。

在次贷危机的爆发和升级过程中，金融行业的非审慎行为也被认为是次贷危机爆发的重要原因之一。非审慎的住房抵押贷款、过度的证券化、会计准则和资产管理等创新带来了美国房地产市场的繁荣，同时也带来了次贷危机，重创了美国房地产市场、金融市场和国际市场（何帆、郑联盛，2008年）。此轮金融危机的爆发是对美国金融机构和金融行业的冒险行为的一次大规模的清算。斯蒂格利茨（2008）认为，两次危机是市场不诚实的后果，美国金融机构通过各种途径规避了金融当局的监管，并拒绝反垄断的任何举措。两次危机都是金融机构的不诚实行为和政策决定者无能的共同结果。

4. 近乎相同的危机传导机制

“大萧条”和新一轮金融危机中的金融合约是非指数化的，这样，货币存量和价格水平的变化，就可能通过债务型通货紧缩和流动性及其稳定性来影响金融机构和实体经济。

债务型通货紧缩（Debt Deflation）就是借款人（一般是企业和家庭）发生财务困难，通过各种传导机制，对经济产生实际影响。在美联储实行紧缩货币政策之后，资产和商品价格下降，对债务人构成还债压力，债务人就不得不贱卖自己的资产，引起资产价格进一步下跌，金融环境更加窘困。比如金融机构由于债务偿还压力加大，再融资成本增加且渠道减少，可能导致自由资金、流动性资产和非流动性资产的不匹配，进而导致现金流不足或资不抵债。如果债务型通缩足够严重，就会危及银行和其他金融中介机构（产生“对手风险”），直接造成银行的实际或潜在的贷款损失，影响金融机构的资本实力，损害金融机构的经济效率，最后导致金融市场资金融通功能的丧失，这就产生了引致性金融危机（Induced Financial Crisis）；如果金融市场资金融通功能丧失逐步累积，储蓄转化为投资的渠道被堵塞，那么最后的宏观表现就是经济衰退（Eichengreen and Grossman，1994）。

金融危机将给信贷流动造成大量渠道外的变动，进而扰乱信贷配置的过程，市场的流动性变得更加敏感且不稳定。当整个金融部门都缩紧流动性，金融中介行为的实际成本大幅提高，借款人就会发现信贷变得昂贵而难以获得，信贷紧缩就会演变为总需求的萎缩，最终演变成为一次经济衰退。衰退持续的时间长短取决于两个要素：一是在信贷混乱之后，建立新的信贷渠道或者重塑旧的信贷渠道的时间；二是债务人恢复正常经营和偿还能力的时间（Bernanke，1983）。

5. 政府的强力干预

1933 年 3 月，美国银行体系几乎瘫痪，金融体系的自我修正能力已经丧失，至少市场参与者对市场自我调整的信心已经失去。新任总统罗斯福只好宣布“银行休假”（1933 年 3 月 7 日，罗斯福宣布临时关闭全国 17032 家银行，3 月 12 日，12817 家银行获准重新开业）。“罗斯福新政”之后，政府主导金融重建，理顺了债权人和债务人的关系，稳定了经济和金融秩序。1934 年，政府通过复兴金融公司（Reconstruction Finance Corporation）向银行和大量金融机构注资。1933 年之后，政府成立了联邦储蓄与贷款保险公司（FSLIC）和联邦存款保险公司（FDIC），对存款贷款提供一定的保险，政府授权金融机构发放贷款，比如，1934 年，新增的抵押贷款中，政府支持的房屋产权人贷款公司发放了 71% 的贷款（Bernanke，1983，1995）。同时，罗斯福还和国民进行“炉边谈话”，稳定了国民对市场和政府的信心。

在本轮金融危机中，为了防止危机进一步恶化，造成更加严重的后果，尤其是警惕危机造成系统性破坏并演化为经济危机，美国政府和欧洲央行、日本央行、英国央行等货币当局紧密合作，对次贷危机进行了史无前例的救援。货币政策当局主要的救援体现在四个方面：一是使短期利率接近于目标水平；二是向市场提供流动性支持；三是加强国际合作；四是调整货币政策的基调。主要经济体的货币政策表现出趋同的特征。一方面，主要经济体在危机之后均大幅度降低利率。2008 年 12 月以来，美联储宣布将联邦基金利率长期保持在 0 至 0.25% 之间；英格兰银行五次下调基准利率 350 个基点至 1%，欧洲央行下调 325 个基点至 2009 年 5 月的 1%，三者利率均创历史最低水平。2008 年 10 月 31 日，日本央行决定将银行间无担保隔夜拆借利率由当时的 0.5% 下调至 0.3%。主要经济体同步下调利率，不仅进入了史无前例的超低利率时代，而且进入了“零利率”陷阱。另一方面，当利率降无可降之后，主要经济体的央行均采取了“量化宽松”政策，通过购买金融资产，继续向市场注入流动性。

更重要的是，美国政府还出台了一系列财政金融政策以稳定金融体系，促进经济复苏。继布什政府出台1680亿美元减税方案之后，2009年2月奥巴马政府又通过了总额为7870亿美元的美国复苏与再投资法案（American Recovery and Reinvestment Act）等。扣除通货膨胀因素的影响，美国的经济刺激方案已经超过罗斯福新政、马歇尔计划时期美国政府的支出规模。

1.5.2 两次危机的差异性

1. 两次金融危机的历史背景不同

“大萧条”是和金本位制度相联系的，而本轮金融危机则是和“后布雷顿森林体系”相联系的。美联储主席 Bernanke（1991）认为，全球范围内的国内货币供给崩溃，导致20世纪20年代末和30年代初总需求的急剧收缩和价格下降，其内部制度因素是20年代后期大多数国家所采用的国际金本位制存在的技术缺陷和管理不善等缺点。第一次世界大战之后，各国努力重建金本位制，以期稳定货币供给和金融体系。英国于1925年恢复金本位制，法国是1928年恢复该制度，至1929年，主要市场经济国家多采取金本位制度。

但是，在金本位制下，一个国家的货币供给受黄金储备存量和中央银行买卖黄金价格的影响，同时受货币乘数、黄金拨备率（基础货币除以央行的国际储备加黄金储备之和）、国际储备和黄金储备之比等因素的影响。复兴的金本位制仍将通货紧缩而不是货币贬值作为弥补贸易赤字的措施，而且金本位制使得赤字国家承受的通货紧缩压力大于外汇盈余国家面临的通货膨胀压力（恩格尔曼等，2008）。由于黄金大量流入美国，使得美国的货币供给大幅度增加（数倍于黄金流入增量），带来了严重的市场投机。1928年，美联储为了抑制股票市场的投机，转向了紧缩货币政策，以冲销黄金流入。而另一方面，其他国家的黄金流入美国，货币供应量相应减少，陷入通缩的境地。这样，由于实行金本位制度国家的内部货币存量大幅下降，全球都陷入了货币紧缩的境地。因此，“大萧条”是货币紧缩的结果，而货币紧缩的祸根在于金本位制度的调整（弗里德曼，1991）。

弗里德曼（1991）认为，美联储在应对金本位制度中被误导了，以至于出现根本性的失策。1931年下半年之后，德国和英国都放弃了金本位制，投资者认为美元接下来也会贬值，他们在美国政府对美元进行贬值前突然抛售美元。但美联储不打算向国际压力让步，它选择维持美元的币值。美联储提高了利率，这加速了货币供应量的下降。结果就是美国的利率在1931年最后一个季度里急剧上升，信贷变得更加难以获得。在整个紧缩政策中，美联储的行为是前后一致的，目标就是维持金本位，因此美联储公开市场操作被金本位紧紧地束缚着。胡佛政府中的每个人都毫不怀疑地坚持一个前提：金本位是值得挽救的。

而此轮金融危机的爆发和全面升级与全球经济失衡以及所谓的“后布雷顿森林体系”是紧密相关的。当前的全球国际收支失衡主要表现为美国持续的经常账户赤字，以及东亚国家和石油输出国持续的经常账户盈余。根据全球流动性的传导方式，可以将之划分为位于中心的美国，以及位于外围的东亚国家和石油输出国。中心国家产生并释放流动性，而外围国家吸收流动性，同时一部分流动性回流至中心国家。Dooley等人（2003）将这种全球国际收支失衡视为一种新的稳定的国际货币体系，并将之称为“后布雷顿森林体系”。在这种体系下，中心国美国得到的好处是能够以低利率为经常账户赤字和财政赤字融资，保证本国居民的高消费；外围国家（东亚国家、石油出口国）可以通过长期出口来拉动经济增长和解决就业问题。Dooley等人认为，当前的国际收支失衡格局符合中心国家和外围国家的长期利益，因此是富有效率而且能够长期维持的。但是，Dooley等人认为这种平衡实际上是一种非常脆弱的平衡，它可以描述全球经济失衡的资本流动机制，但将之定义为一个稳定的、能长期维持的体系就过于勉强。由于当前的体系对中心国家的货币没有任何约束，缺乏一种在成员国之间分担国际收支调整成本的制度化机制，加上国别货币长期充当中心货币的时代已经一去不复返，因此当前的国际收支失衡只能维持两年左右的时间，到2006年左右将会发生剧烈调整（Roubini et al.，2005）。

2. 两次危机的性质有所差别

“大萧条”首先是银行危机，还是清偿危机，更是经济危机，其诱因不仅是货币紧缩，还有实体经济的因素；而本轮金融危机首先是流动性危机，再是信用危机。相同的是，两次危机都是系统性危机。

“大萧条”主要是两个传导渠道：一是通货紧缩引起的银行危机，二是名义工资相对价格变动的调整不充分，造成实际工资高于市场出清水平（Bernanke，1995）。在“大萧条”中，对经济和金融系统的命运起决定作用的是商业银行的崩溃。1930 年 10 月开始的是第一轮银行危机，各地独立的中小银行和农村地区的银行随着商品价格的波动也发生大范围的倒闭。这个阶段，仍然不是具有强大破坏力的银行危机。但是，美联储最大的政策失败直接导致了 1931 年 3 ~6 月的第二轮银行危机。尽管在 1931 年初，经济显示了恢复的迹象，但联邦储备体系并没有实施适当的扩张政策。持续不断的通货紧缩的恶性循环使借款者违约，同时，金融机构出售资产以满足资金需求，这都削弱了金融中介的证券组合，迫使资产价格进一步下降。新一轮的银行失败重新掀起了流动性挤兑和货币紧缩。由于英国、德国放弃金本位制而导致美元遭抛售，在 1931 年 10 月美联储提高了贴现率。利率的提高和黄金的外流带来了更多的银行失败以及经济活动更大的衰退，不断发展的通货紧缩在 1931 年秋天被美联储变成了“大萧条”。弗里德曼（1991）甚至认为，美联储的政策已经使得“大萧条”不可避免，因为此时全面通货紧缩中的蒙代尔效应已经远远大于凯恩斯效应，通货紧缩将导致“大萧条”。联邦储备银行在解决银行系统危机方面无能为力，使得 1932 年第 4 季度银行系统遭遇了新一轮的失败浪潮，并重新出现了对流动性的紧迫需要，最后直接导致了 1933 年的“银行休假”。此时的美国银行体系已经完全陷入清偿危机之中，过去银行暂停支付现金是为了防止恐慌和挤兑，而这次的“暂停”是三年痛苦之后的一次自决，此次清偿危机的彻底性和严重性是以前任何危机所无法比拟的。“大萧条”的一个重要根源是实体经济，总需求下降以及 20 世纪 20 年代耐用消费品或住房的生产过剩是危机爆发的重要原因。金德尔伯格（2007）亦认为，商品的过度供给以及由此引起的商品价格下跌是“大萧条”的导火索，而商品过剩的重要原因是国际贸易品价格下跌。当然，“大萧条”对实体经济造成的破坏性影响，也是当前金融危机所不及的。

而此轮金融危机首先是一个流动性危机，金融机构所从事的证券化和高杠杆操作，使得金融体系的流动性出现易变性，容易被数倍放大或者缩小。一是金融机构的行为改变了人们持有货币的动机，引起货币需求结构的变化。二是货币需求的决定因素变得更为复杂和不确定，各因素的影响力及其与货币需求函数关系的不确定性加剧，从而降低了货币需求的稳定性。三是货币供给的内生性增加，金融创新和杠杆操作使货币供应在一定程度上脱离了中央银行的控制，而越来越多地受制于经济体系内部因素的支配，比如货币乘数的变化，从而严重削弱了中央银行对货币供应的控制能力和控制程度。更值得注意的是，创新型金融产品和资本运作在过去几年对信用创造的作用非常大，同时对流动性极其依赖，这些产品和运作在金融动荡的条件下容易丧失再融资功能，使得市场的整体流动性大幅萎缩（即信用骤停），从而产生流动性危机（Reinhart et al.，2008）。

在流动性危机之后，市场开始出现严重的惜贷和信用紧缩，尤其是大型金融机构的纷纷倒下，给市场带来了巨大的信心问题。相对于“大萧条”而言，本轮金融危机的特点是大型金融机构的轰然倒塌，尤其是房利美、房地美这两个具有政府隐性担保的机构和 AIG 等金融机构的倒下，使得市场对信用本位体制忧虑重重。因为，信用本位是以国家信用为支撑的，而像“两房”这样具有美国国家信用的机构竟然几近破产，使得市场对信用本位以及美国国家的信用都产生动摇。由此可见，美国新一轮金融危机对信用的质疑，对金融体系的稳定以及实体经济层面的后续影响仍不可低估。

3. 美联储的救援态度和救援力度大相径庭

1929 年危机初现端倪的时候，美联储不仅没有放松货币供应，而且还紧缩货币（期间提高了基准利率）。1931 年 5 月，奥地利最大银行破产，8 月英国放弃金本位，此时如果美联储放宽货币供给，可能会防止市场恐慌，稳定市场情绪，相反美联储却提高贴现率 2 个百分点。1929～1933 年，美国基础货币存量下降 35%，狭义货币 M1 同期下降 25%。实际上，在“大萧条”爆发初期，美联储没有将大量流入的黄金储备货币化，反而还将正的黄金储备流入转化为货币存量的负增长，这意味着，美联储的货币政策不仅没有对危机进行适当的应对，反而对金融稳定形成了破坏。在“大萧条”的前 14 个月（1929 年 8 月～1930 年 10 月），货币存量略微下降 3%，这个阶段实际上和一般的周期性紧缩的表现极为相似，或者说就是一般的周期性紧缩，因为此时通货对存款的比例是相对稳定或者稳定下降的（弗里德曼，1991）。甚至可以说，是美联储的失策将美国拖入“大萧条”。周期性紧缩之后，美联储仍然没有承担起最后贷款人的职能。1931 年 3～6 月，美国爆发了第二轮严重的银行危机，1930 年 10 月～1931 年 7 月，货币存量再大幅减少 6%，但是美联储的外部信用总额并没有增加，仅仅是 1928 年底的一半。更严重的是，1931 年 9 月，美国放弃金本位，在没有对国内流动性短缺作出反应的同时，却迅速有力地对由此引起的国外流动性短缺作出反应，即快速提高贴现率，从 10 月 8 日的 1.5% 上调至次日的 2.5%，一星期之后又上调至 3.5%。这个时候“大萧条”已经是不可避免了，美联储犯下了

“大萧条”过程中最严重的错误（弗里德曼，1991）。

在本轮金融危机中，美联储扮演了与“大萧条”时期完全不同的角色。在危机爆发初期，美联储就密切关注事态的发展。随着危机的升级，美联储的救援幅度已是史无前例：一是大量注入流动性，2007 年 8 月 11 日，次贷危机爆发，金融市场流动性状况发生逆转，其后 48 小时，美联储等货币政策当局向市场注入 3262 亿美元的资金，当日，美联储三次向市场注资 380 亿美元。随着危机的升级，货币政策当局向市场注入的流动性规模不断扩大，截至 2009 年底，各央行向市场注入资金规模已经超过 4 万亿美元。二是放松货币政策，降低贴现率和联邦基金利率。2007 年 9 月至 2008 年 4 月期间，美联储累计降息 325 个基点，从 5.25% 降至 2%，而且贴现率从一般高于基准利率 100 个基点下降至 25 个基点，拆借期限从隔夜扩大至 30 天，甚至 90 天。随后美联储进一步降息，2008 年 12 月以来，美联储宣布将联邦基金利率长期保持在 0 至 0.25% 之间不变。三是不断排除政策束缚，扩展政策空间。“大萧条”以来首次对投资银行提供流动性，参与接管“两房”和 AIG，批准摩根大通和高盛转型为银行控股公司，摈弃市场主义信条等。如果现在的美联储是 20 世纪 30 年代的美联储，那么此轮金融危机的破坏力无疑将会更大。值得指出的是，现任美联储主席 Bernanke 是研究“大萧条”的专家，其对美联储在“大萧条”时期的错误有着充分的认识。

4. 两次危机对金融监管和金融改革的作用不同

“大萧条”使得美国金融体系走向分业经营和分业监管的模式，而本轮金融危机可能会导致金融监管向混业监管转变，监管结构可能从伞形监管向功能监管转变。1933 年，罗斯福新政后批准了《格拉斯—斯蒂格尔法案》(即银行法)，将投资银行业务和商业银行业务严格地划分开，保证商业银行避免证券业务的风险，确立了分业经营和分业监管的制度框架。之后的 60 多年时间里，美国金融业坚持银行、证券分业经营的模式，美国政府对金融业基本都朝着减少干预的方向发展，直到 1999 年《格拉斯—斯蒂格尔法案》被全部废止。

在美国新一轮金融危机中，美国政府已经意识到金融监管的不力，并开始致力于监管体系改革。2009 年 6 月中旬奥巴马政府正式公布金融监管体系改革方案——《金融监管改革：一个全新的基础》，该方案将在金融机构稳健监管、金融市场全面监管、消费者投资者保护、金融危机应对、全球金融监管标准及合作等五个方面进行深入的改革，这将深刻影响和改变美国乃至全球的金融监管体系。

1.5.3　两次金融危机的启示

1. 制度性缺陷是金融危机爆发的最大根源

不管是“大萧条”还是新一轮金融危机，都有其特定的经济环境。不管是金本位制还是布雷顿森林体系（以及所谓的后布雷顿森林体系）都为世界经济的快速平稳健康发展做出过积极的贡献，但是随着全球经济的发展，制度本身的缺陷和调整具有一定的必然性，潜在危机的爆发也具有一定的必然性。一个不可持续的经济制度早晚都要对经济活动产生负面冲击，只是程度不一样而已。如果对该制度调整得快，调整得早，那么其负面冲击可能要小（何德旭、郑联盛，2009）。

2. 金融是现代市场经济的核心，而流动性是金融的核心

不管在什么年代，流动性都具有易变的本质，流动性过剩向流动性短缺的逆转可能几天就能完成。在金融繁荣阶段，在货币流通速度加快、信贷非理性扩张等刺激下，流动性通常显示为过剩；但是，在金融动荡时期，出于风险防范和金融机构本身的资金需求，流动性可能发生逆转，即出现流动性不足的状况。一旦流动性过剩突然发生逆转，将会给世界经济和全球金融体系造成破坏性极强的冲击。货币政策当局应该加强对流动性的管理，制定实施流动性的监测、控制、调整和预警等方案。

3. 协调金融创新与金融监管的关系

完善金融创新的监管体系是防范金融风险的核心要求。仅靠金融机构自身的风险管理是远远不够的，监管当局进行有效监管是金融稳定和金融安全的必要保障。首先，金融监管当局要改变监管的理念和监管模式，金融全球化条件下的金融创新和混业经营的再次繁荣，使得原本的监管机制已经无法满足新形势的需要。监管当局需要针对金融市场的安全性、流动性和赢利性以及金融机构的资本充足率、资产质量和表内表外业务等设计一个科学的监管体系，以此来提高防范和化解金融风险的快速反应能力。其次，金融监管应强调针对性，比如银行业需要关注其表外业务的变化，对资产证券化应强调对基础资产和各级证券化产品的风险分级与评估，特别是对离岸金融、避税天堂、私人股权基金、对冲基金等要提出具有很强针对性的监管措施。再次，监管当局的能力建设需要放在更加突出的位置，监管能力应和金融业

务、金融创新的发展保持动态的协调。金融监管可能永远落后于金融发展，但是要着力防止出现“监管空心”和“监管死角”。

4. 货币金融当局的有力救援是金融风险扩散的有效防火墙

从此次金融危机的救援来看，货币金融当局的强力救援可以有效防止市场信心的非理性下挫，同时流动性的及时注入，可以缓解流动性紧张，防止金融创新中的风险通过流动性渠道转移扩散。另外，国际金融合作可以有效防止金融风险的国际传播，比如美联储和欧洲央行的联合行动，对防止金融危机的进一步扩散起到了一定的积极作用。这也说明，在应对各种金融动荡和金融危机时，必须有一个强有力的最后贷款人。

2

经济周期与金融危机：金融加速器视角的解释

短期经济波动是使经济学家着迷的永恒话题。克拉克曾经说过："现代世界关注经济周期就像古代埃及人关注尼罗河泛滥一样，这种现象间断地反复出现，它对每个人都极为重要，而它的自然原因却无法理解。"我们显然要比古代埃及人幸运。主流宏观经济学为我们提供了观察经济波动并对其进行数量分析的框架，然而近些年来，金融经济现实却向传统周期理论提出了越来越严峻的挑战。

传统周期理论面临的最严重挑战之一是不能为金融在经济周期中的作用提供满意的解答。真实经济周期模型和凯恩斯主义的 IS－LM 模型是宏观经济分析中应用最为广泛的两类框架。虽然两者在许多方面完全不同，但是都因循莫迪利安尼—米勒定理（MM 定理，1958）的假设，其结论是金融市场和信用市场的各种变化不影响真实经济活动。直到 20 世纪 80 年代，新古典宏观经济学派仍然墨守 MM 定理和从生产函数角度推导经济波动原因的理论传统，在其框架中，金融市场的作用往往被简化成一个代表资金流向的函数，无法被引入经济周期模型。随着金融在经济中作用的凸显以及经济的日益虚拟化，现代经济周期越来越呈现出明显的金融经济周期特征：经济运行与金融市场、资产价格的变化有着越来越紧密的联系；金融经济活动在内外部冲击下，通过金融体系传导形成持续性波动和周期性变化（Mishkin，1999）；任何微小的变化都可能通过金融市场的放大和加速作用而对一国乃至全球经济产生巨大的冲击，造成经济的剧烈波动甚至严重的衰退。显然，传统周期理论无法为这些现象提供令人满意和信服的答案，宏观经济分析迫切需要寻找更加贴近现实、更具现实解释力的分析框架。

美联储主席 Bernanke 从探讨“大萧条”的非货币效果入手，发现信贷市场某些条件（如信息不对称导致的借贷代理成本等）的变化会放大并传播初始冲击对经济的影响，随后他和 Gertler 等人将金融市场摩擦纳入经济周期波动的一般分析框架，阐述了最初的微小冲击通过信贷市场状态的改变被传递和加剧的机理，提出了“金融加速器”的概念。金融加速器理论奠定了金融经济周期理论的基础和一般分析框架，对现代金融经济周期的诸多现象和特征进行了强有力的解释。

2.1 金融加速器理论的萌芽与发展脉络

Bernanke 等人提出的金融加速器理论并不是全新的思想，其思想源头可以追溯到剖析“大萧条”的大师欧文·费雪（Irving Fisher）的“债务—通货紧缩—大萧条机制”。费雪（1933）认为，1929～1933 年，在以高杠杆形成的一系列信用链中，初期的商业下滑导致了一些企业的破产和支出下降，并直接导致新一轮的破产潮。在这种直接作用机制以外，是一种涉及所有借款人的更为重要的间接机制在起作用：资产和商品价格给名义债务人造成巨大偿债压力，迫使他们低价倾销资产，这反过来又迫使价格进一步下降，触发金融危机。在费雪看来，广泛的借款人资产负债状况恶化以及与此同时发生的产出和价格的自由落体式下降，使当时的美国经济出现一种债务—通缩（Debt—Deflation）越来越严重的自我加速恶性循环。信用市场条件恶化并不仅仅是真实经济活动下滑的简单被动反映，他们本身就是导致经济衰退和萧条的主要力量。“债务—通货紧缩—大萧条机制”虽然内涵丰富且思想深邃，但当时并没有引起足够的重视。时隔半个世纪，Bernanke 重新唤起了费雪的主题。Bernanke（1983）在分析了美国“大萧条”期间货币与金融总量的相对重要性后，强调金融系统的崩溃才是决定“大萧条”的深度和持续性的关键因素。他指出，1930～1933 年金融体系全面崩溃、市场服务和信息服务效率急剧下降、真实融资成本大幅上升、银行信贷全面紧缩等导致了当时的经济下滑并转变成长期的经济萧条。Bernanke（1995）基本厘清了“金融危机—信用成本上升—真实产出持续下滑”的微观机理，在此基础上他还和 Gertler 等人将金融市场摩擦纳入经济周期波动的一般分析框架，最终提出了“金融加速器”。

Bernanke 和 Gertler（简称“BG”）（1989）在一个“非莫迪利安尼—米勒世界”中，基于一个具有固定规模投资计划借款者（或企业）面对“高价查证”（Costly State Verification，CSV）问题的代际交叠模型，阐述了“金融加速器”的基本思想。在 CSV 框架中，企业家净财富水平的下降会导致外部融资溢价的上升。因此，一个初始的不利冲击（比如生产率的下降）会减少企业家的净财富，导致内部融资能力降低、外部融资溢价上升，企业由于融资约束收紧而减少投资支出，这进一步降低了下一期的经济活动水平和企业净财富。Bernanke 和 Gertler 等人（1996）对此机制进行了梳理，正式提出了“金融加速器”的概念。他们提出：“假设信贷市场存在摩擦或成本、总的融资需求不变、存在不对称信息，标准的贷款行为分析模型证明：外部融资额外成本与借款者资产净值负相关。一般而言，借款者的资产净值随经济周期正向变动（譬如企业之利润和资产价格就是随经济周期正向变动），那么外部融资额外成本将随经济周期反向变动，由此触发企业融资的波动，随之而来的是企业投资支出和生产波动。我们将由信贷市场状况变化导致的初始冲击被放大的机制称作金融加速器。”Bernanke 和 Gertler 等人（1996）提出了金融加速器的两个宏观经济动态含义①，并运用商业季度金融报告（QFR）的制造业企业面板数据证实了金融加速器理论的预测。该文为检验金融加速器效应的现实存在性提供了基于计量手段的实证路径。

Bernanke 等人早期的开创性研究激发了众多学者的兴趣，金融加速器模型随后得到不断拓展和深化：在 BG（1989）模型中，金融合约只在单一时期有效，Gertler（1992）证明即使允许放款人和借款人签订多期合同，类似的结论仍然成立；BG（1989）的另一个简化假设是产出变化仅仅反映在生产率变化和资本存量的变化上，经济中的总就业水平保持不变，Greenwald 和 Stiglitz（1993）证明厂商对就业的需求也会受到金融因素的影响，并产生金融加速器效应；Aghion 和 Bolton（1993）详尽分析了整个宏观经济的短期和长期动态过程；BG（1989）模型假设真实利率由当前可供选择的技术决定，且固定不变，Aghion、Banerjee 和 Piketty（1997）刻画了当利率变动是内生变量时，此类模型的动态过程如何被影响；在 BG（1989）模型里，企业净值顺周期变化的主要渠道是外部冲击改变企业现金流。实际上，企业

① 即经济周期动态是内生非线性的，金融加速器效应导致外生冲击对面临不同代理成本的借款人的影响是非对称的，后文有具体的表述。

资产净值更大幅度受其真实资产和金融资产之价值变动的影响。① Kiyotaki和Moore（1997）在Hart和Moore（1994）债务合约框架的基础上将上述论点模型化，其动态一般均衡模型的突出特点是资产价格内生的、顺周期的变化是导致借款人的净财富、信贷可得性、支出和生产水平等波动的主要原因。特别的，Carlstrom和Fuerst（1997）将信用市场的特征方程纳入通常的真实经济周期模型，借此量化经济周期中代理成本对厂商投资需求和经济总产出的影响，从而建立起一个可计算的一般均衡模型。这直接启发了Bernanke等人的研究。Bernanke、Gertler和Gilchrist（简称"BGG"）（1999）在Carlstrom和Fuerst（1997）研究的基础上，将信贷市场不完美和企业净值纳入动态新凯恩斯（Dynamic New Keynesian，DNK）模型的分析框架，设计了一个可供计算的包含金融加速器的一般均衡框架，并通过该模型定量地展示了金融加速器在经济周期中的作用。BGG（1999）是金融加速器领域研究的重要文献，其所建立的数量经济周期中的金融加速器模型为后续学者的理论和实证研究提供了方法借鉴。此后有关金融加速器的大多数研究多是基于BGG（1999）在随机动态一般均衡（Stochastic Dynamic General Equilibrium，DSGE）的框架下展开的。随后，Bernanke和Gertler（2001）探讨了金融加速器效应下针对资产价格动荡的货币政策规则，提出总体宏观经济稳定和金融稳定目标下的灵活的通货膨胀目标准则。自此有关金融加速器的研究形成了较完备的理论体系。

2.2 金融加速器理论的现实解释力

金融加速器理论为理解金融市场在经济周期中的作用提供了一个很好的视角。基于金融加速器理论，可以对现代经济周期以及金融危机中的诸多现象给予更加贴近现实，更具说服力的解释。

2.2.1 经济周期中的金融加速器

现代经济周期的一个典型特征是周期的萧条、衰退阶段往往发端于资产价格泡沫的破裂。一个典型例子是日本从20世纪80年代后期开始的长时间衰退。Fukunaga（2002）指出，20世纪80年代后期到20世纪90年代早期

① 费雪（1933）和其他古典学者都认为资产价值变动是推动和扩展经济衰退的主要力量。

由泡沫破裂导致的资产价格剧烈波动以及 90 年代晚期银行系统的大规模运转失灵，可能存在非常显著的金融加速器效应。他运用日本数据校准了包含金融加速器效应的动态一般均衡模型，结果发现金融加速器机制确实能够解释日本 20 世纪 80 年代后期开始的经济衰退中企业投资的大幅波动。Fuchi、Muto 和 Ugai（2005）同样对日本 20 世纪 80 年代以来由资产价格泡沫破裂导致的经济衰退进行了历史考察。他们对 BGG（1999）模型进行了修正，并对修正后的模型进行了 GMM 估计，之后通过模拟发现可识别的净值冲击对产出和价格产生了显著而持久的影响，结论是负的金融加速器效应对 20 世纪 90 年代和 21 世纪初日本经济的长期停滞产生了重要影响。

金融加速器效应能否对经济萧条、衰退时期投资、产出的大幅波动给予更好的解释呢？学者们基于 BGG（1999）模型，在随机动态一般均衡模型的框架下，借助真实经济周期的校准技术对此进行了实证研究。Hall（2001）在对 20 世纪 80 年代后期和 20 世纪 90 年代早期英国企业的投资支出、财务状况和融资可得性相互关系的考察基础上，基于 BGG（1999）模型用英国数据进行了校准、模拟，结果显示有金融加速器的模拟结果能够更好地符合此期间企业的真实活动和融资行为的关键特征，这表明金融加速器效应能够较好地解释 20 世纪 80 年代后期和 90 年代早期英国经济的衰退中企业投资和金融状况的关系以及投资、产出的波动。

现实经济周期的另一个显著特征是周期动态的内生非线性，货币政策的周期非对称性即是很好的例证。[①] 基于金融加速器的视角，可以对此给予很好的解释。金融加速器的宏观动态预测之一是随经济衰退程度的加深，金融加速器效应越来越显著（Bernanke，Gertler and Gilchrist，1996）。[②] 这是因为在拥有充裕内部资金的经济中，当前企业利润的噪声冲击对投资支出没有影响，金融加速器机制效应微弱。相反，利润波动将对支出产生很大的影响。随着衰退程度的加深，货币政策不仅通过资金成本等直接效应对经济体

① 货币政策的非对称性主要体现在政策方向非对称性（紧缩性货币政策要比扩张性货币政策更有效）和周期非对称性（货币政策在经济衰退时期比在经济繁荣时期的效力更明显）两个方面。

② 这已经被学者们（例如，Gertler and Hubbard，1988；Kashyap，Lamont and Stein，1994）通过检验不同时期现金流等的变化对企业真实经济活动的影响所证实。Fazzari 和 Peterson（1993）、Gertler 和 Gilchrist（1993）、Hubbard（1998，2000）对融资约束、企业投资决策以及货币传导机制之间的关系进行了理论检验，结论同样是金融市场的缺陷所导致的融资约束的存在，通过对企业投资决策的作用，最终影响了货币传导机制的作用过程和效应。

产生影响，同时由于融资者资产状况的持续恶化导致金融加速器效应越来越显著，从而对经济产生越来越显著的影响。现实经济周期内生非线性的另一个显著表现是非对称性，一个现实例证是在由紧缩货币政策引起的经济下滑初期，小企业存货、销售等下降得更快、更多，小企业在产出的下降中扮演了重要的角色（Gertler and Gilchrist，1993，1994）。金融加速器对此同样具有很好的解释力。这是因为，一般而言，中小企业的信息问题更加突出，外部融资的代理成本更高。在经济繁荣时期，顺周期的企业净值为外部融资提供了充足担保，因此不同类型企业的真实经济行为差异表现不明显。而在经济下滑时期，企业净值的变化使得中小企业的代理问题凸显，银行信贷更多地流向大企业，导致中小企业的固定资本、存货投资支出等更早、更大地波动（Whited，1992；Kashyap et al，1994；Hu and Schiantarelli，1998；Philp Vermeulen，2002；Vijverberg，2004）。①

2.2.2 金融加速器与金融危机

1. 金融加速器与亚洲金融危机

亚洲金融危机爆发后，学者们基于金融加速器理论对金融危机和汇率制度安排、国际经济波动的传播等进行了探讨，相关的文献如 Gertler、Gilchrist 和 Natalucci（2003）建立的小型开放经济模型，Faia（2001）建立的两国模型，Gilchrist、Hairault 和 Kempf（2002）的欧元区模型以及 Natalucci（2001）的三国模型等。②

亚洲金融危机时期，泰国、菲律宾、马来西亚、新加坡、韩国和印度尼西亚等贬值国经济的急剧崩溃使传统开放经济理论遭到了广泛质疑。传统的蒙代尔—弗莱明模型表明本币贬值将提高外国产品相对于本国产品的价格，导致本国产品被更多地消费，从而通过“支出—转换“效应”带来产出的扩张。基于金融加速器理论的视角，学者们认为由货币贬值带来的企业资产负债表的恶化是导致亚洲金融危机时期产出急剧下降的主要推动力量（Krugman，1999）。这是因为，东南亚新兴市场的外部债务几乎全部是以发达国家货币（主要是美元）计价的。当企业的收入以本国货币计价而债务以美元计价时，未预期的本币贬值严重恶化了企业的资产负债表，这反过来

---

① 与此相关的一个文献综述，可参见 Bernanke、Gertler 和 Gilchrist（1996）。

② 蔡辉明（2004）提供了这方面一个完整的理论综述。

影响了其借贷能力。而贬值进一步恶化了借贷国整体的“资产负债表”，外国资本的风险溢价大幅度上升，外国借贷急剧收缩，由此导致经济状况的进一步恶化甚至崩溃。Cespedes、Chang 和 Velasco（2004，2003）将上述作用渠道纳入不完全竞争、粘性价格的新兴开放宏观经济模型中，对资产负债表效应导致的产出收缩给予了更加正规的描述，同样的结果被 Gilchrist、Gertler 和 Natalucci（2003）、Tovar（2003）和 Cook（2004）等发现。

对开放经济中的金融加速器效应讨论的另一个重点是金融危机和汇率制度安排的关系问题。Gertler、Gilchrist 和 Natalucci（2003）结合亚洲金融危机期间韩国的经历，建立了包含金融加速器机制的小型开放经济的模型，揭示了影响企业产量的财务状况与汇率体制之间的关系。他们指出，如果将金融危机模型化为对大量的未预期的本国风险升水增加的内生效应，在浮动汇率制下，风险升水的增加将被本国货币的贬值所抵消，贬值减弱了对本国利率的影响，避免了资产价格和投资支出的大幅下降；在固定汇率制下，本国风险升水的增加导致本国利率的立即上升、资产价格的大幅下降和外部融资升水的增加，因此固定汇率体制下金融加速器效应大于浮动汇率制下的金融加速器效应。

学者们还把金融加速器原理运用在解释国际经济波动的传播方面。Gertler 和 Gilchrist（2002）分析了金融加速器在货币联盟体系中的应用，结果发现金融市场的摩擦为统一货币区的不对称冲击提供了重要的国别间传导渠道，金融合约不对称的存在放大了货币区国别经济周期的差异。Mody、Sarno 和 Taylor（2007）的研究则提供了跨国金融加速器存在的经验证据。他们将信贷市场不完美导致的宏观经济波动与国际间、地区间的经济波动协同研究结合起来，考察了国家间和国别上的信贷周期在解释产出波动中的重要作用。他们运用四个主要经济体和两个地区 1971 ~ 2001 年的数据，发现地区和国家信贷可得性指标在产出的共同活动方面具有非常强的解释力。

2. 金融加速器与次贷危机

进入 21 世纪以来，随着美联储为刺激经济复苏连续调低利率，美国房地产市场持续火热，学者们对房地产部门经济中的金融加速器效应给予了高度关注。Aoki 等人（2004）在 BGG 模型中引入了房地产部门。在该模型中，住房既提供消费流，又是家庭借贷的抵押品，房地产价格的上涨使得家庭拥有更多的抵押价值，反过来刺激其更多地借贷为消费或房屋投资融资，从而推动新一轮的房地产价格上升和经济扩张，货币冲击在房地产价格、住房投资和消费中的作用通过金融加速器效应被放大了。通过模型化以房屋所有权为担保的额外借贷成本的降低，Aoki 等人指出金融监管的放松和金融创新会强化金融加速器效应。[①] Iacoviello（2005）开发了一个包含名义债务和与房地产价格相连的担保约束的名义货币周期模型，其中金融加速器机制通过两个渠道产生，房屋的担保效应提高总需求对房地产价格冲击的影响，需求冲击推动房地产价格和名义价格同方向运动，并被放大和传导；价格水平的上涨又减少了名义债务的实际价值，由于借贷者的边际消费倾向大于贷款者，财富的重估效应以及刺激消费和产出的进一步上涨（即名义家庭借贷进一步放大了房屋的担保效应），产生更加显著的金融加速器效应。

其他学者运用跨地区（Lamont and Stein，1999）或跨国（Alemeida，Campello and Liu，2005）的时间序列数据，在检验家庭（或消费）金融加速器效应假说的有效性的同时，提供了有关房地产价格、净债务可得性和家庭消费间同向运动的强有力证据，表明了信贷的超常增长与金融不稳定之间的紧密关系，Disney、Bridges 和 Gathergood（2008）发现相对于无信贷约束的家庭来说，房屋价格的上升放松了有信贷约束家庭的信贷约束，因此这些家庭会更多地再融资，从而可能推动房屋价格的进一步上升和商业周期的繁荣。Dell' Ariccia 等人（2008）的实证检验表明，房贷标准的放松与信贷的超常增长、房价的过快上涨以及按揭贷款的高证券化率等联系紧密，且呈现正相关关系，这些研究基于金融加速器的视角为透视次贷危机的产生提供了很好的分析框架。

2.3 金融系统顺周期研究：金融加速器理论的发展方向

金融加速器机制的核心是金融系统的顺周期行为放大了经济体的外生冲击。已有金融加速器理论的研究是基于信息不对称情况下企业（或家庭）净值与外部融资溢价负相关导致的企业（或家庭）外部融资成本和银行信

① 1980～1986 年，英国一系列的监管措施被取消，以促进抵押贷款市场的竞争。当时提供了大部分抵押金融的购房互助会被允许进入批发融资市场，传统上只提供一小部分抵押贷款的银行被允许在抵押贷款市场与购房互助会直接竞争，这导致了更加激烈的竞争和金融创新。

贷行为的逆周期变化而展开的。实际上，金融系统的顺周期性来自多个方面：在经济周期的整个变化过程中，银行资本受到赢利水平、贷款质量变化、贷款损失拨备水平以及筹集新资本的成本等内外部因素的影响，具有显著的顺周期特征，而在巴塞尔协议Ⅱ框架中，监管当局的资本监管要求导致信贷供给更为严重的顺周期性，风险权重的逆周期波动、评级机构的顺周期行为、公允价值的会计准则等都会增加金融系统顺周期，产生越发明显的金融加速器效应。此次全球金融危机中，银行等金融市场主体的顺周期行为也是导致金融脆弱性、放大和扩散外生冲击、加剧金融危机的原因之一。这些都表明有必要更加深入地探讨金融系统顺周期行为的影响因素，不断拓展、丰富和完善金融加速器理论。此外，随着金融系统在国民经济中地位的提升、金融创新的活跃、金融管制的放松以及全球金融一体化的推进，现代经济周期表现出越来越明显的金融经济周期特征。在宏观经济政策的制定中，必须高度关注和准确评估金融加速器效应所带来的影响，这也是金融加速器理论后续发展的重要方向。

3

从美国次贷危机看金融创新与金融安全

20世纪60年代以来，金融创新层出不穷，通过金融制度、金融产品、交易方式、金融组织、金融市场等的创新和变革，促进了金融领域各种要素的重新优化组合和各种资源的重新配置，已经成为促进金融市场发育、金融行业发展和经济增长的重要力量。金融创新成为金融体系促进实体经济运行的“引擎”。

随着金融创新走向深入，美国成为全球头号经济强国和金融行业的领头羊。尤其是20世纪90年代以来，最发达、最具深度和广度的金融市场和最完善的金融体系，以及最强的金融创新能力为美国金融发展和经济增长做出了突出贡献。

然而，2006年下半年以来，美国次贷问题逐步显现，并于2007年夏天爆发了次贷危机，更严重的是次贷危机不断升级并蔓延，已经演化成为“大萧条”以来全球最为严重的金融危机。IMF预计，次贷危机将造成全球近1万亿美元的直接损失。随着美国第五大投资银行贝尔斯登倒下，英国北岩银行风波，以及房利美、房地美发生财务危机，次贷危机从美国房地产信贷市场迅速向其他金融市场蔓延，次贷危机已从房地产信贷危机演变为信用危机，对金融市场稳定、金融安全和全球经济发展带来了严重的威胁和挑战。而在次贷危机的爆发和升级过程中，可调整利率抵押贷款、次级抵押贷款证券化、以市定价的会计记账方法、以风险价值为基础的资产负债管理模式以及去杠杠化等金融创新扮演了十分重要的角色。某种意义上，次贷危机是对过度金融创新的一种清算。

从次贷危机爆发的整个过程来看，金融创新首先带来了美国房地产信贷市场和金融市场的繁荣，而紧接着又带来了巨大的金融风险和流动性危机，严重威胁着美国和全球的金融安全。在这个过程中，金融创新扮演着金融繁荣的创造者和终结者的双重角色，可以说，金融创新是一把“双刃剑”。因此，深入分析金融创新与金融安全的辩证关系，把握金融创新对金融发展的促进作用，规避金融创新对金融安全的冲击，具有十分重要的现实意义。

3.1　金融创新与金融安全：理论及历史考察

金融创新是在金融领域内建立一种“新的生产函数”，包括金融产品、交易方式、金融组织、金融市场等的创新和改革。金融安全是整个金融系统的稳定。金融创新和金融安全是通过金融风险相互联系的，金融创新可能给金融机构和金融市场带来金融风险，而风险的产生则构成对金融安全的威胁，金融风险的累积和爆发造成对金融安全的损害。

3.1.1　金融创新对金融安全的积极作用

1. 金融创新效应：微观层面

在微观层面上，金融创新对金融安全的促进作用体现在金融风险规避、金融效率提高和金融市场发展等方面。其一，金融创新使金融风险锁定、削减、转移和分散。比如，期货、期权等金融工具可以锁定投资人的风险，有利于投资者的风险管理和资产配置；套利工具的兴起也较大程度地削弱了金融风险；信贷风险转移工具（Credit Risk Transfer，CRT）则使信用风险被转移进而分散化。其二，金融创新工具降低了交易成本，减少了信息不对称和代理成本问题，提高了金融机构的赢利水平，同时提供多样化的金融服务，多层次地满足了投资者的不同需求，还有利于金融资产的定价，总体上有助于提高金融效率。其三，金融创新促进了金融市场的发展，市场的广度不断被拓宽，深度不断被加深，同时使得金融交易跨越时间和空间成为一种便利的活动。尤其是全球金融市场的一体化，使得金融资源和要素在全球范围内配置，有利于金融资源利用水平和利用效率的提高，有助于全球金融市场的加速发展。

2. 金融创新效应：宏观层面

金融创新的宏观效应主要集中在金融创新对货币流通、金融体系稳定性和金融发展安全等方面。首先，金融创新对货币供求和货币流通的影响十分深远，金融创新扩大了货币供给主体，加大了货币乘数，增加了金融机构创造货币的能力，流动性需求在金融创新下更容易得到满足，并加强了货币政策的传导作用，促进金融体系的货币流通功能得到更好发挥。其次，金融创新提供了金融风险的“吸收器”和金融动荡的“减震器”，在金融市场的基本功能不受到损害的条件下，金融创新可以减小资产价格的整体波动幅度，有效地缓解金融动荡的冲击，避免金融体系的大起大落。一般金融创新能力较强的市场，各种资产的价格波动幅度都较小。比如，2007 年底以来，新兴市场国家的股票市场的下跌幅度远大于发达国家的市场，甚至出现了“过山车”式的大幅起落，对资金的融通造成较大的负面影响。再次，金融创新对金融体系的稳定性的作用是非直接的，即金融创新促进金融监管水平的提高，加强了金融体系的风险防范和治理能力，从而有利于金融体系的稳定与安全。金融创新是金融监管水平提高的主要推动力之一。最后，金融安全还包括金融发展的安全，金融安全是特定意义上的金融稳定，而实际上金融安全是一种动态均衡状态，这种状态往往表现为金融稳定发展。金融创新与金融发展是相互促进的，金融创新、金融稳定和金融发展是相辅相成的一个整体。

3.1.2 金融创新对金融安全的负面影响

金融创新是一把“双刃剑”，对金融稳定和金融安全也会带来巨大的挑战，金融创新可能造成货币流通的不确定性、金融体系的脆弱性、金融危机的传染性和系统性风险。

（1）金融创新对货币稳定性的不利影响主要体现在降低了货币需求的稳定性、增强了货币供给的内生性以及削弱了货币政策的可控性。金融创新对货币需求稳定性的影响主要通过两条途径：一是金融创新改变了人们持有货币的动机，引起货币需求结构的变化；二是金融创新使货币需求的决定因素变得更为复杂和不确定，各因素的影响力及其与货币需求函数关系的不确定性加剧，从而降低了货币需求的稳定性。金融创新对货币供给的影响是全面而深刻的，既扩大了货币供给主体的不确定性，也导致了货币乘数扩大和金融机构创造货币的能力的不确定性，还使货币供给的内生性增加。总体上，金融创新使货币供应在一定程度上脱离中央银行的控制，而越来越多地受制于经济体系内部因素的支配，从而严重削弱了中央银行对货币供应的控制能力和控制程度。

（2）金融创新带来的金融脆弱性主要在于金融创新的杠杆效应、复杂性、信息不透明和流动性的易变性等。金融创新使得高比例杠杆运作十分普遍，这直接导致价格波动和市场波动的易变性，可能萌发金融体系的脆弱性。近几年来的金融创新极其复杂，比如资产证券化产品的投资者甚至无法知晓其基础资产的组成；复杂的结构性金融产品比单一的创新工具对双向交易和流动性更加敏感，对信息的要求非常之高。但是近年来的金融创新，尤其是结构性投资实体（Structured Investment Vehicles）和结构性金融产品在金融市场非常缺乏透明度，使得投资者根本无法清晰认识到结构性金融产品的风险。金融创新的复杂性、结构性使得各种金融产品之间具有“捆绑效应”，加上信息的不透明，也使得各个金融机构的风险在整个金融体系中被放大，从而带来脆弱性。更值得注意的是，创新型金融产品在过去几年对信用创造的作用非常大，同时对流动性极其依赖，这些产品在金融动荡的条件下容易丧失再融资功能，使得市场的整体信用大幅萎缩（即信用骤停），进而金融机构和整个金融市场的脆弱性增大，应对金融动荡和危机的能力下降。

（3）金融创新对金融安全的威胁的另一个方面是金融创新放大了金融危机的传染性。金融危机的传染性是始于一个地区、经济体或行业的危机传导至与其相关的其他地区、经济体或行业。金融危机的传染一般是通过两个渠道，即信息渠道和流动性渠道。金融机构近年来出现的交叉持有对方流动性（cross-holdings of liquidity）的创新有利于缓解机构的流动性困境，但是这种机制只是流动性的再分配而不是流动性创造，因此产生了更大的一张流动性交叉网络，使得流动性渠道网络化，进而导致金融风险的传染性更强。

（4）金融创新对金融安全的最大威胁在于金融创新可能危及整个金融体系的稳定性。金融创新最重要的功能之一是风险的规避和转移，这是金融机构的理性行为，但是，金融市场的各种理性行为可能导致整体的非理性，即出现“囚徒困境”。Minsky（1992）指出，金融创新导致金融机构扩张信用，但是整体的信用就出现了非理性扩张，在经历扩张、上升、繁荣等阶段之后，当市场达到高峰阶段，市场价格开始下滑，金融机构将产生财务困难，进而需要流动性支持，出售资产、收回现金，这对商品和证券价格将产生灾难性后果，整个金融体系可能演变为一场溃逃。比如，次贷危机发生初期，一些金融机构清仓处理次贷产品，商业银行紧缩银根加强流动性管理，这样直接的结果就是一级市场和二级市场的流动性紧缺和金融产品价格波动性加剧；另一个例子是信用风险转移工具（CRT）。它是最主要的金融衍生工具之一，却主要是通过短期商业票据进行融资的，而证券化之后的信用衍生品的风险被更高的评级所掩盖，一旦基础资产发生问题（比如次贷），那么将危及信贷抵押产品、商业票据、证券化工具和整体金融市场的安全。

3.1.3 金融创新与金融安全的历史分析

考察金融创新和金融稳定性的历史，可以发现，某种程度上，国际金融体系的演进是金融风险—金融创新—金融风险的动态迂回发展过程，国际金融发展的历史也是一部金融创新、金融风险和金融安全相互交织的历史。

广义的金融创新是金融内部通过各种要素的重新组合和创造性变革所创造或引进的新事物，泛指金融领域内出现的、有别于既往的新业务、新技术、新工具、新机构、新市场与新制度安排。根据不同的标准，金融创新有不同的分类。根据创新的内容，一般可以分为制度创新、产品创新、技术创新和服务创新等。

在不同的历史时期，金融创新的重点也不甚相同。20 世纪 40 ~ 50 年代，主要是以制度创新为主，即布雷顿森林体系的建立；60 ~ 80 年代掀起了金融创新的高潮，众多金融产品被开发应用；90 年代之后，得益于信息技术的发展，金融创新主要体现在技术进步对金融体系的影响上；21 世纪以来，金融创新是技术创新和产品创新并举，出现了以服务创新为主的金融创新浪潮。

每次金融动荡都有其与众不同的特点，但也都有一个相似之处，即它们都紧接在一段表面上的繁荣期之后发生，从而暴露出这种繁荣的致命弱点。而这个繁荣的背后，往往伴随着各种各样的金融创新。即在各种金融创新中，可能隐含地包括了相生的金融风险，而这种金融风险在金融繁荣的过程中不断累积，可能成为一轮金融创新和金融繁荣的终结者，危及金融安全，甚至造成金融危机。

金融创新在某种程度上是金融风险累积和金融危机发生的重要诱因，也是危及金融稳定性和金融安全的重要因素。“二战”以来发生在工业化国家的前 18 次金融危机中，许多出现了惊人的定性和定量相似点，最后都对金融稳定性造成了一定的负面影响，有的甚至是对金融体系的破坏性冲击（即爆发金融危机）。在“二战”后的大部分金融冲击发生前，一般都有一段金融管制放松的过程。在金融管制放松的过程中，伴随着各种层次的金融创新，包括制度、产品、交易等。

1. 金融制度创新导致的金融危机

每一种金融制度和金融运行机制的改变都是与特定的历史背景、经济发展阶段和金融深度相适应的，即金融制度的创新都有特定的创新基础。随着经济实力的增强、金融市场的发展和信息技术的进步，一个时期的金融制度可能不适应另外一个时期的经济基础。在金融制度创新引致的金融危机中，最经典的例子是布雷顿森林体系的崩溃。在由单一货币作为世界主要储备货币的体系里，该种货币将面临保持币值稳定和提供国际清偿力的矛盾。在布雷顿森林体系下，美国若大量对外输出美元，就会导致美元自身贬值的危机，若限制输出美元，国际货币体系就会面临国际货币的数量短缺，这就是著名的“特里芬难题”。随着美国贸易逆差不断扩大，美国黄金储备无法满足国外兑换的需求，于是 1971 年 8 月尼克松政府宣布停止履行外国政府或中央银行可用美元向美国兑换黄金的义务。这意味着美元与黄金脱钩，支撑布雷顿森林体系的一根支柱已倒塌。1973 年 3 月，欧洲共同体九国达成协议，联邦德国、法国等国家对美元实行“联合浮动”，该体系的另一支柱（即固定汇率制度）也垮塌。运行近 30 年的布雷顿森林体系就此崩溃。20 世纪 70 年代初，为了规避汇率风险，欧洲共同体九个国家在外汇市场创新性地实行“联合浮动”。这一创举宣告了布雷顿森林体系的瓦解，同时也是欧洲货币一体化进程中一个里程碑式的事件。但是，欧洲共同体的“联合浮动”及其后的欧洲货币体系同样遭受了严重的货币危机，即 1992 年的英镑危机。

2. 金融产品创新导致的金融危机

金融产品的创新是金融创新的核心内容，是金融市场深化的主要动力源。同时，金融产品创新给投资者提供了各种各样的工具来获取高额利润。金融创新让投资者认识到了太多的利润机会，导致了对利润的过度追求，产生了过热的非理性，即金融创新导致过度交易。另外，对金融创新的风险定价过低，金融创新的使用就会过度。金融创新导致的过度的非理性交易也可能引发金融安全问题，甚至导致金融危机。1987 年的美国股市危机、1990 年日本股市泡沫等危机就是最好的例证。对于金融机构而言，英国巴林银行倒闭、美国长期资本公司风波、中国的“中海油事件”等都是鲜活的例子。在这些金融问题和金融危机中，金融创新（尤其是衍生品创新）发挥了重要作用，甚至是主要作用。因为在高杠杆操作市场中，随着信用的扩张和交易的过度，对风险的厌恶就会增加，金融机构急需更多的流动性，最基本的风险管理策略遭到破坏，进而产生系统性风险，导致对金融安全的严重威胁。美联储前主席沃克尔指出，金融创新导致金融中介行为发生在有效的官方监管和监督之外，规模巨大的金融衍生品在不透明的情况下交易，这些都会引发严重的金融风险。

3. 金融全球化条件下的金融危机

技术的进步给全球金融市场带来了巨大的变化，金融交易、清算和运行等已经成为一个不可分割的整体。但是，技术进步带来的金融全球化、一体化却成为一个“循环破坏者”，金融风险在这个条件下变得极具传染性。最典型的例子是东亚金融危机。1997 年泰铢大幅贬值诱发泰铢危机，进而波及整个东亚地区，对泰铢汇率的“矫正”迅速演变为地区性金融危机。金德尔伯格（2007）指出，东亚金融危机的扩散和升级中，金融一体化的作用不容忽视，至少投资者的情绪被迅速扩散并放大，即出现“羊群效应”和“蝴蝶效应”。更值得注意的是，东亚金融危机在全球的扩散虽然没有给美国带来实质性影响，但带来了一定的市场混乱，严重的是拉丁美洲受到了更大的破坏性影响。同时，金融衍生工具对东亚金融危机的爆发也有负面作用，尤其是互换和外汇远期。因为衍生工具和表外业务等创新的运用，给韩国、印度尼西亚、马来西亚等国家的资产负债表、外债风险和风险管理等带来不完全信息，使得这些国家低估了风险。美国次贷危机的蔓延同样是金融全球化条件下金融危机传染的典型例子。美国次贷危机发生之后，受到直接冲击的是欧洲金融机构，IMF 预计欧洲相关金融机构的损失可能超过 5000 亿美元，这也是“探戈效应”的典型表现。当次贷危机演化为信用危机时，持有美国国债和机构债权的国家就成为风险的承担者。实际上，在次贷危机的影响下，越南、印度和中国等新兴市场国家的股市已经下挫超过 50%，新兴经济体的金融稳定性受到严重破坏。

3.2 金融创新与次贷危机：案例剖析

2007 年美国次贷危机爆发并深化，从美国房地产信贷市场向其他金融市场蔓延，对美国金融市场和国际金融市场、美国经济和全球经济造成了极大的损害。在次贷危机的爆发和升级过程中，金融创新被认为是次贷危机爆发的重要原因之一，非审慎的住房抵押贷款、过度的证券化、会计准则和资产管理等创新带来了美国房地产市场的繁荣，同时也带来了次贷危机，重创了美国房地产市场、金融市场和国际市场。

3.2.1　次贷危机中的主要金融创新

1. 多层次的住房抵押贷款产品创新

美国从网络泡沫恢复过来之后，房地产价格不断上涨。由于房价上涨的“价值保障”、竞争压力和利润动机，房地产金融机构在基本满足了优质客户的贷款需求后，逐渐放松抵押贷款标准，并创新抵押贷款产品，开发次级抵押贷款市场。在美国住房抵押贷款市场上，房地产贷款机构根据贷款人信用等级高低创造出多种抵押贷款，分别是优质抵押贷款、次级抵押贷款和Alt-A（Alternative A）贷款等，各种贷款又根据不同的利率结构衍生出其他贷款形式。更令人惊奇的创新是次级担保贷款，这种贷款的抵押物是当贷款人破产时资产变卖偿还担保贷款后的剩余价值。由于美国住房价格上涨很快，住房的市场价值在房价上涨和处于高位阶段时，次级担保贷款甚至也非常流行。美国次级抵押贷款市场发展迅速，2001 年大约为 1200 亿美元的规模，之后迅速膨胀，2004 年新增次级抵押贷款超过 5000 亿美元，2005 年突破 6000 亿美元。2006 年底，美国次级抵押贷款存量大约为 1.5 万亿美元。在次级抵押贷款创新产品中，最重要的是可调整利率抵押贷款（Adjustable Rate Mortgages，ARM），占比大约为 75%。其中，2006 年新增的次级抵押贷款中，大约 90% 是可调整利率抵押贷款。这些 ARM 前两年利率是固定的，而且显著低于市场利率，从第三年开始，利率开始浮动，并采用基准利率加上风险溢价的形式。由于次级抵押贷款是一种对抵押物有第二追索权的贷款，所以总体的利率水平要高于优质抵押贷款。住房抵押贷款标准的放松和住房抵押贷款产品的创新使得本来无力买房的人具备了置业的可能性，为美国房地产的发展与繁荣创造了条件。

2. 资产证券化和担保债务权证

在放松抵押贷款标准、创新抵押贷款产品的情况下，美国房地产金融机构持有很多住房抵押贷款债权。这些债权在未来一般可以获得稳定的现金流，但是这些债权的流动性比较差。为了迅速回笼资金，房地产金融机构和投资银行合作，将部分住房抵押贷款债权从资产负债表中剥离，以此为基础资产（Underlying Asset）发行住房抵押贷款支持证券（MBS）。这样，住房抵押贷款债权就被证券化了。但是，证券化金融产品根据未来偿付优先权的次序不同进行分级，依次为优先级、中间级和股权级。相应地，优先级证券化产品的评级最高，而中间级等其他证券化产品流动性则较差。为了获得流动性，房地产金融机构在投资银行的帮助下设立特别目的公司（Special Purpose Vehicle，SPV），特别目的公司购买中间级 MBS 等缺乏流动性的资产，再以该资产池的未来现金流为基础发行债券，即为担保债务权证（Collateral Debt Obligation，CDO）。出于类似的分级，优先级 CDO 往往能够获得 AAA 评级，具有稳健的投资价值和良好的流动性，而中间级、股权级 CDO 因收益相对高于中间级 MBS 而受投机性投资者的偏爱。此时，中间级 MBS 等资产也被证券化了。实质上，CDO 是中间级 MBS 等证券化产品的证券化，是一个再证券化（Resecuritization）的过程。这些证券化产品经过评级机构评级，再卖给保险公司、商业银行、对冲基金等机构投资者和个人投资者。资产证券化和担保债务权证给房地产市场带来了规模巨大的流动性，为房地产的繁荣做出了重要贡献。UBS 资料显示，美国住宅抵押贷款市场规模约 10 万亿美元，而抵押贷款证券化市场的规模超过 6 万亿美元，即大约 60% 的住房抵押贷款已经实施了证券化，其中次级抵押贷款支持证券的规模大约是 1.4 万亿美元（张明，2008），几乎和 2006 年底美国次级抵押贷款存量 1.5 万亿美元相当。这些次级抵押贷款支持证券被美国商业银行、保险公司、对冲基金和投资银行等金融机构持有。

3. 财务管理、资产管理和资本运作的创新

不仅在房地产抵押贷款市场，而且美国整个金融市场在资本运作、财务管理、资产负债管理等方面的创新也非常多，其中有杠杠操作、以市定价的会计记账方法和以风险价值（VaR）为基础的资产负债管理模式等。截至 2007 年底，美国住房抵押贷款的两大巨擘——房利美、房地美的核心资本合计 832 亿美元，而这些资本支持了 5.2 万亿美元（约为美国住房抵押贷款市场规模的一半）的债务与担保，杠杆倍率高达 62.5。而以市定价的会计记账方法即是参照市场正在交易的类似金融资产的价格来确定所持金融资产的账面价值，在此基础上，运用风险价值的风险管理基本模型，进行资产负债表的风险管理。由于金融机构采取高杠杠的资本运作，使得可利用的资本大幅上升，整个市场的信用规模大幅扩大，推进房地产市场价格的不断攀升。金融机构持有的与房地产相关的金融资产（比如 MBS、CDO 等）的市场价值也连续上扬，进而其他类似的金融资产，比如资产支持证券（Asset-backed Securitization，ABS）和期限较短的资产支持商业票据（Asset-backed

Commercial Paper，ABCP）的价值相应被调高，风险的系数相应地被调低，整个金融市场出现了更大的繁荣。

3.2.2 次贷危机中金融创新对金融安全的冲击

1. 房地产抵押贷款产品创新埋下次贷危机爆发的种子

上述住房抵押贷款给中低收入阶层带来了购买房地产的可能性，也促进了市场的繁荣，但是美国房地产抵押贷款标准的放松和抵押贷款产品的创新为次贷危机的爆发埋下了种子。其一，次级住房抵押贷款和 Alt-A 贷款都具有较大的道德风险，这些贷款是发放给中低收入阶层甚至信用记录一般的人群。其二，住房抵押贷款难以抵挡系统性风险的冲击。这些住房抵押贷款是在美国房地产市场繁荣和利率处于较低阶段发放的，一旦利率上升或楼价下跌，借款人就无法还贷，金融机构的资金链将断裂。其三，次级住房抵押贷款的利率结构放大了后期的信用风险，尤其是可调整利率抵押贷款（ARM），在利率浮动的还贷阶段，借款人必须采用基准利率加上风险溢价的形式还贷，其还贷的压力变大。这样，借款人的信用风险和房地产抵押贷款市场的系统风险都会同时增加，而且风险所造成的损失要远远大于正常的消费信贷。实际情况正是如此，2004 年 6 月美国进入加息周期，两年内加息达 17 次，幅度为 4.25%，与此同时美国房地产价格也正好达到最高点。2006 年 6 月，标普 Case-Shiller 住房指数（Composite - 10 CSXR，反映美国主要 10 大城市的住房价格变化指数）从 2000 年 1 月的 100 上涨至 226.29。联邦基准利率从 2004 年 6 月到 2006 年 6 月两年间上调 4.25%，房地产价格下跌，贷款人还贷压力大幅增加（因为利率提高，并进入浮动利率还款期），促使了美国次级住房抵押贷款市场在 2007 年 3 月出现了危机征兆。随后，停止还贷现象不断增加，贷款金融机构资金链出现问题，美国次贷危机在 2007 年 8 月爆发。

2. 资产证券化带来的信贷市场不稳定性

资产证券化是 20 世纪最重要的金融创新之一，是流动性创造的主导金融创新产品。但是，资产证券化同时也是一种风险转移和风险分散的金融创新。通过证券化操作，房地产金融机构就将住房抵押贷款的违约风险转移给资本市场，由抵押贷款支持证券的购买者（商业银行、公共基金、养老基金等）来承担相应违约风险。由于证券化产品过于复杂，很多机构投资者对证券化产品的定价并没有深入了解，而是完全依赖产品的信用评级来进行投资决策。结果是，证券化产品偏高的信用评级导致了机构投资者的非理性追捧，导致了风险的累积，最终带来了市场的脆弱性。2007 年下半年爆发次贷危机后，持有相关证券化资产的机构投资者蒙受重大损失并进行资产减记，金融机构急需流动性解决财务困难，整个金融市场陷入流动性紧缺和信用紧缩的境地。而房地产抵押贷款机构和证券化产品的持有机构对流动性极其依赖，在次贷危机的冲击下，他们很大程度上丧失再融资功能，使得市场出现了信用骤停现象，各机构应对金融动荡和危机的能力下降。次贷危机通过流动性紧缩升级演化为整个信贷市场的危机，给金融市场的稳定性带来严重的冲击。

3. 财务管理、资产管理和资本运作创新导致的金融体系风险

高杠杆资本运作、以市定价的会计记账方法和以风险价值为基础的资产管理模式使得次贷危机不断升级蔓延。次级住房抵押贷款风险爆发，机构投资者持有的住房抵押贷款支持证券市场价值缩水，虽然这些亏损仅是账面浮亏，但美、欧的金融机构实施的是以市定价的会计记账方法，即参照市场正在交易的类似金融资产的价格来确定所持金融资产的账面价值，次级抵押贷款支持证券的市场价值缩水，将会导致金融机构类似金融资产价值缩水。比如 MBS 市场价值下跌，就会影响 ABS 的市场价值。根据美联储的数据，截止到 2008 年 8 月 6 日，美国资产支持商业票据（ABCP）市场从一年前的 1.22 万亿美元，萎缩到 7297 亿美元。一旦资产账面价值在本期内下跌，金融机构就必须在资产负债表上进行资产减记，在利润表上则出现相同规模的账面亏损。简言之，该会计记账方法是金融机构不断披露规模巨大的资产减记和账面亏损的原因，即该会计方法放大了金融机构的浮亏程度。更值得注意的是，商业银行、投资银行等金融机构不同程度上使用杠杠进行资本运作和资产管理，在资产价值下跌的条件下，金融机构由于实施以风险价值为基础的资产负债管理模式，就被迫启动了去杠杆化（Deleveraging）过程，要么出售风险资产来偿还债务，主动收缩资产负债表，要么通过吸引新的股权投资来扩充自有资本规模。如果机构投资者同一时间内大规模出售风险资产，自然会压低风险资产价格，从而引发市场动荡，并造成金融机构尚未出售的风险资产的账面价值再度下降。如果采取提高资本金的方式进行去杠杆化，就会造成市场的流动性紧张，可能酿成整个信贷市场的系统性危机。会计准则、杠杠操作和去杠杆化的风险最为贴切的例子是“两房”危机。截至 2007 年底，房利美、房地美两家公司杠杆倍率高达 62 倍。次贷危机发生

之后，如果按照会计准则的变动，房利美和房地美将出现问题的抵押贷款资产从被禁止的表外实体重新转移到资产负债表内，那么“两房”需要重新募集750亿美元资本，“两房”危机随即产生。如果不是美国财政部和美联储对“两房”的史无前例的救援，“两房”危机极有可能酿成美国金融体系的系统性危机。可以说，会计方法、资产管理模式和杠杠操作等在次贷危机不断升级和蔓延中扮演了非常重要的角色，次贷危机逐步演化为信用危机和金融危机。

4. 全球化使得次贷危机的风险在全球扩散，危及全球金融稳定

金融全球化的条件下，美国成为全球最主要的投资目的地，欧洲、新兴经济体和石油出口国等都是美国的投资来源国。美国金融创新产品的很大一部分也被海外投资者所持有。次贷危机爆发之后，全球相关金融机构受次贷资产市场价值缩水的损失巨大。其中汇丰持有美国次贷资产943亿美元，次级MBS的CDO约300亿美元，是美国次级债的最大持有金融机构。更重要的是，“两房”危机之后，次贷危机冲击的范围进一步扩大，直接威胁美国的机构债甚至政府债券的安全。金融资产在全球范围内配置，使得金融风险也扩大至全球，全球金融体系的稳定性受到严峻的挑战，各个经济体的金融安全也面临重大风险。

3.2.3　美国次贷危机的反思

美国次贷危机的冲击范围从发达国家扩散至新兴市场国家，从美国波及全球，给全球金融稳定和经济发展带来了严峻挑战。反思次贷危机，有几个方面值得高度关注。

（1）金融稳定是相对的。不仅新兴市场国家和金融基础薄弱的发展中国家会爆发金融危机，金融基础设施健全、金融市场完善和金融创新能力强的发达国家也会发生金融危机，而且其危机冲击的力度更大、范围更广。发展中国家尤其需要警惕由此产生的外部风险，并进行有效的防范，发达国家尤其不能因为金融市场发达而放弃对金融风险的预警与防范。

（2）金融创新是一把双刃剑。金融创新虽然有利于金融效率的提高和金融资源的有效配置，有利于金融发展和金融稳定；但同时，金融创新对于金融机构而言可能会产生严重的财务风险和流动性风险，对于整个金融体系则可能会带来金融脆弱性，影响金融市场的资金融通功能，可能带来金融市场的系统性危机。

（3）流动性具有易变性的本质。在金融繁荣阶段，在货币流通速度加快、信贷非理性扩张等刺激下，流动性通常显示为过剩；但是，在金融动荡时期，出于风险防范和金融机构本身的资金需求，流动性可能发生逆转，即出现流动性不足的状况。而且，流动性逆转的过程时间很短。

（4）金融监管是保障金融安全的最有力手段。在金融创新层出不穷、分业经营向混业经营转变的过程中，许多金融业务是在金融监管的视力范围之外，金融监管严重不足。但是，为了保障金融稳定与金融安全，应该强化金融监管的作用，尤其是采用功能监管的模式可能更有利于防范金融创新导致的金融风险。

（5）金融安全比市场规律更重要。从美联储的救助来看，美国政府摒弃了所谓的自由经济规律，放弃了政府不干预市场的信条，更不顾及道德风险，目的在于稳定美国金融市场，保障金融安全。可以看出，作为现代市场经济的核心，金融的稳定与安全高于一切。

3.3 金融危机之后的金融创新：评价与路径

在由美国次贷危机引发的全球金融危机中，金融创新扮演了并不光彩的角色。于是，相当多的人对美国金融创新提出了严厉的批评甚至抨击。有人说金融创新是此次金融危机的罪魁祸首，也有人认为如果没有过度的金融创新也就不会有如此深重的金融危机，甚至于有人强调金融创新已经成为放大金融风险、催生金融危机、威胁金融安全的洪水猛兽。

究竟怎样评价金融创新，以及金融危机之后中国金融创新选择什么样的路径，确实是值得思考的问题。

一般而言，与实体经济中的技术创新不同，金融创新并没有提供一个全新的产品，而只是改变、增加或减少了已有金融产品的要素组合方式，所以，金融创新的实质就是对特定金融产品的要素进行组合或分拆的过程。我们都知道，所有金融产品都是由期限、流动性、收益、风险等一系列特征要素组成的，金融创新就是将单个金融产品的要素进行分拆或是将多个构成要素不同的金融产品重新装配为新组合的过程。

20 世纪 70 年代以来，金融创新的浪潮席卷西方世界并向许多发展中国家扩散，有力地推动了全球经济的快速发展、新兴市场的迅速崛起和世界经济的全球化、一体化。金融也因其不断创新而显示出无穷的生命力和活力，从而在社会经济生活中的地位越来越重要、作用越来越显著。在一定意义上，可以说金融发展源于金融创新。

理论和实践表明，金融创新不仅对金融企业的赢利有直接的贡献，而且对金融企业的声誉提升、顾客忠诚度的改善、现有产品的销售、新市场的开拓等有相当的影响，特别是已经成为金融企业超越竞争对手、创设进入障碍、建立（或维持）市场领导地位的重要竞争策略和手段。对一个国家来说，金融创新也是提高金融实力和金融竞争力，融入全球金融市场的重要步骤。

然而，金融创新也是一把“双刃剑”。金融创新往往导致金融衍生产品的飞速发展，而金融衍生产品具有杠杆性、投机性、虚拟性，一旦由于泡沫膨胀和过度投机造成金融资产价格失真，导致价格狂跌，将引起金融动荡，增大整个金融体系的风险；特别是，金融衍生工具还使得金融机构紧密联系在一起，增强了金融风险的传染性，始于某个机构的损失或问题会通过链式传导，成为一场全国性甚至全球性的灾难。另外，金融创新使得金融风险更隐蔽、更集中，传染性更强，如果风险集中暴露，其危害性和破坏力也更大。

如果说美国由于过度的金融创新催生了此次金融危机，那么相比较而言，我国的金融创新还明显不足。无论是间接融资还是直接融资，无论是资本市场还是货币市场，无论是金融机构还是金融产品，无论是货币政策调控还是金融监管方式，都还不能适应和满足经济发展的需要，都还与发达国家有较大的差距。在这个意义上，我国金融创新的需求巨大，空间也巨大。

从我国的实际情况来看，金融创新还存在着许多不尽如人意的地方。比如，我国的金融创新基本上是政府主导型，或金融监管部门主导型；金融创新主要表现为注重形式的数量扩张，质量较差；模仿性创新多，真正由我国首创、具有中国特色的原创性创新极少；金融创新中忽视成本与效益的做法比比皆是；金融创新的环境并不完善等。这些都使金融创新的空间受到很大限制，也极大地抑制了金融创新的效力。

那么，吸取美国金融创新的教训，我国的金融创新该坚持什么样的取向、走什么样的道路呢？

2007 年由中国人民银行、中国银行业监督管理委员会、中国证券监督管理委员会和中国保险监督管理委员会共同制定的《中国金融业发展和改革“十一五”规划》提出了“构建以市场为主导的金融创新机制”的目标。这抓住了问题的实质和核心，也明确了金融创新的重点和方向，并且也符合全球金融创新的趋势。

众所周知，在传统的金融创新中，人们关注更多的是影响金融创新的外生因素（如技术、利率、汇率等货币因素，财富增长，制度变化，市场竞争等）、金融创新的内在动因（如避税、降低交易成本、重新分配风险、增加流动性等）以及金融创新的扩散等。这显然是一种单纯以金融企业为本位和中心、忽略顾客（或投资者）在金融创新中的地位和所发挥的作用的行为。而市场主导的金融创新的核心就是顾客（或投资者）参与。

在理论上，具有经济意义的金融创新必然表现出两种功用：一是为市场参与人提供新的交易机会，使其获得新的收益机会或新的风险管理能力，从市场的角度看，也增进了其完全性；二是降低市场参与人在证券交易中的相关成本，包括内生于市场运行机制的交易成本和信息不对称引致的代理成本等，从市场的角度看，增进了其有效性。有鉴于此，在外部环境日益复杂、市场竞争日趋激烈的条件下，顾客（或投资者）参与已经成为提高金融创新成功率的关键。在金融企业创新过程中，顾客不再是居于传统的被动角色，而是已转变成价值的共同创造者。由顾客提供的知识、市场信息和额外的资源，都代表着竞争优势的潜在来源，因而越来越多的金融企业将顾客纳入他们的新产品开发流程，希望借此降低不确定性、分担财务风险。

遗憾的是，我国绝大多数金融企业至今仍依赖于较随意的新服务开发流程，凭经验办事，将顾客及支持性活动排除在研发流程之外，以致创新效率和效益极其低下。特别是，由于缺乏有竞争力的创新金融产品，我国金融服务市场上“价格战”硝烟不断，从而侵蚀着我国金融企业的赢利和生存能力。以研究创新理论著称的奥地利裔美国经济学家熊彼特曾说过：“有价值的竞争不是那种竞争（价格竞争），而是新商品、新技术、新供应来源、新组织形式的竞争，也就是占有成本或质量上决定性优势的竞争，这种竞争打击的不是企业的边际利润和份额，而是它们的基础和它们的生命。”因此，构建一种新型的市场主导即基于顾客参与的金融创新机制，将“顾客因素”融入金融创新流程，提升金融创新绩效，增强市场竞争力，不仅是时下我国金融企业的当务之急，更是优化我国产业结构、促进经济健康发展的必由之路。

在我国加入 WTO 的背景下，我国金融服务业已经从数十年的封闭运行、独立发展转向了全方位的对外开放和全面融入国际市场。面对经济全球化、金融管制放松、产业边界模糊、信息技术快速发展、顾客需求日益多元化的经营环境，特别是面临竞争日趋激烈的严峻形势，这样的竞争除了传统的同业竞争、国内竞争、服务质量和价格竞争以外，还面临全球范围内更激烈的金融业与非金融业、国内金融与国外金融、网上金融与一般金融等的多元化竞争。在这样一种竞争日益加剧的格局之下，为了生存与发展，我国的金融企业必须不断地推出创新产品和创新服务，加快金融创新的步伐，以满足顾客的需求和应对竞争者的挑战，也为我国金融业提供持续的发展动力。同时，金融机构不仅要加快自身科技进步和网络化建设，而且要开拓新的服务领域——在发展传统业务的同时，大力开拓和提供各种综合业务服务，推行以资本运营为纽带的金融业兼并重组，实行资本扩张，增强实力，扩大竞争优势。

特别重要的是，要对金融创新进行重新定位：其一，金融创新是工作在金融第一线的金融家的行为，而绝不是政府行为。其二，金融创新不是政府或者金融监管部门设计的结果。政府渗透太深很容易演变成一种“政绩工程”、“形象工程”、“面子工程”，徒有虚名。其三，必须明确政府在金融创新中的定位。政府应该做的是监督管理方式方法的创新、体制创新、环境创新。不能越俎代庖！其四，好的制度安排（包括激励机制）至关重要，能够为优秀的金融家提供创新的动力和压力。其五，目前的一些金融创新方式必须转变：要从政府或监管部门主导的金融创新转向金融机构或者市场主导的金融创新；要从模仿性金融创新（照抄照搬）转向原创性金融创新（结合中国的具体国情）；要从“运动型”的金融创新转向“常规型”的金融创新。在市场经济条件下，金融创新不是个人行为而是群体行为，不是偶然事件，不是搞“运动”和“突击”，而是一个经常性、常规化的工作，金融机构要有相关的工作安排、财力安排、人力安排，并作为日常工作的重要组成部分；要坚持以“客户为中心、市场为导向、竞争为手段、安全为保障、效益为目标”的原则来指导业务创新。其六，在金融创新中要正确处理好与金融监管的关系。金融机构进行创新的目的不是为了对抗管制，而是为了更好地开展业务以获取更大的利益。所以，金融机构应健全自我约束机制，强化风险意识，把回避风险作为创新的首要前提。作为监管部门，要不断完善金融监管体系，不断创新监管内容和监管手段，把监管的重点放在金融机构业务创新的风险防范上，为降低金融机构的创新风险营造良好的外部环境。

3.4 保障金融创新中的金融安全：相关措施

从上述的分析中可以看出，金融创新在不同层面上都可能产生金融风险，风险的累积和升级甚至会产生金融危机，直接危及金融安全。因此，如何既利用金融创新重新配置金融资源，又有效防范金融风险、切实保障金融安全就成为一个紧迫的现实问题。

（1）提高金融创新的信息透明度是保障金融安全的基本条件。复杂的金融创新工具对信息要求非常高，只有信息充分、透明，投资者（包括专业的金融机构）才有可能了解金融创新产品的风险，并对风险进行定价，才能作出科学的投资决策。监管机构应该要求金融创新产品发起人进行强制性的信息披露。

（2）金融机构加强对金融创新产品的风险管理是保障金融安全的基础环节。一方面，金融机构应该对金融创新产品的安全性、流动性和赢利性有充分的认识，并将持有的金融资产的可能风险进行甄别，按市场风险、信用风险、操作风险和流动性风险等不同的特质，进行相应的资产损失计提。另一方面，金融机构应该加强风险识别和防范的能力建设。再一方面，金融机构需要对各种风险进行相应的防范，比如银行就应该根据自身情况，结合巴塞尔协议，建立符合相应风险管理需要的资本金充足水平和贷款呆账准备金。

（3）完善金融创新的监管体系是保障金融安全的核心要求。金融机构自身的风险管理是远远不够的，监管当局进行的有效监管是保障金融稳定性和金融安全的利器。首先，金融监管当局要改变监管的理念和监管模式，金融全球化条件下的金融创新（及其导致的金融脱媒）和混业经营的再次繁荣，使得原来的监管机制已经无法满足新形势的需要。监管当局需要针对金融创新的安全性、流动性和赢利性以及金融机构的资本充足率、资产质量和表内表外业务设计一个科学的监管体系，以此来提高防范和化解金融风险的快速反应能力。其次，金融监管应强调针对性，比如银行业需要关注其表外业务的变化，对资产证券化应强调对基础资产和各级证券化产品的风险分级与评估。再次，离岸金融、税收天堂、私人股权基金、对冲基金等需要具有针对性强的监管措施。最后，监管当局的能力建设需要放在突出的位置，监管能力应和金融业务、金融创新的发展保持动态的协调。

（4）货币金融当局的有力救援是金融风险扩散的有效防火墙。从次贷危机的救援看，货币金融当局的强力声援可以有效防止市场信心的非理性下挫，同时流动性的及时注入，可以缓解流动性紧张，防止金融创新中的风险通过流动性渠道转移扩散。另外，国际金融合作可以有效防止金融风险的国际传播，比如美联储和欧洲央行的联合行动，对防止次贷危机的进一步扩散起到了一定的积极作用。

（5）金融创新是保障金融安全的落脚点。“创新—风险—监管—再创新”是一个动态的发展过程，金融创新仍是规避或削减金融风险、保障金融安全的主要途径。不管是金融机构对金融产品的设计和信息披露，或是金融机构和投资者改善风险管理模式，还是金融监管当局提高监管水平，这其中都包含了更多的金融创新。如果金融创新能够满足相应的信息披露要求，投资者能客观定位风险偏好和改善风险管理，金融监管机构能加强有效监管，那么金融创新就可以有效地保障并促进金融安全。

4

金融危机与实体经济稳定：资产价格波动视角的分析

资产价格波动与实体经济之间的相关性，在现代经济金融理论中一直备受关注。一方面资产价格的上涨会对总需求产生影响，从而影响到经济的供求平衡，最终会引发通货膨胀；另一方面资产价格的下跌会严重影响到实体经济的稳定，在许多情况下最终会威胁到金融体系的稳定，“成为导致金融危机发生的重要甚至是决定性的因素（Hu，2002）；The Economist（2004）就认为，美国和一些欧洲国家近年来的经济波动和经济低迷部分应归因于资产价格波动，而日本和美国股票价格随后的暴跌也与后来的经济衰退有着重要的联系”。[①] 而在当前我国资本市场规模日益壮大，上市公司越来越多，参与股票投资和持有股票资产的居民日益增多的时代背景下，研究我国资产价格波动与实体经济波动是否存在相关性，资产价格波动是否对实体经济稳定有影响、影响方向如何，以及影响程度有多大，内在的影响机制又是怎样，无疑具有重要的理论意义和现实价值。

4.1 相关文献回顾及述评

4.1.1 资产价格波动与实体经济稳定的相关性

从国外资本市场价格波动与宏观经济的关系看，多数经济学家认为股票

① 余元全、周孝华、杨秀苔：《资产价格对中国投资的影响：基于 SVAR 模型的检验》，《经济问题》2007 年第 7 期。

价格走势与经济运行状况有着密切的关系。Fama（1990）和 Schwert（1990）的实证研究结果表明，美国股票价格和实际经济增长存在正相关关系；而且 Fama（1990）发现，这种相关性会随着持有股票期限的增加而更加显著。Rigobon 和 Sack（2003）认为，标准普尔 500 指数上升 5%，将带动 GDP 增长 0.23%。从多国的情况看，Levine 和 Zervos（1998）运用从 1976 年到 1993 年 47 个样本国的数据进行回归分析，也得出了股市与宏观经济之间存在高度正相关关系的结论；而且若一国公司资本结构中股权占比达 50% 或以上，以及（或）资本化率较在长期中达 50% 或以上，则该国股价波动与实体经济景气变动之间存在着较为显著的多重协整关系和双向因果关系（吕江林，2005）。不过，也有研究认为，美国股票价格在一个较长时期中对于产出和通货膨胀的影响几乎都不显著（Friedman，2000），美国股票市场与实体经济的关系之间也不存在格兰杰因果关系，甚至在最近 20 年里，美国、英国和法国的资产价格变动与实体经济发展并不必然保持稳定的相关性（吴晓求，2006）。

在我国资产价格波动与宏观经济波动的相互关系上，国内学者的看法尚未达成一致。靳云汇、于存高（1998）认为，沪、深股指能平均提前 8 个月反映中国工业生产指数的变化，相关系数分别为 0.68 和 0.58。叶青、易丹辉（1999）的研究表明，1996 年 1 月后，我国股价波动与宏观经济景气变化存在长期的均衡关系。吕江林（2005）也发现 1990 ~ 2002 年股价与实际 GDP 之间存在着相当显著的协整关系，并呈同向的规律性变化。但也有研究指出，我国股市波动与宏观经济波动之间的相关性并不显著（课题组，2002；赵振全、张宇，2003；刘少波、丁菊红，2005）。而且，还有研究认为，资产价格波动与宏观经济之间为负相关（梁琪、滕建州，2005）或无规则反复波动的不稳定的相关关系（吴晓求，2006），甚至短周期内为正相关，中周期不存在稳定的相关性，在长周期内为负相关（董直庆、王林辉，2008）。

尽管国内外学者对资产价格波动与宏观经济的相关性已进行了深入的研究，但仅就国内的实证研究现状看，多数为局部均衡分析，而在为数不多的一般均衡分析中，也很少从四部门经济的视角进行研究。本章试图通过构造局部均衡分析模型和 IS – LM 扩展模型来实证分析股价波动与城市消费、企业投资和实体经济波动之间的相关性，并进一步揭示中国资产价格波动影响实体经济稳定的内在机制。

4.1.2 资产价格波动影响实体经济稳定的机制

1. 资产价格波动通过财富效应影响消费

从理论上讲，资产价格波动通过财富效应影响消费需求的渠道主要有三个：其一，消费支出是生命周期中资产的函数，资产价格的变化会影响消费支出；其二，当期消费受到对未来收入水平预期的影响，而资产价格变化又影响未来收入水平的预期；其三，家庭若根据其财富和持久收入，在各个时期均衡分配消费支出，那么金融资产价格的变化能够影响当期收入和未来预期收入，因而也影响到总消费水平（Friedman，1957；Ando and Modigliani，1963）。

国内外的大量实证研究表明，股价波动与股票持有者的消费行为密切相关，但就其相关性的强弱和方向而言，则存在分歧。Ludvigson 和 Steindel（1999）的研究发现，股票市场的利润回报确实为消费者的支出提供了支持，但却不存在稳定的关系。Boone 等人（1998）的研究表明，股票价格对消费的影响在美国表现尤为突出，消费支出对股票净市值的弹性大约在 0.04～0.07 之间，不过这一效应要滞后 1～3 年。Ludwig 和 Slok（2002）运用 16 个 OECD 国家的面板数据进行的研究结果显示，股价增长 10% 将使市场主导经济体和银行主导经济体的消费分别增长约 0.1% 和 0.4%，而且其影响程度都随时间而增加。虽然股价波动是影响社会消费增长的一个因素，但股市的财富效应相对于消费对收入的平均弹性而言还比较小，吕江林和朱怀镇（2004）认为该弹性仅有 0.12，卢嘉瑞和朱亚杰（2006）认为股价波动对社会消费的贡献作用则只有 0.037。当然，也有研究认为，我国股价上涨对消费支出没有激发出财富效应，而是产生了很强的替代效应（魏永芬、王志强，2002）。中国人民银行研究局课题组（2002）也发现，自 1995 年以来社会消费品零售总额与同期的沪、深综合指数之间为负相关，相关系数分别为 -0.64 和 -0.59。

仅从国内学者对股市财富效应的研究文献看，大都倾向于将城乡居民作为一个整体来考察股价波动对消费的影响，却很少注意到财富效应在有股票资产居民与无股票资产居民之间的差别。在消费样本选择上，一般都以全社会的零售消费品总额代替全国的消费。这就在一定程度上削弱了资产价格尤其是股票价格波动对消费的影响力度，因为广大农村居民很少有人持有股票，而其在全社会零售消费品总额中的份额却占到了近 1/4。为此，本章仅研究股价波动对城市居民消费支出的影响，并考察其长期的影响程度和短期的动态影响过程。

2. 资产价格波动通过投资效应影响投资

资产价格波动影响投资主要是通过托宾 Q 效应、金融加速器和资产负债表效应来实现的。Tobin 的 Q 理论认为，如果股价上升降低了公司新资本相对于存量资本的成本，那么公司就会发行股票，利用筹到的资金进行实物投资（米什金，1998）。与此相类似，Bosworth（1975）也认为，股票价格上升使其收益率降低，从而发行股权凭证为投资支出筹资的成本也将降低，进而投资支出增加。而金融加速器理论则认为，当资产价格上升时，企业的净资产数量就会增加，企业外部融资成本就会下降，形成信贷、投资增加与资产价格上升的循环（崔光灿，2006）。1989 年，Bernanke 和 Gertler 提出的资产负债表效应理论认为，由于信贷市场的信息不对称，企业获得贷款数量是其提供抵押标的数的倍数，当经济膨胀、企业的市值上升时，企业提供抵押标的价值充足，因此会获得更多的贷款进行投资。

从实证研究结果看，股价波动与投资的关系并不完全与理论分析相一致。虽然把影响投资的其他因素考虑在内，股票价格仍然是影响投资的一个显著的解释变量（Fischer and Merton，1984；Doan et al.，1993），而 Morck 等人（1990）的研究则认为，在控制了影响投资的基本面因素之后，股票价格预测投资的能力非常有限。国内的大多研究也表明，我国股市的投资效应目前也不显著。吕江林和朱怀镇（2004）认为，在长期中我国股市对固定资产投资存在着比较微弱的正向影响，相对而言，其影响程度仅为银行贷款对固定资产投资影响的 1/8 左右。余元全、周孝华和杨秀苔（2007）认为，与房价相比，不论短期或长期，股价波动通过托宾 Q 效应等机制对投资波动的正向冲击并不明显。而在此前，魏永芬和王志强（2002）更是认为我国股价指数与投资支出之间既不存在协整关系，也不存在托宾 Q 效应。

理论上资产价格波动将显著影响投资支出，但国内实证结果却显示其影响程度并不显著。从国内现有实证研究文献看，投资样本选择上，一般都以全国城镇固定资产投资代替全国的投资而没有扣除国家预算内的投资资金。我们认为，这在一定程度上可能削弱了资产价格尤其是股价波动对企业层面投资产生的托宾 Q 效应、金融加速器效应和资产负债表效应。为此，本章试图改进投资样本的选择，再对资产价格波动影响企业层面的投资波动进行实证研究。

4.2 样本说明、模型设定与实证方法

4.2.1 变量选择和数据说明

数据均为1996年1月~2009年8月间的月度时间序列数据（其中投资数据为1996年7月~2009年8月）。由于各因素间可能存在相关性，除同比增长率数据和利率数据外，为避免共线性问题和降低异方差，对交易性货币供应量数据 *M*1 采用自然对数形式。对于原始数据，除了 *SHZ* 和 *Y* 来源于 wind 资讯、*PPI* 数据来自 datastream 数据库外，其余数据均来自天相2008投资分析系统。

（1）*SHZ* 为股价波动率，以学术界公认的上证综合指数同比增长率来代表。

（2）*CC* 为城市消费支出的同比增长率。考虑到我国广大农村地区没有证券公司的营业部，农村居民参与股票投资并不多见的事实，而且股市财富效应对持有股票的人和未持有股票的人的影响具有不对称性（唐建伟，2004），选取市县城市的社会消费品零售总额来近似代表全国的消费水平。为使数据具有可比性，将城市消费数据逐月除以当月城市 *CPI*，再计算出同比增长率。

（3）*IF* 为企业投资同比增长率。考虑到股价波动产生的托宾 Q 效应、资产负债表效应以及金融加速器效应主要是影响企业层面的投资水平，在城镇固定资产投资的数据中扣除了国家预算内资金，以体现企业层面的投资行为。由于原始数据中没有提供每年1月份的数据，这里将每年1~2月的累计值除以2得到的数值近似等同于1月份的当月城镇固定资产投资金额。为保持历史数据的可比性，将每月的城镇固定资产投资数据逐一除以当月的 *PPI*，再计算出同比增长率。

（4）*Y* 具有两层意义，一是代表国民收入的同比增长率，二是代表实体经济的增长率，*Y* 以逐月除以了当月 *PPI* 的工业增加值增长率数据来代替。需要指出的是，在对城镇消费的实证研究中，理应选择城镇居民可支配收入作为一个重要的解释变量，但考虑个人可支配收入和国民收入之间的关系，这里也以可比的工业增加值同比增长数据来近似代替城镇居民可支配收入。

（5）IR 代表实际市场利率，由每月的市场利率减去当月全国通货膨胀率转换为实际利率。①

（6）X 和 M 分别为以美元计算的进出口同比增长率。为使数据具有可比性，将每月的出口同比增长率和进口同比增长率数据逐一除以当月的美国 CPI 数据。

（7）G 代表政府支出的同比增长率，以国家财政预算支出代替，为使数据具有可比性，对每月数据逐一除以当月的全国 CPI 数据。

（8）$lnM1$ 为交易性货币需求的对数值，这里以逐月除以了当月全国 CPI 的交易性货币供给数据近似代替。

（9）P 代表通货膨胀率，以全国月度 CPI 近似代替。

4.2.2　局部均衡和一般均衡模型的设定

1. 局部均衡分析模型：引入资产价格的消费与投资函数

从经济功能看，金融资产价格的波动不仅能够影响家庭和企业的资产负债表，而且作为一种先行指标，其波动也将影响家庭和企业的信心（苗巧刚、张际，2003），进而影响居民的消费和企业的投资。因此，在分析引起消费和投资波动的因素中，也应考虑资产价格波动这一因素。

基于弗里德曼和莫迪利安尼等人建立的持久收入理论和生命周期理论，将资产价格波动影响消费的局部均衡模型构建为：

$$CC_t = aY_t + bSHZ_t + \varepsilon_t \tag{4-1}$$

其中：$a>0$，$b>0$，t 代表时间序列。

从理论上讲，影响投资规模或者说投资需求的因素主要有国民收入水平、资本的预期收益率和资本利息率三个。为与后续的一般均衡分析保持一致，这里舍掉国民收入和资本预期收益率两个变量，将股价波动率引入到投资函数中，构建的投资模型为：

$$IF_t = -cIR_t + dSHZ_t + \varepsilon_t \tag{4-2}$$

其中：$c>0$，$d>0$，t 代表时间序列。

① 影响固定资产投资的利率理应是贷款利率，而且我国贷款利率市场化改革已取得进展，但反映市场供求关系的月度市场化贷款利率数据不可得，这里选取货币市场同业拆借加权利率近似代表贷款利率的波动情况。

2. 一般均衡分析模型：引入资产价格的 IS – LM 扩展模型

IS – LM 模型，即希克斯—汉森模型，是在凯恩斯宏观经济理论基础上概括出的一个经济分析模式。虽然通过该模型能够全面考察和分析财政政策和货币政策如何共同作用于宏观经济，但是该模型却抽象掉了股票市场对商品市场和货币市场均衡的影响。在我国股票市场规模日益壮大的背景下，运用该模型进行分析的有效性将会减弱。为此有必要将股价波动因素引入IS – LM 模型。

在商品市场需求中，引入股价波动率的模型为：

$$Yt = \alpha CC_t - \beta IR_t + \gamma G_t + \phi X_t - \varphi M_t + \psi SHZ_t \tag{4-3}$$

其中：$\alpha > 0$，$\beta > 0$，$\gamma > 0$，$\phi > 0$，$\varphi > 0$，$\psi > 0$，下标 t 代表时间序列。

在货币市场上，通货膨胀率也是一个影响我国货币需求的重要变量，在居民和企业都是理性的假定下，通货膨胀预期与各层次的货币需求成反方向变化（汪红驹，2002；高云峰、董邦国，2006）。随着资本市场的发展，股价变动对货币需求也会产生财富效应、交易效应和替代效应，而且财富效应会大于替代效应，因此股价上扬也增加了对货币的需求（中国人民银行研究局课题组，2002）。不过，由于 $M2$ 中的储蓄会转化为其他形式的金融资产，股价波动对 $M1$ 的影响大于对 $M2$ 的影响。因此，本章在货币需求中引入股价波动率的模型设定为：

$$\ln M1_t = \kappa Y_t - \lambda IR_t + \theta P_t + \xi SHZ_t \tag{4-4}$$

其中：$\kappa > 0$，$\lambda > 0$，$\theta > 0$，$\zeta > 0$，t 代表时间序列。

联立（4 – 3）和（4 – 4），可得引入资产价格因素的扩展的 IS – LM 模型：

$$Yt = \frac{\lambda\alpha}{\lambda + \beta\kappa}CC_t + \frac{\beta}{\lambda + \beta\kappa}\ln M1_t - \frac{\beta\theta}{\lambda + \beta\kappa}P_t + \frac{\lambda\psi - \beta\xi}{\lambda + \beta\kappa}SHZ_t + \frac{\lambda\gamma}{\lambda + \beta\kappa}G_t + \frac{\lambda\phi}{\lambda + \beta\kappa}X_t - \frac{\lambda\varphi}{\lambda + \beta\kappa}M_t \tag{4-5}$$

其中：$\lambda + \beta\kappa \neq 0$。

4.2.3 实证方法

实证研究中主要使用的统计软件为 Eviews 6.0。对于设定的研究模型将主要从以下几个方面进行检验和实证分析。

（1）对研究样本数据进行 ADF 平稳性检验。在进行检验模型选择前，先做出各变量时间序列的线性走势图，以保证所用模型与产生数据的过程相符，然后再确定检验类型。

（2）对研究样本进行 Granger 检验。下文将对不同滞后长度分别进行检验，以确认两变量之间在滞后多少期时具有单向的因果关系。

（3）对局部均衡模型和一般均衡模型进行协整检验，以确定变量之间的长期均衡关系。采用既能克服 E－G 两步法缺陷，又能精确检验出协整向量数目的多变量的协整检验方法——Johansen 检验法，来对多变量时间序列进行协整检验。

（4）对资产价格波动影响消费和影响投资的短期波动过程采用误差修正模型（VECM）进行分析。传统的经济模型通常表示的是变量之间的一种长期均衡关系，但是经济变量之间在短期内往往是非均衡的。因此，建立 VECM 进一步考察短期关系，用数据的动态非均衡过程来逼近经济理论的长期过程。

（5）对资产价格波动影响消费和投资的动态过程通过建立脉冲响应函数（IRF）进行揭示。在做脉冲响应分析前，先对所建立的 VAR（p）模型进行滞后结构检验，以保证模型结构的稳定性。

（6）通过预测方差分解技术（Variance Decompositions）来分析资产价格波动对消费波动和投资波动影响程度。这里所建的 VAR（p）模型与 IRF 检验前的 VAR（p）一致。

（7）一般均衡模型实证研究中，本章采取求解联立方程中各方程的相关系数的方法，先计算出 IS－LM 扩展模型中资产价格波动变量前的系数，再确定资产价格波动与实体经济稳定的相关性及影响程度大小。

4.3 实证模型检验与分析

4.3.1 时间序列的 ADF 和 Granger 检验

1. 时间序列的 ADF 检验

由于货币供应量 $lnM1$ 具有明显的季节性特征，先采用考虑了节假日因素影响的 Census X12 进行季节调整，然后采用 ADF 方法对所有时间序列进行单位根检验。检验结果显示，原始水平序列在 1% 的显著水平下都是非平稳的，而一阶差分以后，在99%的置信水平下都变成了平稳的时间序列，因此这些变量都是I（1）的（限于篇幅，检验结果略）。

2. 资产价格与消费、投资和实体经济的Granger检验

为确定股价的波动是否会构成影响消费、投资和实体经济波动的原因，反复进行Granger因果检验。从表4－1的检验结果可知，在滞后期为7个月时，股价波动是导致城市消费支出变动的原因，置信水平为99%。在滞后期只有1个月时，股价波动是导致企业投资波动的原因，但只有85%的置信水平。在滞后期为19个月时，股价波动将导致实体经济的波动，置信水平为97%。

表4－1　资产价格波动与城市消费、企业投资和实体经济的格兰杰因果检验结果

原假设	滞后期	观察值	F统计量	概率值
DSHZ does not Granger Cause *DCC*	7	156	2.94196	0.0066
DCC does not Granger Cause *DSHZ*			0.66033	0.7052
DSHZ does not Granger Cause *DIF*	1	156	2..10381	0.1490*
DIF does not Granger Cause *DSHZ*			1.39954	0.2386
DSHZ does not Granger Cause *DY*	19	144	1.85466	0.0257
DY does not Granger Cause *DSHZ*			1.07082	0.3912

* Granger因果检验结果置信度较低，这可能与本文采取1月份数据近似等同于2月份数据难以逼近真实数据有关。

4.3.2　局部均衡分析：对消费和投资的影响

1. 长期影响程度的确认：协整检验

协整检验首先要确定合理的滞后阶数以保证统计上的可信度，可供参考的信息准则有AIC和SC。根据AIC信息准则，对变量组（*CC*、*Y*和*SHZ*）选取最佳滞后期为7；根据SC信息准则对变量组（*IF*、*IR*和*SHZ*）选取最佳滞后期为2。协整关系检验结果分别如表4－2、表4－3所示。

表 4-2 资产价格波动影响消费稳定的 Johansen 非约束协整关系检验结果

调整后的样本区间:1996M09 ~ 2009M08;调整后的样本观测值:156;协整方程结构:线性趋势;VAR 滞后期数:1 - 7;包含序列:*CC*、*Y*、*SHZ*

零假设:协整向量个数	特征值	迹检验统计量	5% 显著水平临界值	结论
0 *	0.123089	33.15139	29.79707	1 个协整关系
至多 1 个 *	0.052846	12.66088	15.49471	
至多 2 个	0.026508	4.191045	3.841466	

标准化的协整方程系数:

CC	*Y*	*SHZ*
1.000000	-0.566352	-0.308782

注：* 表示以 5% 的显著水平拒绝原假设，在表 4-3 中也同此。

表 4-3 资产价格波动影响企业投资稳定的 Johansen 非约束协整关系检验结果

调整后的样本区间:1996M10 ~ 2009M08;调整后的样本观测值:155;协整方程结构:线性趋势;VAR 滞后期数:1 - 2;包含序列:*IF*、*IR*、*SHZ*

零假设:协整向量个数	特征值	迹检验统计量	5% 显著水平临界值	结论
0 *	0.137835	43.06234	29.79707	2 个协整关系
至多 1 个 *	0.102440	20.07455	15.49471	
至多 2 个	0.021210	3.322941	3.841466	

标准化的协整方程系数:

IF	*IR*	*SHZ*
1.000000	1.578262	-0.011164

由表 4-2 可知，协整检验表明在 1996 年 9 月 ~2009 年 8 月的样本区间内，变量 *CC*、*Y* 和 *SHZ* 之间存在唯一的协整关系，协整向量的系数估计为：$\beta' = (1.000000,\ -0.566352,\ -0.308782)$。

从而，由这三个变量确定的协整方程可以表示为：

$$\begin{aligned} CC_t &= 0.566352Y_t + 0.308782SHZ_t \\ &\quad\ (1.34663) \qquad\quad (0.08785) \qquad Log\ likelihood = -1331.350 \end{aligned} \tag{4-6}$$

注：括号内为标准误差，方程（4-7）、（4-10）和（4-11）同此。

方程（4-6）表明，在 1996 年 9 月 ~2009 年 8 月间，资产价格波动与城市消费支出波动呈正相关。从影响程度看，与国民收入波动相比，资产价格波动对城市消费支出变化的影响还相对较小，不过相关系数也达到了0.31的水平。这说明随着我国资本市场的发展，资产价格波动产生的财富效应对城市消费支出已经具有了较为显著的影响。

从表4-3可知，在1996年10月-2009年8月间，变量*IF*、*IR*和*SHZ*之间存在2个协整关系，协整向量的系数估计为：$\beta' = (1.000000, 1.578262, -0.011164)$。

由这三个变量确定的协整方程可以表示为：

$$IFt = -1.578262IRt + 0.011164SHZt \quad (4-7)$$
$$(0.99203) \qquad (0.06197) \qquad Log\ likelihood = -1473.310$$

方程（4-7）表明，资产价格波动与企业投资支出的变化则呈微弱的正相关关系。影响程度还比较微弱，相关系数只有0.01，仅相当于市场利率对投资影响程度的7‰。但是已经显现出了些许托宾Q效应及资产负债表效应。这表明随着资本市场的发展，股票价格波动对投资支出变化并不是不相关或者是负相关的关系。

2. 影响关系的稳定性分析：VECM检验

根据Granger定理，一组具有协整关系的变量具有误差修正模型的表达形式。由于*SHZ*和*CC*，*SHZ*和*IF*都存在协整关系，因此可以分别建立股价波动影响城市消费和影响企业投资的误差修正模型，以确定它们之间影响关系的稳定性。根据SC信息准则，数据组（*CC*、*Y*、*SHZ*）和（*IF*、*IR*、*SHZ*）的最佳滞后期均为2，经VECM检验，将误差修正模型分别建立为如下模型。

资产价格影响城市消费支出的误差修正模型为：

$$D(CC)_t = -0.097162 - 0.057770ECM_{t-1} - 0.198898D(CC_{t-1}) - 0.055379D(Y_{t-1}) + 0.007135D(SHZ_{t-1})$$
$$F = 3.922184 \qquad Log\ likelihood = -356.9440 \quad (4-8)$$

资产价格影响企业投资支出的误差修正模型为：

$$D(IF)_t = 0.206973 - 0.428396ECM_{t-1} - 0.316277D(IF_{t-1}) + 3.378964D(IR_{t-1}) + 0.184990D(SHZ_{t-1})$$
$$F = 12.44888 \qquad Log\ likelihood = -663.6599 \quad (4-9)$$

误差修正模型（4-8）和（4-9）的*ECM*的系数分别为-0.57770和-0.428396，t值分别-3.08961和4.506，显著为负。从模型中所描述的短期关系（差分项）和长期关系 *ECM* 可以看出，资产价格波动与城市消费、与企业投资波动长期均衡关系模型的变量选择是合理的。在经济意义上，一旦上述短期经济关系偏离协整关系时，就会有一个反向的误差项对模型进行修正，使其趋向均衡状态。

3. 动态化的影响过程：脉冲响应分析

首先建立包括 *CC*、*Y* 和 *SHZ* 三个变量的 VAR（p）系统来考察 *SHZ* 对 *CC* 的脉冲响应函数。根据 AIC 取最小的准则，经逐一反复测试，建立 VAR（7）模型。通过滞后结构检验，模型所有特征根根模的倒数都小于 1，说明该 VAR（7）模型的结构是稳定的。其次建立包括 *IF*、*SHZ* 和 *IR* 三个变量的 VAR（p）系统来考察 *SHZ* 和 *IR* 对 *IF* 的脉冲响应函数。同理，将该脉冲反应函数确定为 VAR（8）。

图 4－1 反映了城市消费支出对股价波动的一个标准差新息的冲击产生脉冲响应图。在本期给股票价格一个冲击后，城市消费支出将在前 3 期作出微弱的负向响应，在第 4 期出现较弱的正响应之后出现较大的负响应，在 6 期达到最大正响应点后反复震荡，在第 8 期达到最大负响应点，之后则快速向零收敛。这表明股价波动所产生的财富效应，尽管对城市消费支出存在一定的促进作用，但总的来讲还是比较微弱（响应均小于 1），而且股价上涨并不会立即带来消费支出的增长。

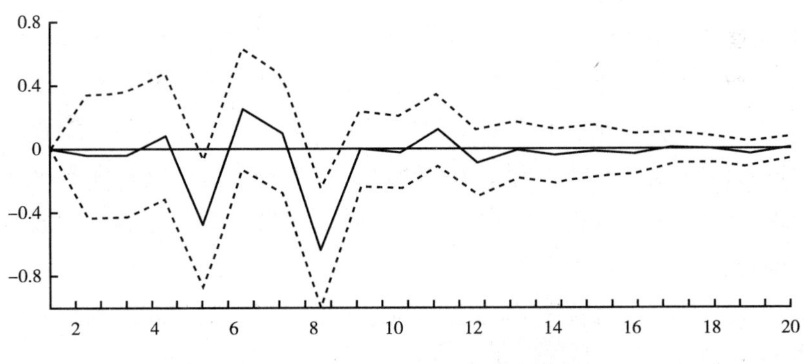

图 4－1　DCC 对 DSHZ 的脉冲响应

注：横轴代表追溯期数，纵轴表示因变量对自变量的响应大小，实线表示脉冲响应函数曲线，两条虚线代表两倍标准差的置信带。

图 4－2 反映了企业投资对股价波动的一个标准差新息冲击产生的脉冲响应图。当在本期给股票价格一个冲击后，企业投资在第 2 期作出正响应并

达到仅次于最大的正响应点，之后则反复震荡，在第6期达到正响应后快速收敛于零。这表明股价的上涨，对企业投资的波动既能产生正向的冲击，也能产生负向的冲击，但总的来讲正向冲击多于负向冲击。

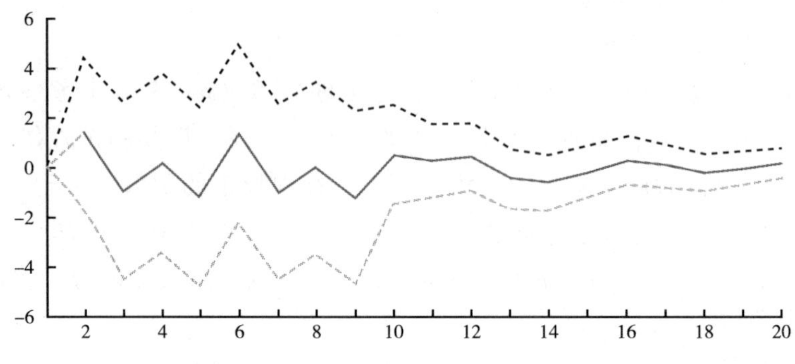

图4-2 DIF对DSHZ的脉冲响应

注：横轴代表追溯期数，纵轴表示因变量对自变量的响应大小，实线表示脉冲响应函数曲线，两条虚线代表两倍标准差的置信带。

4. 短期影响程度的确认：方差分解分析

首先，利用方差分解技术来确定股价波动对城市消费波动的影响程度。从图4-3中可以看出，城市消费支出在第1期只受自身波动冲击的影响，这是由于在建立VAR（7）模型时把*DCC*作为第一个因变量的缘故，从第2期自身的扰动逐渐呈阶梯状下降，第7期后基本稳定在85%左右，但仍起主要作用；从第2期开始，来自国民收入和股价波动的扰动影响也逐渐呈阶梯型上升，第7期后分别上升到2.3%和11.3%以上。这表明，随着时间的推移，城市消费支出波动中有2.3%和11.3%来自于国民收入和股价波动带来的冲击。相对于国民收入增长，股价上涨，在第4期后更容易刺激城市消费支出的增长。

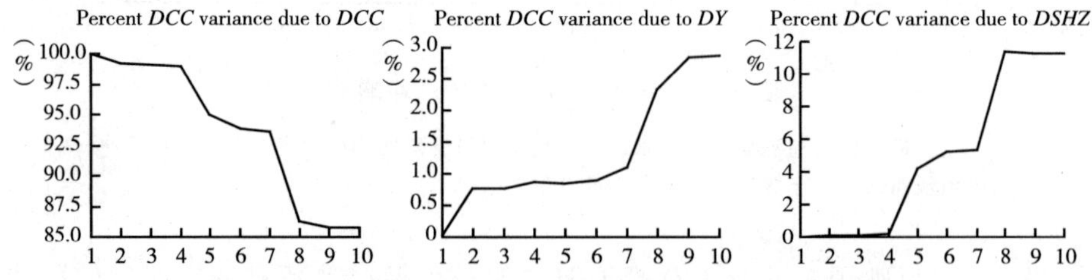

图4-3 股价波动在引起城市消费波动因素中的预测方差

其次，利用方差分解技术来确定股价波动对企业投资波动的影响程度。从图 4 - 4 中可以看出，与城市消费一样，企业投资在第 1 期只受自身波动冲击的影响，第 2 期自身的扰动逐渐下降，第 5 期后基本稳定在 96% 左右；但从第 2 期后，来自实际利率和股价波动的扰动逐渐上升，在第 8 期后，分别维持在 2% 和 2.3% 左右。这表明随着时间的推移，企业投资波动的 2% 和 2.3% 来自于实际市场利率的和股价波动的扰动。但相对于实际利率波动，在第 8 期后股价波动更容易促进企业投资增长。

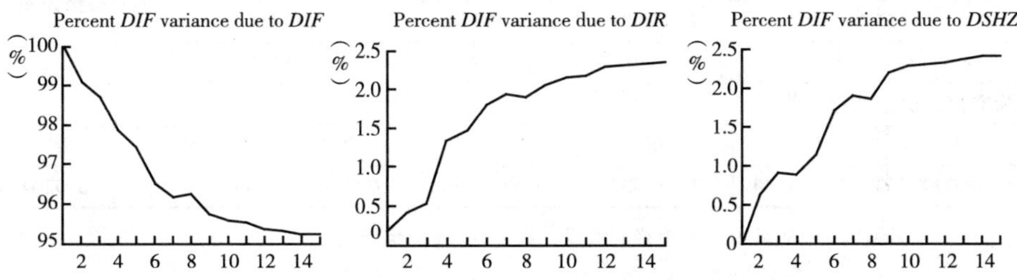

图 4 - 4 股价波动在引起企业投资波动因素中的预测方差

4.3.3 一般均衡分析：对实体经济总体的影响

1. 资产价格波动对商品市场总需求的影响程度

在商品市场总需求均衡方程的协整检验中，根据 SC 信息准则确定最佳滞后期为 1。从表 4 - 4 的检验结果可知，1996 年 3 月 ~2009 年 8 月，变量 Y、CC、IR、G、X、M 和 SHZ 之间存在 3 个协整关系，协整向量的系数估计为：

$$\beta' = (1.000000, -0.175129, 0.681632, 0.635835, -0.019641, 0.144091, -0.020414)$$

从而，这七个变量确定的协整方程可以表示为：

$$\begin{aligned} Y_t = \ & 0.175129CC_t - 0.681632IR_t - 0635835G_t + 0.019641X_t - 0.144091M_t + 0.020414SHZ_t \\ & (0.08133) \quad (0.16893) \quad (0.06026) \quad (0.04589) \quad (0.04580) \quad (0.00905) \\ & Log\ likelihood = -3352.995 \end{aligned} \qquad (4-10)$$

方程（4 - 10）表明，股价波动与商品市场总需求波动性呈正相关关系，从相关系数大小来看，资产价格波动对商品市场总需求的影响还比较微弱，只有0.02。这也表明，在我国随着资本市场的发展，股票价格波动与商品市场总需求的波动并不是不相关或者是负相关的关系。①

表4－4　资产价格波动影响商品市场总需求稳定的 Johansen 非约束协整关系检验结果

调整后的样本区间：1996M03～2009M08；调整后的样本观测值：162；协整方程结构：线性趋势；VAR滞后期数：1－1；包含序列：*Y*、*CC*、*IR*、*G*、*X*、*M*、*SHZ*

零假设：协整向量个数	特征值	迹检验统计量	1%显著水平临界值	结论
0 *	0.456114	259.7147	135.9732	3个协整关系
至多1个 *	0.350597	161.0542	104.9615	
至多2个	0.250908	91.11856	77.81884	
至多3个	0.133011	44.31779	54.68150	

标准化的协整方程系数：

Y	*CC*	*IR*	*G*	*X*	*M*	*SHZ*
1.000000	－0.175129	0.681632	0.635835	－0.019641	0.144091	－0.020414

注：*表示以1%的显著水平拒绝原假设，在表4－5中也同此。

2. 资产价格波动对交易性货币需求的影响程度

在对货币市场均衡方程协整检验中，根据AIC信息准则选取滞后期为3。从表4－5检验结果的可知，1996年5月～2009年8月，变量 *lnM*1_ *SA*、*Y*、*IR*、*P* 和 *SHZ* 之间存在唯一的协整关系，协整向量的系数估计为：$\beta' = (1.000000,\ -0.177922,\ 0.236018,\ 0.232000,\ -0.005033)$。

由这五个变量确定的协整方程可以表示为：

$$lnM1\_SA_t = 0.177922Y_t - 0.236018IR_t - 0.232000P_t + 0.005033SHZ_t$$

$$(0.03233) \quad (0.02949) \quad (0.03147) \quad (0.00164)$$

$$Log\ likelihood = -699.4826 \qquad (4-11)$$

方程（4－11）表明，股价波动与交易性货币需求的波动性呈正相关关系，但股价波动对交易性货币需求的影响还比较微弱，相关系数只有0.005。这可以理解为，我国资本市场还处于发展中，参与股票投资的居民

① 这里政府预算支出的系数符号与经典的经济理论不一致，可能是由于数据样本是以政府预算支出代替政府采购支出所导致，因为严格地讲，在四部门经济中政府部门对经济增长的促进作用主要是政府采购支出，而政府采购支出只是政府财政预算支出的一部分，相对于政府在公务员及事业单位职工薪酬支出而言，其稳定性较差。

占全国总人口的比例还比较小，而且参与股票投资的机构投资者数量也不多等因素导致。

表 4－5　资产价格波动影响货币市场需求稳定的 Johansen 非约束协整关系检验结果

调整后的样本区间:1996M05～2009M08;调整后的样本观测值:160;协整方程结构:线性趋势;VAR滞后期数:1－3;包含序列:*lnM1_SA*、*Y*、*IR*、*P*、*SHZ*				
零假设:协整向量个数	特征值	迹检验统计量	1% 显著水平临界值	结论
				1 个协整关系
0 *	0.279900	97.84634	77.81884	
至多 1 个 *	0.139111	45.30783	54.68150	
至多 2 个	0.066371	21.34149	35.45817	
标准化的协整方程系数:				
lnM1_SA	*Y*	*IR*	*P*	*SHZ*
1.000000	－0.177922	0.236018	0.232000	－0.005033

3. 资产价格波动对实体经济稳定的影响

由方程（4－5）可知，资产价格波动对实体经济的稳定是否会造成冲击，关键取决于股价的系数$\frac{\lambda\psi-\beta\xi}{\lambda+\beta\kappa}$是否显著为零。通过分别对引入资产价格波动的商品市场总需求均衡方程和货币市场总需求均衡方程进行协整检验，可以发现，1996 年 5 月～2009 年 8 月，资产价格波动对商品市场总需求和货币市场总需求的稳定性都能产生正向冲击。通过商品市场和货币市场的协整方程向量，可以得出：$\lambda=0.236018$，$\psi=0.020414$，$\beta=0.681632$，$\xi=0.005033$，$\kappa=0.177922$，从而有$\frac{\lambda\psi-\beta\xi}{\lambda+\beta\kappa}=0.003883$。由此可见，资产价格（股票价格）波动将对实体经济的稳定性产生正向冲击，尽管这种正向冲击比较微弱，但并非如有的研究所认为的二者不相关或者负相关。

4.4　小结

无论从理论分析结论还是从实证检验结果来看，我国资产价格波动和实体经济波动之间存在正相关关系。这既体现在局部均衡分析中，也体现在一般均衡分析中，而且在不同的滞后期，这种正相关性有着 Granger 因果关系。

（1）资产价格波动产生的财富效应对我国城市消费支出的波动具有显著的正向影响，长期影响系数为0.309，短期影响系数会逐渐上升到0.113；相对于国民收入的增长，股票价格上涨在第4期后更容易刺激城市消费支出的增长，然而股票价格上涨并不会立即带来城市消费支出的增长。

（2）资产价格波动产生的托宾Q效应和资产负债表效应对我国企业的投资支出既会造成正向冲击，也会造成负向冲击，但总体上正向冲击多于负向冲击。从影响程度来看，长期影响系数为0.011，短期影响系数为0.023，相对于实际利率的变动，在第8期后股票价格上涨更容易刺激我国企业投资的增长。

（3）在影响实体经济总体方面，一般均衡分析表明，资产价格波动是通过影响商品市场总需求和影响货币市场总需求的均衡来实现的。资产价格波动对我国实体经济总体稳定性的影响系数为0.004。尽管影响程度比较微弱，但也表明我国资产价格的波动与实体经济的波动并非是不相关或负相关的关系。

从局部均衡分析和一般均衡分析的结论，可以得到如下几点重要启示：其一，虽然实体经济决定着股票市场的基本走势，但反过来，股票市场向好，又有利于实体经济的发展。具有高度市场化特征的股票市场，从来就不是简单、被动地反映实体经济的发展状态，而是反过来能动地影响和制约着整个社会经济的运行态势。股票市场规模越大、流动性越好，通过一系列的传导机制对宏观经济的影响就越大。其二，股票市场价格是否稳定上涨，客观上超前反映着社会公众（投资者）对消费、投资、企业经营状况及发展趋势、经济增长的信心即预期。具体表现在：股票市场价格稳中趋涨，投资者的资产稳定升值，财富也随之增多，从而使得消费者信心指数攀升，消费支出增加，进而刺激经济增长，也进一步刺激企业的投资欲望，以更低的成本、更大的规模进行融资，实现外延式与内涵式双重扩张，加速经济结构的转化，促进潜在GDP增加。其三，必须充分认识到大力发展资本市场是解决当前中国经济问题的重要途径之一，特别是在全球金融危机、国际贸易保护主义抬头的背景下，一个稳定、规范、繁荣和持续发展的资本市场将有助于扩大国内需求、推动中国经济持续快速增长。

最后提出如下政策建议：一是要从多方面规范股票市场的发展，促进股市财富效应的发挥，同时加强投资者教育，培育投资者的理性投资理念。要从制度层面规范股票市场的发展、防止股票市场成为上市公司、机构投资者“圈钱”的场所；要给予城乡居民更多的参与股票投资的机会，比如，可以考虑使印花税保持在较低的水平而不再提高，为财富效应的发挥奠定基础；要促进股票市场平稳发展，尤其是要保持股票市场增长的长期性和股票市场回报率的稳定性，促进股票持有人在心理上形成一种将股票收入由暂时性收入转为持久性收入的心理预期。二是要建立多层次的资本市场体系。大力发展股份制经济，培育不同层次更多资金需求的上市公司，扩大企业直接融资进行投资的比重，促进企业投资的托宾 Q 效应和资产负债表效应的发挥。三是可以考虑将股票市场价格纳入货币政策的观测范围，作为货币政策制定的重要参考因素。从一般均衡分析的角度来看，要促使股票市场对实体经济总体稳定增长发挥更大的作用、做出更大的贡献，在交易性货币供给的增长方面，也应考虑股票这一资产价格波动引致的货币需求因素，实现股票市场供求关系的有序对接，避免股票价格上涨分流实体经济所需要的货币资金。

5

金融危机、金融重建与金融安全

2010冬季达沃斯论坛即第40届世界经济论坛年会以“重思、重设、重建”为主题，就全球经济恢复前景、金融体系改革、气候变化及影响等一系列全球关注的重大问题进行了广泛的讨论。在众多的话题中，金融重建吸引了更多人的眼球。

5.1 金融重建的内在逻辑

众所周知，由美国次级抵押贷款问题引发的“金融海啸”，也是“大萧条”以来最严重的全球性金融危机，对全球发达经济体和发展中国家的房地产市场、信贷市场、金融部门乃至实体经济都造成严重的冲击，重创了全球经济和金融体系。特别是，到目前为止，金融危机的影响仍然没有完全终结。财政赤字带来的债务问题依然十分突出，就业增长依然十分缓慢，全球贸易依然没有实质性改观，全球经济增长依然处在较低区间。

可以说，这次金融危机在对实体经济产生巨大冲击的同时也给金融本身带来了深远的影响。在金融危机爆发之前，金融在发达国家的经济增长中占据重要的地位，也发挥着重要的作用，比如美国，其金融部门与房地产、汽车等已成为极其重要的支柱产业，是21世纪网络泡沫破灭之后美国经济较高增长的重要基础，当然，这时的金融业是一个高杠杆、高风险行业；金融危机爆发之后，金融机构和相关的企业、家庭部门都被迫实行“去杠杆化”，金融部门的规模、赢利能力和系统影响力随之下降，全球贸易金融往来严重受损，全球经济增长陷入了低谷。更重要的是，全球金融体系处于一定程度上的混乱状态，金融功能不能正常发挥严重制约实体经济的发展。

具体来看，首先，金融体系的基本功能受到了重创。在金融危机的蔓延过程中，美国政府支持的企业、大型保险公司、顶尖商业银行纷纷陷入困境，美国五大投资银行要么破产要么转型为银行控股公司，市场主导和银行主导的市场体系受到了极大的冲击，金融体系的脆弱性在金融危机中表露无遗。其次，金融监管缺陷凸显。在金融危机爆发和深化过程中，美国金融监管暴露出了明显的缺陷：现行的监管体系无法跟上经济和金融体系变化和发展的步伐；缺乏统一的、权威的监管者，无法消除系统性风险并防范系统性危机；金融监管职能的重叠造成金融监管死角；金融监管有效性大为降低，尤其是缺乏对金融控股公司的有效监管；金融分业监管体系与混业经营的市场模式严重背离。金融监管体系的问题成为引发金融危机的重要根源。再次，金融创新风险加大。毫无疑问，在这次全球金融危机爆发过程中，金融创新是始作俑者。美国可调整利率抵押贷款、次级抵押贷款证券化、金融机构以市定价的会计记账方法、以风险价值为基础的资产负债管理模式以及过度杠杆化等金融创新，都催生了这次金融危机。甚至在一定意义上可以说，全球金融危机是对过度金融创新的一次清算。最后，金融监管模式与金融经营模式背离。金融监管体系与金融行业经营模式的错配也是导致这次金融危机的制度性根源之一。1999 年美国《金融服务现代化法》取代了《格拉斯—斯蒂格尔法案》，美国金融业的经营模式随即从分业经营步入混业经营时代，并与英国、日本等组成了混业经营阵营。最初的一些年，混业经营模式展现出了德国、瑞士、法国等固守的分业经营模式难以企及的灵活性和高效率，于是，混业经营一度成为拉美国家和一些新兴经济体发展金融业的模板。问题的严重性在于，与美国混业经营模式相“匹配”的是分业监管，这就产生了监管模式与经营模式的错配，造成了大量的监管漏洞。

在全球经济复苏仍然乏力的当下，必须加快金融监管体系建设、促进金融创新机制发展、维护金融市场健康稳定，也就是要通过金融重建为全球经济发展构建一个坚实的金融基础，提供一种强劲的金融动力。

鉴于此，金融重建的内在逻辑就在于：其一，市场体系与风险管理相匹配。无论是以美国为代表的市场主导的金融市场体系模式，还是以德国为代表的银行主导的金融市场体系模式，都必须建立各自适用的风险管理机制。各自的风险管理机制必须能够覆盖金融当局、金融机构、投资者等金融市场参与主体。其中的关键在于，金融监管当局必须出台相应的监管政策以进行有效的监管，确保整个金融市场体系的稳定与安全；金融机构在进行风险管理的过程中，必须注重资本充足率、杠杆率、表内和表外业务、场内与场外业务、资产风险定价以及负债期限等风险管理规则；投资者个人必须对金融产品的风险收益水平、自身的风险偏好以及风险承受与处置能力有充分的理解与评估；特别是，针对市场主导的金融市场体系，大型金融机构应该得到更加严格的监管，以防止“大而不倒”效应引发严重的道德风险和系统性风险。

其二，金融创新与金融风险相协调。金融创新作为金融领域各种要素的重新优化组合和金融资源的重新配置，有利于金融发展和经济增长，但与此同时，金融创新也可能造成资金流通的不确定性、金融体系的脆弱性、金融危机的传染性和系统性风险。因此，必须在金融创新和金融风险管理中取得一个有效的平衡，也就是要在利用金融创新重新配置金融资源的同时，有效地防范金融风险。这就要求，提高金融创新的信息透明度（比如要求金融创新产品发起人进行强制性的信息披露）；加强对金融创新产品的风险管理（比如金融机构按市场风险、信用风险、操作风险和流动性风险等不同风险的特质，进行资产损失计提）；完善金融创新的监管体系，监管当局必须针对金融创新产品的安全性、流动性和赢利性以及金融机构的资本充足率、资产质量和表内表外业务等设计一个科学、合理而有效的监管体系。当然，在注重加强金融创新风险管理的同时仍然需要支持、鼓励金融创新，因为金融创新也是规避或削减金融风险、保障金融安全的重要措施和主要途径。

其三，深化金融体制改革，消除制度性矛盾。我们都知道，每种金融市场体系、金融经营模式和金融监管机制的产生都有其历史背景和制度基础，都有其合理性和适应性，但是，随着经济环境的变化和金融业自身的发展，制度本身的缺陷也将日益凸显，可以说，制度性矛盾的产生具有一定的必然性。以金融监管模式与金融经营模式的匹配为例，即便是美国出台了新的金融监管体系改革计划，混业经营模式与分业监管模式的错配问题仍然没有根本解决。在这个意义上，金融重建要着力完善各种金融制度及其相互的匹配性，包括：加强风险管理并实现与金融市场体系的匹配；完善监管体系并实现与金融经营模式的协调；推进各个层级之间的配合，保障风险管理的上下贯通；建立市场间的隔离墙制度，防止危机的无限传染；优化金融创新机制，在金融创新和金融风险之间取得平衡。

其四，金融经济（虚拟经济）向实体经济回归。我们看到，随着经济缓慢复苏和金融市场功能的逐步恢复，金融机构和家庭部门出现了重新杠杆化的迹象。比如，新兴市场国家的房地产泡沫化风险正在加大，虚拟经济再次出现偏离实体经济需求的倾向。然而，金融部门最基础的功能是与实体经济相匹配，为实体经济服务，促进实体经济的发展。在金融重建过程中，必须坚持金融机构和家庭部门的去杠杆化，防止虚拟经济过度膨胀，避免金融经济再次偏离实体经济的实际需求，进而防范可能出现的“新的更大危机”。

总而言之，从有效管理金融风险、消除制度性缺陷、促进金融市场发展和金融功能完善以及推进金融经济与实体经济协调发展的角度，金融重建已经日益重要和紧迫。然而，金融重建是一项艰巨的系统工程，相关经济体和政策当局必须在市场模式、经营模式、监管效率、金融创新和制度完善等层面付诸长期而有力的行动。

5.2 在积极推进金融创新的同时不断完善金融监管

在第四次全国金融工作会议上，温家宝总理提出了做好新时期金融工作的基本原则。其中之一就是要坚持创新与监管相协调的发展理念，支持金融组织创新、产品和服务模式创新，提高金融市场发展的深度和广度，同时要防止以规避监管为目的和脱离经济发展需要的“创新”。

毫无疑问，坚持金融创新和金融监管相互协调，也就是在积极推进金融创新的同时不断完善金融监管，作为我国金融改革与发展的重要议题，既是防范各类金融风险特别是系统性金融风险的本质要求，也是保障我国金融长期稳定可持续发展的基本前提。

理论上，金融创新意味着在金融领域建立一种“新的生产函数”，包括金融产品、交易方式、服务模式、组织机构、金融市场等方面的改革与创新，是金融领域各种要素的重新优化组合和金融资源的重新配置。在微观层面，金融创新可以使金融风险锁定、削减、转移和分散，可以降低交易成本、减少信息不对称和降低代理成本，进而提高金融效率；在宏观层面，金融创新扩大了货币供给主体，加大了货币乘数，增加了金融机构创造货币的能力，并强化了货币政策的传导作用，有助于金融体系资金融通功能的更好发挥，而且，金融创新提供了金融风险的“吸收器”和金融动荡的“减震器”，金融创新可以相对有效地缓解金融动荡的冲击，避免金融体系的大起大落。同样不可否认的是，金融创新是一把“双刃剑”，其对金融稳定和金融安全也会带来巨大的冲击和挑战。比如，金融创新在一定程度上降低了货币需求的稳定性、增强了货币供给的内生性，从而削弱了货币政策的有效性；金融创新的杠杆效应、复杂性、信息不透明等可能加剧金融体系的脆弱性；金融创新的顺周期效应，也可能放大金融危机的传染性；基于规避风险或规避监管的金融创新可能带来虚拟经济与实体经济的脱节，甚至引发系统性风险，危及整个金融体系的稳定。在这点上，美国次级抵押贷款及其证券化等金融创新就是最典型的例证。

鉴于此，我们在积极推进金融创新的同时，必须十分注重防范“金融创新风险”。提高金融创新的信息透明度是防范“金融创新风险”的基本前提。复杂的金融创新对信息的要求非常高，只有信息披露充分、信息完全透明，投资者（包括金融机构）才有可能了解金融创新产品的风险，并对风险进行评估和定价，也才能在此基础上作出科学的投资决策。在这个意义上，监管当局必须强制性地要求金融创新产品发起人进行全面、准确、及时的信息披露。

金融机构加强对金融创新产品的风险管理是防范“金融创新风险”的基础环节。其一，金融机构对金融创新产品的安全性、流动性和赢利性及其相关的市场风险、信用风险、操作风险和流动性风险等应有充分的认识和识别；其二，金融机构应该加强“金融创新风险”的识别和防范能力建设；其三，金融机构需要对各种风险进行相应的预警和防范。比如，商业银行必须充分考虑表外业务的风险。

从金融监管的角度，则是要注重防范过度的金融创新。绝大部分金融创新是为了规避风险，这是应该积极鼓励和大力支持的；但是，对于旨在规避监管的金融创新，则应该注重防范。特别是要防范过度的规避监管型金融创新，比如有的金融机构将本应该属于表内的业务转移到表外，从而规避了监管；同时还要注重防范金融创新脱离于实体经济，美国次贷产品的过度证券化就是脱离房地产市场实际的突出表现。

很显然，加强对金融创新的监管，建立健全金融创新的监管框架，目的不是为了限制、禁止金融创新，而是为了促进规避风险的金融创新，为了促进为优化资源配置提供服务的金融创新，为了防范金融风险、保障金融稳定。

特别要强调的是，金融创新和金融监管是一个相辅相成的动态发展过程，必须牢固树立创新与监管相协调的发展理念，在积极推进金融创新的同时不断完善金融监管。

坚持创新和监管相协调，根本目的是防范脱离实体经济的过度金融创新，促进金融创新和金融体系更好地为实体经济服务，提高资源配置的效率，进而促进改革开放和我国经济的快速稳定发展。因此，要紧紧围绕稳增长、促消费、调结构这一主题，积极开展有益的金融创新；对那些脱离实体经济、出于规避监管目的的金融创新要进行重点监管、有效防范。

创新和监管相辅相成、相互统一、相互促进，这是创新和监管相协调的基本体现。我们都知道，“创新—风险—监管—再创新”是一个动态的演进过程，金融创新和规避或削减金融风险、提高监管水平、保障金融稳定是相互统一的，金融创新通过其微观和宏观效应促进金融职能的发挥，是服务实体经济、促进经济发展的重要基础。而金融监管作为防止过度金融创新，特别是防范规避监管型创新和脱离实体经济引发重大风险的重要举措，对于金融创新更好地发挥作用至关重要。因此，金融创新与金融监管相协调，可以有力地促进金融发展，有效地防范金融风险，促进金融稳定并服务于实体经济。

完善“金融创新风险”的监管体系是创新和监管相协调的基本要求。显而易见，仅靠金融机构自身的风险管理是远远不够的，监管当局必须不断加强和改善金融监管。首先，金融监管当局要改变监管的理念和监管模式，针对金融创新的安全性、流动性和赢利性以及金融机构的资本充足率、资产质量和表内表外业务等设计一个科学的监管体系，以此来提高防范和化解金融风险的能力；其次，金融监管要提高针对性，比如对银行业需要关注其表外业务的变化，对资产证券化应强调对基础资产和各级证券化产品的风险分级与评估；再次，要加强对离岸金融、私人股权基金、对冲基金等方面金融创新的更具针对性的监管；最后，要将监管当局的监管能力建设、监管能力提升放在更加重要和突出的位置，监管能力应和金融业务的发展、金融创新的演进保持动态的适应和协调。

坚持创新和监管相协调，需要建立健全宏观审慎金融管理制度框架。顺周期效应、系统重要性金融机构和影子银行、全球金融业务等都涉及“金融创新风险”的防范问题，为此，金融创新和金融监管相协调，需要一个有效的宏观审慎金融管理制度框架来实现，包括：完善系统性风险预警、防范和应对机制；采取有效举措降低金融体系顺周期效应；加强对系统重要性金融机构及其金融业务、影子银行的重点监管；加强区域和全球的金融合作，防范金融风险的跨境传播；完善金融风险和金融危机的预警、应对和处置机制。

5.3 构建金融安全的长效机制

显而易见，实现金融稳定不能仅仅依靠或寄希望于某些短期的、临时的应急措施，而需要建立一种长效机制。这就要求除了平时密切关注金融开放条件下的金融运行状态并采取相应的对策（如预防、救助、危机处置等）以外，更为重要的还是要通过深化金融改革、加快金融创新和健全法制规范来促进金融业自身的稳健发展，增强和提高金融体系整体抵御金融风险的能力和竞争力。

5.3.1 深化改革以完善金融业的体制和机制

实践证明，改革是发展的强劲动力和力量源泉，改革的力度与深度直接影响并决定着发展的速度与效率。因此，只有通过深化经济体制改革特别是金融体制改革，消除阻碍金融业发展的体制和制度障碍，才能从根本上促进金融业更快更好更全面地发展。

从促进金融业全面发展的客观需要出发，必须坚持以市场为中心或导向的原则，全方位地大力推进金融体制改革的深化。从大的方面看，改革的重点：一是要进一步完善金融宏观调控机制，保持货币政策的连续性和稳定性，不断加强金融市场制度建设，疏通储蓄向投资转化的渠道；二是要按照建立现代企业制度和现代商业银行运行机制的要求，加快国有商业银行在组织结构、管理体制、运作机制、经营模式、产权制度等方面的改革，不断完善法人治理结构，不断健全决策机制、监督制约机制和内部激励机制，不断提高风险管理与内控水平；三是要迅速推进非国有商业银行（包括股份制商业银行、城市商业银行、农村合作银行等）的改革，壮大非国有商业银行的实力，建立健全管理体制和运作机制，有效防范和化解风险，不断增强综合竞争力；四是要加快农村金融体制改革步伐，明晰产权关系，完善法人治理结构，因地制宜改革农村信用社组织形式，强化内部管理，切实转换经营机制，健全完善内控制度，防范和化解农村信用社风险；五是要稳步推进证券业、保险业的改革和发展，提高企业直接融资的比重，切实保护投资者的合法权益。

通过深化改革，建立一个功能齐备、分工合理的较完善的金融组织体系，一个高效、安全、稳健运行的金融市场体系，一个与金融业发展水平和要求相适应的金融调控与监管体系，一个以人为本、充分保护投资者权益的金融保障体系。

5.3.2 加快创新以提高金融业的综合实力

20 世纪 70 年代以来，金融创新的浪潮席卷西方世界并向许多发展中国家扩散，有力地推动了全球经济的快速发展、新兴市场的迅速崛起和世界经济的全球化、一体化。金融也因其不断创新而显示出无穷的生命力和活力，从而在社会经济生活中的地位越来越重要、作用越来越显著。在一定意义上，可以说金融发展源于金融创新。因此，基于我国金融的现实，仍然要坚持创新、加快创新，为我国金融提供持续的发展动力。

后 WTO 时代的金融业竞争除了传统的同业竞争、国内竞争、服务质量和价格竞争以外，还面临全球范围内更激烈的金融业与非金融业、国内金融与国外金融、网上金融与一般金融等的多元化竞争。在这样一种竞争日益加剧的格局之下，加快金融创新就成为一种必然选择。金融机构不仅要加快自身科技进步和网络化建设，而且要开拓新的服务领域——在发展传统业务的同时，大力开拓和提供各种综合业务服务，推行以资本运营为纽带的金融业兼并重组，实行资本扩张，增强实力，扩大竞争优势。

根据世界金融业的发展趋势，有必要迅速调整我国金融业的经营管理理念和发展战略，加快金融创新的步伐，主要内容包括：推进金融工具的创新，如增加金融工具的数量和种类、提高金融工具的质量等；推进金融技术的创新，如充分发挥信息技术、电子网络等的作用，加速资金周转，提高经营效率等；推进金融服务项目和服务方式的创新，如增加个人金融服务、家庭理财服务、中小企业金融服务、银行中间业务服务等；推进金融体系、金融管理和金融制度的创新。通过不断创新和不断突破，我国的金融企业（包括商业银行、证券公司、保险公司等）的经营管理将越来越好、资产质量将越来越高、运行将越来越稳定、核心竞争力将越来越强，真正充满生机与活力，从而更好地满足经济发展和人民生活的需要。

5.3.3 强化竞争以增强金融业的活力

理论和实践表明，有效的竞争机制能够使金融业（金融机构）经常保持对金融市场交易、经济金融环境变化的灵活性和适应性，特别是对不断变化的资金需求结构和金融交易工具、金融交易技术的良好的适应性。金融业竞争的这种灵活、适应功能不仅极大地限制了资金低效率配置的程度，而且在相当大的程度上降低或减少了由于市场变化引起金融业结构滞后调整所付出的金融发展成本。因此，有效的市场竞争作为一个外部机制，既是金融业健康运行的基本前提，也是金融业效率不断改进和提高的重要手段。

随着改革的深入和开放的扩大，我国的金融机构种类不断增加、数量日益扩大，金融业逐步走上了稳健发展的轨道，金融业在经济发展中的地位越来越重要、作用越来越显著。然而，也必须承认，这些年我国金融业虽然逐渐引入和培育了竞争机制，但金融业特别是银行业的垄断格局并没有得到根本改变，竞争机制在金融业中的整体功能和作用还没有得到充分的体现。

目前，我国多种类型、多家金融机构的存在决定了金融业势必存在一定的竞争，而且表面上这种竞争似乎还非常激烈，但实际上这种竞争是非充分的，或者说还远不是一种完全意义上的竞争。具体有这样一些明显的表现：一是金融业的进入壁垒还较高，特别是成立新的金融机构的难度还很大，外资、民营资本进入金融业的门槛较高，从而减弱甚至限制了来自于“潜在进入者”的竞争；二是还存在较为严格的价格管制，存贷款利率管制以及其他多种金融服务价格的管制也导致了金融机构的竞争手段匮乏；三是金融业特别是银行业经营模式单一，仍然主要依赖传统的“吸收存款与发放贷款”的利差收入，中间业务和其他服务的不足致使银行业竞争十分有限；四是寡头垄断竞争的特征非常明显，无论是资产规模，还是存款份额和贷款份额，国有金融机构仍占据着明显的垄断地位；五是竞争缺乏公平性和理性，公平竞争本来是市场竞争有效的最重要标志，而我国的金融机构依然不同程度地控制在各级政府手中，政府对金融业的垄断继续实行某种保护，金融机构软约束现象还是比较严重，这就破坏了公平竞争的秩序，也致使市场的评价与约束功能失灵；六是竞争环境不完善，国家隐性担保、各级政府干预、法制建设滞后、创新动力不足等都在一定程度上妨碍了竞争的充分展开。

也正是基于此，我国的金融机构在竞争策略上出现了少有的“同质化”：在赢利模式方面，均是以息差收入为主，其他收入所占的比重甚低；在增长方式方面，基本上是规模驱动型；在发展战略方面，都是以追求数量扩张为第一要务；在竞争手段方面，差不多所有的金融机构都是通过开设网点向客户提供综合性服务，同时辅之以有限的价格竞争以抢占市场；在具体的服务产品、营销手段、产品结构、管理模式、人才培养以及文化建设方面也都表现出了较强的趋同性。

在后 WTO 时代，为了提高我国银行业的整体实力、综合效率和竞争力，构建一个有效的金融业竞争机制已经刻不容缓。为此，要深化金融组织体系的改革，按照发展市场经济的内在要求改造现有金融机构的产权关系，激发其参与竞争的内在动力。具体而言，要进一步推动国有商业银行的股份制改造，稳步发展多种所有制的中小银行，并努力把它们建设成为资本充足、内控严密、运营安全、创新积极的现代金融企业；要在注意防范过度竞争和无序竞争的前提下，积极鼓励和促进相关金融产品与服务的创新；政府和相关监管部门要为银行业营造公平的、良好的竞争环境。

5.4 加强监管以提高金融业的稳健性

金融作为一个高风险的行业，化解风险、保持稳定的一个十分重要的方面是加强金融监管。最近一些年，我国在金融监管机构的完善和金融监管体制的改革方面已经取得了一些新的进展：已经出台了一系列法律法规，逐步建立和完善了我国的金融监管法律框架，使我国金融监管逐步走向依法监管的轨道；建立和完善了金融监管的组织体系，确立了金融监管的主体，并借鉴国际经验，改进金融监管方式，针对潜在的和已经暴露的金融风险采取了一些防范和化解措施。同时，也要看到，我国的金融监管还存在着明显的缺陷，比如，缺乏整体性的监管政策框架，各金融监管机构之间不能进行有效的监管协调，重市场准入管理，轻持续性监管，重合规性监管，轻风险监管，重外部监管，轻内部控制，重人治，轻法制的现象也还严重存在。这些都成为制约我国金融发展的不可忽视的因素。

从全球发展趋势来看，金融监管正在进行四个方面的转变：从分业监管向混业监管转变，从机构性监管向功能性监管转变，从单向监管向全面监管转变，从封闭性监管向开放性监管转变。为了更好地、更有效地防范和化解金融风险，保障金融稳定，为我国金融发展创造宽松的条件，必须尽快提高我国金融监管的水平。基于此，有必要根据我国金融市场发展状况及时清理和完善现有的法律法规，尤其是加强我国金融业市场准入、业务规范、行业竞争、市场退出和金融网络化、电子化等方面的立法工作。同时，还要及时更新金融监管理念，明确金融监管的内容，实行金融监管模式、金融监管手段、金融监管内容等方面的创新，以使我国金融监管从传统的合规性监管向经营性风险监管和功能性监管转变，从单纯维护金融安全监管向兼顾金融安全和提高金融业核心竞争力方面转变，从外部监管向内外结合型监管转变。另外，还要建立和完善金融业信息披露制度，统一量化监管标准，完善金融机构的非现场监管。当然，完善金融监管队伍的建设，提高金融监管人员的素质，也是稳定、改善和加强我国金融监管的重要步骤。

中　篇

银行体系稳定与金融安全

6

宏观经济波动与中国银行体系的稳定

世界各国银行危机的此起彼伏令社会付出了庞大的资源和代价①，银行体系稳定于一国经济社会繁荣的重要性也因而日益凸显。特别是在以间接融资渠道为主的发展中国家，银行体系的稳定于经济持续增长更是不可或缺。由于经济脆弱性往往发生在银行危机之前（Kaminsky et al.，1998），在当前全球金融变革的大格局下，面对改革开放以来最为复杂、棘手的国际、国内宏观经济形势，研究宏观经济波动对银行业稳定的影响也就成为维护金融稳定、促进经济增长的题中之义。鉴于此，本章拟以我国 1978 ~ 2009 年的经济金融数据为样本，验证主要宏观经济变量对银行业稳定的影响，以期为改善银行体系应对各种经济压力所致冲击的能力、促进经济金融稳定提供参考。

6.1　银行体系稳定：界定与衡量

迄今为止，学术界对于银行体系稳定的概念尚无明确统一的界定。现有的研究多从反面，即银行体系的脆弱性或银行危机作描述性分析。银行体系脆弱性与银行体系的稳定相对应，稳定的银行体系是指银行体系中的大多数

① 根据 IMF 的统计，1970 年至 2007 年底，全世界共发生 124 次银行危机（Laeven and Valencia，2008）。平均而言，在经历严重的金融危机之后，房地产价格下跌 35.5%，期间为 6 年；股价下跌 55.9%，期间为 3.4 年；失业率上升 7%，期间为 4.8 年；产出下跌 9.3%，期间为 1.9 年；政府债券在危机后 3 年上升 86.3%（Reinhart and Rogoff，2009）。

银行有且能持续拥有偿付能力（林捷瑞恩等，1997）；脆弱的银行体系则是指在外因和内因的作用下，银行体系稳定状态受到破坏，银行体系丧失或者即将丧失偿付能力。银行危机是银行脆弱性从量变到质变的演变结果。当银行脆弱性达到一定程度时，银行体系在遭遇冲击后迅速坍塌，危机爆发。而对于银行体系稳定的衡量，目前也还没有广为接受的指标或方法（Segoviano and Goodhart，2009）。现有的研究多以二分类法从银行体系稳定的反面——银行危机（即以“1”指代银行危机发生，以“0”指代银行危机未发生）加以界定（Hoelscher，2006）。而对是否发生银行危机的判断，又可区分为两种方法。

其一，以银行倒闭、挤兑或是政府接管等事件为危机发生时间，即采用事件研究法加以分析（如 Hutchison and McDill，1999；Glick and Hutchison，1999；Bell and Pain，2000）。例如，Kaminsky 和 Reinhart（1999）认为，银行危机往往难以量化而只能借助于以下两类事件来判断银行危机的开始：①银行挤兑导致一系列金融机构的关闭或兼并，或是被公共部门接管；②虽然不存在银行挤兑现象，但银行关闭、兼并、接管或是政府大规模地救助某些重要的金融机构。这种方法依赖于对历史上金融危机发生时间段的精准界定，由于普遍缺乏银行金融活动的可靠数据，界定一个合理的时间段十分困难（Hawkins and Klau，2000）。

其二，以银行体系的不良贷款占比、政府援助金额等指标来判断是否发生系统性的银行危机。例如，Demirgüç-Kunt 和 Detragiache（1997）认为，以下四项条件只要满足一项即可判定银行危机发生：①银行系统不良资产占总资产比例超过 10%；②政府救援行为的成本至少占 GDP 的 2%；③银行大规模国有化；④发生大范围的银行挤兑，以及采取诸如存款冻结、延长银行休业时间、发布存款保护法令等紧急措施。此后，Demirgüç-Kunt 和 Detragiache（1998）又进一步将银行危机细分为严格和宽松两大类：①严格的银行危机表现为，银行体系不良资产占总资产比例超过 15%，或政府救援行为的成本至少占 GDP 的 3%；②宽松的银行危机表现为，银行体系不良资产占总资产比例超过 5%，或政府救援行为的成本至少占 GDP 的 1%。

对转型经济国家银行危机的考察，由于数据的可获性和有效性方面的限制，一些学者试图在上述指标的基础上结合实际加以变通，如韩俊（2000）在考查 1978～1997 年中国银行稳定性时，因缺乏不良贷款数据而对模型所涉及宏观经济变量进行描述性统计，采用间接分析方法，认为当满足下述三项条件时，可认为银行危机发生，反之则可认为银行体系稳定：①财政赤字占 GDP 比重较高；②通货膨胀率较高；③投资和消费周期性波动而产生转折点。罗建（2003）则从四个方面来分析我国银行体系的不稳定性：①贷款的增长率；②流动性储备占银行总资产的比例；③存贷比率，显示银行流动性资产与流动性负债的匹配程度；④是否发生银行挤兑、金融机构倒闭、大规模的银行救助及其他冲击银行体系稳定性的事件。袁德磊和赵定涛（2007）选择的则是不良贷款率、全国贷款增长率、通货膨胀率及资本充足率四项指标，用算术平均法计算银行体系的脆弱性。

必须指出的是，由于主客观环境的限制，目前对于银行体系不稳定的界定，尚存在许多困难。例如，Eichengreen 和 Arteta（2000）认为，逾期贷款数据易于获取，但在资料的利用性方面却显得滞后，且有关估计可能过于保守。而 Hutchison 和 McDill（1999）以及 Glick 和 Hutchison（2000）则指出，潜在的银行挤兑无法直接观察，在银行挤兑或大规模的政府干预发生之时，银行所持有的资产质量很可能早已恶化，因而将银行资产质量的恶化作为银行体系脆弱性的代理变量并不可行。因此，Caprio 和 Klingebiel（2003）提出，要判断银行危机是否发生，除了使用事件观察之外，同时应辅以人为判断，补足数据上可能产生的缺陷，当该国银行领域的专家认为有系统性风险产生的可能时，也可认定为银行危机发生。

6.2　对中国银行体系稳定的基本判断（1978～2009 年）

我国银行体系的脆弱性是一种极为复杂的混合型脆弱性，是一般意义上的脆弱性与体制转轨的制度摩擦造成的特殊脆弱性的混合物（耿同劲，2007）。因而，对于我国银行体系稳定的判断，应结合我国改革开放实践以及经济转轨过程中银行业所承担的特殊任务加以辨析。首先，我国金融机构倒闭、重组事件较少，历史数据比较缺乏。其次，中国 20 余年的货币信用扩张主要是依靠国有银行制度来完成的（张杰，2010a）。国有商业银行长期以来履行着企业性和公共性双重职能（集中体现在充当改革发展中的“资金供应者”和“第二财政”的角色），并因而形成了巨额的不良贷款（李健，2005）。从其“资金供应者”的角色来看，1983 年资金管理体制改革后，随着财政性资金来源的相对枯竭，国有企业的生存发展只能依靠承担了“统一管理流动资金”任务的国有银行。于是，“统一管理”便逐步演变为“统一供应”，国有重点企业贷款中有80%是由国有商业银行提供的（唐双宁，2003）。与此同时，国有商业银行充当“资金供应者”角色还表现在为国有企业的改革支付成本。据统计，仅1997～2000年，四家国有商业银行为支持国有企业改制重组、兼并破产，共核销呆坏账1829亿元。[①] 不仅如此，在经济改革和发展过程中，但凡需要支持、鼓励、扶持和发展的部门、行业或项目，如“乡镇企业”、“三资企业”、“高新技术产业”等，国有银行在各级政府和有关领导部门的批示下，也始终如一地充当了“资金供应者”的角色。从国有银行“第二财政”的角色来看，为了保证渐进性改革和经济发展目标的同时实现，国有银行承担了大量的政策性和公共性贷款任务。[②] 有研究表明，为了保证经济的顺利转型，在给予国有企业的大量补贴中，财政补贴的力度从1985年占GDP的7.5%下降到1994年的2.2%，而国有银行以低利率贷款、未归还本金和大量不良债权等形式给予国有企业的“金融补贴”逐渐上升，1993年曾高达18.8%（张杰，1998）；在平衡地区经济差异方面，财政的作用从1980年的70%下降到1998年的25%，而国有银行贷款的作用在1995年以后达到30%以上，已经超过同期财政的作用（周立，2003）。此外，多数研究者的经验表明，对中国银行业的不良贷款问题进行实证研究所面临的一个最大的制约因素就是数据的缺失。中国银监会自2003年成立之后才开始按季公布不良贷款的相关数据。[③] 国内应用该指标进行银行体系测度时往往设法搜集以前年度的数据并加以调整（如李麟、索彦峰，2009），以获取足够多的样本。但是由于数据来源不同，其准确度也备受质疑。[④] 因而我们认为Demirgüç-Kunt和Detragiache（1997）提出并被许多研究引用的不良资产率不宜作为中国银行体系稳定的判断指标，但可作为参考指标。

基于上述因素以及数据可获性的考量，我们首先综合以下四个方面因素，对我国银行体系稳健与否加以判断：①财政赤字占GDP比重（*FDR*）；②通货膨胀率（GDP平减指数）；③投资的周期性波动（*GRI*）；④消费的周期性波动（*GRC*）。1978～2009年，我国FDR均值为－1.1%，则当*FDR*

① 资料来源：《中国金融年鉴》（2002）。

② 例如，为维护社会稳定发放的“清理三角债贷款”、“安定团结贷款”、“吃饺子贷款”以及对财政补贴不了的亏损国有企业“贷款停账、停付利息”。

③ 1994年中国启动国家专业银行商业化改革，实行四级分类法，其中“一逾两呆”为不良贷款。2003年银监会成立后，开始按季度公布不良贷款数据，采用五级分类法，其中次级、可疑和损失是不良贷款。

④ 例如，Allen等人（2005）就是用两倍的官方数字作为对中国不良贷款率的衡量。

< -1.1%时，财政赤字占GDP比重较高；GDP平减指数中位数①为1.04，当GDP平减指数>1.04时，通货膨胀率较高。*GRC*、*GRI*选取驻点作为消费与投资的周期性波动转折点。因总共有4项条件且每项条件都是二分变量（如存在转折点即危机发生、不存在转折点即银行体系稳定），则满足危机发生条件数m与满足银行体系稳定条件数n符合等式$m+n=4$。故至少满足2项条件才可判定危机发生。各年度所满足危机发生的条件数见表6-1。

表6-1　满足危机发生条件的分布

年份	条件数	*FDR*	GDP平减指数	*GRC*	*GRI*	年份	条件数	*FDR*	GDP平减指数	*GRC*	*GRI*
1978	0	—	—	—	—	1994	3	高	高	波谷	—
1979	1	高	—	—	—	1995	1	—	高	—	—
1980	2	高	—	波谷	—	1996	1	—	高	—	—
1981	2	—	—	波谷	波谷	1997	2	—	—	波谷	波谷
1982	0	—	—	—	—	1998	1	高	—	—	—
1983	0	—	—	—	—	1999	2	高	—	—	波谷
1984	2	—	高	波峰	—	2000	3	高	—	波峰	波谷
1985	3	—	高	波峰	波峰	2001	2	高	—	—	波峰
1986	2	—	高	—	波谷	2002	1	高	—	—	—
1987	1	—	高	—	—	2003	3	高	—	波谷	波峰
1988	2	—	高	—	波峰	2004	1	—	高	—	—
1989	3	—	高	波谷	波谷	2005	0	—	—	—	—
1990	2	—	高	—	波谷	2006	0	—	—	—	—
1991	1	—	高	—	—	2007	2	—	高	波峰	—
1992	2	—	高	波峰	—	2008	1	—	高	—	—
1993	2	—	高	—	波峰	2009	1	高	—	—	—

其次，综合Demirgüç-Kunt和Detragiache（1998）和Caprio和Klingebiel（2003）的做法，考虑政府救助成本②，并结合中国银行业改革发展实际辅

① 以中位数作为判断依据是因为GDP平减指数中有个别点显著高于均值。

② 从1999年开始，中国银行业进行了五次不同规模的不良贷款剥离。第一次是于1999年成立四家金融资产管理公司，接收四家国有商业银行和国家开发银行的13939亿元不良贷款，这次剥离于2000年6月完成；第二次是2003年中国银行和中国建设银行股份制改造时，注入450亿元的同时还核销了1969亿元损失类贷款；第三次是2004年6月，信达资产管理公司接收中国银行和中国建设银行2787亿元可疑类贷款，同时还收购交通银行414亿元可疑类贷款及227亿元的核销、冲销贷款；第四次是2005年5月和6月，中国工商银行分别将2460亿元损失类贷款和4590亿元可疑类贷款剥离给四家资产管理公司；第五次是2008年10月，中国农业银行为实施上市战略进行财务重组而剥离了8000亿元不良贷款。

以人为判断，以弥补数据上可能产生的缺陷，运用二分类变量，以“0”指代银行体系稳定，“1”指代银行体系不稳定，对我国体系稳定状况进行判断，如表 6－2 所示。

表 6－2 对我国银行体系稳定的判断

年份	1978	1979	1980	1981	1982	1983	1984	1985	1986	1987	1988	1989	1990	1991	1992	1993
y 值	0	0	1	1	0	0	0	1	1	0	1	1	0	0	0	1
年份	1994	1995	1996	1997	1998	1999	2000	2001	2002	2003	2004	2005	2006	2007	2008	2009
y 值	1	0	0	1	0	1	1	1	0	0	0	0	0	0	0	1

这一判断与我国银行业发展的实践基本吻合。

——1980～1981 年：1980 年底，全国市场货币流通量比 1978 年增长 63.3%，大大超过同期工农业生产总值增长 16.6% 和社会商品零售总额增长 37.3% 的幅度，引发了改革后的第一次通货膨胀，使商品价格上涨率达到波峰的 6%，已经到了经济危机的临界点。1980 年 12 月，国务院发布《关于严格控制物价整顿议价的通知》，对通货膨胀进行治理。这次调控的结果是 1981 年 GDP 的增速回落至 4.5%，这一年经济继续走低，成为 1978～1984 年这一经济周期区间的谷底。

——1985～1986 年：1984 年下半年，银行受“贷款规模基数”政策规定的影响而盲目放贷，导致当年的货币发行比上年增长 28.16%，结果是社会有效供给增加不多，社会需求迅速膨胀。同时，在货币的启动下，许多规模小、效益差的加工工业盲目上马，使 1985 年的许多原材料供给紧张，价格上扬。1985 年 GDP 增长率达 16.2%，为改革开放以来的第一个峰值，而随后的 1986 年，中国经济开始向下调整，经济进入收缩阶段，GDP 增长率只有 8.8%。1985 年信贷增长达到创纪录的 36.3%，但 1986 年就降至 30.9%；投资增长达到 38.8%，第二年就降到 22.7%；消费增长达到 23%，次年下降为 13.3%；价格指数高达 8.8%，为前后几年中最高的。据此，可认为事实上 1985～1986 年银行体系是不稳定的。

——1988～1989 年：1988 年和 1989 年我国出现抢购风潮和居民挤兑存款，引起物价上涨，商品短缺，宏观经济形势大起大落。1989 年信贷增长率达峰值 36.09%。1988 年、1989 年商品零售价格指数分别达到创纪录的 18.5% 和 17.8%，GDP 增长率在 1988 年达到 11.3%，1989 年骤降到

4.1%；投资增长率1988年为25.4%，次年降到-7.2%；消费增长率1988年为25.6%，次年降至12.8%。同期，存款准备金率在1988年达到低点，存贷比率也从这两年开始出现明显的下滑趋势，因此认为1988年、1989年我国银行体系是不稳定的。

——1993~1994年：1993年，中国发生了严重的信贷扩张，信贷增长率高达43.2%，银行不计风险的大量贷款是当时房地产泡沫和高通货膨胀的一个直接原因。"乱集资、乱贷款、乱拆借"等金融秩序紊乱的现象十分突出，各地大搞开发区，大上基建项目，银行的资金被用于炒股票和房地产，造成货币发行失控，从而遗留下大量的呆坏账。我国国有企业负债率1993年末上升到68.2%，1994年末达到83.3%，远远高于钱颖一（1995）提出的50%合理企业负债率的标准。由于商业银行与国有企业间存在相互合作与资金供需关系，国有企业的过度负债对于国有商业银行则表现为巨额不良信贷资产。存款准备金率也在这两年处于低点，而贷款增长率在这两年非常高（罗建，2003），因此认为1993年、1994年我国银行体系是不稳定的。

——1997年：在亚洲金融危机的冲击和影响下，我国投资增长率为8.8%（1996年为14.8%），消费增长率为8.9%（1996年为18.9%），双双坠入波谷。从世界金融、经济背景来看，我国虽然没有受到亚洲金融危机直接的冲击，但银行体系多年积累的隐患突然引起人们的警觉，同时又面临金融市场开放步伐的加快，人们多年来对国有银行体系坚不可摧的信心事实上开始受到挑战。同年，财政部为向四大国有商业银行注资发行了30年期的2700亿元特别国债。

——1999~2001年：1999年，全国清理关闭农基会；信达、华融、长城、东方四家资产管理公司先后成立，分别接管中国建设银行、中国工商银行、中国农业银行、中国银行剥离出来的1.4万亿元不良资产。当年物价指数达谷值97%，信贷波动率于2000年达谷值6%。在此期间，中国银行体系一直处于不稳定的状态，除有关经济指标出现明显波动外，更大的隐患在于银行业的不良资产。据时任中国人民银行行长的戴相龙2001年11月透露，截至2001年9月末，中国四大国有独资商业银行本外币贷款折合人民币总额为6.8万亿元，其中不良贷款为1.8万亿元，占全部贷款总额的26.62%，实际已经形成的损失占全部贷款的7%左右（易纲、郭凯，2002）。但是，如果加上四大国有商业银行划转给四家资产管理公司的1.4

万亿元不良贷款，四大国有商业银行的不良贷款率约为47%。据此，可认定我国银行业在1999年至2001年间处于相对不稳定的状态。

——2009年：2009年所推出的刺激经济政策虽然以实体经济为主，但信贷量的增加使得银行业不良资产率被动下降，且企业流动性的增加也使得贷款违约风险下降。故可将2009年经济政策视作对银行业的防御性救助，加之2009年财政赤字高于Demirgüç-Kunt和Detragiache（1997）所提出的2%，故可认为2009年我国银行体系处于相对不稳定的状态。

6.3 影响银行体系稳定的宏观经济要素：文献回顾与变量选择

宏观经济环境恶化是造成银行体系不稳定的重要原因。早在1933年，费雪在其发表的《大危机的债务—通货紧缩理论》中，就强调了宏观经济周期对银行体系脆弱性的影响。综观现有文献，影响银行体系稳定的宏观经济要素主要有如下几种。

1. 经济增长率

经济增长的急剧波动是导致银行体系不稳健的主要原因，当经济增长率急剧波动时，银行衡量信用风险的难度随之增加。经济不稳定还将进一步导致不动产、股票等资产价格的剧烈波动，并对金融资产配置产生不利影响，从而加剧了银行体系的脆弱性。而且实体经济部门也往往由于经济衰退导致赢利水平下降，其经营状况的波动必然直接影响银行体系的稳定性。根据Demirgüç-Kunt和Detragiache（1997）使用多变量Logistic模型对65个国家系统性银行危机影响因素的研究，当宏观经济环境不景气时（GDP增长率低、通胀率高），银行危机较易发生。Hutchison和McDill（1999）对1975～1997年97个国家的研究就表明，深度的不景气会加大银行危机发生的概率。因而，实际GDP的增加可作为银行体系稳定的先行指标，与银行危机发生的概率负相关（Demirgüç-Kunt and Detragiache，1998，2000；Brovikova，2000；Hutchison，2002；Yilmaz，2003）。

2. 金融自由化

金融自由化在推动金融结构变革，使金融市场和金融中介在能够更好地发挥分散和套现风险、监督代理人和实施公司治理、甄别并监督贷款申请人等方面作用的同时（Sikorski，1996；Levine，1997），也暴露出金融体系内在的不稳定性和脆弱性（Kaminsky，1999；Mehrez and Kaufmann，2000）。这其中可能的原因包括：①金融自由化意味着对现行政策的一种冲击，而在以往金融管制环境中，监管部门和金融从业人员均缺乏在金融自由化环境中管理风险的经验和技巧，金融体质的虚弱使得金融自由化更易诱发金融危机（Demirgüç-Kunt and Detragiache，1998）。②金融自由化的结果往往表现为实际利率的上升（Galbis，1993）。而实际利率的非预期上涨将会加大企业的利息支出，继而减少其现金流，恶化企业的资产负债表，企业陷入资金流困境进而导致银行的不良贷款率上升。在这样的环境下，银行面临的财务和信用风险将会增加，如果同时又缺乏一个发达的银行拆借市场，则一家银行的短期流动性危机很可能会蔓延为整个银行体系的流动性危机（Bernanke et al.，1992）。③在金融自由化及开放国际资本市场融资渠道的冲击下，新兴市场国家的金融机构得以以较高的利率吸引外资，尤其在盯住美元的汇率情况下，容易误导国外投资者忽略汇率风险，外资（特别是短期资金）大量流入导致国内信用过度扩张，加之缺乏适当的风险管理和金融监管机制，金融机构因而承受过度的风险，最终导致不良贷款急剧增加，造成其资产负债表的恶化，使银行危机发生的概率大为提升。

3. 汇率变动

汇率变动对银行体系稳定的影响主要体现在两个方面：其一，实际汇率的急剧波动在使银行资产负债因币种或期限方面的配置不当而受到直接影响的同时，还将导致银行借款者大量损失而受到间接影响。Kaminsky 和 Reinhart（1999）发现，大幅的实质汇率升值几乎总是银行危机的领先指标。其二，导致出口导向型经济体贸易条件恶化，从而使企业的偿债能力受到严重削弱，导致银行坏账增加。Caprio 和 Klingebiel（1996）的研究表明，已经历过银行危机的发展中国家中，有 75% 的国家贸易条件在危机前恶化了 10% 以上（平均恶化 17%）。郭萍（2009）也认为，新兴市场国家采用浮动汇率制度后会增加其金融风险，且汇率大幅升值与国内的通货膨胀预期也会相应降低金融体系的稳定性。

4. 通货膨胀

通货膨胀率高企往往与银行体系不稳定高度相关，因为高通胀影响利率，继而侵蚀银行资本和抵押品价值，对银行资产负债表产生负面影响。在高通胀时期，银行很难预测真实赢利，更难以评估信贷质量。而未预期的通货膨胀率下降，则会增加未清偿债务实际价值，增大违约风险。特别是通货膨胀率下降的同时又实行了紧缩性的货币政策和财政政策，比在稳定的通胀率时期更有可能对金融系统产生压力（Borio and Lowe，2002）。Heffernan（1996），Demirgüç-Kunt 和 Detragiache（1998，2000），Hardy 和 Pazarbaşioǧlu（1998），Domac 和 Martinez-Peria（2003），Hutchison（2002）等学者的研究均显示，通胀水平显著影响银行体系的稳定。

5. 财政赤字占 GDP 的比重

财政赤字占 GDP 的比重意味着中央政府的融资需求，该指标的增加将会加大银行危机发生的概率。20 世纪 80 年代拉美银行危机、90 年代的墨西哥危机正是明证（Krugman，1979；Saxena，2004）。换言之，如果政府财力强劲，就可以迅速采取有效措施向问题银行提供救助，从而避免发生银行危机。一般认为，控制政府财政赤字暴露有利于银行稳定（Wagster，2009）。值得注意的是，财政赤字变动对经济增长率下滑非常敏感，经济繁荣时增加的财政赤字在遭遇经济下滑时进一步恶化。财政政策失衡从几个途径增加金融脆弱性：首先，财政失衡必将导致经常账户失衡；其次，当期财政失衡自发地缩小后期财政政策空间，增加债务负担；最后，过高的财政赤字增加了投资者的借贷动机。

6. 外汇储备与 M2 之比

作为金融自由化的代理变量之一（Demirgüç-Kunt and Detragiache，1998），该比率描述的是银行体系的负债可被外汇储备支持的程度，可作为测度货币错配程度的指标（Goldstein and Turner，1996），而货币错配对金融稳定具有重要影响。不仅如此，外汇储备与 M2 之比在一定程度上还体现了银行体系承受外部冲击的能力（韩俊，2000）。一些研究表明，政府在货币危机之前通常会损失大量的外汇储备，故外汇储备与 M2 之比与银行体系失败的概率负相关（Eichengreen and Rose，2000；Domac and Martinez-Peria，2003）。

7. 资本产出比

作为投资利用效率的代理变量（Hardy and Pazarbaşioǧlu，1998），资本产出比的大幅上扬表明投资流向低生产率行业，如过度投资于不可交易资产（如房地产）。Hardy 和 Pazarbaşioǧlu（1998）发现，与非危机时期相比，该指标的均值在危机时期会大幅提高。Demirgüç-Kunt 和 Detragiache（1997）的实证研究也支持了资本产出比与银行稳定之间的相关关系。

8. 储蓄增长率

Diamond 和 Dybvig（1983）首次提出存款的规模大小预示着银行挤兑成本的高低，认为银行体系的脆弱性主要源于存款者对流动性的要求的不确定性以及银行资产较之负债缺乏流动性之间的矛盾。Glick 和 Hutchinson（1999）将存款的变化作为衡量银行体系脆弱性的指标之一。此外，Demirgüç-Kunt 和 Detragiache（1997）认为 GDP 平减指数变化对金融稳定有显著影响。据此，选定宏观经济变量如表 6－3 所示。

表 6－3　宏观经济变量备选池

指标名称	符号	说明	预期方向
GDP 增长率	*GRG*		－
实际利率	*AIN*	金融自由化的代理变量，取人民币一年期整存整取利率均值	＋
最终消费支出增长率	*GRC*	最终消费支出包含居民消费与政府购买	－
资本形成总额增长率	*GRI*	资本形成总额包含固定资产投资与存货	－
GDP 平减指数变化率	*IR*		＋
财政赤字占 GDP 比例	*FDR*	财政赤字＝财政收入－财政支出	－
资本产出比	*ICOR*	资本产出比＝资本形成总额/GDP	＋
人民币对美元汇率变化率	*ER*	直接标价法	＋
外汇储备与 M2 之比	*RE*/M2	考虑汇率变化对外汇储备影响	－
储蓄增长率	*GRS*		－

6.4　研究分析与政策启示

6.4.1　模型设定与数据来源

在银行危机的统计分析方面，logit 模型使用较广，其主要原因在于：其一，logit 模型能好地估计风险度，在银行危机预测方面表现良好（Davis and Krim，2008）。风险度（Risk Ratio）来源于流行病学中的危险度，指某一因素不同状态下发生危机的风险有多大。

$$ln(\frac{y}{1-y}) = \beta_0 + \beta_1 x_1 + \beta_2 x_2 + \ldots + \beta_n x_n + \varepsilon \qquad (6-1)$$

式（6－1）中，y 为发生危机概率，x_i 为各因素。其二，logit 模型所得到的自变量的系数值通过简单的换算，就可以得到常用到的指标值

"Odds Ratio"，即金融危机发生与不发生的概率比｛Odds Ratio = ［发生概率/（1 - 发生概率）］｝。在 logit 模型中，此时若使用的自变量也是二元变量，更能够凸显在结果解读上的方便。故本章也选用 logit 模型，参照 Baltagi（1995）的做法，令 $y=1$ 表示银行体系不稳健，$y=0$ 表示银行体系稳健。

考虑"反馈效应"（Demirgüç-Kunt and Detragiache，1997）的影响，即在金融业发生危机时，一些解释变量当期值会受危机本身影响，发生剧烈波动。为削弱"反馈效应"带来的模型解释力的减弱①，并考虑到宏观经济运行的时滞现象②，对所有解释变量取 1～3 期滞后值作为新的解释变量进行回归，以增强模型解释力。模型设定如下：

$$ln\left(\frac{y_t}{1-y_t}\right) = \beta_0 + \beta_{11}x_{1t-1} + \beta_{12}x_{1t-2} + \beta_{13}x_{1t-3} + \ldots + \beta_{n1}x_{n-1} + \beta_{n2}x_{n-2} + \beta_{n3}x_{n-3} + \varepsilon \quad (6-2)$$

本章研究数据来源于《中国统计年鉴》、《金融统计年鉴》与《国际金融统计》（IFS），根据研究需要作如下调整：①不定期数据转化为年度数据：对利率、汇率等不定期指标，取年内算术平均值作为年度数据；②剔除价格水平因素的影响。其中实际利率（*AIN*）采用以上年度为基期的 GDP 平减指数（环比 GDP 平减指数）进行修正；最终消费增长率（*GRC*）以 1978 年为基期的商品零售价格指数进行修正；资本形成总额增长率（*GRI*）采用 1978 年为基期的固定资产投资价格指数进行修正；而 GDP 增长率（*GRG*）与储蓄增长率（*GRS*）均以 1978 年为基期的 GDP 平减指数进行修正。

6.4.2 研究结论分析

运用 SPSS17.0 作二元 Logistic 回归，以 Wald 统计量作为进入方程或剔除出方程的依据，逐步筛选变量进入方程，结果如式（6-3）所示。

$$ln\left(\frac{y_t}{1-y_t}\right) = -78.721 + 231.936AIN_{t-3} + 61.509ER_{t-3} + 187.292ICOR_{t-3} \quad (6-3)$$

$$(41.751) \qquad (127.527) \qquad (33.182) \qquad (99.796)$$

① 作为外生变量的解释变量反而受到被解释变量的影响，使得解释变量具有内生性。

② 例如，Gonzalez-Hermosillo 等人（1996）、Hardy 和 Pazarbaşioğlu（1998）均发现实际利率具有滞后效应。King 和 Plosser（1989）也发现未能预期的货币达到峰值有 3～4 期的滞后。

Hosmer-Lemeshow 拟合优度检验结果显示，$\chi^2=4.826$，$df=7$，$p=0.681$，表明由预测概率获得的期望频率与观察数之间的差异无统计学意义，因而我们不能拒绝关于模型拟合数据很好的假设，即模型很好地拟合了数据。此外，－2 对数似然值为 13.322，Cox & Snell R Square 统计量为 0.579，Nagelkerke R Square 统计量等于 0.784，意味着式（6－3）解释了被解释变量将近 80% 的变动，与 Hosmer-Lemeshow 拟合优度检验结果一致，说明模型的拟合优度是比较高的。根据模型的错判矩阵，模型预测正确率为 92.9%。从共线性诊断结果来看，实际利率、汇率的变化率和资本产出比的容忍度（Tolerance）分别为 0.454、0.835、0.485，均超过陈希孺（1981）提出的 0.1 的最小临界界；方差膨胀因子（VIF）分别为 2.202、1.198、2.064，远远低于陈希孺和王松桂（1987）提出的 10 的标准，表明自变量间不存在近似的线性关系，即不存在多重共线性问题。据此，可认为式（6－3）所示之模型拟合优度良好。进入模型的自变量的 Wald 检验值均大于 3.841，表明实际利率、汇率变化率、资本产出比与银行体系的不稳定显著相关。

回归分析结果表明：第一，实际利率、汇率的变化率和资本产出比对银行体系的稳定有显著的影响。其中，①实际利率与银行体系不稳定呈正相关关系。作为金融自由化的代理变量，实际利率越高，则银行体系不稳定的概率越高。这一研究发现与刘卫江（2002）、张筱峰等人（2008）相同。实际利率较低时，企业的信贷需求增加，扩大生产规模后社会总产出会增加，经济增长，从而为金融机构的经营活动创造了一个良好的宏观经济环境，对促进银行业的稳定具有积极作用。②人民币汇率的相对稳定有助于保持银行体系的稳定。保持人民币汇率的相对稳定，对外贸依存度高达 60% 的我国而言，有助于稳定贸易条件，使其不致恶化，以致削弱外向型出口企业及与之相关的产业链上下游企业的偿债能力。同时，人民币汇率的相对稳定，也可避免商业银行的资产负债因币种或期限配置不当而遭受负面影响。③资本产出比与银行体系不稳定正相关。这一研究发现与刘卫江（2002）相同。资本产出比的高低反映了社会资本的利用效率。资本产出比越低，表明更多的资金流向高效率的企业，企业还款能力增强，从而会增加银行体系的稳定性。

第二，宏观经济扰动对银行体系稳定的影响存在滞后效应。本章采用 1978～2009 年的时间序列数据进行分析，而且将每一个解释变量都设置 1～3 期滞后变量，最终入选到模型中的解释变量都是 3 期滞后变量，因此，有理由相信银行危机的发生存在滞后效应。以实际利率为例，从图 6 - 1 可以看出，从 1990 ~ 1997 年我国的利率经历了一个从下降到上升的周期。1990 ~ 1994 间的利率下降刺激了信贷的增长，而这一时期的信贷增长对稳定性的影响直到 1997 年才表现出来。

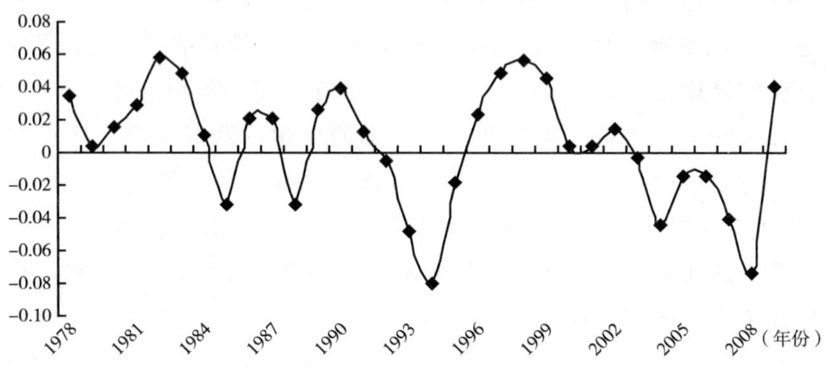

图 6 - 1　实际利率变动走势（1978 ~ 2009 年）

6.4.3　政策启示

第一，稳步推进金融自由化。本章研究表明，作为金融自由化代理变量的实际利率越高，则银行体系不稳定的概率越高。因而，要促进银行体系的稳定，就必须审慎推进金融自由化，采取有效预防措施，避免过快推进金融自由化对银行体系稳定产生的影响。据此，我国在引入市场机制、理顺金融市场价格体系、稳步推进商业银行综合经营的同时，应进一步深化银行业改革，不断淡化商业银行的财政职能，着力提高金融监管能力和效率。

第二，保持人民币汇率的相对稳定。除了将人民币汇率盯住一揽子货币进行有管制的浮动外，保持人民币汇率相对稳定的关键还在于构建一套合理机制，积极疏导境内外资金的正常流动：其一，重新评估资本项目政策，完善有序的资本流入和流出渠道。在境内流动性较充裕和外汇储备充足的背景下，我国应综合考虑对资本项目下资金流入的控制，防止外汇资金大量流入助推人民币升值。同时，鼓励境内企业对外投资，加大对发展中国家特别是东南亚国家的直接投资。这不仅可以推进人民币区域化，在当前危机中以相对低廉的价格获取资产，而且有利于中国产业转移、提高资本产出比、创造良好的国际环境。其二，重新评估并适当调整贸易政策，逐步引导我国企业将资源配置重点由目前的加工贸易转向具有竞争优势的品牌创建，并加大资源型、高科技、新兴产业产品的进口力度。其三，继续推动跨境贸易人民币结算，稳步推进人民币国际化，逐步扩大人民币作为结算货币的使用范围，逐步减少对外汇储备的需求。其四，考虑建立健全境外人民币离岸市场和境内外币债券市场，增加境外市场上人民币供给量，丰富境外人民币投资产品，拓宽外币持有者投资渠道，积极疏导境外人民币和境内外币资金的正常流动。

第三，加快推进经济增长方式的转变。长期以来，中国经济增长高度依赖大规模的投资和大量的能源消耗，呈现出明显的粗放型特征，资本产出比处于较高的水平，继而容易引致行业投资的结构性失衡，引起经济过热，随之而来的宏观调控又由于市场主体的逆向反应而收效甚微。研究表明，资本产出比指标的改善不仅可以降低银行的信用风险，而且可以通过促进宏观经济的持续稳定增长为其提供良好的外部环境。而要降低资本产出比，提高资金使用效率，就必须加快推进经济增长方式的转型。要更加注重经济结构的优化、经济社会的协调发展，继续推进重点产业调整振兴，大力培育战略性新兴产业，进一步促进中小企业发展，加快发展先进制造业和现代能耗低、需求大的服务业，加快改革引发粗放型增长的体制和机制，综合运用法律、经济和行政办法，惩戒粗放增长的企业和个人，切实提高经济增长质量，促进金融资源利用效率的提高。

此外，鉴于宏观经济波动对银行体系稳定影响的滞后效应，我们可以也应当在开展更加深入、细致的调查分析的基础上，建立银行危机预警体系，提高银行体系应对外部冲击的弹性。同时，应当指出的是，在研究变量的选取上，我们着重于从宏观经济的角度分析银行体系不稳定的原因，但银行体系是否稳定可能同时受到微观经济因素的影响，但由于特定银行资料的取得非常困难，因而很难将模型一般化。加之银行危机所面临的经济环境，是由相互之间非线性作用多种因素所交错而成的开放复杂系统，面对瞬息万变的金融环境，其行为是动态的、不稳定的、不连续的，因而未来需要不断优化研究方法，才能够筛选出判断银行体系是否稳定的先行指标。

7

货币政策立场与银行风险承担

"货币政策能做什么和不能做什么"一直是货币经济学的核心问题（Friedman，1968），经济学文献为此提供了大量分析、例证和建议。在经典的中央银行学文献中，货币政策的目标通常包括物价稳定、充分就业、经济增长和国际收支平衡，其中又以物价稳定为首要目标。然而，肇始于2007年的全球金融危机所引发的政界及学术界对美联储宽松货币政策的口诛笔伐[①]，"摇撼了虚幻、舒适的中央银行世界的根基"（Borio，2011）。越来越多的研究表明，货币政策关乎金融稳定。[②] 由是，货币政策与金融稳定的密切关联被纳入政策视野，人们开始反思货币政策目标的涵盖范围，重新审视货币政策的传导机制，并因而形成了若干关于货币政策立场与银行风险承担之间关联的研究文献。

---

① 例如，2008年11月20日，美国国会议员荣·鲍尔提出，金融危机的起因中至少有90%都能够算在美联储头上——信贷、货币供给和利率的人为操纵导致了各种泡沫的形成，只关注物价稳定忽略金融稳定的货币政策极可能成为金融危机诱因。法国银行第一副行长吉恩-保罗·瑞多音在2010年阿根廷货币和银行会议上的讲话中，也明确指出中央银行应该担负货币和金融稳定的双重角色（参见《银行家》2010年11月号，http：//www.chinabanker.net/news_ detail.jsp？id=758&type=2&caidan=1）。美国旧金山联储银行行长威廉姆斯甚至声称"金融稳定属于货币政策问题"（参见http：//forex.stockstar.com/IG2011111500002959.shtml）。

② 例如，Merrouche和Nier（2010）发现，危机前较长时期的宽松货币政策导致银行愿意承担更大的风险，对资产价格泡沫的形成起到了推波助澜的作用。Ahrend（2010）对经合组织（OECD）国家2002~2005年的考察也表明，货币政策立场事实上与金融市场创新一起触发了金融危机。

货币政策立场与银行风险承担之间的关联，即货币政策的风险承担渠道（Risk-taking Channel of Monetary Policy），是指货币政策立场变化作用于金融中介风险感知或风险容忍度，继而影响其资产组合风险水平、资产定价及融资的价格和非价格条款（Borio and Zhu，2008）。近期的实证研究证明了货币政策风险承担渠道的存在。例如，Altunbas 等人（2011）采用 1998～2008 年欧盟和美国 643 家上市银行控股公司的资产负债表季度数据进行实证研究，指出较长时期的低短期利率特别是低于泰勒规则基准值的短期利率增加了金融体系脆弱性；Delis 和 Kouretas（2011）分析 2001～2008 年西欧国家银行资产负债表的年度和季度数据，也发现较低的短期利率在很大程度上增加了银行的风险承担；Mussa（2010）也认为，资本水平较高的银行在宽松货币政策的刺激下会承担更大的风险，而资本水平较低的银行对宽松货币政策反应不显著，扩张性的货币政策会诱发银行承担高风险，而紧缩性的货币政策对银行风险承担的影响不显著。这说明货币政策传导渠道的有效性可能受到金融部门行为的制约，从而使货币政策向实体部门的传导复杂化。[①] 货币政策立场与银行风险承担研究的方兴未艾，使得传统货币经济学中金融中介的模糊面孔渐渐清晰，更使得货币政策目标涵盖金融稳定的重要性不断凸显。

与其他国家相似，在我国应对金融危机、实现经济平稳较快发展的一系列措施中，货币政策的实施无疑也占据着举足轻重的地位。根据 2011 年第 2 季度《中国货币政策执行报告》，“2011 年以来，中国人民银行按照国务院统一部署，围绕保持物价总水平基本稳定这一宏观调控的首要任务，实施稳健的货币政策，综合、交替使用数量和价格型工具以及宏观审慎政策工具”。然而，此次金融危机的经验表明，“在重大金融与宏观经济不稳定的情况下，价格稳定无济于事”（Borio，2011）。那么，我国的货币政策目标是否需要明确地纳入金融稳定目标体系？遗憾的是，现有文献尚未对此作出解答。并且，目前屈指可数的相关实证研究几乎均以欧美发达经济体为研究对象，对发展中国家的研究也仅限于哥伦比亚（López et al.，2011）和玻利维亚（Ioannidou et al.，2009）。那么，在经济转型过程中的中国，是否也存在类似于货币政策风险承担渠道的传导效应？如果确实存在，其作用方向如何？受到哪些因素的影响？货币政策目标是否应超越价格稳定？围绕这些

① Podpiera（2006）对中国银行业的研究也证明了这一观点。

问题，本章拟在梳理有关文献的基础之上，以 2000 ~2010 年我国经济金融数据为样本，探析货币政策立场与银行风险承担之间的统计关联，借以为我国宏观审慎管理制度框架下的货币政策设计提供决策参考。

7.1 文献综述

7.1.1 货币政策立场与银行风险承担：概念界定、传导渠道及其宏观审慎意涵

从货币政策发展的历史沿革来看，早期的中央银行目标事实上涵盖了价格稳定和金融稳定（De Kock，1974）。但在此次金融危机发生之前，基于某种程度的成本考量，各国央行普遍认为经济体具有自平衡能力，而将目标缩窄为价格稳定（Borio，2011）。① 显然，“货币政策用于遏制资产价格或信贷热潮的理念已经老旧且备受质疑”（Blanchard，2009），价格稳定也不足以确保金融稳定（Mishkin，2011）。而在此次金融危机之后涌现的众多反思与探索性研究中，货币政策立场通过风险承担渠道影响金融体系的风险度，货币政策应在控制系统性风险方面有所作为的论点正获得越来越多的文献支撑，货币政策风险承担渠道的轮廓也因而日益清晰。

所谓货币政策立场，是对货币政策相对于价格和产出稳定目标而言，究竟是过松、中性或过紧的量化测度（Fung and Yuan，1999）。分析货币政策立场最广泛使用的方法，是将实际的政策行为与基于泰勒规则（Taylor Rule）② 的计算作比较（Lee and Crowley，2010；Altunbas et al.，2011）。按照 Taylor（1993）的观点，货币当局的最终目标在于实现以目标通胀率和潜在产出为路径的稳定增长，因而利率的调整就是对物价和产出偏离目标水平作出的反应。这一政策工具规则或反应函数可表示为：$i_t = \bar{r} + \pi_t^a + \alpha_1 (\pi_t^a - \pi^*) + \alpha_2 y_t$。式中，$i_t$ 是中央银行政策目标的短期名义利率；$\bar{r}$ 是长期均衡真实利率；π^* 是中央银行的目标通货膨胀率；π_t^a 是平均通货膨胀

① 尽管一些学者提出，作为流动性的最终提供者——最后贷款人，央行在危机管理中扮演着举足轻重的角色。但此次金融危机发生之前的分工是央行关注价格稳定，金融监管部门关注金融稳定，监管并不被视为央行的任务。且监管部门着重于单个机构的稳健，而非整个金融体系的稳健。

② Mishkin（2007）指出，各国央行运用各种宏观经济模型研究不同规则的绩效，得出的研究结论均认为，泰勒规则确实十分重要。

率；y_t 是产出缺口，$y_t = 100\ (Y_t - Y^*)\ /Y^*$，$Y_t$、$Y^*$ 分别为真实 GDP 和潜在 GDP。根据泰勒规则，当通胀率高于目标通胀率，或真实产出大于潜在产出时，货币政策制定者应通过提高政策利率实行紧缩的货币政策，以减少通胀和产出继而总需求；反之，如果通胀率过低或真实产出低于潜在产出，则应调低利率，实行宽松的货币政策。货币政策立场变化对金融中介风险感知或风险容忍的影响，近年来被学术界归纳描述为货币政策风险承担渠道（Borio and Zhu，2008；Mishkin，2011）。

作为一种研究意义上的新的、独特的货币政策传导机制（Adrian and Shin，2009b），货币政策风险承担渠道强调的是货币政策利率的外生变化对增加资产收益波动性的举措所产生的影响，它与货币政策的其他传导渠道，如银行贷款渠道、资产负债表渠道等相互补充，共同影响货币政策的效应（Borio and Zhu，2008）。值得注意的是，货币政策风险承担渠道有别于货币政策广义信贷渠道①——广义信贷渠道是货币政策通过改变投资者的预期和资产价值估值来影响银行信贷投放的数量，最终影响实体经济的总产出；而风险承担渠道则是通过改变投资者风险容忍度来影响投资者的投资决策（信贷决策）并作用于金融稳定（Gaggl and Valderrama，2011）。二者关系参见图 7－1。

货币政策风险承担渠道的宏观审慎意涵在于：从金融稳定的角度来看，货币政策并不完全是中性的（Delis and Kouretas，2011；Gambacorta，2009；Diamond and Rajan，2009）。换言之，货币政策制定者在决策过程中应纳入对金融市场参与者风险感知及响应的考量，这对货币政策制定者和监管部门无疑具有十分重要的意义。而从学术研究的角度来看，将货币政策立场与银行风险承担进行关联而提出的货币政策风险承担渠道，不仅是从行为视角对货币政策传导机制的重新审视，更重要的是，原有宏观经济理论及模型均忽略了货币政策的风险承担渠道（López et al.，2011），而将银行视为风险中性的被动角色，对货币政策传导渠道的研究也仅关注于信贷数量而非信贷质量；对银行风险承担的研究文献则关注如何矫正因有限责任、信息不对称而导致的市场失灵，忽视了货币政策的作用，因而降低了有关模型对制定货币

① 由于货币政策的风险承担渠道在某种意义上与银行信贷渠道相关（Bernanke and Blinder，1988），一些学者将货币政策的风险承担渠道视为货币政策信贷渠道的一部分（如 Maddaloni et al.，2008）。

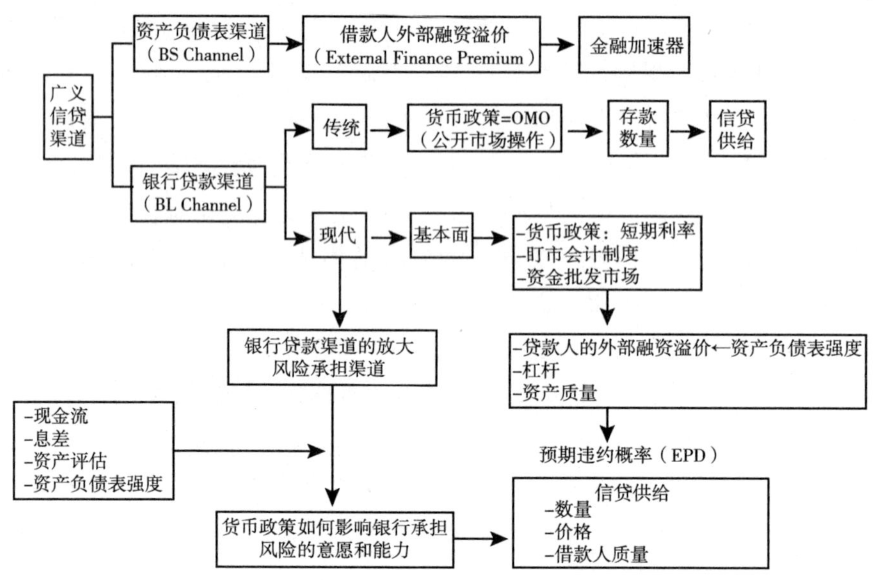

图 7-1 货币政策的风险承担渠道与广义信贷渠道的关系

资料来源：López，M.，Tenjo，F. and Zárate，H.，"The Risk-taking Channel and Monetary Transmission Mechanism in Colombia"，A Presentation Prepared for the 2nd BIS CCA Conference on "Monetary Policy，Financial Stability and the Business Cycle"，Ottawa，May 12-13，2011。

政策的指导作用。货币政策风险承担渠道的发现及研究的不断推进，将货币政策纳入宏观审慎管理框架，突出货币政策基于金融稳定的不完全中性特征，强调金融市场参与主体对货币政策立场变化所作出的反应及其对金融稳定的影响，恰可在一定程度上修复原有货币经济模型的缺陷。

7.1.2 货币政策立场与银行风险承担：传导路径与作用机理

鉴于货币政策立场与银行风险承担关联的研究尚处于起步阶段，故此处梳理相关文献，以期为辨明二者之间的关系夯实逻辑基础。从已有的研究成果来看，货币政策立场与银行风险承担之间的逻辑线索主要有如下表现。

1. 利率影响估值、收益和现金流，放大"金融加速器"效应

低利率会影响估值、收益和现金流，提高资产和抵押物的价值，继而提高银行和借款人的风险容忍度（Borio et al.，2001），促使银行调整对违约概率、违约损失率和波动性的预期，最终将导致银行资产负债表扩张（Adrian and Shin，2009a，2009b；Borio and Zhu，2008）。而银行对风险看

法的改变又决定了银行资产负债规模的调整和杠杆水平，这反过来又放大了商业周期的波动性，即放大了“金融加速器”效应（Bernanke et al.，1996）。

Matsuyama（2007）演绎了借款人因利率下降导致净资产增加，继而使得金融机构更愿意向风险更高的借款人放贷的过程。他发现，借款人的资产净值会影响信贷组合的构成。低利率增加借款人的资产净值，从而减少了代理成本，使得金融机构更愿意给较少抵押资产的风险借款人放贷。相反，如果借款人资产净值较少，金融机构放贷动机就会下降，转而择优而栖，减少信贷投放，将资金投向更为安全及优质的资产（Bernanke et al.，1996）。当利率下降时，银行会增加贷款的投放，由于借款人资产价值和抵押品价值上升，银行对借款人破产概率和破产损失的估计下降，从而银行降低对风险的定价。然而，当货币政策转向紧缩，债务负担加重时，经济体中的个人和机构将不得不面对大面积出售实体和金融资产的冲击，资产价值大幅缩水、借贷巨量萎缩，需求显著下降。Dell' Ariccia 和 Marquez（2006）也指出，宽松货币政策降低银行债务融资成本，银行筛选次级投资者的动机下降，在选择借款人时面临逆选择风险，从而降低信贷标准，积极扩张信贷，风险承担因而上升。[①] 值得注意的是，这一传导路径对金融加速器起到了推波助澜的作用。在这一机制催化下，信用中介以一种顺周期的方式，在资产价格上升时期提高杠杆，在下降时期减小杠杆，从而加大整体金融周期的波动。

2. “追逐收益”路径

宽松货币政策使无风险资产的收益相对风险资产收益下降更多，在资产替代效应下，由于契约、行为或制度方面的原因，使金融市场参与者承担更高风险的动力增强，即 Rajan（2005）所称之“追逐收益”（search for yield）动机。

产生追逐收益动机的原因主要有：其一，由于行为或心理因素（如货币幻觉），投资者往往容易忽视名义利率下降以补偿低通胀的事实，盲目追求较高的名义收益率而增持风险资产，减少无风险资产在投资组合中的权重。例如，2003～2004 年，不少投资者将资金从低风险的政府债券市场

① 从建模的视角来看，这一机制等同于竞争对借款标准的影响（Dell' Ariccia and Marquez，2006）。

转向了高收益率、但风险更高的公司和新兴债券市场。这样做的目的是获得曾经在高利率时期实现的高名义收益率（Gambacorta，2009）；其二，在监管或制度因素作用下，一些有长期支付承诺的金融机构（社保基金和养老保险基金）需要将其对债务承诺的收益率与其在资产上获得的收益率匹配（Rajan，2006）。当利率较高时，金融机构可以投资无风险资产获得必要的收益率，当利率较低时，金融机构被迫投资风险较高的资产来实现对其债务承诺的收益率。[①] 同理，私人投资者如果以短期收益作为衡量基金经理的竞争力并在业绩差的情况下收回投资，也会促使基金经理在低利率时期采用激进的投资策略。追逐收益动机将会诱发金融市场参与者对更高风险及更高回报资产需求的大幅增长。研究表明，基金经理会因为排行榜和薪酬政策的短视[②]而备受这一机制的激励[③]，而羊群行为效应下，这一机制又会得到进一步强化（Shleifer and Vishny，1997；Brunnermeier and Nagel，2004）。

3. “习惯形成”路径

习惯是由投资者的消费历史而形成的一种状态变量，这种变量对现阶段的效用产生一定影响。习惯可分为内在性习惯和外在性习惯，前者由投资者自身的消费历史确定（Sundaresan，1989；Constantinides，1990），后者则与整个社会的消费水平或历史相关（Abel，1990；Campbell and Cochrane，1999，2001）。投资者自身的消费结构、消费习惯都直接影响资本市场上各种资产的价格变动。投资者在作出消费—组合决策时不仅考虑投资者自身未来每一期的消费水平，还会受业已形成的消费习惯影响，继而影响资产的均衡价格。Angeloni 等人（2011）主张，“习惯形成”（habit formation）也是货币政策影响金融市场参与者风险承担的路径之一。从历史的经验上看，资本市场上传统或者习惯总是会对资产价格产生影响。Campbell 和 Cochrane（1999）对股权风险溢价（equity risk premium）行为的研究也表明，在经济扩张时期，由于消费相对常态水平的增加，投资者较少规避风险，因而货币政策的放松可能会通过实体经济活动的增加而降低投资者风险规避水平。

① 假设政策利率和长期安全资产收益率之间存在正相关关系。

② Bhattacharya 等人（2007）发现，与业绩挂钩的薪酬机制设计会诱发过度的风险承担。

③ 这一机制与资产定价模型文献中关于低利率时期之后是长期更高的信用价差的推测一致（Longstaff and Schwartz，1995；Collin-Dufresne et al.，2001）。

4. 央行沟通政策和反应函数的放大效应

货币政策当局的沟通策略和反应函数也会影响到货币政策风险承担渠道的传导及其效果（BIS，2007；Borio and Zhu，2008；De Nicolò et al.，2010；Altunbas et al.，2011）。如果经济参与者预测中央银行在经济不稳定时会主动大幅度地降低利率，便会在宽松的货币政策出台前进行大量的风险投资。同理，金融市场参与者对央行在经济萧条时期将会奋力作为的感知将降低大规模倒闭风险的概率，继而产生“保险效应”（insurance effect）（Altunbas et al.，2009）。值得注意的是，未来政策决策的高透明度和对货币当局承诺的高度感知可减少不确定性，提高风险容忍度。例如，较高的货币政策透明度会增强银行对将来通胀和利率的预测能力，从而增强银行对资产和负债的再定价（Blinder et al.，2008；Blattner et al.，2008）。

7.1.3 货币政策立场与银行风险承担关联的影响因素

1. 宏观经济状况

宽松的经济环境可能会助推风险承担，导致银行体系更为脆弱（Gambacota，2009）。从实证研究结果来看，López 等人（2011）对哥伦比亚银行业 2000～2008 年季度贷款数据进行分析的结果表明，货币政策的风险承担渠道的传导效果受宏观经济条件的影响：更高的 GDP 增长率往往与更高的新增贷款风险率相关。López 等人（2011）认为，这是因为更高的经济增长使银行更为乐观，风险容忍度相应提高，继而导致了相对劣质贷款的产生；另一方面，更高速的经济增长对现有贷款的感知风险产生积极影响，从现金流的角度来看，降低了违约概率。

2. 银行业市场结构

一些学者认为，银行市场持续增加的竞争压力以及信贷扩张，会迫使银行为提高利润、满足资本市场期望而放松信贷标准，继而导致风险敞口的增加（Keeley，1990；Dell' Ariccia and Marquez，2006；Maddaloni and Peydrò，2011）。Marquez 和 Hauswald（2002）认为随着市场中银行数量增加，银行信息投入的收益减少。在达到一定门槛后，银行信息源将会集中于自己擅长的一些特定领域以抵抗来自竞争者的威胁，而银行集中于特定信息源的行为强化了市场中企业的逆向选择，银行风险承担加大。但另一部分学者则持相反观点，认为银行业市场竞争越充分，银行风险承担越低。例如，Berger 等人（2009）的研究表明，拥有较大市场力量的银行风险承担低——尽管这些银行贷款组合风险高，但银行的高股权资本补偿了这一风险。Michalak（2011）以勒纳指数衡量 1997 ~ 2008 年欧洲银行业的竞争程度，其实证研究结果也发现银行市场竞争越激烈，金融脆弱性越低。

3. 银行特征变量

货币政策和银行风险承担之间的关系还会受到银行资产负债特征的影响，该特征概括了银行增加贷款或向市场提供资金的能力和意愿（Ehrmann et al.，2003）。

（1）银行资本水平。一般认为，银行投资中自有资金占比越大，银行投资就越审慎。这是因为倘若投资失败，银行损失得越多，那么道德风险问题的严重性就越低，即所谓的“风险共担”效应。银行的特许权价值也会导致类似的“风险共担”效应。如果投资失败，拥有较高特许权价值的银行将损失更多，因此缺乏承担过度风险的动力；相反，僵尸银行（Zombie Bank）① 则愿意承担高风险为其“复活”放手一搏。

（2）流动性。从实证研究结果来看，流动性和资本实力强的银行，其风险较低；且流动性比率对银行风险的影响似乎尤其重要，因为流动性突然短缺是信贷危机的特点之一（De Necolò et al.，2010）。Mussa（2010）对 1991 ~ 2010 年美国缴纳存款保险的银行季度数据所作的分析也表明，在同等情况下，流动性状况越好，银行风险承担越低。

（3）银行规模。不同规模的银行在风险管理技术、信贷策略以及受“大而不倒”隐性保险的程度等方面存在差异，因而对货币政策立场变化的反应也有所不同。其一，大银行风险管理技术先进，善于收集处理硬信息，主要采取交易型信贷策略。而大规模企业的硬信息披露较全面，故大型银行基于自身资金实力和风险管理技术优势，更倾向于向大规模企业贷款。中小型银行则善于处理软信息，主要采取关系型信贷策略。其二，由于大银行稳健经营是经济金融稳定发展的关键，金融安全网对大型银行的支持远大于中小型银行，且获得金融安全网支持的概率随银行规模的增加而上升。“大而不倒”游戏规则催生银行变大变强的强烈欲

① 即损失接近于或超过未来利润的银行。

望。一方面，实施高风险经营策略能为股东获取高收益，而经营失败则会得到政府救助。大型银行可以通过金融安全网转移经营失败的风险，而非完全将投资失败的损失内部化，银行信贷投放的风险厌恶水平下降，因而大型银行风险承担行为积极（Haldane，2009；Kay，2009）。另一方面，大型银行破产时预期收到政府的支持使其获得信用评级优势，较高的信用评级能降低大型银行的融资成本（Haldane，2009），所以大型银行在存款市场上的竞争力增强，为其资产业务扩张提供了资金来源。两方面作用相互影响，最终引起大型银行高风险承担行为。但也有学者持不同观点，认为银行规模越大，风险承担越低。例如，López 等人（2011）对哥伦比亚 2000 年 1 季度至 2008 年 4 季度的数据分析表明，大型银行面临更低的贷款风险，这是因为大型银行不仅可以更低利率吸收负债，且融资渠道更加多元化。

7.2 模型建构与实证检验

7.2.1 模型构建与变量选择

基于以上文献综述，本文建构实证分析使用之模型如下。

$$\begin{aligned}\Delta RISK_{i,t} = {} & \alpha_1 \Delta RISK_{i,t-1} + \alpha_2 \Delta RISK_{i,t-2} + \beta_1 \Delta IR_{it} + \beta_2 TGAP_{it} + \\ & \beta_3 \Delta GDPN_{it} + \beta_4 MC_{it} + \beta_5 BSC_{it} + \varepsilon_{it}\end{aligned} \tag{7-1}$$

式（7－1）中，*RISK* 为银行风险测度指标；*IR* 为银行间同业拆借平均利率；*TGAP* 用于衡量货币政策立场，为实际利率与泰勒规则利率的差异；*GDPN* 为名义 GDP 的增长率；*MC* 和 *BSC* 则分别代表市场结构及银行特征变量。

对于银行风险测度指标的选择，现有研究货币政策立场与银行风险承担之间关系的文献主要采用资产回报率的波动率、资本回报率的波动率、贷款损失准备与贷款总额之比、不良贷款与贷款总额之比、Z 值（Boyd et al.，1993）、预期违约概率（EDF）来衡量银行的风险承担状况。理论上，预期违约概率（EDF）是目前衡量银行风险承担的首选指标（Altunbas et al.，2011）。但由于我国违约数据库的缺乏，我国经验 EDF 函数还未建立，故无法获取中国银行业的 EDF 数据。而根据风险本质，采用相应股票价格和收益的波动来刻画银行的风险承担行为无疑是理想选择。但受到样本数据的限制[①]，无法获得所有上市银行在样本期间的股票数据，因此，不能采用股票价格或收益率的波动度量银行风险。从我国商业银行发展沿革来看，长期以来，我国银行业业务结构较为单一，贷款是银行最主要业务。信贷风险是银行需重点关注的风险，其中不良贷款是银行信贷业务损失的来源。但贷款五级分类操作空间较大，且我国银监会自 2003 年成立以来，一直强调要降低不良贷款率，从而使得商业银行对不良率的重视远甚于利润表现。因而，贷款损失准备占贷款总额之比更能反映银行的风险承担意愿。另外，Z 值通常用来衡量银行破产的概率，其简化计算方法为：$Z=(ROA+EA)/SDROA$（Boyd et al.，1993），其中，ROA 为资产回报率，EA 为资本资产比率，$SDROA$ 为 ROA 的标准差。Z 值越高，则银行越稳定。但也有学者认为我国实际上存在政府隐性担保，加之商业银行破产法并未出台，所以不存在破产风险。综合多方面因素的考量，选取贷款损失准备占贷款总额之比为主要衡量指标，而以不良率和 Z 值作为辅助稳健性考察指标。考虑到银行风险暴露对宏观调控变化的反应具有明显的滞后性，我们参照 Jiménez 等人（2010），引入风险变量的滞后 1、2 期变量作为模型的内生变量。

对于货币政策立场的计算，我们参照 Reynard（2007）及 Altunbas 等人（2011）的做法，将实际利率与使用泰勒规则[②]计算得到规则利率进行比较，取其差衡量货币政策立场。对于长期均衡真实利率规则利率（$\bar{r}$）

① 我国商业银行的股份制改革始于 2004 年，16 家上市银行上市时间有早有晚，无法获得所有银行在样本期内的股票价格数据。

② Xiong（2011）对 1986 年 4 季度至 2010 年 3 季度中国人民银行货币政策立场的分析发现，在后顾模型中，货币政策响应的是真实产出的增长率；前瞻模型响应的则是通货膨胀，这表明泰勒规则适用于测度我国货币政策立场。从国内研究来看，在货币政策规则的选取方面，尽管目前国内学者对货币政策规则的检验结果发现对于我国货币政策规则是否遵循规则的轨迹这一点并没有达成一致，但均普遍认为泰勒规则对于判断货币政策的松紧状况具有参考作用。例如，张路通（2008）通过对我国 1996 年 4 季度至 2006 年 4 季度的数据检验，认为泰勒规则能够为我国实行利率调控提供依据，并能判断货币政策松紧，对于我国货币政策的运行而言，确实能够成为一个有价值的参考依据，与他得到相同结论的还有运用 1992 年 1 季度至 2005 年 4 季度数据进行分析的王静（2008）。按照泰勒规则对中国的货币政策进行检验，虽然无法避免由于利率尚未完全市场化导致的不精确，但是其对于稳定物价的趋势指导作用依然值得借鉴，特别是其在兼顾了经济增长和物价稳定的双重目标的前提下提供了货币政策的方向性指导（邢毓静、朱元倩、巴曙松，2009）的方法。

的计算，由于我国尚未完全实现利率市场化，我们采用符合市场利率特点的同业拆借利率作为替代变量，取 90 天同业拆借利率加权平均得到年度数据后，减去通货膨胀率取得真实利率值；在对产出缺口（$\bar{y}$）的计算过程中，我们采用 HP 滤波法（Hodrick-Prescott，λ =400①）计算潜在 GDP。通胀权重 α_1 和产出缺口的权重 α_2 均设定为 0.5，按照这一规则计算的利率水平，隐含了货币当局在调整利率时对于通货膨胀和产出缺口的同等关注，系数为正则表明央行进行反周期的货币政策操作。②参照邢毓静、朱元倩和巴曙松（2009）的方法，选取目标通胀率为 2%，长期均衡利率为 1%。③

对于银行业市场结构的衡量，目前较为成熟的方法有 H 值、P－R 法、勒纳指数等。考虑到我国四大国有商业银行长期以来占据市场主导地位的现实，采用 CR_4 作为银行业市场结构的衡量指标。银行特征变量（BSC）则选取银行资本水平、银行规模和流动性三项指标。其中，以资本资产比来衡量银行资本水平；银行规模以总资产取自然对数加以衡量；对于流动性，采用流动资产与存款和借款总额之比，衡量短期资金所有者突然挤提存款获得满足的概率。

研究采用面板数据进行实证分析，样本期为 2000～2010 年的年度数据，样本银行包括：中国工商银行、中国农业银行、中国银行、中国建设银行、交通银行、招商银行、中信银行、华夏银行、中国民生银行、中国光大银行、原深圳发展银行、上海浦东发展银行、兴业银行、南京银行、宁波银行、北京银行。数据来源于中国国家统计局网站（www. stats. gov. cn）、《中国金融年鉴》、巨灵金融数据库和 Bankscope 数据库。

---

① 吕光明（2007）对潜在产出和产出缺口研究方法进行了比较，指出 λ 值的经验取法是，年度数据 400，季度数据 1600，月度数据 14400。本章使用的是年度数据，故 λ 取值为 400。

② 卞志村（2006）检验了中国 1994～2005 年的货币政策规则，发现在 5% 显著性水平上，名义利率、长期实际均衡利率、通货膨胀率、（预期）通胀缺口和产出缺口之间存在协整关系，利率对通胀缺口的调整系数为 0.5113。

③ 对均衡状态下的长期实际利率和目标通货膨胀率的假定，学者们也进行了大量的讨论。对于发达国家来说，比较一致的结论是长期实际利率和目标通货膨胀率均在 2%～3% 之间。考虑到在物价指数持续上升的作用下，中国实际利率长期处于负值，故本章参照邢毓静、朱元倩、巴曙松（2009），选择 1% 作为均衡状态下的实际利率值，而目标通胀率则设为 2%。

7.2.2 实证分析

1. 模型所涉变量的描述性统计

表 7－1 模型所涉变量的定义与描述性统计

变量	变量释义	均值	标准差	最小值	最大值
DLLRL	贷款损失准备占贷款之比变化值×100	－.104125	3.25577	－19.27	20.83
DIR	银行间拆借利率之变化×100	－.26693	2.137422	－3.120867	3.976394
TGAP	按泰勒规则计算之利率偏差×100	－1.599171	3.375111	－6.865891	4.019723
GDPN	GDP 增长率×100	10.3	1.733304	8.3	14.2
MC	CR4×100	75.85091	4.286427	71.05	85.5
EA	(资本/资产)×100	4.315114	2.980893	－13.71	13.07
LIQ	[流动资产/(存款＋借款)]×100	21.78372	7.375183	9.19	44.48
LNASSET	资产规模的自然对数	13.40301	1.629036	8.758696	16.41513
DNPL	不良率变化值×100	－1.461522	3.229053	－19.25	9.57

各项指标在计算期内的趋势图 7－2。

2. 面板数据的单位根检验与协整检验

在式（7－1）中，由于因变量的滞后项作为解释变量会导致解释变量具有内生性，若用面板数据的随机效应或固定效应对模型进行估计，得到的参数估计值将是有偏的、非一致的估计量，从而导致由其推导的经济意涵也是扭曲的。为了解决这一问题，本章采用动态面板数据广义矩（GMM）法对模型进行估计。

对于动态面板数据模型，其估计的前提条件是要求面板数据必须是平稳的，否则可能导致“虚回归”结果。为此，对所估计参数的稳健性进行单位根检验。鉴于我们所使用的面板序列存在平衡和不平衡两种情况，故视情况分别采用 IPS 检验（Im et al.，2003）和 Xtfisher 检验（Maddala and Wu，1999）。由于对每一家银行而言，按泰勒规则计算的货币政策偏差、GDP 增长率、市场结构值都是相同的，故我们根据模型设定进行滞后两阶单位根检验的变量围绕银行有关变量而展开。检验结果如表 7－2 所示。

对面板数据的协整检验，考虑到样本量的限制及稳健性的要求，我们应用拔靴法（Bootstrap）作基于误差修正模型的检验（Westerlund，2007；Persyn and Westerlund，2008），抽样次数为 300 次。如表 7－3 所示，针对每个截面采用 OLS 估计模型得到的 Gt 统计量（不考虑序列相关，p＝－0.103）、Ga 统计量［考虑序列相关，采用 Newey 和 West（1994）方

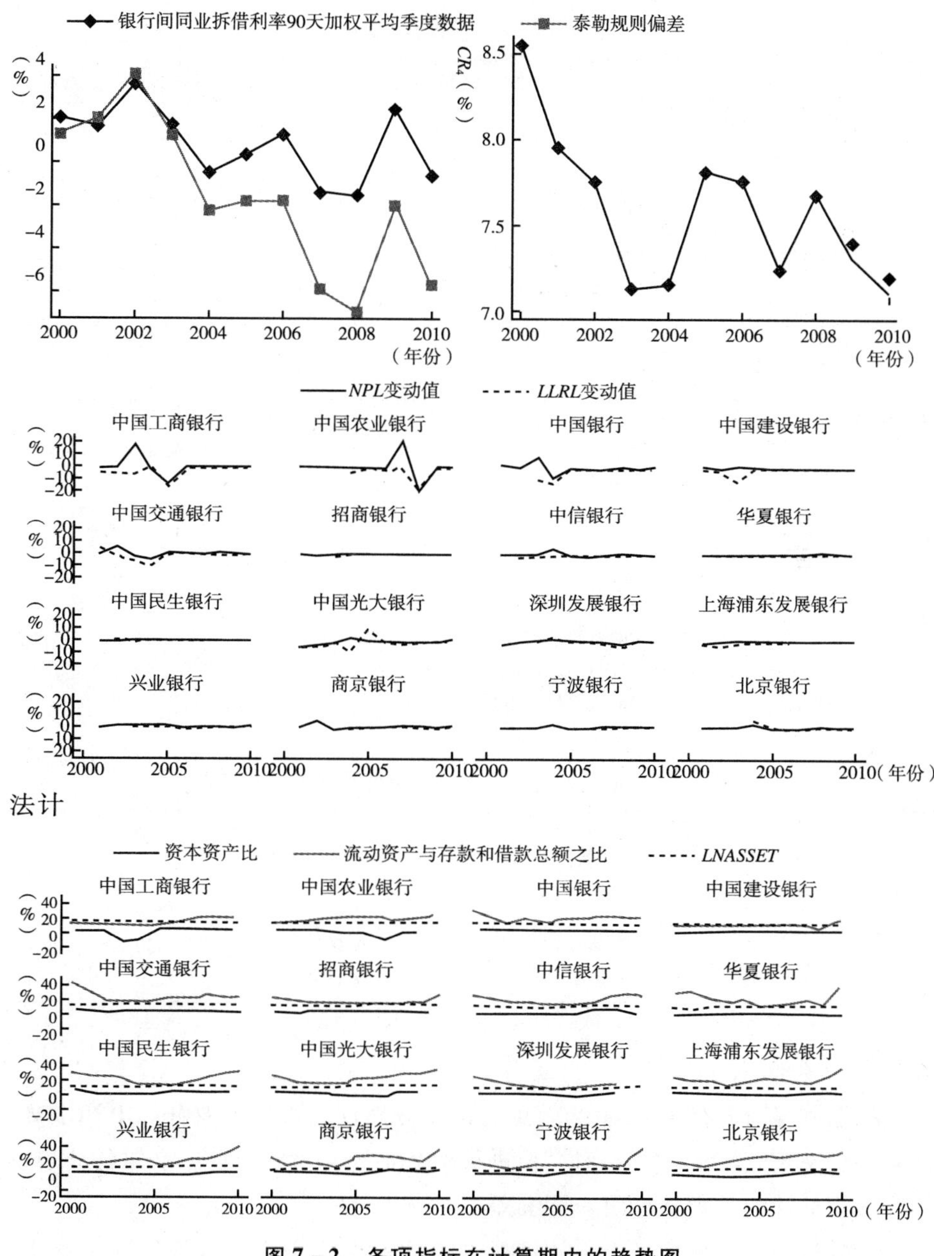

图 7－2　各项指标在计算期内的趋势图

算，p = －0.093］，利用 OLS 残差计算的 Pt 统计量（不考虑序列相关，p = －0.057）、Pa 统计量（考虑序列相关，p = －0.117）均在 5% 的显著水平上拒绝了原假设，即面板不存在协整关系。

表 7－2 单位根检验结果

Statistic	IPS 检验 w[t-bar]	Xtfisher 检验(卡方值)
DLLRL	－14.181*** (0.000)	
DNPL		142.5099*** (0.000)
DZ		47.6465** (0.0371)
D.EA	－3.050** (0.001)	
LIQ		58.9435** (0.0026)
D.LNASSET	－3.063** (0.001)	

注：①括号内为 p 值；

②*、**、*** 分别表示在 10%、5%、1% 水平上显著；

③对 *EA*、*LNASSET* 所作的单位根检验分别为 －1.228（0.110）、1.031（0.849），故对其进行一阶差分，再次进行单位根检验，结果如表中所示，说明一阶差分后不存在单位根，是平稳序列，即 *EA*、*LNASSET* 是一阶单整。

表 7－3 基于误差修正模型的面板协整检验结果

Statistic	Value	Z value	Robust p value
Gt	－37.249	－171.709	0.103
Ga	－2.774	5.434	0.093
Pt	－22.511	－16.077	0.057
Pa	－2.840	3.975	0.117

3. 参数估计与分析

根据陈强（2010）的建议，我们首先分别使用差分广义矩（DiffGMM）和系统广义矩（SYSGMM）对模型进行参数估计，对比差分广义矩估计与系统广义矩估计的系数估计值与标准差（如表 7－4 所示）。

综合研判，系统广义矩估计的标准差比差分广义矩估计的标准差更小，也可能是由于使用了更多的工具变量，系统广义矩估计更精确些。根据 Arellano 和 Bover（1995）以及 Blundell 和 Bond（1998），使用系统广义矩估计可以增强差分估计中工具变量的有效性，通过增加原始水平值的回归方程来弥补仅仅使用回归差分方程的不足和解决弱工具变量的问题。接下来，我

表 7 – 4 差分广义矩估计与系统广义矩估计结果比较

Variable	DiffGMM	SYSGMM	Variable	DiffGMM	SYSGMM
L1. DLLRL	–. 61886329 (. 13969836)	–. 62850446 (. 07879413)	MC	–. 14716172 (. 18155369)	–. 19231044 (. 07926289)
L2. DLLRL	–. 37944626 (. 0445421)	–. 3682715 (. 08243408)	EA	–. 94546084 (. 315732)	–. 93483493 (. 24130417)
DIR	. 24703416 (. 32060901)	. 34894905 (. 16848754)	LIQ	. 03286556 (. 08919885)	. 05195756 (. 05286906)
TGAP	–. 4265113 (. 37347396)	–. 53464079 (. 21055641)	LNASSET (4. 1208076)	–. 04979118	– 1. 6183692 (. 80638222)
GDPN	. 09983013 (. 15955526)	. 16270821 (. 1125068)	_cons	12. 037928 (65. 146848)	35. 494119 (13. 720013)

注：括号内为标准差。　　legend：b/se

们对系统广义矩估计扰动项的自相关性进行估计，结果如表 7 – 5 所示。不能拒绝“扰动项差分的一阶自相关系数为 0 的假设”，故系统广义矩估计的扰动项不存在一阶、二阶自相关。过度识别检验（Sargan Test）结果［chi2 (26) =7. 511926，Prob > chi2 =0. 9998］亦表明，不能拒绝“所有工具变量都有效”的原假设，故可认为工具变量（差分方程工具变量为，GMM – type：*L* (2/4) *. DLLRL*，Standard：*D. DIR D. TGAP D. GDPN D. MC D. EA D. LIQ D. LNASSET*；水平方程工具变量：*LD. DLLRL*）均为有效工具变量。因而可采用系统广义矩法进行估计。

表 7 – 5 系统广义矩估计扰动项自相关检验

Arellano-Bond test for zero autocorrelation in first-differenced errors		
Order	z	Prob > z
1	– 1. 3892	0. 1648
2	– 1. 3395	0. 1804

H_0：不存在自相关。

系统广义矩估计又可分为一步广义矩和两步广义矩。两步广义矩估计结果对异方差和截面相关性具有较强的稳健性，但它会低估标准差，提高系数显著性。而 Windmeijer（2005）通过模拟分析表明，采用纠偏（bias-corrected，WC）后的稳健性 vce，可以更好地进行统计推断。为了便于比较，将一步法（SYS_ onestep）、两步法（SYS_ twostep）、两步法稳健性 vce（SYS_ twostep_ vce_ rb）的结果呈列如下：

表 7-6 系统广义矩估计结果

	SYS_twostep_vce_rb	SYS_twostep	SYS_onestep
L. DLLRL	-0.629 *** (-7.98)	-0.629 *** (-28.24)	-0.610 *** (-15.33)
L2. DLLRL	-0.368 *** (-4.47)	-0.368 *** (-9.96)	-0.359 *** (-9.77)
DIR	0.349 * (2.07)	0.349 *** (7.10)	0.342 ** (3.10)
TGAP	-0.535 * (-2.54)	-0.535 *** (-9.99)	-0.481 *** (-4.82)
GDPN	0.163 (1.45)	0.163 ** (3.22)	0.219 (1.89)
MC	-0.192 * (-2.43)	-0.192 *** (-6.28)	-0.216 ** (-2.76)
EA	-0.935 *** (-3.87)	-0.935 *** (-11.57)	-0.984 *** (-13.45)
LIQ	0.052 (0.98)	0.052 (1.39)	0.114 *** (3.34)
LNASSET	-1.618 * (-2.01)	-1.618 *** (-4.40)	-1.622 *** (-6.43)
_cons	35.494 ** (2.59)	35.494 *** (7.95)	36.101 *** (5.01)

注：①括号内为 t 值；② *、**、*** 分别表示在 10%、5%、1% 水平上显著。

从表 7-6 可看出，无论采用何种方法进行系统广义矩估计，参数估计结果均表明：

（1）短期利率变化（ΔIR）与银行风险承担之间呈现显著的正向相关关系（两步法稳健性 vce 估计结果为 $\beta = 0.349$，$t = 2.07$）。[①] 这一结论与 Jiménez 等人（2009）、Altunbas 等人（2011）的研究发现及 Dubecq 等人（2009）、Diamond 和 Rajan（2009）的理论推断一致。由于再融资成本下降，较低的短期利率水平降低了现有贷款的风险。短期来看，银行贷款增

① 为表述简洁，若非特别说明，下文呈列的均为两步法稳健性 vce 估计结果。

量相对于存量而言占比较小，故总体而言，较低的短期利率会降低银行风险。

（2）泰勒规则利率之差（*TGAP*）与银行风险承担负相关（$\beta = -0.535$，t = -2.54），从而确认了货币政策立场与银行风险承担之间的显著关联：如果真实利率低于规则利率，银行将会放松信贷标准，提高风险资产在资产组合中的占比，承担更多的风险。这一结论与 Altunbas 等人（2011）的发现是一致的。

（3）市场结构（*MC*）与银行风险承担负相关（$\beta = -0.192$，t = -2.43）。这一研究结论与 Michalark（2011）、Cihak 等人（2009）、Jiménez 等人（2010）的实证研究结论相同。换言之，竞争的加剧会引发银行的过度风险承担。这是由于竞争的加剧削弱了银行的市场力量，继而导致特许权价值下降，与之相伴的是有限负债鼓励银行承担更多的风险（Matutes and Vives，2000）。

（4）货币政策立场与银行风险承担的关联受银行资产负债表特征的影响，后者概括了银行提供更多贷款的能力和意愿。从实证研究结果来看，银行资本资产比（*EA*）（$\beta = -0.935$，t = -3.87）、总资产规模（*LNASSET*）（$\beta = -1.618$，t = -2.01）与银行风险承担之间呈现负相关关系。这一结论与"大而不倒"范式相反，与 Jiménez 等人（2009）、López 等人（2011）、Altunbas 等人（2011）研究结论相同。可能的原因在于：其一，我国大银行普遍受到相对更加严格的监管，各项监管指标要求均高于小银行。Beltratti 和 Stulz（2009）也发现，银行监管密度不同，会导致银行风险承担的差异；其二，正如 López 等人（2011）所言，大银行可以以更低利率吸收负债，资金运用渠道更加多元化。相对而言，小银行负债成本相对较高，资金运用途径有限，而不得不将大部分资金配置于信贷资产；其三，相对于小银行而言，大银行的风险管理能力较强（Lepetit et al.，2008）。

7.2.3 稳健性检验

为了测度研究结果的稳健性，我们采用两种方法：一是参照 Altunbas 等人（2011）的做法，采用银行风险的备选指标，即不良率 *NPL* 的变动值、*Z* 值的变动值作为因变量，对模型进行参数估计，与用 *LLRL* 作风险衡量指标的估计作比较。检验结果（表7-7a）显示，货币政策立场（*TGAP*）的系

表 7-7 稳健性检验结果

	表 7-7a 替换风险指标			表 7-7b 调整样本	
	SYSGMM_DLLRL	SYSGMM_DNPL	SYSGMM_DZ	SYS_two ~ b	SYS_twostep
L. DLLRL	-0.629*** (-7.98)			-0.629** (0.279)	-0.629*** (0.135)
L2. DLLRL	-0.368*** (-4.47)			-0.379* (0.196)	-0.379*** (0.095)
DIR	0.349* (2.07)	0.494*** (3.45)	2.273 (0.09)	0.188* (0.106)	0.188*** (0.038)
TGAP	-0.535* (-2.54)	-0.454*** (-3.56)	-33.717* (-2.10)	-0.231* (0.130)	-0.231*** (0.056)
GDPN	0.163 (1.45)	0.253 (1.39)	5.336 (0.36)	0.086 (0.146)	0.086 (0.076)
MC	-0.192* (-2.43)	-0.136 (-1.12)	-4.546 (-0.30)	-0.064 (0.052)	-0.064** (0.027)
EA	-0.935*** (-3.87)	-0.346* (-2.00)	-28.919 (-1.06)	-0.746* (0.452)	-0.746*** (0.179)
LIQ	0.052 (0.98)	0.089 (1.02)	-8.809 (-0.89)	0.052 (0.048)	0.052* (0.029)
LNASSET	-1.618* (-2.01)	-0.477 (-0.26)	5.143 (0.15)	-0.250 (0.701)	-0.250 (0.408)
L. DNPL		-0.113 (-0.75)			
L2. DNPL		-0.111 (-1.07)			
L. DZ			-0.320* (-1.99)		
L2. DZ			-0.094 (-1.48)		
_cons	35.494** (2.59)	10.604 (0.33)	454.441 (0.38)	8.760 (11.475)	8.760 (6.352)

注：①表 7-7a 括号内为 t 值，表 7-7b 括号内为标准差；② *、**、*** 分别表示在 10%、5%、1% 水平上显著。

数始终显著为负，从而再次确认了货币政策立场与银行风险承担的关联（$\beta DNPL = -0.454$，$t = -3.56$；$\beta DZ = -33.717$，$t = -2.10$）。二是对样本进行调整。由于模型涉及的银行特征变量中，资本资产比、流动资产与存款和借款总额之比受银行经营管理决策影响，在监管指标要求下往往具有趋同的特征；加之此前的文献对银行规模与风险承担行为的研究结论存在分歧，故本章采用分位数值法，将样本中资产指标低于10%分位数值和高于90%分位数值的银行样本予以剔除，然后重新进行回归，结果如表7－7b所示。运用两步法（SYS_ twostep）和两步法稳健性vce（SYS_ twostep_ vce_ rb）的参数估计结果显示，货币政策立场依然影响银行的风险承担（$\beta = -0.231$），*TGAP*前的系数仍然显著为负，即货币政策立场与银行风险承担的关联始终存在。

7.3 小结

在Mishkin（2011）反思货币政策科学及货币政策战略所总结的五条教训之中，首要的是“金融部门的发展对经济活动的影响远远超出危机之前人们的想象”，由是，关注货币政策对银行风险承担的影响也就成为避免重蹈金融危机覆辙的题中之义。正如Borio（2011）所言，“中央银行业务在全球金融危机之后已迥异于往昔”。本章的实证分析表明，我国货币政策立场显著影响银行风险承担，且受市场结构及商业银行资产负债表特征的影响。换言之，从金融稳定的视角来看，货币政策并非中性，故应将货币政策纳入宏观审慎框架，加强货币政策与金融监管政策的协调配合，以防范金融体系顺周期性导致的系统性风险。

其一，中央银行应在宏观审慎监管框架中扮演重要角色，应允许央行采取逆风而行的策略应对金融体系失衡的累积。事实上，从近期的政策论争与学术研究成果来看，货币政策以逆风而行的姿态配合宏观审慎监管正得到更多的认同。例如，Mishkin（2011）强调，由于货币政策与金融稳定政策的内在交融，央行应承担起“系统性监管者”的角色。而中国人民银行行长周小川在《〈中共中央关于制定国民经济和社会发展第十二个五年规划的建议〉辅导读本》中也指出，我国货币政策规则的研究视野也需要兼顾跨境资金流动监管和宏观审慎监管的重要职责。事实上，只有运用货币政策管控信贷闸门，有效管控流动性，保持合理的社会融资规模和货币总量，宏观审慎监管工具才能更加从容地发挥结构性调控功能。

其二，货币政策应兼顾金融稳定目标[①]，因为货币政策立场通过风险承担渠道影响银行风险承担意愿和行为。为此，央行应重视金融失衡累积的潜伏性和隐蔽性，延长货币政策考察的时间窗口，综合研判货币政策立场变化对银行风险承担可能造成的影响，以及后者对长期宏观经济增长、投资和信贷的潜在作用，在进一步发挥好传统货币政策工具维护币值稳定功能的同时，将货币政策调控上升到维护金融整体稳定的高度。

其三，建立和完善逆风而行的货币信贷动态调控机制[②]，在客观准确判断宏观形势基础上，将银行间同业拆借平均利率、规则利率与真实利率之差纳入政策制定者的信号响应范围，考虑银行信贷投放与社会经济主要发展目标的偏离程度，实现总量调节和防范宏观金融风险的有机结合，在维护宏观经济稳定的同时促进微观机构的稳健运行。

此外，银行业结构及银行资产负债表特征对于银行风险承担的影响也表明，监管政策在限制银行过度承担风险方面大有作为。同时，正如 Mishkin（2011）所指出的，运用货币政策抵御信贷泡沫绝非轻而易举，如何在金融稳定与价格和产出稳定之间求得平衡而不至于弱化价格稳定这一名义锚，如何有效监测信贷市场活动以免矫枉过正[③]，如何适时、适当地运用货币政策抵御金融失衡[④]，以及如何根据我国国情作出合理的制度安排与有效的职责重构等问题，仍需竭学界之力，作进一步深入探究。

---

① 一些学者认为，货币政策兼顾经济稳定和金融稳定，违反了丁伯根法则（Tinbergen，1939），况且还可运用宏观审慎监管应对金融不稳定。然而，Mishkin（2011）认为，首先，金融稳定与经济稳定并非截然可分，因为金融不稳定将导致经济不稳定；但鉴于金融不稳定的变量有别于通胀及经济活动，应将金融稳定视为经济稳定的政策子目标。其次，相对而言，宏观审慎监管更易受到政治压力影响。巴塞尔协议Ⅲ即是明证——由于德国银行业的抱怨，协议的资本要求被大大降低，协议的执行也被推迟10年，并且，协议并未包含诸如向系统重要性金融机构施加更高资本要求等系统性风险应对措施。故政治考量极可能使行之有效的宏观审慎监管成为蜀道之难。但要注意的是，货币政策应对金融失衡的有效性取决于冲击的性质。Boivin、Lane 和 Meh（2010）认为，如果金融失衡属于某种特定的市场失败或监管政策引致，则货币政策未必奏效；而当金融失衡是由涉诸经济体系整体的要素所引发时，货币政策将更为有效。

② 从操作的可行性来看，相对于因信贷驱动和非理性繁荣泡沫驱动的资产价格泡沫，信贷泡沫更容易识别（White，2009；Mishkin，2010）。

③ 将货币政策作为促进金融稳定工具的一个危险是矫枉过正，即央行在无须控制资产泡沫时采取严厉的货币政策。对此，Adrian 和 Shin（2009）等学者正致力于寻找信贷泡沫形成的信号，而监测信贷市场活动无疑也将成为央行未来的一项重要任务。

④ Mishkin（2011）对美国和玻利维亚等国家作比较，认为唯有当一国经济面临快速信贷增长、低风险溢价和杠杆率上行时，方宜考虑以货币政策遏制信贷泡沫。

8

制度环境对商业银行绩效的影响

纵观世界近现代史，各个时期具有代表性的世界经济强国诸如荷兰、英国和美国等，在经济崛起的过程中金融都起到了巨大的促进作用。在经济全球化和金融全球化深入发展的当今时代，世界各国的发展战略正在发生重大变化，一些发达国家特别是大国逐步从争夺自然资源转向开发金融资源，包括国际货币的发行权、货币资本的配置权、金融衍生品的开发权和资产、资源的定价权在内的全球金融控制权已经成为大国博弈的战略制高点和重要领域。金融强则国强，已成为广泛共识（Levine，2005；邱兆祥、王修华，2010）。

从我国的情况来看，经过30多年的改革开放，我国金融实力不断增强，国际地位不断提升。但从创新水平、监管能力、公司治理、国际化程度、市场体系发育程度、人才资源等质量型指标看，我国金融发展水平与发达国家相比还有很大差距。总体而言，我国金融大而不强，还不能完全适应经济发展的需要。如何才能走上金融强国之路？研究表明，制度关乎金融战略（Beck et al.，2003；La Porta et al.，1997，1998；Levine，2005），而发展中国家银行业在金融体系中的重要地位又决定了银行业绩效在金融战略中的中枢地位。根据制度经济学的观点，诸如司法、私人财产权、法制以及监管框架等制度环境的不断完善会对银行业绩效产生正面影响。然而，少数可见的实证研究，其结论却是南辕北辙——例如，Dermirgüç-Kunt 和 Huizinga（1998）、Francesca 和 Di Giorgio

(2004)、Crowley (2007)、Laeven 和 Majnoni (2003) 发现银行赢利水平与制度环境之间存在负相关关系；Bianco 等人 (2002) 则认为制度与银行息差之间并无结论性的关联，而是取决于银行竞争以及法制改革的类型；而 Marcelin (2010) 以 79 个国家银行业的数据为样本，研究发现制度环境的改善有助于提升银行体系效率，减少外部融资障碍，并改进了银行贷款组合的质量。

那么，在经济转型中的我国，制度环境与银行绩效之间是否存在关联呢？从现实来看，二者之间的关联似乎显而易见：我国 20 余年的货币信用扩张主要是依靠国有银行制度来完成的（张杰，2010a），国有商业银行长期以来履行着企业性和公共性双重职能（集中体现在充当改革发展中的“资金供应者”和“第二财政”的角色）（李健，2005）。近年来学界广泛热议的“中国模式”，其核心正是政府在经济发展中的主导地位。然而，从现有研究成果来看，对于制度之于中国经济增长，Cull 和 Xu (2005)、Allen 等人 (2005) 却得出了截然相反的结论，后者认为制度无足轻重。那么，我国制度环境的变迁究竟是否影响了银行业绩效，如果这一关系确实存在，那么，制度环境的变化如何影响银行的绩效。本章拟在梳理制度环境与银行绩效相关文献的基础上，以 1996 ~ 2010 年中国经济金融数据为分析样本进行实证研究，借以管窥制度环境与银行绩效之间的关联。

本章试图在以下领域有所拓展：其一，在“迄今为止，有关制度金融学的基本框架、方法论与演进脉络，国内外理论界尚无明晰刻画与诠释”（张杰，2010c）的背景下，以制度环境与银行绩效为题，凸显制度变革与金融，特别是增强银行业竞争力之间的紧密勾连，丰富了方兴未艾的制度金融学研究。[①] 其二，深化及提升银行业的活力于一国繁荣不可或缺，银行作为经济引擎所发挥的效力受到制度环境的制约。本章通过逻辑梳理及实证检验，并通过与发达国家背景研究结论的比较辨析，试图廓清我国制度环境要素于银行绩效的作用方向，期望借此抛砖引玉，引起大家共同参与探讨，提出塑造金融强国的因应之道。

---

① 与我们的研究领域相近的少数文献，如 Demirgüç-Kunt 和 Huizinga (1998)、Leaven 和 Majnoni (2003) 将制度环境要素局限于司法效率、法律及秩序，Macelin (2010) 则是以 79 个国家为样本进行跨国研究。

8.1 制度环境与银行绩效：一个文献综述

8.1.1 制度环境：界定及测度

根据诺斯在《制度、制度变迁和经济绩效》（1994）中的界定，所谓制度环境，是指一系列用来建立生产、交换和分配基础的政治、社会和法律基础规则。对于制度环境，一般用治理水平加以考量（Marcelin，2010），目前最广为使用的指标是世界银行学者 Kaufmann、Kraay 和 Zoido-Lobaton 等人开发的全球治理指标（WGI）体系。①

根据 Kaufmann 等人（2008）的定义，治理是一个国家的政府当局得以运行的制度，包括三个方面的内容：一是政府被选择、监督和替换的过程；二是政府有效制定和执行适当政策的能力；三是公民和国家之间管理经济社会互动制度的尊重。这三项内容又可以演化出六大核心治理维度：①话语权问责制（Voice and Accountability）：衡量一个国家的公民可以在何种程度上参与到政府的选择之中，以及该国的言论自由、结社自由和媒体自由；②政局稳定（Political Stability No Violence）：衡量政府被违宪手段或暴力手段动摇或推翻的可能性，包括政治动机的暴力和恐怖主义；③政府效益（Government Effectiveness）：衡量一国公共服务的质量、行政部门的效率及其在政治压力下的独立程度，衡量政策制定和实施的质量，以及政府对此类政策作出承诺的可信度；④监管质量（Regulatory Quality）：衡量政府制定与实施稳健政策法规、允许并推动私有部门发展的能力；⑤法治（Rule of Law）：保护个人及财产免受暴力或盗窃，司法的独立性和有效性，契约执行等；⑥遏制腐败（Control of Corruption）：衡量对私利行使公共权力的程度，包括大小形式的腐败，以及精英阶层和私人利益对国家的“占取”。这些指标均采用得分制，分值从 -2.5 到 2.5，得分越高，表示在该方面的治理水平越高。作为制度发展水平的集合指标（Demirgüç-Kunt et al.，2004）以及“可能是最为缜密建构的治理指标体系”（Arndt and Oman，2006），Marcelin（2010）

---

① 除了 WGI 指标，文献中亦有一些指标应用于制度分析。如 PRS 集团的国际国家风险（ICRG）指数，透明国际的腐败感知指数等。相较而言，WGI 指标具有更高的全面性和综合性。另一方面，尽管有学者对该指标体系的准确性和内部一致性提出了一些疑问，但 Charron（2010）运用欧盟 27 个国家数据所作的敏感性分析结果表明，WGI 指标体系具有准确性、内部一致性和稳健性。

认为，WGI 六项指标的组合足以作为制度环境的可靠且全面的代理变量，因其蕴涵了关于司法、行政、基础设施、监管等方面的巨量信息。

8.1.2 制度环境影响银行绩效的理论基础

在制度经济学语境下，涉诸社会、经济、法律、政治等层面的制度环境要素与经济绩效之间的关系，早已成为广泛共识（Acemoglu et al.，2005；Helpman，2008）。根据 North（1994）的主张，人类的交互产生不确定性，继而催生了作为交互约束的制度。制度的差异解释了经济绩效的差异。Acemoglu 等人（2005）描绘了不同类别经济体的制度层次（如图 8－1 所示），强调经济诱因与行为取决于经济制度，当经济制度选择引发不同利益群体冲突时，由政治制度决定的每个群体的政治力量将最终影响经济行为。换言之，政治制度决定了经济制度的演进，并最终影响经济绩效。相较而言，转轨经济中政治制度对经济绩效的影响较市场经济更为直接。

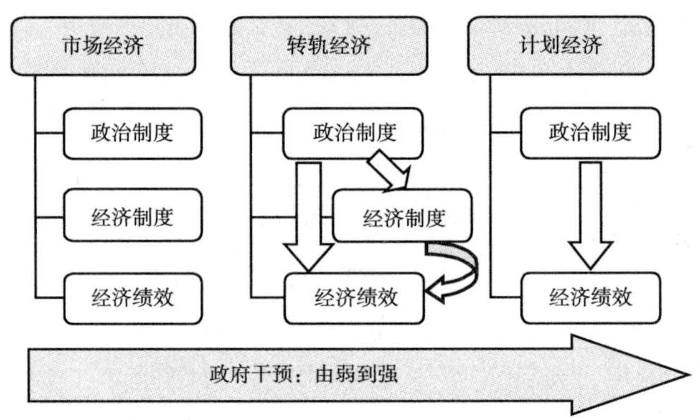

图 8－1 不同类别经济体的制度层次

作为特殊的企业类型，银行与制度环境的关联非比寻常。历史地看，国家的金融要求与银行体系的演进过程如影随形。[①] 根据张杰（2010b）对

① 根据张杰（2010b）对 Hicks（1969）的阐释，起初，国家为了应付不时出现的“非常开支”，需要通过举债的方式来筹资。可问题在于，借给国家的无担保贷款与借给无信用私人的无担保贷款都属于高风险的放贷行为；即便存在抵押，也不能保证国家不会用武力将抵押品强行拿走。在这种情况下，贷款的供给往往是不足的。当然，另一方面，如果国家严格履行抵押承诺，从而放弃国家财产以及放弃征税权力，则会从此削弱政府能力，最终导致诸如神圣罗马帝国以及英国斯图亚特王朝初期那样的政治崩溃。显然，要解决这样的两难困局，需要寻求其他更为有效的金融制度安排。

Hicks (1969) 学说的演绎，政府制度是一个多功能交织的复杂体系，在其效用函数中，难免存在效用目标之间的冲突。以维持货币体系的合理“信用含量”为例，其本身就时常包含着成本与收益的尖锐较量。[①] 这同时意味着，只有自律内省或者受到约束的政府制度才有资格驾驭货币经济。而作为货币经济体系的磐石，银行的绩效必然会受到制度环境的影响。Hicks (1969) 甚至因而将对银行体系演进的讨论最终回归到国家制度的视角，因为银行体系的正常发展需要一个拥有长期信用的国家制度的支撑。而在 Stiglitz 和 Greenwald (2002) 提出的货币经济学“新范式”中，由于信贷链条十分脆弱且具有自我强化的特性，[②] 借助市场配置信用无法实现帕累托效率，因此，需要一种外在的力量来填补市场缺陷。事实表明，在缺乏政府干预的情况下，经济金融运行可能是动态不稳定的，政府在增进市场效率方面发挥着重要作用，特别是在信贷需要紧缩的时期，政府往往可以设法保证一些企业以相对合理的条件获得信贷供给；由于种种原因，这些企业理应得到信贷但一时难以进入市场化金融机构的视野。张杰 (2009) 甚至将我国政府与国有银行间错综复杂的利益关系描述为“共谋套利”格局——政府向

---

① 张杰 (2010b) 援引杨小凯 (1998) 的观点提出，当政府制度面对货币制度时，就会凸显其信用提供功能与公共财政功能的有效平衡问题。最让政府制度“痛苦”的莫过于克制其强烈的财政冲动，财政克制本身肯定对信用体系有好处，但政府会支付机会成本或者放弃短期收益。如果政府制度出现“功能失衡”，一般是公共财政功能“挤出”了信用提供功能，则政府便可通过增发信用货币来向其持有者间接征税或者抢劫公民财产。由于信用货币的“信用含量”与其发行量成反比，而且信用含量过低会使信用货币变成比商品货币交易效率低得多的交易媒介，从而阻碍分工经济发展，因此一个受到约束的政府总能将信用货币规模控制在能够体现“均衡信用含量”的适当水平。无论如何，信用货币体系崩溃的代价是极其巨大的。因此，越是分工精细的经济，对货币“信用含量”的要求就会越高。

② Stiglitz 和 Greenwald (2002) 发现，信贷过程所牵涉的信息特征决定了任何企业都可以既是借款人又是贷款人，这也就意味着，大多数企业既是产品生产者，也是金融机构。重要的是，在由许多企业相互连接形成的圆周上，一个企业的破产会沿着圆周传递成为一系列的破产；而且，处在圆心的银行必然选择更加谨慎的信贷政策，即收缩那些被认为是高风险借款人的贷款，从而演变为一条很长的信贷危机链。进一步地，即便经济的基本面未见异常，如果银行倾向于认为某些企业还款能力低下，就会拒绝提供新的贷款，由此诱使信贷链上的相关企业与之中断原有的信贷联系，结果则是该企业破产。随后，信贷链的这种初始（局部）变化会沿着上述的企业圆周不断放大，直至导致金融体系的崩溃。银行越是预期企业违约，其金融行为就越是显得保守，则企业的信贷承诺就越是趋于软化，大量的违约也就越易变为现实。在这种情况下，即便没有“实际事件”发生，信贷链条上的银行或者企业的些许担心或者忧虑，都会种下信心危机的“种子”，个别当事人哪怕是十分细微的行为调整或者“颤动”，都会把信贷紧缩效应传递给它的“左邻右舍”，最终波及金融体系和整体经济。

国有银行支付大量利差补贴并持续提供隐性风险担保，国家的利益追求则需要借助于国有银行的资产扩张而获得。制度环境与银行绩效之间的紧密勾连由此可见一斑。

8.1.3 制度环境与银行绩效：经验证据与逻辑线索

一些学者提出，银行的赢利状况是其所在国家法律和制度的函数（Demirgüç-Kunt et al.，2004；Leaven and Majnoni，2003）。例如，Demirgüç-Kunt 和 Huizinga（1998）早期的研究发现，契约环境、法律体系效率、腐败程度与银行赢利能力相关。从研究积累来看，尽管学术界对制度环境与银行绩效关联的探讨仍旧匮缺，但现有的文献或明或暗地揭示了话语权问责制、政局稳定、政府效益、监管质量、法治及遏制腐败与银行绩效之间的线索。

其一，话语权问责制。一般认为，话语权问责制与银行绩效正相关，因为公众监督特别是媒体的独立性会提高经济信息质量，从而有助于银行降低成本。Isham 等人（1997）对世界银行提供融资的政府投资项目绩效进行考察，发现公民自治（civil liberties）程度最高的国家，其项目投资回报比公民自治程度最低的国家高出 8 ~ 22 个百分点。他们据此认为，加大公民话语权及问责力度，可以促进善治、提高治理效率。Barth 等人（2005）使用了一个近似于话语权问责制的变量——“私人监督”（Private Monitoring）来测度银行因监管要求而向公众披露准确信息以及引起私人部门对银行行为监督的程度。从理论上看，迫使银行披露准确信息并给予私人借贷者改善市场失败的激励，将会降低银行被政治或监管俘获的可能性，从而有助于银行降低其行政成本、优化资产质量、提高贷款可得性。正如 Beck 等人（2005）所强调的，私人部门能够充分采撷并运用公开信息，将有助于促进银行的治理与运营。徐玉德等人（2011）以中国为背景的研究也发现，提高信息披露水平能显著降低银行债务融资约束。

其二，政局稳定。政局稳定影响经济绩效的逻辑是：在政治不稳定时期，保护产权与契约权利[①]的制度性和非制度性机制更加脆弱，企业往往倾

---

① 根据 Acemoglu（2003）的界定，产权制度是用来保护公民权益免受政府或者强势利益集团的掠夺和侵蚀，而契约制度则是用来协调公民间的私人契约关系。实证研究结果表明，如果产权缺乏可靠保障，将会延误投资、抑制储蓄、抑制创新和研发、鼓励资本外逃、推动地下经济的增长（Murphy et al.，1991；O'Driscoll et al.，2003）。

向于减少投资或重新配置资源以规避风险（Knack and Keefer，1995）。与此相对应，银行因企业融资需求下降而导致赢利受损，更有甚者，银行可能成为暴力的牺牲品而付出高昂代价。历史地看，政局稳定影响经济绩效的例子不胜枚举。例如，Prezeworski 和 Curvale（2005）发现，18～19 世纪，拉丁美洲与美国的人均收入几乎相当。但到了 2000 年，拉丁美洲的人均收入却只有美国的五分之一了。为什么会产生如此巨大的差异？Prezeworski 和 Curvale（2005）分析认为，正是独立战争和政局动荡拖累了拉丁美洲的经济增长，其根源又在于西班牙殖民统治留下的制度框架无法吸收及规制经济与政治冲突。尽管上述学者的分析始终围绕制度环境与经济产出而展开，并未言及制度环境对银行绩效的影响，但是，覆巢之下，焉有完卵？前者之于后者的逻辑启迪显而易见。

其三，政府效益。政府效益指标反映的是政府制定及执行正确政策的能力。政府效益越高，就会降低银行处理官僚主义问题的难度和成本，从而有助于提升银行绩效（Lensink and Meesters，2007）。Stallings 和 Studart（2006）对拉丁美洲及东亚国家金融发展的比较研究发现，有效的政府机构为律法的公平执行提供了保证，从而优化了银行赖以生存发展的契约环境。事实上，在新制度经济学语境下，政府效益可视为正式制度的执行机制与非正式规范的执行结果。Chavance（2009）以“二战”之后社会主义国家的金融发展为例说明了这一点。他强调，移植成功的西方市场国家的正式政治及经济规则并非第三世界经济体金融及经济绩效卓越的充分条件，因为后者的政府会制定新的律法、创建新的制度来支持金融发展，由于违约概率和交易成本下降，继而使得契约环境的风险降低、企业及个人财务负担减轻、银行资产负债情况优化；但是，这些律法也可能因非正式制度的干扰而变得毫无意义。换言之，如果政府官员及公众抵制律法，那么正式的制度将不再支持金融契约并最终造成金融活动的高壁垒，则银行将会拥有较高的息差及较低的贷款质量。

其四，监管质量。监管质量高意味着政府着力推动私人部门的发展，契约实施更顺畅，争端更易解决。而私营经济的蓬勃发展，无疑有助于增强经济体系活动、提高资源配置效率、增加社会福利、促进经济发展。银行绩效因而受到正面影响。这一点与“政治论”的发现是吻合的——在监管质量较低的情形下，由于政治化资源配置的结果必然会降低效率，对生产率的提高产生负面影响（何光辉，2005）。张永宏（2005）通过对广东“乐从现象”的剖析提供了一个政府推动私营经济发展、释放市场力量的生动范例。乐从镇政府定期召开市场座谈会，听取企业对投资环境的意见；每月召集银行、工商、国税、地税、公安、消防等部门就企业关心的问题共同寻求解决办法；政府出资组织企业家参加学习；走访企业，询问企业困难等。由于政府在诱导更高比例的私人投资方面扮演着重要角色，推动地方产业迅速成长，创造了当时的“乐从奇迹”。

其五，法治。法律体系影响私人产权和金融发展早已为历史所证明（Djankov et al.，2007）。例如，在有着支持契约安排的法律传统的国家，企业更容易获得融资（La Porta et al.，1997，1998）。再如，英国殖民地国家强化了普通法体系传统，注重私人财产权而促进了金融发展，相较而言，实施法国大陆法的国家，其金融发展就相对逊色①（Beck et al.，2003）。具体到金融部门，金融市场的风险主要来源于借款人与贷款人之间的信息不对称，而抵押物有助于削弱逆向选择和道德风险（Stiglitz and Weiss，1981；Besanko and Thakor，1987）。但抵押物能在多大程度上发挥作用，取决于法律框架的完善程度，这一观点早已获得广泛的研究支持（La Porta et al.，1997；Djankov et al.，2007）。不仅如此，除了法律条文之外，司法执行同样与金融产出密切相关。例如，Marcela 等人（2001）研究发现，在执行力度较弱的阿根廷，信贷可获性较低，且银行不良贷款比重较高；Johnson 等人（2002）提出，法律对于财产权保护的执行力度与企业投资及融资需求至关重要；Laeven 和 Majononi（2003）对 32 个国家银行业的研究结果表明，司法效率的提高有效地改善了投资环境，降低了信贷成本，从而有助于银行业赢利能力的提升。

其六，遏制腐败。腐败最普遍的定义是滥用受委托的权利牟取私利（Pope，2000）。金融行业在国民经济中的地位及其行业特征决定了金融行业极易滋生腐败，对货币资金这种稀缺性资源的垄断性配置，金融体系普遍存在的委托—代理问题更为金融腐败提供了天然的生长土壤（张雪兰、何

① Levine（2005）认为，这是因为法国大陆法体系的拿破仑制度较基于普通法的英国制度更为严厉、更为正式。这种制度上的严厉对银行进而金融体系产生了广泛的影响，渗透至运营、贷款发起以及与客户交互的全过程。而在大陆法系的国家，银行是整个金融体系的中流砥柱，当一国整体制度框架较弱时，金融体系的发展就会受到影响。这一结论在前法国殖民地已经得到了充分证明。相对而言，普通法系国家由于发展基于市场的金融体系，制定保护投资者及个人财产权的法律等制度而更为成功。

德旭，2010）。世界银行认为，腐败是经济和社会发展的单个最大桎梏，它扭曲法律，弱化经济增长赖以实现的制度基础，从而逐步削弱发展。从已有的研究来看，腐败导致投资与增长的低位运行（Mauro，1995），发展中国家对外国直接投资的吸引力下降（Wei，1997），产品创新受挫（Mahagaonkar，2008），信贷决策扭曲（Beck et al.，2005），银行运营成本高企与资产质量恶化（Robinson，2002），从而影响到整个银行业的赢利水平。从中国的情况来看，腐败造就了信用低下，是由于腐败提高了融资成本①，导致愿意接受这一要价的借款人往往不具备偿还能力，同时把好的借款人挤出市场。因此，腐败遏制力度越大、效果越明显，则越有助于银行赢利能力的提升。

制度环境诸要素与银行绩效的逻辑关系如图 8 - 2 所示。此外，研究表明，银行赢利水平还会受到以下因素影响：①经济发展水平。通常，在经济繁荣期内，银行信贷需求将较经济衰退时期高，而总体经济的高速增长可能有助于增加借贷人的还本付息能力，因而得以降低信贷风险。相对的，不利的总体经济条件将可能导致银行的不良贷款金额增加而造成经营亏损。因此，一般预期经济增长将有助于银行的业绩表现。Bourke（1989）提出的证据显示，经济增长对银行赢利有积极的推动作用，尤其是那些对银行业存在准入条件限制的市场更甚；而其他的相关研究，即如 Guru 等人（2002）、Gerlach 等人（2004）均认同市场增长对银行业绩表现的正向影响。②货币政策。以中国为例，从紧的货币政策提高了商业银行贷款的门槛，由于负债成本相对刚性，商业银行会提高贷款利率，因此其净利差会增加，在其他条件不变的情况下会增加银行赢利（中国工商银行城市金融研究所课题组，2009）。从西方国家的经验证据来看，Mamatzakis 和 Remoundos（2003）研究发现，货币供应量显著影响银行赢利；Crowley（2007）对英语系非洲国家的研究亦显示，广义货币供应量的增长是影响银行赢利的一个重要因素。③银行运营成本。运营成本是商业银行开展日常业务时所投入的资源和费用。运营成本越高，要求弥补的支出越高，对赢利的负面影响越大（周开国等，2008）。但另一方面，银行营运效率的高低也可能反映银行资产组合

① 中国人民银行《中国金融腐败研究》的调查显示，就全国而言，企业每获得 100 万元正规金融机构贷款，其非正常的申请费用就接近 4 万元，农户和个体工商户平均每万元贷款的申请费用接近 600 元。这表明，几乎每年企业和农户都必须多支出 4% ~6% 的利息，连同平时 3% ~5% 的维护关系费，相当于支付 9% 的年利率。

的差异，例如银行的一些新兴业务（主要是中间业务）往往具有较高的赢利，但它们相对于银行的传统业务往往需要更多的人工及其他管理费用，在这种情形下，银行的费用比率越高，反而银行具有更好的赢利能力。④杠杆率。对于杠杆率与赢利能力之间的关系，目前研究尚存分歧。例如，Donaldson（1961）、Myers 和 Majluf（1984）等认为，赢利能力强的公司将首选内部融资，因而公司杠杆比率应与赢利能力具有负向关系；但 Berger 和 Bouwman（2012）运用美国 1984 ~ 2009 年的数据分析结果表明，银行账面杠杆率与银行绩效呈现出正相关关系；⑤资产规模。对于资产规模与银行赢利关系的研究一直存在分歧，持正相关观点者认为规模经济在银行业发挥主导作用；但一些实证研究发现，银行成本函数呈现出“U”形或为平坦曲线，即银行成本并不总是呈现出规模经济，大银行并不相对于小银行具有内在的营运成本优势。例如，周开国等人（2008）以我国 81 家商业银行为背景的实证分析发现商业银行赢利与资产规模负相关。

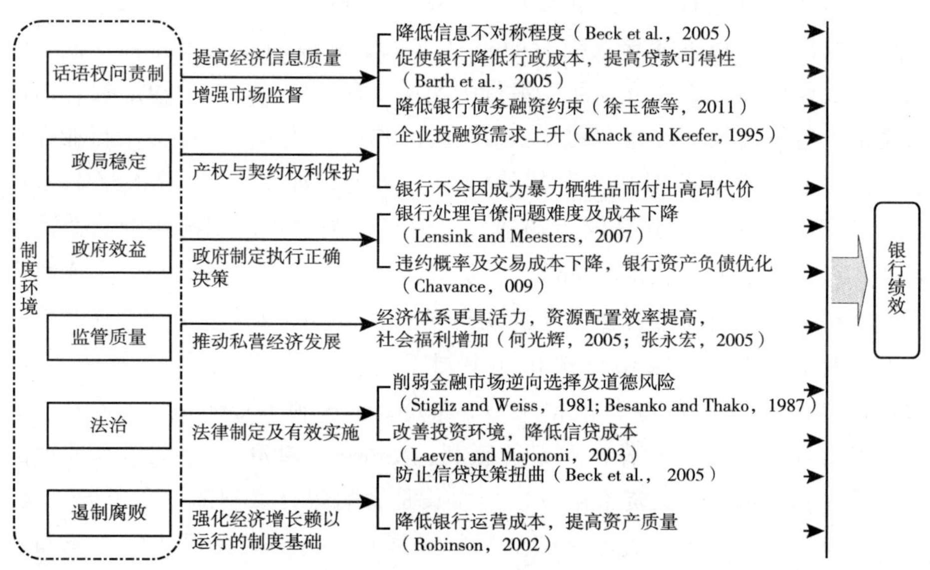

图 8－2　制度环境诸要素与银行绩效逻辑关系

8.2　模型构建与变量选择

基于以上文献综述，本章建构实证分析使用之模型如式（8－1）。

$$BP_{i,t} = \alpha + \beta BSC_{i,t} + \gamma_1 GDPN_t + \gamma_2 M2_t + \varphi_1 VA_t + \varphi_2 PS_t + \varphi_3 GE_t + \varphi_4 RQ_t + \varphi_5 RL_t + \varphi_6 CC_t + \varepsilon_{it} \quad (8-1)$$

式中，*BP* 为银行绩效指标，*BSC* 为银行特征变量，*GDPN* 为 GDP 增长率，*M2* 为广义货币供应量 M2 的增长率，作为货币政策的代理变量；*VA*、*PS*、*GE*、*RQ*、*RL*、*CC* 分别对应世界银行全球治理指标（WGI）体系中的话语权问责制、政局稳定、政府效益、监管质量、法治、遏制腐败。

对于银行绩效指标的选择，文献中常以平均资产收益率 *ROAA* 和平均股本收益率 *ROAE* 来加以衡量（Athanasoglou et al.，2006）。其中，*ROAA* 被认为能较好地全面评价银行的绩效，因其反映了银行运用资产获取利润的能力，尽管其并未计入表外业务产生的利润（Ayadi and Pujals，2005；Athanasoglou et al.，2005）。*ROAE* 则通常作为研究的备选指标，反映股东投资回报的水平。然而，*ROAE* 的劣势在于，受银行管理层资本决策的影响，不同银行甚至是规模相当的银行，其股本往往相去甚远（Ayadi and Pujals，2005）；由于对 *ROAE* 的分析忽视了高风险往往与高杠杆相关这一事实，且监管当局通常会对财务杠杆作出若干限制，相对而言，*ROAA* 更宜作为衡量银行赢利水平的指标（Athanasoglou et al.，2005）。此外，文献中衡量银行赢利能力的指标还包括净息差（Net Interest Margin，NIM）。该指标反映的是银行生息资产的赢利能力，指标越高，则表明银行融资成本越低或放贷利率越高。然而，由于其只涉及生息资产，故被西方学术界认为是一个过于褊狭的指标（Heffernan and Fu，2008）。综合多方面因素的考量，本章选取 *ROAA* 为银行绩效的衡量指标。

银行特征变量（*BSC*）则选取成本收入比 *CI*、资本资产比 *EA*、资产规模 *LNTA* 三项指标。其中，成本收入比用以反映银行的经营管理质量；资本资产比是财务杠杆的倒数，如果资本资产比过低，表示银行过度负债、净值过低，容易削弱银行抵御外部冲击的能力；而资本资产比过高，意味着银行没有积极地利用财务杠杆作用来扩大经营规模；资产规模则取其自然对数加以衡量。而对于影响银行赢利水平的宏观要素，我们参照 Brock 和 Franken（2003），用 GDP 增长率作为经济发展水平的代理变量，用广义货币供应量 M2 的增长率作为货币政策的代理变量。

在数据来源方面，银行数据取自 Bankscope 数据库，样本筛选原则如下：①剔除外资金融机构在华设立的分支机构；②剔除信托投资公司、证券公司、汽车金融服务公司等非银行金融机构，选取 1996～2010 年中国 187

家银行，共计1146个银行年度观察值。同时，为了克服离群值的影响，对主要变量进行了Winsorized缩尾处理。本章所涉及的广义货币供应量增长率数据则来源于《中国金融年鉴》，GDP增长率数据来源于国际货币基金组织（IMF）的世界经济展望（World Economic Outlook）数据库，治理指标来源于世界银行全球治理指标（WGI）数据库。表8-1列示了文中主要变量的基本统计量及释义。

表8-1　变量的基本统计量及释义（N=187，T=15，NT=1146）

变量名称	含义或计算公式	均　值	标准差	最小值	最大值
M2	广义货币供应量增长率×100	18.29213	3.748231	12.3	27.68
GDPN	GDP增长率×100	10.52739	1.874901	7.62	14.162
VA	话语权问责制	-1.562546	0.1309361	-1.70412	-1.27138
PS	政局稳定	-0.5229501	0.1023628	-0.76562	-0.246039
GE	政府效益	0.0233468	0.1458099	-0.298103	0.228921
RQ	监管质量	-0.2459224	0.1076915	-0.55442	-0.076983
RL	法治	-0.4136182	0.0645073	-0.538122	-0.339403
CC	遏制腐败	-0.4966006	0.1242998	-0.654236	-0.243963
EA	资本资产比×100	7.303883	10.63378	-13.71	99.46
CI	成本收入比×100	45.37237	17.14339	4.55	169.87
LNTA	资产规模的自然对数	10.99069	2.739367	0.9226704	16.41513
ROAA	平均资产收益率×100	0.8106161	0.6401966	-1.39	8.58

其中，考察期间我国WGI各项指标走势如图8-3所示。[①] 从趋势图来看，中国制度环境的变化并不是一个单向的过程。这与中国为了应对转型新阶段的挑战而采取的策略相关。事实上，制度转型是一个国家治理模式重构的过程，即政府、市场和社会三者的作用范围及相互关系重新调整的过程。对中国而言，中国转型在20世纪90年代的成功主要表现在通过政府和市场关系的调整来促进了市场的发育和成长。1992年10月的中共十四大确立了建立“社会主义市场经济”的目标。接着，从1994年初开始，中国根据早些时候确定的市场化改革总体规划和对企业、市场体系、政府的宏观经济管理等方面改革的方案设计，进行了整体推进市场化改革。20世纪90年代后

① 因WGI指标自1996年至2002年为两年发布一次数据，故1997、1999、2001年度数据为前后两年平均而得。

期，中国政府同意对当时仍然在国民经济中占有绝对优势的国有经济进行“有进有退”的调整，为民间进行创业活动提供了机会。21 世纪初国有大企业进一步改革受到阻碍，甚至出现了“国进民退”的倒退现象，或者以“宏观调控”的名义加强政府对微观经济活动的控制和干预时，国家资本主义的趋向就变得十分明显。进入到 21 世纪以来，转型的主要任务是通过政府和社会关系的调整来实现社会公共领域的治理。孙景宇和杨越（2010）认为，总体而言，制度转型的发展趋向是好的。

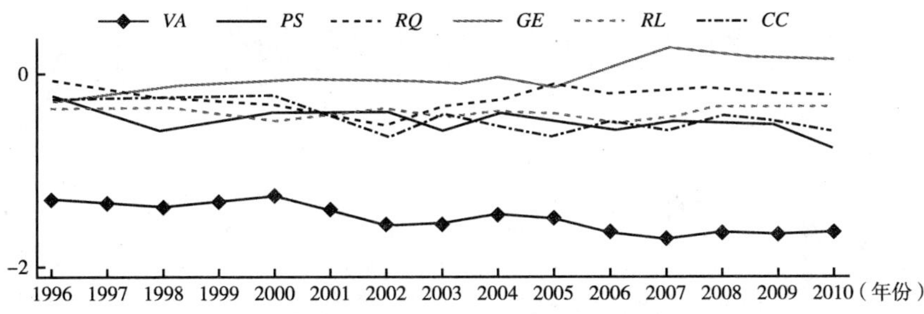

图 8－3　1996～2010 年中国 WGI 指标变化趋势

8.3　实证结果

8.3.1　面板数据的单位根检验与协整检验

鉴于我们所使用的面板序列存在不平衡的情况，我们采用 Xtfisher 检验（Maddala and Wu，1999）检验序列的平稳性。计算 Schwert（1989）建议的最大滞后阶数，故取滞后阶为 7 ，检验结果如表 8－2 所示。

表 8－2　单位根检验结果

	GDPN	*M2*	*VA*	*PS*	*GE*	*RQ*
Xtfisher 检验（卡方值）	990.9871 * (0.0000)	1170.9338 *** (0.000)	1159.7793 *** (0.000)	1290.8053 *** (0.000)	1523.2513 *** (0.000)	2916.5329 *** (0.000)
	RL	*CC*	*ROAA*	*EA*	*CI*	*LNTA*
Xtfisher 检验（卡方值）	456.9534 *** (0.000)	2075.5666 *** (0.000)	1156.2826 *** (0.000)	1344.8056 *** (0.000)	951.4637 *** (0.000)	878.5946 *** (0.000)

注：①括号内为 p 值；②*、**、*** 分别表示在 5%、1%、0.1% 水平上显著。

对于面板数据的协整检验，作基于误差修正模型的检验（Westerlund, 2007；Persyn and Westerlund, 2008）。针对每个截面采用 OLS 估计模型得到的 Gt 统计量（不考虑序列相关）、Ga 统计量［考虑序列相关，采用 Newey 和 West（1994）方法计算］，利用 OLS 残差计算的 Pt 统计量（不考虑序列相关）、Pa 统计量（考虑序列相关），如表 8－3 所示，除部分变量的 Ga 统计量外，其余统计量均拒绝了“不存在协整关系”的原假设。综合判断，我们认为面板存在协整关系。

表 8－3　基于误差修正模型的面板协整检验结果

	Statistic	Gt	Ga	Pt	Pa
EA	Value	-8.039	-3.625	-17.910	-4.974
	Z-value	-63.686	0.365	-11.242	-12.790
	p-value	0.000	0.643	0.000	0.000
LNTA	Value	-2.079	-2.901	-17.771	-4.170
	Z-value	-9.947	1.859	-11.122	-10.186
	p-value	0.000	0.969	0.000	0.000
CI	Value	-0.749	-2.062	-12.505	-2.979
	Z-value	2.025	3.548	-6.657	-6.254
	p-value	0.979	1.000	0.000	0.000
M2	Value	-3.263	-4.568	-47.580	-12.863
	Z-value	-20.505	-1.570	-36.685	-38.131
	p-value	0.000	0.058	0.000	0.000
GDPN	Value	-2.116	-4.519	-24.912	-6.539
	Z-value	-10.216	-1.469	-17.263	-17.759
	p-value	0.000	0.071	0.000	0.000
VA	Value	-3.423	-4.219	-23.088	-5.984
	Z-value	-21.934	-0.856	-15.701	-15.971
	p-value	0.000	0.196	0.000	0.000
PS	Value	-4.287	-4.196	-24.773	-6.411
	Z-value	-29.683	-0.808	-17.145	-17.347
	p-value	0.000	0.209	0.000	0.000
GE	Value	-1.912	-3.210	-17.082	-3.690
	Z-value	-8.385	1.214	-10.555	-8.581
	p-value	0.000	0.888	0.000	0.000
RQ	Value	-1.505	-1.861	-14.169	-3.067
	Z-value	-4.738	3.981	-8.060	-6.575
	p-value	0.000	1.000	0.000	0.000
RL	Value	-1.819	-3.557	-21.017	-5.074
	Z-value	-7.557	0.502	-13.927	-13.039
	p-value	0.000	0.692	0.000	0.000
CC	Value	-2.291	-3.978	-26.421	-6.702
	Z-value	-11.784	-0.361	-18.557	-18.286
	p-value	0.000	0.359	0.000	0.000

8.3.2 模型参数估计

由于存在内生变量，我们采用工具变量法对模型进行估计。首先使用 Hausman 检验是否存在内生解释变量，再进行异方差稳健的 Durbin-Wu-Hausman（DWH）检验，以确定式（8－1）的设定中是否存在内生性问题。选用成本收入比（*CI*）的一阶滞后项，以及广义货币供应量增长率（*M*2）与 GDP 增长率（*GDPN*）及其一阶滞后项 *L. M*2、*L. GDPN* 作为工具变量。稳健起见，分别采用二阶段最小二乘法（2SLS）、对弱工具变量更不敏感的有限信息最大似然法（LIML）、广义矩估计（GMM）和迭代 GMM 估计模型（8－1）。为了确保工具变量的有效性，本章进行了两方面的检验：一是采用 Hansen's J 统计量检验模型中是否存在过度识别问题（over identification）。该统计量的原假设是工具变量是合理的，即工具变量与干扰项不相关，此时 Hansen's J 统计量服从卡方分布，自由度为过度约束的个数。二是采用一阶段回归的 F 统计量、Shea（1997）偏法、Stock 和 Yogo（2005）提出的最小特征值统计量（Minimum Eigenvalue Statistic）来判断是否存在弱工具变量问题。估计结果如表 8－4 所示。

表 8－4 模型内生性及参数估计结果

	2SLS	LIML	GMM	IGMM
VA	0. 526 ** (0. 258)	0. 527 ** (0. 258)	0. 514 ** (0. 250)	0. 516 ** (0. 250)
PS	－0. 514 *** (0. 149)	－0. 515 *** (0. 149)	－0. 535 *** (0. 143)	－0. 538 *** (0. 143)
GE	0. 929 *** (0. 185)	0. 929 *** (0. 185)	0. 991 *** (0. 176)	0. 996 *** (0. 176)
RQ	0. 359 *** (0. 124)	0. 358 *** (0. 124)	0. 320 *** (0. 121)	0. 319 *** (0. 121)
RL	1. 374 *** (0. 206)	1. 374 *** (0. 206)	1. 382 *** (0. 202)	1. 377 *** (0. 202)
CC	0. 449 *** (0. 152)	0. 450 *** (0. 152)	0. 389 *** (0. 146)	0. 384 *** (0. 146)
CI	－0. 018 *** (0. 002)	－0. 018 *** (0. 002)	－0. 017 *** (0. 001)	－0. 017 *** (0. 001)

续表

	2SLS	LIML	GMM	IGMM
LNTA	-0.035*** (0.005)	-0.035*** (0.005)	-0.034*** (0.005)	-0.034*** (0.005)
EA	0.009*** (0.002)	0.009*** (0.002)	0.009*** (0.002)	0.009*** (0.002)
_cons	3.333*** (0.349)	3.336*** (0.350)	3.223*** (0.343)	3.214*** (0.343)
Adj-R^2	0.481	0.481	0.481	0.481
工具变量	*M2*, *L. M2*, *GDPN*, *L. GDPN*, *L. CI*			
Hansen's J 统计量	Hansen's J chi2(4) = 5.71012(p = 0.2219)			
一阶段 F 统计量	Robust F = 47.7372(p = 0.0000)			
Shea's Partial R^2	Shea's Partial R-sq. = 0.5079, Shea's Adj. Partial R-sq. = 0.5012			
最小特征值统计量	Minimum eigenvalue statistic = 183.484 2SLS Size of nominal 5% Wald test(10%, 26.87; 15%, 15.09; 20%, 10.98; 25%, 8.84) LIML Size of nominal 5% Wald test(10%, 4.84; 15%, 3.56; 20%, 3.05; 25%, 2.77)			
Hausman 检验	151.95(p = 0.0000)			
DWH 检验	Durbin(score) chi2(1) = 4.77169(p = 0.0289), Wu-Hausman F(1,892) = 4.73861(p = 0.0298)			

注：①括号内为标准差；②*、**、***分别表示在10%、5%、1%水平上显著。

由表8-4可知，Hansen's J统计量为5.71012（p=0.2219），故接受原假设，认为 *M2*、*L. M2*、*GDPN*、*L. GDPN*、*L. CI* 外生，与扰动项不相关，不存在过度识别问题。F统计量远超过10的经验值，p值为0.0000；Shea's Partial R2为0.5079；对内生解释变量的显著性进行名义显著性水平（Nominal Size）为5%的Wald检验，由于最小特征值统计量为183.484，远大于临界值，故可拒绝“弱工具变量”的原假设。对弱工具变量更不敏感的有限信息最大似然法（LIML）估计结果与2SLS非常接近，也从侧面印证了“不存在弱工具变量”。Hausman检验结果则是高度拒绝了“所有解释变量均为外生”的原假设；异方差稳健的DWH检验结果［Durbin统计量为4.77169（p=0.0289），Wu-Hausman统计量为4.73861（p=0.0298）］，也在5%的显著水平上拒绝了原假设，故可认为成本收入比（*CI*）为内生解释变量。容易看出，2SLS、LIML、GMM和迭代GMM的系数估计十分接近。

由参数估计结果可知，制度环境要素与银行绩效密切相关。

其一，话语权问责制（*VA*）与 *ROAA* 正相关。这一研究结论与 Beck 等人（2005）、Barth 等人（2005）、Beltratti 和 Stulz（2009）的结论相同，表明公民话语权问责制力度的加大，有助于促进银行公司治理，降低银行决策的信息不对称程度和银行运营成本，从而有助于提升银行绩效。其二，政局稳定（*PS*）与 *ROAA* 负相关，与我们的预期相反。为什么会出现如此令人匪夷所思的结论呢？根据 Knack 和 Keefer（1995）的推断，政局稳定与经济绩效之间的联结在于保护产权与契约权利的制度性和非制度性机制。而一个有效率的产权结构趋向于国家对产权的界定和保护，但国家在界定和保护产权时，不仅具有通过降低交易费用实现社会总产出最大化的动机，而且总是力图获得最大化的垄断租金，即所谓的“诺思悖论”。从历史沿革来看，计划经济体制下的思维定势以及国家集权的政治体制特征决定了我国产权保护结构性弱化的社会特征，同时在契约的界定和实施有效性方面，中国社会的契约制度普遍存在法律制度在契约界定中的“制度不完备性”等缺陷。[①] 李稻葵（1995）因而提出了“模糊产权”[②] 的概念。由于产权与契约权利保护的不完备性，政局稳定与经济绩效之间的关联因产权模糊而发生断裂。其三，政府效益（*GE*）与 *ROAA* 正相关，与 Lensink 和 Meesters（2007）研究结论一致，表明施政质量的提高确实降低了银行及其利益相关者应对官僚主义问题的成本。其四，监管质量（*RQ*）与 *ROAA* 正相关，与何光辉（2005）的理论推导和张永宏（2005）的现实演绎相吻合，表明政府对私营经济的促进和推动有助于优化营商环境，提升银行绩效。其五，法治（*RL*）与 *ROAA* 正相关，与 Laeven 和 Majononi（2003）等学者的研究结论一致，表明法律框架的完善以及对律法的尊重使得包括银行在内的私人部门因财产安全有所保障而有信心作长期投资，司法公平及效率的提升则有效地改善了营商

① 世界银行在《中国营商环境报告 2008》中提出，“尽管中国的基本法律是全国性的，但是各地法院在强制执行契约的效率方面差异很大。在东南沿海地区，审理一件普通的商业纠纷案件平均花费 230 天时间，而在东北地区则需要 363 天时间，地方法院在系统的执行效率和信息透明度上都存在明显差异”。另一个辅证是，根据衡量产权保护制度的 Polity IV 指标，中国对政府权力限制指数长期处于 -7 的水平（参见 http://www.systemicpeace.org/polity/chn2.htm）。

② 李稻葵（1995）在控制层次上给出了模糊产权的概念：明晰的产权意味着财产所有者的对其财产的各个方面拥有控制权；而模糊产权意味着所有者的控制权缺乏保证，以至于受损。所有者不得不为其本应有的权力不断地进行斗争或讨价还价。

环境，有助于降低银行营运成本，提高赢利能力。其六，遏制腐败（*CC*）与 *ROAA* 正相关，与 Robinson（2002）的研究结论一致。这表明，腐败控制效率的提高使得银行的信贷决策能够更大限度地实现风险与收益的匹配，继而提高了私人部门的投资效率，而银行也得以优化资产质量，实现经济效益的提升。

此外，参数估计结果显示，银行特征与银行绩效之间存在关联，表现为：①成本收入比（*CI*）与 *ROAA* 负相关，与周开国、李涛和何兴强（2008）的研究结果一致。成本收入比越低，表明商业银行管理质量越好，其赢利能力越强；②银行规模（*LNTA*）与 *ROAA* 负相关，表明大银行并不具有内在的成本优势。这与我国商业银行经营管理的现状是吻合的。例如，我国城市商业银行中的佼佼者——台州银行、浙江泰隆商业银行 2011 年 *ROAA* 分别高达 2.27%、2.05%，远高于中国银行业 1.2% 的平均水平；③资本资产比（*EA*）与 *ROAA* 正相关，与 Donaldson（1961）、Myers 和 Majluf（1984）观点一致。

8.3.3 稳健性检验及对参数估计结果的再讨论

根据以往的研究和我们所采用的数据的特点，我们以资产规模为基准，通过调整样本量对研究结论的稳健性加以检验（如表 8-5 所示）。经分别删除两端 10%、15%、20% 的样本调整进行重新估计，除监管质量（*RQ*）与 *ROAA* 之间不再呈现显著相关关系之外，其他自变量与因变量的显著性与系数方向均未发生改变，表明我们所作的参数估计结果基本上是稳健的，即基本上支持了前述研究结论。

为什么在调整样本之后，监管质量与银行绩效之间的显著正相关关系就消失了呢？这是由于样本调整将四大国有商业银行、股份制商业银行及规模较大的上市城市商业银行排除在外所致，也即，调整后的样本均为地方城市商业银行。而地方城市商业银行与地方政府之间，在中央、地方政府分权及“政治锦标赛”这一特定语境下，关系十分微妙——在政府主导经济改革与发展的情境下，金融体系动员资源的功能受到前所未有的重视，导致金融资源被异化为中央和地方政府的财政资金，金融业被异化为“第二财政”的特征日益明显。随着我国金融改革的不断深化，曾作为省、地（市）政府与部门利益实现工具的信托业及县、乡以下政府介入的农村合作基金先后被整顿或取缔，而与此同时银行体系逐步推进垂直化的管理体制改革，地方政

表 8－5 稳健性检验结果

	删除两端 10% 的 80% 样本				删除两端 15% 的 70% 样本				删除两端 20% 的 60% 样本			
	TSLS	LIML	GMM	IGMM	TSLS	LIML	GMM	IGMM	TSLS	LIML	GMM	IGMM
VA	0. 546 **	0. 549 **	0. 478 *	0. 476 *	0. 654 **	0. 661 **	0. 630 **	0. 635 **	0. 809 ***	0. 814 ***	0. 754 **	0. 759 **
	(0. 271)	(0. 272)	(0. 260)	(0. 260)	(0. 288)	(0. 289)	(0. 277)	(0. 276)	(0. 311)	(0. 312)	(0. 300)	(0. 299)
PS	-0. 525 ***	-0. 526 ***	-0. 534 ***	-0. 534 ***	-0. 586 ***	-0. 586 ***	-0. 613 ***	-0. 619 ***	-0. 621 ***	-0. 621 ***	-0. 625 ***	-0. 631 ***
	(0. 150)	(0. 150)	(0. 143)	(0. 143)	(0. 158)	(0. 158)	(0. 150)	(0. 150)	(0. 168)	(0. 168)	(0. 160)	(0. 160)
GE	0. 846 ***	0. 847 ***	0. 850 ***	0. 852 ***	0. 820 ***	0. 820 ***	0. 862 ***	0. 877 ***	0. 873 ***	0. 873 ***	0. 890 ***	0. 904 ***
	0. 201)	(0. 201)	(0. 192)	(0. 192)	(0. 220)	(0. 220)	(0. 210)	(0. 210)	(0. 233)	(0. 234)	(0. 226)	(0. 226)
RQ	0. 045	0. 042	-0. 007	-0. 008	0. 033	0. 026	-0. 052	-0. 057	0. 083	0. 079	0. 029	0. 023
	(0. 138)	(0. 138)	(0. 132)	(0. 132)	(0. 148)	(0. 149)	(0. 141)	(0. 141)	(0. 154)	(0. 154)	(0. 147)	(0. 147)
RL	1. 342 ***	1. 341 ***	1. 369 ***	1. 370 ***	1. 372 ***	1. 368 ***	1. 372 ***	1. 369 ***	1. 599 ***	1. 596 ***	1. 646 ***	1. 642 ***
	(0. 224)	(0. 224)	(0. 219)	(0. 219)	(0. 246)	(0. 247)	(0. 240)	(0. 240)	(0. 280)	(0. 280)	(0. 274)	(0. 274)
CC	0. 435 ***	0. 435 ***	0. 383 **	0. 381 **	0. 483 ***	0. 484 ***	0. 389 **	0. 380 **	0. 453 **	0. 454 **	0. 389 **	0. 380 **
	(0. 165)	(0. 165)	(0. 157)	(0. 157)	(0. 177)	(0. 178)	(0. 167)	(0. 167)	(0. 193)	(0. 194)	(0. 182)	(0. 182)
CI	-0. 018 ***	-0. 018 ***	-0. 017 ***	-0. 017 ***	-0. 019 ***	-0. 019 ***	-0. 018 ***	-0. 018 ***	-0. 018 ***	-0. 018 ***	-0. 017 ***	-0. 017 ***
	(0. 002)	(0. 002)	(0. 002)	(0. 002)	(0. 002)	(0. 002)	(0. 002)	(0. 002)	(0. 002)	(0. 002)	(0. 002)	(0. 002)
LNTA	-0. 047 ***	-0. 047 ***	-0. 046 ***	-0. 046 ***	-0. 047 ***	-0. 047 ***	-0. 045 ***	-0. 045 ***	-0. 057 ***	-0. 057 ***	-0. 055 ***	-0. 056 ***
	(0. 009)	(0. 009)	(0. 009)	(0. 009)	(0. 011)	(0. 011)	(0. 011)	(0. 011)	(0. 015)	(0. 015)	(0. 014)	(0. 014)
EA	0. 043 ***	0. 043 ***	0. 046 ***	0. 045 ***	0. 039 ***	0. 039 ***	0. 043 ***	0. 042 ***	0. 039 ***	0. 039 ***	0. 040 ***	0. 040 ***
	(0. 008)	(0. 008)	(0. 008)	(0. 008)	(0. 009)	(0. 009)	(0. 009)	(0. 009)	(0. 009)	(0. 009)	(0. 008)	(0. 008)
cons	3. 193 ***	3. 201 ***	3. 002 ***	2. 992 ***	3. 434 ***	3. 453 ***	3. 259 ***	3. 253 ***	3. 842 ***	3. 855 ***	3. 674 ***	3. 672 ***
	(0. 426)	(0. 427)	(0. 412)	(0. 412)	(0. 444)	(0. 446)	(0. 431)	(0. 431)	(0. 511)	(0. 513)	(0. 498)	(0. 498)
N	727	727	727	727	639	639	639	639	543	543	543	543
R-sq	0. 483	0. 483	0. 484	0. 485	0. 473	0. 472	0. 473	0. 473	0. 481	0. 480	0. 482	0. 482

注：①括号内为标准差；②*、**、*** 分别表示在 10%、5%、1% 水平上显著。

府与当地国有银行分支机构的纽带进一步被削弱，但地方 GDP 指标仍是地方政府政绩最重要的考核指标。在这种情况下，地方政府逐步放弃直接从国有银行体系夺取资源，而转为通过协助、纵容或默许辖区内企业的“逃、废债”行为等来间接争夺国有商业银行的金融资源，同时利用城市商业银行改制的机会控制地方金融资源，作为其对国有银行资源需求的替代。为了实现既定的 GDP 目标，一方面，地方政府积极为地方金融机构争取改制、上市、重组等政策资源，将其作为推动地方经济发展的重要引擎，大力扶持其发展；另一方面，地方政府竞相利用其政治影响向金融机构施加压力，如滥用行政权力对商业银行或金融机构开展税费及各类执法检查，迫使银行妥协于地方政府的某种目的；或对地方企业各种逃避银行债务的不法行为持默许态度，暗中给逃债企业撑腰，致使银行的资产不能保全;① 或运用调配财政事业单位存款等行政资源诱使银行就范，中央银行驻地方的代表们很难抵御地方的需求，而最终形成“地方分支银行对地方政府一定程度上的实际隶属”以及地方金融资产质量的下降。两相作用的结果，导致政府监管质量与银行绩效之间的关系呈现不明朗状态。

8.4 小结

中国正式金融制度的国家追求金融资源支配权特征（张杰，1998），国家举债的金融方式（张杰，2010a）以及银行软预算约束②（施华强，2010）决定了制度环境在影响银行绩效的诸要素中占据着重要的一席之地。通过对

---

① 根据周小川（2004）的分析，各地政府的不良决策曾造成接近 30% 的银行不良资产。参见人民网 2004 年 4 月 21 日，http://www.people.com.cn/GB/jingji/1040/2459998.html。另一个辅证是，银行不良资产率高低的分布呈现出明显的地域特征（易纲，2003）。东部沿海（上海、浙江与苏南等地）普遍优于中西部地区，中西部地区在以下几个方面亟待改善：一是经济市场化程度不高，政府干预经济较多，地方保护主义倾向较严重；二是地方政府债务负担沉重，地区金融部门独立性不强；三是法制建设相对滞后，特别是产权保护意识薄弱、执法难问题突出；四是社会诚信文化较薄弱；五是金融违规现象比较严重（中国社会科学院金融研究所，2005）。

② 施华强（2010）认为，所谓银行软预算约束，是指当银行陷入财务困境或流动性出现问题时，能够借助外部力量（主要是政府力量）的救助而得以避免市场退出。在计划经济和转型经济中，银行软预算约束的现象较为普遍和严重。同时，随着中国市场经济的发展，相比于其他企业软预算约束已得到不同程度的硬化，银行这一特殊金融企业的软预算约束则没有太大的改变。软预算约束还表明中国的原国有商业银行改革只是有限的市场化尝试，政府在金融资源配置中的作用并没有发生根本性的变化。

1996～2010年我国经济金融数据的考察分析，我们发现，制度环境与银行绩效之间存在显著相关关系。并且，值得我们注意的是，由于产权和契约权利保护效率问题导致政局稳定与银行绩效之间关联断裂，如何理顺地方金融机构与地方政府之间的关系也值得我们高度关注。而从WGI指标及相关学术研究成果来看，我国在话语权和问责制方面、政府效益、监管质量等方面仍存在较大的改进空间，现代市场经济不可或缺的法治基础也尚未建立（吴敬琏，2011），腐败治理更是依然面临着严峻的考验（Wedeman，2009）。换言之，建设金融强国，制度环境优化任重而道远。

值得注意的是，制度环境诸构面，绝不是各自孤立的存在。制度环境优化决非零敲碎打的边际式修补，而是需要运筹帷幄的系统性规划。提高银行绩效，建设金融强国，不仅要求推进金融体制改革，还要求政治体制改革配套地推进。正如吴敬琏（2011）所指出的，要从行政命令支配的经济、政府机关和党政官员的自由裁量权特别大的命令经济，转变为一个规则透明、公正执法的法治经济。而由于数据可得性的限制，我们没有对产权与契约权利保护之于政局稳定与银行绩效联结关系作实证研究，这将是我们未来研究的一个努力方向。此外，诚如钱穆先生所说，“我们试问是否民主政治可以全不与此一民族之文化传统有关联，而只经几个人的提倡，便可安装得上呢?”文化作为一组“通过教育和模仿而传承下来的行为习惯”，对各种制度安排的成本产生影响。以与经济行为关系最密切的法律为例，行为人对自我的约束在某种程度上可以替代法律约束，但文化与法律之间也存在相冲突的可能性。本研究结论与此前其他学者以其他国家为样本的研究结论有所差异，亦可能因此所致。但制度是一种随时地而适应的，不能放之四海而皆准，正如其不能行之百世而无弊。因而如何在中国文化诸层次构成的土壤上探讨制度环境的优化问题，无疑更是需要我们进一步深入探究的方向。

9

宏观经济要素、银行特征与不良贷款

依据过去的经济发展态势洞察信用风险的决定因素，无论是对于监管当局抑或银行管理层而言，均是一项十分重要的任务。而信用风险的事后表现——不良贷款，更被 Kaminsky 和 Reinhart（1999）、Reinhart 和 Rogoff（2010）等学者认定为银行危机的先行指标。因而如何未雨绸缪，通过识别不良贷款的影响因素而采取有效防控措施，成为学术界与实务界普遍关注的一个重要议题。

在绝大部分不良贷款决定因素的研究中，不良贷款往往被置于一个集合或曰总体的层面加以考察，如 Berger 和 DeYoung（1997）对银行特征与效率指标及问题贷款关系的研究，Salas 和 Saurina（2002）对西班牙商业和储蓄银行 1985～1997 年不良贷款率影响因素的分析，Rinaldi 和 Sanchis-Arellano（2006）对欧洲诸国家户不良贷款率的考察，李麟和索彦峰（2009）对经济波动、不良贷款与银行业系统风险关联的实证研究，以及黄立新和郑建明（2012）基于 2003～2007 年分省不良贷款数据对银根松紧与贷款质量关系所作的阐析等。然而，银行贷款的两大重要组成部分——公司银行贷款与零售银行贷款，因其细分市场需求及行为、经营模式与成本等方面的差异，在不良贷款的成因方面也表现各异，对宏观经济运行诸要素变动的反应路径和幅度也有所差别（周奕，2009）。事实上，无论是在管理、立法抑或市场响应等方面，公司银行贷款均迥异于零售银行贷款（Amadi，2012）。因而，模糊公司银行贷款与零售银行贷款的差异，将不良贷款作为一个笼统的整体加以考察，无疑会误导我们对于不良贷款成因的认识，继而造成监督及管理决策的偏差。鉴于此，本章基于不同产品分类的不良贷款率视角，结合宏、微观两个层面，分析我国宏观经济环境、银行特征与不良贷款的关系，以期在填补国内这一研究领域空白的同时，对进一步提高银行监管及管理品质有所裨益。

9.1 文献评述

9.1.1 宏观经济要素对不良贷款的影响

宏观经济环境与不良贷款的关联植根于经济周期理论，因为不良贷款凸显了信用风险与商业失败的亲周期性（Williamson，1985）——当经济运行处于上升阶段时，商业银行倾向于扩张信贷，并开始向信用等级较低的借款人发放贷款，推动经济持续高涨甚至过热，但此时无论是企业还是个人都有比较充裕的收入来偿还债务；而当经济下滑时，商业银行则通常会收缩信贷，从而抑制消费和投资、加剧经济衰退，企业经营状况不佳，赢利水平下降，银行不良贷款亦随之增加。Bernanke（1983）则从经济环境变化对信贷成本影响的角度来诠释不良贷款与宏观经济环境关联这一命题。他指出，宏观经济波动波及范围、深度和持续时间是影响信贷成本的主要因素，经济波动会直接导致信贷成本的增加或者减少，从而影响借款企业的还款能力，继而影响银行贷款的质量。进一步地，Bernanke 和 Gertler（1989）提出的金融加速器理论使得宏观经济要素与不良贷款的关联成为金融稳定理论框架中不可或缺的组成部分。事实上，正如 Carey（1998）所言，“一国经济是影响多元化债务组合损失率的最重要的系统性因素”。

有相当数量的实证研究支持了宏观经济环境与不良贷款的关联。例如，Salas 和 Saurina（2002）发现，由于宏观经济增长强化了经济社会中的个体偿还贷款的能力，GDP 增长率与不良贷款之间存在显著的负相关关系。在一项以希腊前 9 大银行 2003 ~ 2009 年数据为样本的研究中，Louzis 等人（2012）发现宏观经济变量可以在很大程度上解释不良贷款的增加。Marcucci 和 Quagliariello（2009）以意大利银行业为样本，Espinosa 和 Prasad（2010）以海湾阿拉伯国家合作委员会（Gulf Cooperation Council，GCC）1995 ~ 2008 年 80 家银行为样本，Nkusu（2011）以 1998 ~ 2009 年 26 个发达国家为样本，De Bock 和 Demyanets（2012）以 1996 ~ 2010 年包括阿根廷、巴西、智利、中国、哥伦比亚、多米尼加等25个新兴市场国家为样本的研究也都确认了宏观经济状况的恶化与不良贷款的增加之间存在着显著相关关系——当经济增长乏力时，不良率指标便会恶化。以中国为背景的研究也证实了这一结论，周忠明（2005）通过考察江苏省379户有10年以上银行贷款记录的样本企业的有关情况，发现样本企业不良贷款大部分是在经济景气时投放出去的，而经济下滑时往往是不良贷款的暴露期；李麟和索彦峰（2009）对1984～2008年我国经济波动与不良贷款关联的研究也显示，我国商业银行至少有70%的不良贷款变化是由经济增长的变化引起的。

另一方面，经济政策也是银行不良贷款形成的重要原因。Brunner和Meltzer（1993）指出，中央银行对货币供给的控制不当易导致货币过分紧缩，促使银行为维持足够的流动性出售资产，导致利率上升，银行筹资成本增加，进而危及银行的偿付能力和资产质量。钱小安（2000）也主张信贷紧缩与不良贷款相互伴生，易形成信贷紧缩—不良贷款的恶性循环，掉入“信贷紧缩—不良贷款”陷阱。从经验证据来看，Bercoff等人（2002）对阿根廷银行业的实证研究发现货币乘数与信贷增长影响不良贷款。黄立新和郑建明（2012）运用我国分省不良贷款数据所作的经验分析结论也显示，当期银根松紧程度与下一期银行整体不良贷款率负相关，表现为当期紧缩的银根会引致下一期银行整体不良贷款率的显著上升；反之，当期宽松的银根则会引致下一期银行整体不良贷款率的显著下降。

9.1.2 银行特征与不良贷款

关于银行特征与不良贷款的关联，现有文献的研究可归纳为以下几个假设。

1. “劣质管理”假设和“克扣”假设

关于银行成本收入比对贷款质量的影响，现有的研究提出了两个方向截然相反的假设。

其一，认为成本收入比与不良贷款率正相关，即“劣质管理”（Bad Management）假设（Berger and DeYoung，1997）。如果成本收入比高，则表明管理效率低，管理层缺乏信用评分、评估抵押物及监测借款人的技能，如此将会导致不良贷款增加。Podpiera和Weill（2008）对1994～2005年捷克银行数据的分析支持了这一假设。Louzis等人（2012）以希腊银行业为背景的研究也发现，以高费用占比为代理变量的管理无效率，与不良贷款增长正相关。

其二，认为成本收入比与不良贷款率负相关，即“克扣”（Skimping）假设（Berger and DeYoung，1997）。这是因为承担和监控贷款配置资源会同时影响到贷款质量和成本效率，如果过于强调成本效率，就会导致不良贷款的增加。换言之，如果银行在确保贷款质量方面投入较少，则成本效率可能会更高，但长期来看，将会导致不良贷款的增加。Hughes 等人（1995）也认为，高运营成本与低风险相关，因为风险管理者愿意为降低贷款组合的风险度而付出更高的管控成本。

2. 多元化假设

一些学者认为，由于多元化（diversification）可降低信用风险，故银行非利息收入占比越高，则不良贷款率越低。例如，Breuer（2006）主张，资产多元化有助于促进银行更多地考虑存款者的利益，更重视监测借款人的行为，因而有助于降低不良贷款占比。但其以 1997～1999 年 57 个国家银行业为样本的研究并未发现统计意义上的显著关联。Stiroh（2004）以美国银行业为样本的研究则发现，由于非利息收入与净利息收入高度相关，故业务多元化并未降低信用风险。

3. “大而不倒”假设

一般认为，银行的资产规模与不良贷款率正相关：其一，银行越大，受到政府“大而不倒”的隐性保护越多，道德风险会刺激银行从事高风险的业务（Stern and Feldman，2004）；其二，银行规模大，其涉足资本市场衍生金融工具和结构性产品的程度越高，故风险越大。但实证研究结论却存在分歧。例如，Boyd 和 Gertler（1994）认为，20 世纪 80 年代美国大银行资产组合风险度高，正是由于美国政府“大而不倒”政策所致。但也有学者对此持不同看法。例如，Hu 等人（2004）对 1996～1999 年台湾银行业的研究认为，银行规模大小与不良贷款正相关，即银行规模越大，不良贷款占比越高；Ennis 和 Malek（2005）对 1983～2003 年美国银行的规模分类研究则发现，“大而不倒”对银行经营行为的扭曲效应并不明确。

4. 道德风险假设

该假设认为，资本处于较低水平的银行，其不良贷款率相对较高，原因部分来自于银行管理层追逐高赢利而提高贷款组合风险度的道德风险激励。在经验证据方面，Keeton 和 Morris（1987）以美国银行业为背景的研究表明，具有较高风险倾向的银行，其贷款损失也较大。Sinkey 和 Greenwalt（1991）、Berger 和 DeYoung（1997）、Salas 和 Saurina（2002）的研究为这一假设提供了经验支持。

9.2 模型构建与变量选择

9.2.1 模型建构

基于以上文献综述，我们分别从集合维度的不良贷款、公司不良贷款、零售不良贷款三个层面构建实证研究模型如下：

$$\Delta NPL_{it} = \sum_{j=2}^{2} a_j \Delta NPL_{it-j} + \beta_{1j} \Delta GDP_{it} + \sum_{j=0}^{1} \beta_{2j} \Delta M2_{it} + \beta_{3j} BSC_{it} + \varepsilon_{it1} \quad (9-1)$$

$$\Delta WNPL_{it} = \sum_{j=1}^{2} Y_j \Delta WNPL_{it-j} + \delta_{1j} \Delta GDP_{it} + \sum_{j=0}^{2} \delta_{2j} \Delta M2_{it} + \delta_{3j} BSC_{it} + \varepsilon_{it2} \quad (9-2)$$

$$\Delta RNPL_{it} = \sum_{j=1}^{2} \rho_j \Delta RNPL_{it-j} + \varphi_{1j} \Delta GDP_{it} + \sum_{j=0}^{2} \varphi_{2j} \Delta M2_{it} + \varphi_{3j} BSC_{it} + \varepsilon_{it3} \quad (9-3)$$

式中，*NPL*、*WNPL*、*RNPL* 分别代表整体水平的不良贷款率、公司不良贷款率、零售不良贷款率，ΔGDP 为国内生产总值增长率，$\Delta M2$ 为广义货币供应量增长率，*BSC* 为银行特征变量。Williams（2004）以 1990～1998 年欧洲储蓄银行为样本的研究表明，不良贷款在某种程度上是银行管理层的经营策略所致，所以我们参照 Louzis 等人（2012），将滞后 1 期和滞后 2 期不良贷款占比变动额作为内生变量。黄立新和郑建明（2012）以我国为背景的研究发现，当期银根松紧影响下一期不良贷款率，因而我们在模型中加入了滞后 1 期的广义货币供应量增长率变化值。而对于银行特征变量（*BSC*），对应综述整理的“劣质管理”与“克扣”假设、多元化假设、“大而不倒”假设、道德风险假设，我们分别选取成本收入比（*CI*）、非利息收入占比（*NI*）、资产规模（*LNTA*）、股东权益比率（*EA*）作为银行特征变量。其中，资产规模取资产总额的自然对数值加以衡量。

9.2.2 数据来源

本研究所使用的数据来源于各家商业银行披露的半年报与年报、国家统计局网站和《中国金融年鉴》。必须指出的是，有关我国商业银行不良贷款的统计资料并不健全。由于大部分商业银行自 2006 年起开始采用新会计制度，相当一部分银行，如中国银行、交通银行、中国民生银行、中国光大银行、华夏银行、南京银行、北京银行等均未向公众披露其基于产品分类的不良贷款信息，且公布了相关信息的银行也仅在半年报及年报中发布，故样本银行及数据受到了一定的限制，加之各家银行发布相关信息的时间存在差异①，故样本为不平衡面板数据。样本银行包括：中国工商银行、中国农业银行、中国建设银行、招商银行、中信银行、兴业银行、上海浦东发展银行、原深圳发展银行，考察区间为 2006 年第 2 季度至 2011 年第 4 季度。

9.2.3 变量的描述性统计

模型估计所涉变量的描述性统计如表 9－1 所示。

表 9－1 模型涉及变量的描述性统计

变量名称	含义或计算公式	均 值	标准差	最小值	最大值
CI	成本收入比 ×100	35.41877	4.594755	25.52	47.41
NI	非利息收入占比 ×100	14.22616	4.268811	5.38	24.52
LNTA	资产自然对数值	14.74714	1.056728	12.77292	16.51661
NPL	不良贷款率 ×100	1.523288	1.11287	.35	5.64
EA	股东权益/总资产 ×100	5.314607	1.186296	2.890367	9.092291
GDP	GDP 增长率 ×100	10.6137	1.972683	7.5	14.5
M2	货币供应量半年度增长率 ×100	8.407702	2.835403	6.33839	16.47863
WNPL	公司银行不良率 ×100	1.950556	1.499635	.41	7.58
RNPL	零售银行不良率 ×100	.6805556	.4545045	.12	2.22

其中，考察期间样本银行各类不良贷款率指标走势如图 9－1 所示。总体而言，我国商业银行三类不良贷款率指标在考察期间均呈下降趋势，至 2011 年末已达金融危机前发达国家大型银行的水平。值得我们注意的是，零售银行不良贷款率明显低于公司银行不良贷款率，下降趋势远较公司银行贷款平稳。

① 例如，中国农业银行是在 2008 年 10 月为实施上市战略进行财务重组而剥离了 8000 亿元不良贷款后的 2008 年第 4 季度才开始对外公布不良贷款信息。

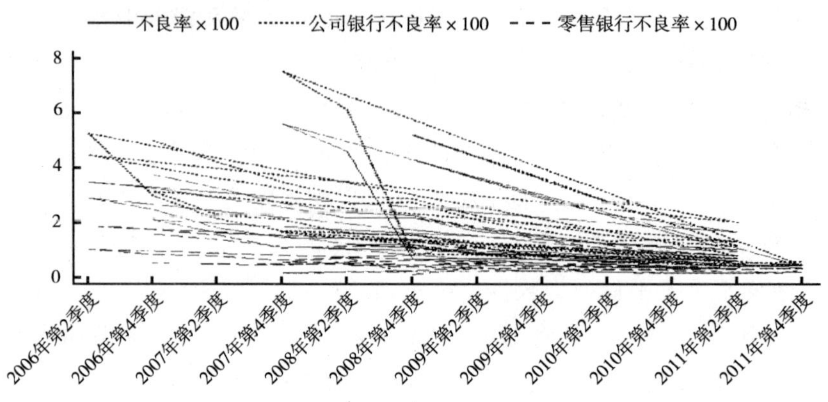

图 9－1　样本银行各项不良贷款率指标走势

9.3　模型估计与检验

9.3.1　面板数据的单位根检验与协整检验

在模型（9－1）、（9－2）、（9－3）中，由于因变量的滞后项作为解释变量会导致解释变量具有内生性，若用面板数据的随机效应或固定效应对模型进行估计，得到的参数估计值将是有偏的、非一致的估计量，从而导致由其推导的经济意涵也是扭曲的。为了解决这一问题，我们采用动态面板数据广义矩（GMM）法对模型进行估计。

对于动态面板数据模型，其估计的前提条件是面板数据必须是平稳的，否则可能导致"虚回归"结果。为此，需要对所估计参数的稳健性进行单位根检验。鉴于我们所使用的面板序列存在不平衡的情况，我们采用 Xtfisher 检验（Maddala and Wu，1999）对所估计参数的稳健性进行单位根检验。由于对每一家银行而言，GDP 增长率、M2 增长率都是相同的，故我们根据模型设定进行滞后根检验的变量围绕银行有关变量而展开。基于 Xtfisher 的 ADF（Augmented Dickey-Fuller Test）检验及 PP（Phillips-Perron Test）检验结果如表 9－2 所示，模型所涉变量或变量的一阶差分均在 5% 的显著水平上拒绝了原假设，这表明面板数据是平稳的。

表 9-2　单位根检验结果

	Fisher - ADF 检验		Fisher - PP 检验	
	卡方值	P 值	卡方值	P 值
NPL	11.8647	0.6172	78.2269	0.0000
D. NPL	30.1720	0.0072		
WNPL	4.4416	0.9922	169.1304	0.0000
D. WNPL	150.9771	0.0000		
RNPL	43.6596	0.0001	6.9594	0.9363
D. RNPL	93.8688	0.0000		
CI	10.1553	0.7507	35.6939	0.0012
D. CI	35.0198	0.0015		
NI	32.3542	0.0036	42.8852	0.0001
LA	57.2229	0.0000	98.0698	0.0000
EA	51.7510	0.0000	23.5713	0.0516
D. EA	131.9027	0.0000		
LNTA	13.2932	0.5036	6.8936	0.9387
D. LNTA	23.8313	0.0480	72.5566	0.0000

对于面板数据的协整检验，作基于误差修正模型的检验（Westerlund，2007；Persyn and Westerlund，2008）。针对每个截面采用 OLS 估计模型得到的 Gt 统计量（不考虑序列相关）、Ga 统计量［考虑序列相关，采用 Newey 和 West（1994）方法计算］，利用 OLS 残差计算的 Pt 统计量（不考虑序列相关）、Pa 统计量（考虑序列相关）如表 9-3 所示，仅模型（9-3）*M*2考虑序列相关的 Ga 统计量拒绝了“不存在协整关系”的原假设，其余检验结果均表明面板数据不存在协整关系。综上，可对面板数据进行参数估计。

9.3.2　模型估计

一般认为，当样本量较小时，采用 GMM 往往效果欠佳，因为 GMM 是基于大样本的，此时应采用纠偏的 LSDV 估计（Bias-corrected LSDV Estimator）。但 Bruno（2005）的模拟分析表明，只有在所有解释变量严格外生的情况下，纠偏 LSDV 才有较好的表现，否则还是要采用 GMM。据此，尽管数据来源有限，我们仍采用 GMM 对模型进行参数估计。

在做面板回归之前，先对各自变量与三类不良贷款率指标绘制散点图（如表 9-4 所示）。从散点图来看，自变量与因变量之间存在线性关系，但这种关系显著性如何，还有待于进一步检验。并且，我们可以清晰地看到，

表 9－3　基于误差修正模型的面板协整检验结果

		CI			NI			LNTA		
		V	Z	P	V	Z	P	V	Z	P
模型(9－1)	Gt	－1.405	－1.091	0.138	1.036	5.118	1.000	1.916	7.354	1.000
	Ga	－0.045	2.186	0.986	0.161	2.305	0.989	0.081	2.259	0.988
	Pt	－0.571	0.668	0.748	－0.094	1.076	0.859	4.206	4.760	1.000
	Pa	－0.055	0.888	0.813	－0.013	0.926	0.823	0.117	1.045	0.852
模型(9－2)	Gt	－1.223	－0.627	0.265	1.171	5.461	1.000	2.116	7.864	1.000
	Ga	－0.063	2.175	0.985	0.143	2.295	0.989	0.115	2.279	0.989
	Pt	－0.592	0.650	0.742	1.676	2.593	0.995	4.241	4.791	1.000
	Pa	－0.065	0.879	0.810	0.153	1.077	0.859	0.113	1.041	0.851
模型(9－3)	Gt	－0.808	0.427	0.665	0.443	3.609	1.000	1.031	5.104	1.000
	Ga	－0.246	2.068	0.981	0.346	2.413	0.992	0.034	2.232	0.987
	Pt	－1.163	0.161	0.564	0.180	1.312	0.905	1.769	2.672	0.996
	Pa	－0.135	0.815	0.792	0.081	1.012	0.844	0.091	1.021	0.846
		EA			GDP			M2		
		V	Z	P	V	Z	P	V	Z	P
模型(9－1)	Gt	－0.368	1.547	0.939	－0.908	0.173	0.569	－1.024	－0.122	0.452
	Ga	－0.499	1.922	0.973	－0.506	1.917	0.972	－0.459	1.945	0.974
	Pt	－0.325	0.879	0.810	－0.797	0.474	0.682	－1.624	－0.234	0.408
	Pa	－0.072	0.872	0.809	－0.285	0.677	0.751	－0.526	0.457	0.676
模型(9－2)	Gt	0.923	4.830	1.000	－0.910	0.168	0.567	－1.123	－0.374	0.354
	Ga	－0.180	2.107	0.983	－0.284	2.047	0.980	－0.552	1.891	0.971
	Pt	0.691	1.749	0.960	－1.446	－0.082	0.468	－2.141	－0.677	0.249
	Pa	0.125	1.052	0.854	－0.308	0.656	0.744	－0.536	0.448	0.673
模型(9－3)	Gt	－0.427	1.398	0.919	－1.620	－1.638	0.051	－4.061	－7.846	0.000
	Ga	－0.359	2.003	0.977	－0.559	1.887	0.970	－1.519	1.328	0.908
	Pt	－0.936	0.356	0.639	－2.315	－0.827	0.204	－2.793	－1.236	0.108
	Pa	－0.391	0.581	0.719	－0.745	0.257	0.601	－2.207	－1.079	0.140

由于公司贷款在贷款总额中的占比普遍较高，各自变量与总体不良贷款率及公司不良贷款率的拟合图形态较为接近，但与因变量为零售不良贷款率的拟合图存在较大差别。由此，我们可以初步判断，公司银行不良贷款率的影响因素及其作用路径有别于零售银行不良贷款率。

根据陈强（2010）的建议，我们首先分别使用差分广义矩（DiffGMM）和系统广义矩（SYSGMM）对模型进行参数估计，对比差分广义矩估计与系统广义矩估计的系数估计值与标准差。

如表9－5所示，模型（9－1）和模型（9－2）使用差分广义矩

表 9-4 散点拟合情况

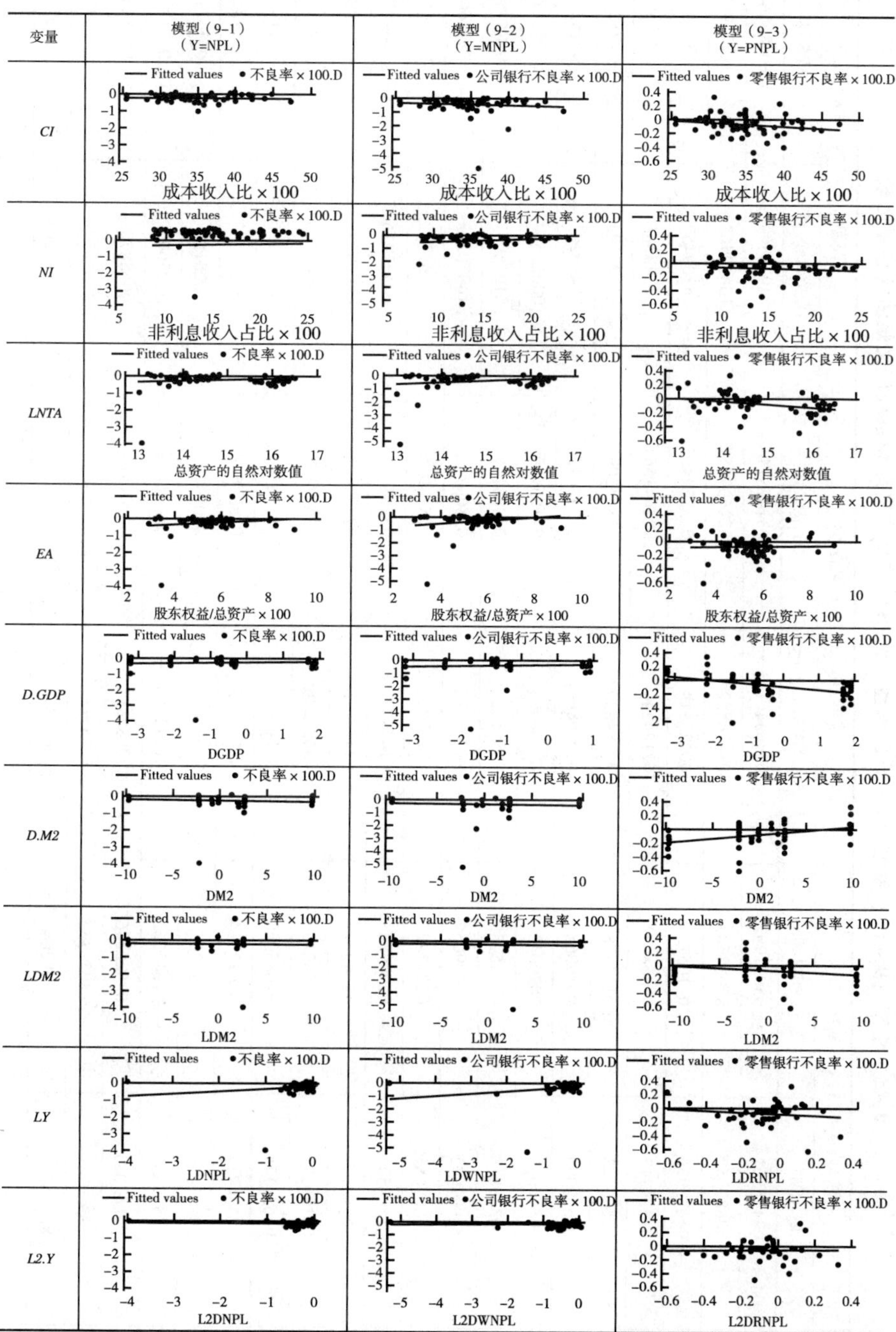

变量	模型（9-1）（Y=NPL）	模型（9-2）（Y=MNPL）	模型（9-3）（Y=PNPL）
CI	Fitted values • 不良率 × 100.D 成本收入比 × 100	Fitted values • 公司银行不良率 × 100.D 成本收入比 × 100	Fitted values • 零售银行不良率 × 100.D 成本收入比 × 100
NI	Fitted values • 不良率 × 100.D 非利息收入占比 × 100	Fitted values • 公司银行不良率 × 100.D 非利息收入占比 × 100	Fitted values • 零售银行不良率 × 100.D 非利息收入占比 × 100
LNTA	Fitted values • 不良率 × 100.D 总资产的自然对数值	Fitted values • 公司银行不良率 × 100.D 总资产的自然对数值	Fitted values • 零售银行不良率 × 100.D 总资产的自然对数值
EA	Fitted values • 不良率 × 100.D 股东权益/总资产 × 100	Fitted values • 公司银行不良率 × 100.D 股东权益/总资产 × 100	Fitted values • 零售银行不良率 × 100.D 股东权益/总资产 × 100
D.GDP	Fitted values • 不良率 × 100.D DGDP	Fitted values • 公司银行不良率 × 100.D DGDP	Fitted values • 零售银行不良率 × 100.D DGDP
D.M2	Fitted values • 不良率 × 100.D DM2	Fitted values • 公司银行不良率 × 100.D DM2	Fitted values • 零售银行不良率 × 100.D DM2
LDM2	Fitted values • 不良率 × 100.D LDM2	Fitted values • 公司银行不良率 × 100.D LDM2	Fitted values • 零售银行不良率 × 100.D LDM2
LY	Fitted values • 不良率 × 100.D LDNPL	Fitted values • 公司银行不良率 × 100.D LDWNPL	Fitted values • 零售银行不良率 × 100.D LDRNPL
L2.Y	Fitted values • 不良率 × 100.D L2DNPL	Fitted values • 公司银行不良率 × 100.D L2DWNPL	Fitted values • 零售银行不良率 × 100.D L2DRNPL

注："不良率"表示"不良贷款率"。

表 9-5 模型（9-1）、模型（9-2）、模型（9-3）差分广义矩和系统广义矩估计结果比较

Variable	模型(9-1)(y=NPL)		模型(9-2)(y=WNPL)		模型(9-3)(y=RNPL)	
	DiffGMM	SYSGMM	DiffGMM	SYSGMM	DiffGMM	SYSGMM
LD. y	-.09435562	-.05031992	-.05763461	-.03107874	-.04976899	-.04821658
	.00682357	.02033583	.01476552	.02260965	.10840963	.12749938
L2D. y	-.04675936	.01105131	-.00125514	.03382243	-.16109457	-.13558954
	.01374717	.01868481	.02174246	.02264156	.07343386	.10796048
CI	.01390523	.01134784	.01794839	.01863509	-.01627293	-.01252181
	.00602899	.00890685	.01010862	.01214412	.00496283	.00152373
NI	-.00624031	.0079042	.00066094	.01155939	.00622547	.00084224
	.00339888	.00785955	.0055162	.01088148	.01016947	.00854893
LNTA	.36891604	-.02009059	.34908612	-.02869752	-.14970523	-.08976666
	.05359083	.05227822	.07987896	.08513016	.03669722	.05980687
EA	.01805571	-.02909683	.0144873	-.03204472	.04431416	.02440255
	.0225412	.03092413	.02444016	.02483583	.02099879	.03539015
D. GDP	-.04186277	-.0458215	-.05697246	-.04697172	-.00986378	-.02267923
	.01634174	.01683068	.02118971	.02036114	.01307226	.01419053
D. M2	-.02334711	-.02673524	-.03125085	-.02887688	.01618585	.01517529
	.00661144	.0075255	.00920682	.01070763	.0098152	.00542193
LD. M2	-.01579357	-.01642362	-.01992817	-.01631406	.01036099	.0091266
	.00582083	.00625896	.00686841	.00761513	.00688709	.00354043
_cons	-6.1832021	-.24052333	-6.1645513	-.43455656	2.3701557	1.5400474
	.88176549	.9708264	1.3960277	1.49868	.68720068	.6020792

（DiffGMM）进行估计的结果，其标准差较系统广义矩（SYSGMM）小，结果更为精确。相对而言，模型（9－3）系统广义矩（SYSGMM）估计的结果略优于使用差分广义矩（DiffGMM）。加之 Windmeijer（2005）通过模拟分析表明，采用纠偏（bias-corrected，WC）后的稳健性 vce，可以更好地进行统计推断，所以我们采用稳健性差分广义矩（DiffGMM）对模型（9－1）和模型（9－2）进行估计，对于模型（9－3），我们则采用稳健性系统广义矩（SYSGMM）估计。估计结果如表 9－6 所示。

表 9－6　模型（9－1）、模型（9－2）、模型（9－3）参数估计结果

	D. NPL	*D. WNPL*	*D. RNPL*
LD. NPL	－0. 0944 *** （－13. 83）		
L2D. NPL	－0. 0468 *** （－3. 40）		
CI	0. 0139 * （2. 31）	0. 0179 （1. 78）	－0. 0125 *** （－8. 22）
NI	－0. 00624 （－1. 84）	0. 000661 （0. 12）	0. 000842 （0. 10）
LNTA	0. 369 *** （6. 88）	0. 349 *** （4. 37）	－0. 0898 （－1. 50）
EA	0. 0181 （0. 80）	0. 0145 （0. 59）	0. 0244 （0. 69）
D. GDP	－0. 0419 * （－2. 56）	－0. 0570 ** （－2. 69）	－0. 0227 （－1. 60）
D. M2	－0. 0233 *** （－3. 53）	－0. 0313 *** （－3. 39）	0. 0152 ** （2. 80）
LD. M2	－0. 0158 ** （－2. 71）	－0. 0199 ** （－2. 90）	0. 00913 ** （2. 58）
LD. WNPL		－0. 0576 *** （－3. 90）	
L2D. WNPL		－0. 00126 （－0. 06）	
LD. RNPL			－0. 0482 （－0. 38）
L2D. RNPL			－0. 136 （－1. 26）
_cons	－6. 183 *** （－7. 01）	－6. 165 *** （－4. 42）	1. 540 * （2. 56）

注：①括号内为 t 值；② *、**、*** 分别表示在 5%、1%、0. 1% 水平上显著。

由参数估计结果可知：(1) 成本收入比 (*CI*) 与整体不良贷款率正相关，与零售银行不良贷款率负相关。一方面，成本收入比与整体不良贷款率之间的正相关关系，受到其与公司银行不良贷款率之间的系数为正（t = 1.78，在10%的显著水平上关系显著）的影响，从而支持了“劣质管理”假设，与 Podpiera 和 Weill (2008)、Louzis 等人 (2012) 结论一致。这是因为，相对于零售银行贷款，公司银行贷款的质量更多地倚重于管理质量，信用评级、抵押物评估及贷款管理质量越高，越能确保公司银行贷款的质量。另一方面，成本收入比越高，则零售银行不良贷款率越低，支持了“克扣”假设，与 Hughes 等人 (1995)、Berger 和 DeYoung (1997) 结论相同。这与现阶段我国零售银行的发展特点相关。当前我国零售银行仍具有劳动密集型和技术密集型的特征，人力投入及信息技术投入较大。换言之，单位贷款审查及监控投入的成本更高。

(2) 非利息收入占比 (*NI*) 与三类不良贷款率指标之间均不存在显著相关关系。这一发现与 Stiroh (2004) 的研究结论一致。其可能原因在于：其一，我国商业银行净利息收入与非利息收入之间存在密切关联，张雪兰 (2011) 对2001～2010年我国14家商业银行净利息收入与非利息收入作 Pearson 相关分析，结果发现二者显著相关（$\beta = 0.8504$，t = 0.0000）。其二，由于在贷款业务中银行的议价能力较强，在大力提高中间业务收入占比的监管导向下，银行将部分利息收入以咨询顾问费、理财服务费、贷款承诺费等形式“转嫁”为中间业务收入，造成非利息收入虚增的现象十分普遍。其三，我国非利息收入核算方式不规范①。

(3) 银行资产规模 (*LNTA*) 与总体贷款不良率、公司银行贷款不良率正相关，支持了“大而不倒”假设，与 Ennis 和 Malek (2005) 研究结论相似，但银行资产规模与零售银行不良贷款率之间并不存在显著相关关系。这一方面表明，相对于规模较小的商业银行，大型商业银行在公司银行贷款风险管理方面并不具备相对优势。这可能是由于我国大型银行长期以来履行着企业性和公共性双重职能（集中体现在充当改革发展中的“资金供应者”和“第二财政”的角色）(李健，2005)，受到政府隐形担保及注资救助，

① 主要表现为：收入分类不准，利息收入转化为中间业务收入；收入分期不准，提前确认收入；核算标准不统一，中间业务收入不具可比性。详细论述，可参看财政部驻深圳财政专员办事处：《商业银行中间业务收入核算方式亟待规范》，2010年12月，http://sz.mof.gov.cn/lanmudaohang/caizhengjiancha/201012/t20101207_365750.html。

致使其风险意识较中小商业银行淡薄。另一方面，大型银行长期以来热衷于“垒大户”，在零售银行市场开拓方面不及规模相对较小的股份制商业银行。而股份制商业银行要通过差异化竞争求存，其战略导向和资源配置也更多地向零售银行倾斜，招商银行就是一个典型的例子。

（4）股东权益比率（*EA*）与三类不良贷款率指标之间均不存在显著相关关系，从而未对“道德风险”假设构成支持。一个可能的解释是，由于我国商业银行通过资本市场筹集资本可谓轻而易举，银行管理层基于声誉的考量，以及监管层对不良贷款率指标的严厉要求，并未因股东权益占比下降而承担过多的风险。

（5）*GDP* 增长率变化与总体不良贷款率及公司银行不良贷款率之间呈现出显著的负相关关系，表明近年来我国经济保持的较快增速对不良贷款率的降低起到了积极的促进作用。相较而言，*GDP* 增长率变化与零售银行不良贷款率之间并未发现显著相关关系。这可能是因为，零售贷款需求相对而言更具刚性，受经济景气影响较小。正如 Knotek 和 Khan（2011）的研究所显示的，外部冲击并非影响家庭支出决策的重要因素。与之相反，企业决策显著受到外部不确定性的影响。

（6）当期及滞后一期 *M*2 增长率变化值与总体不良贷款率及公司银行不良贷款率负相关，这一研究结论与黄立新和郑建明（2012）相同。表明货币政策通过信贷投放渠道的传导，影响了企业的偿债能力，继而影响贷款质量。而当期及滞后一期 *M*2 增长率变化值与零售银行不良贷款率正相关，可能是因为在银根紧缩的情况下，居民消费更为谨慎；而与银根宽松相伴的往往是资本市场的繁荣，此时在财富效应驱使下，居民消费的非理性成分较银根紧缩时大大增加，最终导致了不良贷款率上升。我们用标准差预测当期 *M*2 增长率变化导致公司银行不良贷款率及零售银行不良贷款率的变化（图 9－2，置信区间为 95%），鲜明地显示了公司不良贷款率和零售不良贷款率应对货币政策变化的反应差异。

9.3.3 模型检验及总结

为了评价回归结果和滞后阶的稳健性，我们分别对模型（9－1）、模型（9－2）、模型（9－3）的回归残差作扰动项自相关检验以及工具变量整体有效性的 Sargan 检验（Arellano and Bond，1991；Blundell and Bond，1998）。结果如表 9－7 所示。从检验结果来看，模型（9－1）、模型

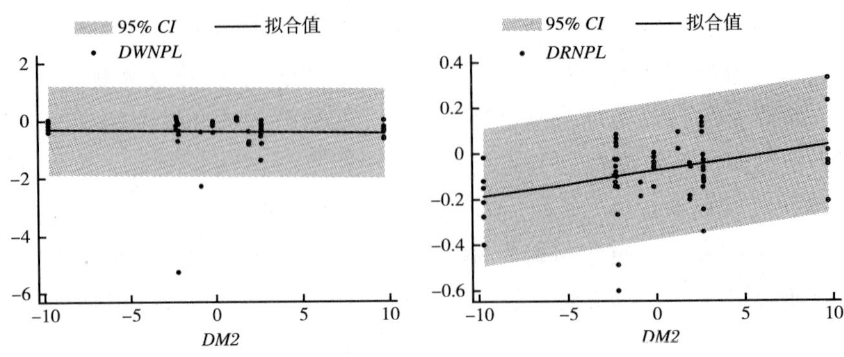

图 9-2 公司、零售不良贷款率对当期 *M2* 增长率变化的响应

(9-2)、模型(9-3)不存在自相关，工具变量整体上也是有效的。这表明滞后阶的选择具有稳健性，动态面板数据模型的设定是合适的。根据这一检验结果，可以认为本文运用广义矩估计的动态面板数据模型，基本上揭示了影响我国银行业整体不良贷款率、公司银行不良率、零售银行不良率的影响因素。

表 9-7 模型(9-1)、模型(9-2)、模型(9-3)稳健性检验结果

			模型(9-1)	模型(9-2)	模型(9-3)
扰动项自相关检验(Arellano-Bond test)	Order 1	z	-1.581	-1.7392	-1.7751
		Prob > z	0.1139	0.0820	0.0759
	Order 2	z	0.6023	-0.00075	-0.91739
		Prob > z	0.5470	0.9994	0.3589
过度识别检验(Sargan test)	Sargan 统计量		24.55001	23.35309	28.02007
	Prob > chi2		0.2672	0.3254	0.1396

模型所涉各项假设检验结果如表 9-8 所示。从假设检验结果可知，公司银行及零售银行不良贷款率对宏观经济环境变化的反应方向存在差异。相对而言，零售银行的贷款质量不易受到宏观经济环境变化影响。银行特征与公司银行和零售银行贷款质量的关联也存在显著差异，表现为较低的成本收入比与较低的公司银行不良贷款率、较高的零售银行不良贷款率相关，银行规模与公司银行不良贷款率相关，但与零售银行不良贷款率之间并不存在关联。

表 9-8 假设检验结果

假设	模型(9-1)	模型(9-2)	模型(9-3)
	整体不良贷款率	公司银行不良贷款率	零售银行不良贷款率
GDP 增长率变化	-	-	N/A
*M*2 增长率变化	-	-	+
滞后一期 *M*2 增长率变化	-	-	+
"劣质管理"假设	支持	不支持	不支持
"克扣"假设	不支持	不支持	支持
多元化假设	不支持	不支持	不支持
"大而不倒"假设	支持	支持	不支持
"道德风险"假设	不支持	不支持	不支持

9.4 小结

纳入对宏观经济环境及微观银行管理的考量，有效防控不良贷款的滋长，阙其始终都是监管当局与银行管理层必须着力做好的重要工作。本章的实证研究结果显示，宏观经济环境变化对于银行贷款质量的影响具有不对称性——公司银行贷款对经济景气及银根松紧更为敏感，相对而言，零售银行贷款质量更为稳定；银行管理质量及产出的不同指标与不良贷款率变化之间的关联也因产品门类而有所差异。这无法不引起我们对笼统看待不良贷款率而加以监督及管理的警觉。由是，基于产品门类的差异化监督与管理势在必行。

于银行监管部门而言，应重视宏观经济环境变化对银行不良贷款的影响及其基于产品门类的不对称性，实施差异化监管政策，提升银行监管成效。不仅如此，鉴于成本收入比与不良贷款率变化的显著相关性，监管当局应重视提高商业银行的管理质量，鼓励商业银行引进优秀管理人才，强化知识专长来优化银行管理队伍，开展高端培训来提升管理人员素质。此外，还须继续推动银行业的市场化改革，将国有银行打造成真正意义上的市场化经营主体。

而对于银行管理层，首先，应密切关注宏观经济环境变化，适时调整经营策略，特别在经济下行时期，要积极采取风险防范措施，支持具有潜在市场前景的公司贷款项目；与此同时，立足本行实际，适时适度调整不同产品条线的资源配置，在确保贷款质量的同时，实现规模的稳定增长。其次，实行不同条线贷款质量的差异化管理，对于公司银行贷款，应加大对贷款管理诸环节有关人员的培训力度，提高信贷管理人员素质；而对于零售银行贷款，则应着力转变贷款管理模式，通过数据挖掘，建立适合本国国情的信用评分体系，降低人工成本，提高贷款管理效率。

应当指出的是，尽管我们分析了不同类别不良贷款率的影响因素，但公司银行贷款与零售银行贷款按照不同的标准还可以作进一步细分。例如，Weller（2009）将零售银行贷款依其功能划分为两类：投资需求与预防需求，并指出不同需求类别与不同的风险特征相关联。囿于相关数据匮缺，我们无法对进一步细分的贷款分类就其不良贷款率影响因素进行深入分析，但这无疑是值得我们关注的一个研究方向。

10

利益相关者治理与银行业的社会责任

实现一种既通过经济效率又通过经济活动的社会可承受性而得到证实的和谐，已成为当今世界各国所追求的目标。银行业作为资金融通的枢纽，其策略导向在重新塑造商业活动与环境保护并行不悖的商业生态模式中发挥着举足轻重的作用，这就要求银行必须善尽社会责任，即在有能力选择及知情的情况下，在追求利润与创造财富的同时，对保护环境及促进经济可持续发展善尽道德及法律的责任。

从银行作为微观经营主体的角度来看，有投资回报是管理者的行事准则（Collins and Porras，1994）。然而，承担社会责任有回报吗？从长期来看，银行承担社会责任有助于提高顾客满意度、提升品牌价值、增加收益（Hodgson，2005；McDonald and Rundle-Thiele，2008）。但现有实证研究结果却表明，在一定时期内，承担社会责任与否对共同基金的绩效并无影响（Bauer et al.，2002；Bello，2005；Guerard，1997a，1997b；Hamilton et al.，1993），甚至降低了绩效（Geczy et al.，2003；Kurtz，1997；McWilliams and Siegel，1997），以多米尼400社会责任指数为标杆也并不一定能改善绩效（Statman，2000），银行恪守赤道原则（Equator Principles）还需承担额外的成本，导致财务绩效下降，因而遵守社会责任于银行而言可能更多的是一种信号行为（Scholtens and Dam，2007）。既然如此，怎样才能促使银行业履行社会责任呢？意大利、尼日利亚等国银行业的实践表明，外部管理与内部管制于强化银行社会责任而言均很重要，多元利益相关者参与可改进公司治理，促使银行业善尽其社会责任（Zappi，2007；Achua，2008）。

10.1 利益相关者参与商业银行公司治理的必要性

银行公司治理结构的基本原则与治理框架具有一般企业治理结构的共性，其主要目的均为消除股东与公司之间的信息不对称，强化董事会的功能，对经理层进行监督、激励与约束，以实现决策的科学化（李维安、曹廷求，2003）。但是作为金融企业，商业银行公司治理结构具有很大的特殊性。Ciancanelli 和 Reyes-Gonzalez（2000）指出，研究一般企业所使用的标准代理模型并不适用于银行，因为“商业银行公司治理目标不仅在于保护投资者的利益，而且在于减少市场系统风险和保持金融体系的稳定”；“有效的公司治理是获得和维持公众对银行体系信任和信心的基础，这是银行业乃至整个经济体系稳健运行的关键所在”。商业银行在合约、产品和资本结构等方面所表现出来的特殊性对银行治理机制产生了深远的影响。具体而言，银行公司治理的特殊性主要表现在如下几个方面。

其一，银行业信息不对称程度较高（Furfine，2001；Levine，2003；Nam，2004）。由于信息的流通和金融产品的非专有性，银行委托—代理关系的复杂性，银行资产（主要是贷款）交易的非市场化和非标准化导致了银行资产交易的非透明性——如人们无法立刻知道贷款质量的信息，商业银行也能够很快地改变其资产的风险构成来掩藏问题等。这种非透明性既使股东对经营层的监督变得非常困难，同时也弱化了产品市场和资本市场上的控制权竞争机制对内部经理层的压力，因而商业银行来自产品市场的约束机制并不能起到外部治理机制的基础性作用（潘敏，2006）。

其二，强有力的监管会限制市场力量和股权约束对银行的作用。由于银行提供特殊产品（货币），一旦出现挤兑或其他危机，将形成“多米诺骨牌效应”，危及其他银行、存款人和债权人利益，甚至引发系统性金融危机。银行监管可能追求金融业的稳定或其他政府目标，政府往往会限制所有权的集中并控制谁能拥有银行，从而阻碍了公司所有权竞争，且在银行业务及利益等方面的约束也限制了外部竞争作为银行公司治理机制的重要作用。鉴于银行出现风险甚至倒闭具有极强的传染效应，各国政府一般都建立了金融安全网对银行进行保护，金融安全网的存在一定程度上削弱了对银行的市场约束，从而进一步凸显银行内部治理的重要性。Caprio 和 Levine（2002）、Levine（2003）以及 Nam（2004）的研究表明，当政府过分介入商业银行的经营管理活动时，商业银行公司治理结构就要发生改变。

其三，商业银行资本结构的特殊性进一步弱化了外部债权监督。银行自有资本金所占的比重很低（按照巴塞尔协议的规定，商业银行资本金充足率为8%即可满足要求），从而使得银行的所有者具有投资于高风险活动的动机，从而侵害了只得到固定回报的存款人的利益（Macey and O'Hara，2003）。加之众多的分散的存款人既没有激励（动力）也没有能力复查搜寻信息或干预银行管理，银行治理结构中债权约束作用微乎其微（Dewatripoint and Tirole，1994），所以，缺少一个公司治理的银行外部债权的专家式监督是商业银行治理结构特殊性的重要方面。

由此可见，银行公司治理的特殊性决定了债权约束和产品市场约束不能起到外部治理机构的基础性作用，不利于形成对银行业是否履行社会责任的监督机制。而银行作为微观经营主体对赢利的追求，决定了其在经营过程中难免会出现罔顾环境及生态效益、一味追求经济效益的行为，萨哈林2号油气项目即为明证。银行的市场性决定了银行所有权的实施必须依托于一个规范的市场机制，它要求银行不仅需要一套完善的内部治理机制，而且需要一系列通过证券市场、存贷款市场和经理人市场发挥作用的，由社会公众、社会监督力量及银行业自律组织等主体参与的外部市场治理机制（罗开位和连建辉，2004）。换言之，银行的公司治理应坚持“利益相关者共同治理”的原则，通过包括股东、职工、债权人、客户、供应商在内的利益相关者的共同参与形成有效的公司治理，改善原有委托—代理关系中的信息不对称问题，在对各利益相关者利益形成保护和有效激励的同时，促使银行在制定管理决策时更多地考虑利益相关者的利益，善尽社会责任。

10.2 利益相关者治理：内涵及结构

10.2.1 利益相关者治理的内涵

利益相关者是指“所有那些向企业贡献了专用性资产，以及作为既成结果已经处于风险投资状况的人或集团”（Blair，1995）。鉴于不同利益相关者群体的目标、选择及需求存在差异甚至相互矛盾，所以研究者通常将利益相关者划分为主要利益相关者和次要利益相关者（Clarkson，1995；Post et al.，2002；Waddock et al.，2002）。评价利益相关者影响的三个关键变量是权力、合法性和问题的紧迫性（Mitchell et al.，1997）。

在公司治理理论框架下，利益相关者理论有着规范性（伦理/道德）和工具性（利润/增加财富）两种含义（Donaldson and Preston，1995；Jones，1995；Jones and Wicks，1999）。其中，规范性含义源于19世纪后半叶提出的社会单位（Social Entity）理念。这一理念将公司视为通过政治和法律途径组成的公共联合组织，是肩负公共义务、追求集体目标的社会单位（Gamble and Kelly，2001）。在人权和伦理基本价值这一指导框架下，“公司价值不在于是否创造了个人财富，而在于其是否尊重个人尊严，提高整体福利，帮助社会获得更强的社团意识感”（Sullivan and Conlon，1997）。工具性的利益相关者理论则与公司治理的多元主义模型相关（Letza et al.，2004）。一如社会单位理论，多元主义模型也认为公司应当服务于利益相关者的多重利益而非股东利益。但它将利益相关者价值视为一种提高效率、赢利能力、竞争力和经济绩效的有效手段。因而，作为提高公司效率的一种途径，做出专用性投资及贡献，并承担风险的利益相关者应参与公司决策（Blair，1995；Kelly and Parkinson，1998）。

利益相关者理论视角的差异，使得目前学术界对利益相关者治理的主要观点分化为利益相关者共同治理观与关键利益相关者治理观。顾名思义，利益相关者共同治理观认为企业的全体利益相关者都应该参与公司治理（Alkhafaji，1989；Blair，1995，1996；Kelly and Gamble，1997；李维安，2001）。显然，这种以“利益相关者全体”为基础的治理结构和机制不但会因控制权分散而导致决策拖沓、不同意见僵持的局面，严重影响公司的运作效率，而且还会出现企业公共化的危险，使之陷入谁也不能真正发挥治理作用的困境，正所谓全员责任等于无责任（Hansnan，1996；伊丹，2000）。关键利益相关者治理观也主张协作治理，但更强调参与治理的基础在于关键利益，因此也只有那些关键利益相关者——为企业存续提供不可替代资源的股东和承担企业经营重大风险的核心员工（包括内部晋升的经理人）才能够参与公司治理（伊丹，2000；王辉，2005）。关键利益相关者治理观在制度有效性方面避免了利益相关者共同治理观所主张的全员参与治理模式容易引起的混乱，但由于缺乏严密的逻辑演绎论证，加之对资源的界定和理解存在诸多争论，因而在总体上还只能算一种“理论假说”。

无论持规范性观点抑或工具性观点，利益相关者参与治理均已成为公司治理的题中之义，这一点无论是在理论上还是实践中均获得了广泛的认同。例如，Tirole（2001）就将公司治理界定为“引导或促使管理者将利益相关者福利内部化的制度设计”，明确提出要将外部性内部化，以取代传统的公司治理框架。从公司治理的角度看，这一方面要求公司具有一个更加广泛的管理目标——最大化各种利益相关者团体的总体福利；另一方面则意味着利益相关者团体应该分享控制权。作为对传统的股东主权治理和经理主导型治理的重大修正，利益相关者治理体现了企业治理模式从一元激励到多元激励的转变，反映了企业是一个作为各个参与者共同创造价值的契约连接体，强调了各个利益相关者对企业的共同治理，更有利于调动各方利益相关者的积极性（杨瑞龙、周业安，1998）。

10.2.2 利益相关者治理的结构

在实践中，将未投资利益相关者（Non-investing Stakeholder）的利益嵌入公司治理无疑是一项极具挑战性的工作，其主要困难在于企业社会责任和管理层受委托责任的法律观点似乎并不兼容。后者清晰地指出，管理人员必须服务于公司及其股东的利益。Friedman（1970）主张的“企业的社会责任就是增加利润”正是这一观点的最佳诠释。因而尽管 Tirole（2001）提出“利益相关者社会（Stakeholder Society）”这一概念，但他也不得不承认，迄今为止尚无贯彻这一概念的一整套治理机制。近期对利益相关者治理的研究也只是将公司治理与社会及环境责任相联系，极少有研究分析如何将不同利益相关者的利益整合融入企业的决策与管理过程（Ricart et al.，2005；Wieland，2005）。

从国外银行业的实践来看，利益相关者治理的内容包括良好的公司治理（保护股东利益）、坚实的利益相关者关系（保护员工和当地社区等其他利益相关者利益）以及环境效率（保护环境利益相关者的利益）（Zappi，2007）。利益相关者对公司控制权的参与要求一个多元董事会控制架构（Multi-board Control Architecture）（Turnbull，1997）。从组织理论的角度来看，适当的架构取决于诸如技术、规模、环境变化、战略、利益团体、文化等因素（Otley，1988）。具体到利益相关者的治理架构，Ayuso 等人（2007）认为可从三个方面进行考察。

1. 董事会层面的社会责任职能

这一问题与公司治理中的一个关键议题——董事会结构相关。所谓董事会结构，是指董事会所设委员会类型和人数、委员会成员资格、委员会之间的信息流等组织构面（Zahra and Pearce，1989）。正如代理理论的研究证明薪酬及人事委员会、审计委员会、股东关系委员会有助于保护股东权益（Demsetz and Lehn，1985；Jensen and Meckling，1976），有证据表明，因特定目的而设置的委员会对解决相关问题大有助益。例如，Wallace 和 Cravens（1993）发现设立了提名委员会的美国大型上市公司，相对于未设立该委员会的公司更具市场优势和绩效优势。Ricart 等人（2005）亦指出，调整董事会结构，使之适应可持续发展的要求，是更好地确保公司可持续战略（包括妥善处理与各类利益相关者的关系）形成及执行质量和深度的基本要求。Ayuso 等人（2007）则检验了考虑多元利益相关者利益、将社会责任或可持续发展议题融入董事会架构对公司绩效的影响，发现董事会层面清晰明确的社会责任职能可促进利益相关者更多地参与公司治理。

2. 董事会多样性

在公司治理框架内，多样性这一概念与董事会的组成及董事会各成员与董事会程序及决策相关的属性、特征和专长相关，可表现为董事间年龄、性别、民族、文化、宗教信仰、地区、专业背景、知识、技能、专长、商业及产业经历、履历的差异（Milliken and Martins，1996；Van der Walt and Ingley，2003）。无论从规范性还是从工具性的利益相关者理论出发，从伦理判断的角度来看，利益相关者利益代表应当有公平表达其诉求的方式，公司有责任在其董事会中反映利益诉求的多样性。而且，根据资源信赖理论，董事会人口统计特征的多样性增加了组织的外部资源通路，有利于公司与不同的利益相关者集团（员工、供应商、顾客等）建立关系，有助于更深刻地理解市场、促进创新，以及更有效地解决问题，实现更高效的公司领导和关系管理（Carter et al.，2003；Van der Walt and Ingley，2003）。例如，研究表明，女性对社会责任问题更为敏感，女性董事的加入更益于组织或机构履行社会责任（Ibrahim and Angelidis，1994）；员工代表加入监事会提高了公司效率和市场价值（Fauver and Fuerst，2006）。此外，多样性管理业已成为公司社会责任的重要指标，并运用在诸如 KLD Indexes、FTSE4Good Index 等社会责任评级体系中。

3. 利益相关者参与

根据 Hill 和 Jones（1992）提出的“利益相关者—代理理论（Stakeholder-agency Theory）”，认为管理层应作为利益相关者（相关“委托人”）的代理而作为。由于利益相关者对公司社会责任的期望并非一成不变，为了获得与利益相关者期望相关的准确信息，公司必须制订理解利益相关者需求和关注的策略，在公司和利益相关者之间建立双向对话机制（Grunig and Hunt，1984）。O'Sullivan（2000）亦强调了建立能够持续创新并确保利益相关者参与的组织的重要性。Ricart 等人（2005）指出，可持续名列前茅的公司，在很大程度上得益于引入利益相关者管理机制。在营销领域，Miles 等人（2006）发现，通过战略对话机制，明确地将利益相关者纳入公司社会责任战略制定流程，将会提升公司社会责任战略质量。

10.3　利益相关者治理与善尽社会责任：一个委托—代理框架下的考察

企业社会责任最初被界定为无须政府过度干预，经营性组织即履行其所有义务的自愿性社会控制机制（Frederick，1994）。Hopkins（2004）指出："企业社会责任与道德或以一种负责任的方式对待利益相关者。"在 PRODERE Programme（1997）设计的银行业发展和履行企业社会责任的步骤中，就提出：①识别不同的利益相关集群体；②分析不同利益相关者的期望；③设计满足利益相关者期望的产品和策略；④将策略融入银行的整体发展战略；⑤持续评估社会体系和社会需求的变化。Zappi（2005）甚至将企业社会责任定义为多元利益相关者导向的战略企业管理，并认为它与银行的全球战略相关，而非传统功能之外附加的活动。作为一种在公司治理架构中纳入对利益相关者利益考量的制度安排，利益相关者治理能促使公司善尽社会责任吗？Riyanto 和 Toolsema（2007）在 Burkart 等人（1998）、Aglion 和 Tirole（1997）的基础上，对这一问题进行了探讨。鉴于利益相关者治理的实质是构造契约以保护无控制权的利益相关者的利益（Rey and Tirole，1999），假设公司拥有一大（群）股东 S，由经理 M 管理，A 为代表利益相关者的社会积极分子。每一参与者均为风险中立并以最大化其期望回报（payoff）或效用为目标。以 $j\in\{M, S, A\}$ 表示参与者 j 的支付函数，$k\in\{M, S, A\}$ 表示当 k 偏好的项目被执行时 j 的支付函数。有 $N+1$ 个项目，表示为 $i=0, 1, \cdots, N$，$N\geq5$，对每一参与者而言，执行一个随机选择的项目 $i\in\{1, \cdots, N\}$ 产生负的期望回报（例如，一个项目给予每一参与者 $-\infty$ 的回报）。其中有 4 个特别项目：项目 $i=0$ 对 M、S 及 A 的支付为 0，可解释为“现状”（status quo）项目。其他三个项目分别给予 M、S 及 A 相应最高的支付。设 i_j 为参与者 j 的偏好项目，假设三个参与者偏好不同的项目，即他们之间存在利益冲突。经理 M 在执行项目 i_M 时获得个人最高收益 $B^M>0$，执行项目 i_j 时获 B^j，$0<B^j<B^M$，$j=S$，A。股东 S 在执行项目 i_S 时获得最高收益 $\Pi^s>0$，$0<\Pi^j<\Pi^s$（Π^j 为执行项目 i_j 时股东获得的价值），$j=M$，A；项目 i_M 和 i_S 均会对利益相关者造成负外部性。既然积极分子代表了这些利益相关者，我们可将负外部性解释为积极分子 A 的支付。负外部性最高值（即最小的负数）的 i_A 项目赋值 $-\Omega^A$，执行项目 i_j 时，$-\Omega^j<-\Omega^A$，$j=M$，S。简化起见，假定 $\Omega^A=0$，此时现状项目与项目 i_A 对积极分子而言并无不同，故其不会对执行现状项目施加压力。然而，经理和股东却不会对此置之不理。正如下面将阐明的，如果最初执行的是项目 i_M 或 i_S，积极分子绝不会认为引导股东改变至现状项目是一个优选，而会愿意引导股东转变至项目 i_A。我们将这一项目界定为积极分子 A 的偏好项目（最初未执行现状项目的状态下）。考虑到股东可能是利他主义者或履行社会责任，即他会在一定程度上关心积极分子的支付。在模型中，我们将项目的负外部性以股东支付或效用的形式来表示。因而，股东从项目 i_j（$j=M$，S）获得的支付表示为 $\Pi^j-\gamma_S\Omega^j$，γ_S（$\geqslant 0$）表示 S 关于 A 的支付的程度，即 S 的社会责任。我们暂时假定 γ_S 为外生参数，假定 $\Pi^j-\gamma_S\Omega^j>0$，$j=M$，S。同理，引入参数 γ_M 描述 M 的社会责任程度。相关项目的支付如表 10－1 所示。

表 10－1　三个参与者偏好项目的支付

对参与者的支付	项目支付			
	0	i_M	i_S	i_A
M	0	B^M	B^S	B^A
S	0	$\Pi^M-\gamma_S\Omega^M$	$\Pi^S-\gamma_S\Omega^S$	Π^A
A	0	$-\Omega^M$	$-\Omega^S$	0

模型时序如下：$t=1$，M 和 S 同时施力 $e_j\in[0,1]$，以 $e_j^2/2$ 的成本搜寻信息，M 获得全部信息（即所有项目对所有参与者的支付）的概率是 e_M。如果 M 获得这些信息，则 S 获得同样信息的概率为 e_S。同理，若 M 未获信息，则 S 亦然。$t=2$，M 宣布他想执行的项目。$t=3$，S 可能否决 M 的决策（假定否决无成本），并宣布执行另一个项目。$t=4$，选定的项目被执行。

$t=5$，积极分子可能向企业施加压力。$t=6$，股东可能决定退让于压力。由于本章关注的是利益相关者参与对委托—代理关系的影响，故此处详细讨论最后两个阶段。

我们假定在 $t=5$，积极分子 A 出现的概率为 p，$0<p<1$。或者，也可以认为，A 始终存在，但因专注于其他事务（其概率为 $1-p$）而无暇或无精力向公司施加压力。因而，我们假定负外部性存在而 A 施加压力的概率为 p。在对执行的项目进行观察后，A 可能向公司施加压力，例如损坏公司的声誉，或组织联合抵制或/和罢工以减少项目未来赢利，当且仅当 S 中止项目，转而执行 A 偏好的项目时方允诺恢复公司的声誉。即，假定在 $t=4$ 时，项目 $i\neq i_A$ 被执行。假定 A 可向公司施加压力，以 c_A（λ）的成本使股东利润以 $1-\lambda$（$0<\lambda\leqslant1$）的比例减少，c_A（0）$=0$ 且 $c'_A>0$。假定 S 未获信息，A 可揭露信息。此处 λ 可解释为压力程度。

在 $t=6$，S 可能屈服于 A 的压力，指示 M 中止最初执行的项目（$t=4$），转而执行 A 偏好的项目。由此产生成本 $C_j\geqslant0$，$j=M$，S。假定该成本独立于最初被执行的项目，$C_S<\Pi^A$。最后，$t=7$ 获得支付。

为了集中于三个最受偏好的项目 i_j，$j\in\{M, S, A\}$，我们提出如下假设，令 $-\Omega^{-A}$ 表示 A 从除项目 i_A 外的其他项目 $i\in\{1, \cdots, N\}$ 获得的支付。

假设 1：$\max\{-\Omega^{-A}\}+c_A$（1）$\leqslant0$。这一条件表明 A 从项目 i_A（或 $i=0$）获得的最高可能支付，至少是 c_A（1）大于其从次优项目获得的支付。c_A（1）反映压力的可能最高成本，即 $\lambda=1$。这一假设意味着无论 $t=3$ 执行什么项目，如果 A 想施加压力并说服 S 另择项目，该项目一定是 i_A。

假设 2：①当考虑到有可能被 A 否决时，M 从项目 i_M 所获的期望支付，即（$1-p$）B^M+p（B^A-C_M），超过 M 从任何其他项目（$i\neq i_M$）获得的期望支付。②当考虑到有可能被 A 否决时，S 从项目 i_S 所获的期望支付，即（$1-p$）（$\Pi^S-\gamma_S\Omega^S$）$+p$（Π^A-C_S），超过 S 从任何其他项目（$i\neq i_S$）获得的期望支付。

假设 3：积极分子 A 有足够的初始财富，使之得以对模型均衡施加压力。

我们运用逆向归纳法对模型求解。$t=6$，如果积极分子已施加压力，股东必须决定是否妥协。当且仅当妥协的支付和承担的相关成本超过了无视压力坚持执行项目 j 的支付时，股东才会屈服于压力。

条件1：当且仅当（$\Pi^A - C_S$）≥（$1-\lambda$）（$\Pi^j - \gamma_S \Omega^j$），或等价于 $\lambda \geq 1 -$（$\Pi^A - C_S$）/（$\Pi^j - \gamma_S \Omega^j$）$\equiv a_1^j$，股东屈服于积极分子对项目 j 的压力。

我们注意到，由于 $\lambda \in (0, 1]$，这一条件要求 $\Pi^A - C_S > 0$ 且 $\Pi^j - \gamma_S \Omega^j > 0$。我们假定股东妥协的成本 C_S 低于 Π^A，以避免股东从不妥协的局面。同时，我们假定即使考虑了社会责任效应之后，股东从其最偏好的项目所获支付仍足够大。换言之，在某些情况下，股东仍然认为从事其所最为偏好的项目是具有吸引力的。

在 $t=5$，当且仅当项目 i_A 的支付减去施加压力的成本超过执行项目 i_j 的支付时，积极分子（如果存在）会想向公司施加压力 λ。

条件2：根据条件1，当且仅当 $-c_A(\lambda) > -\Omega^j$，或等价于 $\lambda < c_A^{-1}(\Omega^j) \equiv a_2^j$，积极分子将向项目 j 施加压力。

注意这一条件在 $j=0$ 时不成立，因为 $\Omega^0 = 0$ 且 $c_A^{-1}(0) = 0$，故积极分子不须抗议现状。显然，积极分子仅在施加压力的确能引导股东妥协的情况下施加压力。采用逆向归纳法，这意味着当且仅当条件1和条件2均被满足时，A 的偏好项目将在 $t=6$ 被执行，这要求 $a_2^j > a_1^j$。

引理：积极分子施加的最合适压力是 $\lambda^{j*} = a_1^j = 1 -$（$\Pi^A - C_S$）/（$\Pi^j - \gamma_S \Omega^j$）$\in (0, 1]$。

证明：引理直接遵循采用 $c'_A(\lambda) > 0$。

$t=4$ 时，“选定的项目被执行”，这是纯粹由公司执行的行为，不涉及决策过程，没有积极分子A参与的空间。

$t=3$，股东必须决定是否否决经理的决策。注意，一般来讲，由于某些参数值的存在，对 S 来讲，执行一个不同于 i_S 的项目可能是一个优选。例如，如果 S 知道 A 将成功地对 i_S 而非 i_M 施加压力，如果（$1-p$）（$\Pi^S - \gamma_S \Omega^S$）$+p$（$\Pi^A - C_S$）<（$\Pi^M - \gamma_S \Omega^M$），则 S 将选择 i_M 而非 i_S。然而，为了使分析更具趣味且易于控制，我们关注少数极端情况，即每一参与者 j 持续拥有一个执行项目 i_j 的激励，而来自积极分子压力的威胁并不影响经理和股东的努力程度。这正是我们为什么提出以上假设2的原因。如前所述，只有经理获得信息，股东才能获得信息，且无论何时收到信息 M 均选择 i_M，如果没有收到信息，$i=0$（见下述）。如果股东未获得信息，他所能作的最优选择就是批准由经理选择的项目——无论是 $i=0$ 还是 i_M。后者对股东产生一个绝对正期望支付，而现状的支付为0，且随机选择其他项目产生的是

负的期望支付。如果股东获得信息，则其最优选择为否决 i_M 而执行 i_S。

$t=2$，经理须宣布一个项目。如果经理未获信息，其最优选择是宣布现状项目。如其获得信息，给定假设2，他会认为执行 i_M 为优选。期望支付取决于他被股东否决的概率，以及积极分子施加压力并成功地推行其偏好项目的概率。

$t=1$，经理和股东均须决定其努力水平。为了得出最优努力水平（及期望支付），我们根据如果 i_M 和 i_S 被执行，如果积极分子在场，是否被 i_A 取代的情况，区分四种普遍情境。为便于说明，每一种情境我们关注内解，忽略角解，得出均衡努力水平的表达式。四种情境是：情境Ⅰ：i_M 和 i_S 均被取代；情境Ⅱ：仅 i_M 被取代；情境Ⅲ：仅 i_S 被取代；情境Ⅳ：无来自积极分子的压力。

此处仅讨论情境Ⅰ的最优努力水平。注意情境Ⅳ相当于没有积极分子，即 $p=0$。考虑情境Ⅰ，即假定对项目 $j=M$，S，$a_2^j>a_1^j$。则如果积极分子在场，且 i_M 或 i_S 在 $t=4$ 被执行，积极分子为谋均衡而将施加压力，施加的压力水平是 $\lambda^{Ij*}=a_1^j=1-(\Pi^A-C_S)/(\Pi^j-\gamma_S\Omega^j)$，此处使用上标Ⅰ表示情境Ⅰ。经理从执行项目 i_j 所获得的期望支付为 $(1-p)B^j+p(B^A-C_M)$，股东的期望支付是 $(1-p)(\Pi^j-\gamma_S\Omega^j)+p(\Pi^A-C_S)$，$j=M$，$S$。根据这一信息，经理的期望支付或效用可表述为：$U_M^I=e_Me_S[(1-p)B^S+p(B^A-C_M)]+e_M(1-e_S)[(1-p)B^M+p(B^A-C_M)]-e_M^2/2$。

股东的期望支付或效用可表述为：

$$\begin{aligned}U_S^I &= e_Me_S[(1-p)(\Pi^S-\gamma_S\Omega^S)+p(\Pi^A-C_S)]+\\&\quad e_M(1-e_S)[(1-p)(\Pi^M-\gamma_S\Omega^M)+p(\Pi^A-C_S)]-e_S^2/2\end{aligned}$$

上述期望支付建构如下：在 e_Me_S 概率下，经理和股东均获得信息，股东将否决经理的项目决策并要求经理执行 i_S。在 $e_M(1-e_S)$ 概率下，只有经理获得信息，因而股东的最优选择是让经理执行 i_M。最后，在 $(1-e_M)(1-e_S)$ 概率下，经理和股东均未获得信息，现状项目将被执行，对二者产生的支付为0。

$t=1$，经理股东同时按照其相应的努力水平（即 e_M 和 e_S）最大化其期望支付，可得均衡努力水平：

$$e_M^{I*}=\frac{(1-p)B^M+p(B^A-C_M)}{1-(1-p)^2[B^S-B^M]X},\quad e_S^{I*}=\frac{[(1-p)B^M+p(B^A-C_M)](1-p)X}{1-(1-p)^2[B^S-B^M]X}$$

$$X = \Pi^S - \gamma_S\Omega^S - (\Pi^M - \gamma_S\Omega^M)$$

为了诠释利益相关者参与公司治理如何促进公司履行社会责任，此处我们考虑几种企业社会责任的解释与形式，以及利益相关者参与的公司治理结构如何滋生社会责任。我们采用广义的社会责任，既包括外在的社会责任行为，如切实执行积极分子偏好的项目——无论是决策伊始为避免压力或是在后续阶段回应积极分子的压力。或者，更为显明的是，例如，利他主义引导一个有社会责任感的股东减少项目的期望负外部性。我们考虑不同形式的企业社会责任，包括社会责任感股东的利他主义和“公司伪善”（即社情淡漠的股东并不如其作为那样关心负外部性）两种情形。

第一种情况，公司履行社会责任的最直接方式便是股东切实执行积极分子偏好项目 i_A。若假设 2 不成立，则经理或股东的最优选择是从一开始就执行 i_A（分别为 $t=2$ 或 $t=3$）。尽管现实中上述情境真的存在，但从建模的视角来看并不具说服力，故我们在分析中忽略这一可能。但是，我们允许存在 $t=6$ 股东妥协于积极分子的压力并于此后执行 i_A。因而，根据以上解释，上述分析表明由于某些参数值的存在，对企业而言，最优的选择是承担起社会责任。

第二种情况，将社会责任视为旨在削弱即将执行项目负外部性的行动或努力。这包括股东本人觉得应负起社会责任，否则他自己也会因负外部性而遭受损失。模型中解释为股东 $\gamma_S>0$。此处我们讨论两种情形：其一，股东有社会责任感 $\gamma_S>0$；其二，股东根本不关心负外部性，即 $\gamma_S=0$。在所有的情境下比较努力水平与最优努力水平显然是一项笨重的工作，标志往往是模糊的。但是，我们相信，研究经理和股东的努力水平及其在两种情况下（$\gamma_S>0$ 和 $\gamma_S=0$）的互动无疑是有意义的。唯其如此，方能评估股东社会责任对代理问题，即股东和管理者互动的可能影响。

情境Ⅰ，经理和股东的最佳反应函数如下：

$$e_M^* = e_S^*(1-p)(B^S - B^M) + (1-p)B^M + p(B^A - C_M)$$
$$e_S^* = e_M^*(1-p)[(\Pi^S - \Pi^M) - \gamma_S(\Omega^S - \Omega^M)]$$

由于 $B^S<B^M$，显然 e_M 随着 e_S 的增加而下降，这正是股东监视经理努力的逆向作用。然而，e_M 增加对 e_S 的影响却是模糊不清的，它取决于 $\gamma_S(\Omega^S-\Omega^M)$ 的信号和规模。如果股东根本不关心负外部性（$\gamma_S=0$），其影响无疑是正向的。这是因为唯有经理获得信息，股东才能获得信息。如果经

理提高其努力水平，那么他获得信息的机会也会增加，从而使股东受益并促使其投入更多精力。积极分子施加压力概率 p 的增加，也只能直接影响 e_M（或 e_S），同时通过 e_S（或 e_M）的变化产生间接影响。因而，p 的变化对 e_S 和 e_M 的影响是模糊的。这一讨论适用于情境Ⅱ～Ⅳ。当 γ_S 增加时，我们从一个情境转换到另一个情境。如前所述，A 的偏好项目在当且仅当 $a_1^j=1-(\Pi^A-C_S)/(\Pi^j-\gamma_S\Omega^j)>a_2^j$，$j=M$，$S$时被执行。假定在情境Ⅳ两个项目并未被积极分子的偏好项目所取代。当股东变得更具社会责任感时（γ_S 增加），表达式左边增加。由于某些参数值，时序在 $a_1^M>a_2^M$ 和 $a_1^S<a_2^S$ 的情境Ⅱ结束，因而只有经理偏好项目被取代。同理，亦可在情境Ⅰ或Ⅲ结束。当我们比较特定情境下的两种情形，很容易检验出，有社会责任感的股东可增加或减少经理的努力程度，这取决于股东偏好项目和经理偏好项目施诸于积极分子或利益相关者的外部性的量级，即 Ω^S 和 Ω^M。股东本人的努力水平在两种情形下也有差异。

通过模型对社会责任感股东和社情淡漠股东的比较，我们发现：①社会责任感股东的努力水平低于社情淡漠股东；②如果 $\begin{cases}\Omega^S>\Omega^M & \text{Ⅰ或Ⅳ}\\ \Omega^S>(1-p)\Omega^M & \text{Ⅱ}\\ (1-p)\Omega^S>\Omega^M & \text{Ⅲ}\end{cases}$，则在股东有社会责任感的情形下，经理的努力水平要高于股东社情淡漠的情形。

这一结果的意涵为，当结果中的条件被满足时，项目 i_S（相对 i_M）对有社会责任感的股东来讲（相对于社情淡漠股东）不具吸引力。在这种情况下，社会责任感股东对监视和否决经理的激励较弱，从而强化经理的努力激励。如果条件不成立，则项目 i_S（相对 i_M）对有社会责任感的股东来讲（相对于社情淡漠股东）更具吸引力，从而增加了股东监视经理的激励继而弱化了经理的努力。总而言之，有社会责任感的股东将会调整其努力水平，赞成并促使执行具有较弱外部性的项目。这一结果在情境Ⅳ积极分子缺席的情况下也能成立。Riyanto 和 Toolsema（2007）还发现，社情淡漠的股东有“模仿”社会责任感股东，并假装其关心施诸于积极分子所代表的利益相关者的负外部性的倾向。在现实中，股东即便内在并不关心利益相关者，他也可能表现得具有社会责任感。例如，通过在公司章程中明确声明股东关注负外部性并会采取相应行动，股东迫于积极分子或公众的威力将表现得乐于承担社会责任。综上所述，可知利益相关者代表——积极分子对公司治理的介入及董事会层面企业社会责任职能的设置有助于促进公司履行社会责任。

10.4 实施利益相关者治理促使我国银行业履行社会责任：方案及制度安排

在我国，社会责任问题已经引起了一些商业银行的重视。例如，中国工商银行、中国建设银行、中国银行、交通银行、招商银行、上海浦东发展银行等陆续发布了社会责任报告；我国银行监管部门也开始强调利益相关者参与银行公司治理以督促其履行社会责任的必要性和重要性。然而，从公司治理的角度来看，目前我国商业银行公司治理结构设计体现了明显的“股东至上”色彩，就其具体结构而言，我国采取的是平行双层治理结构模式，即董事会与监事会分权并存、相互制衡，以便更好地保证股东利益最大化。这种股东单边治理的结构始终在只体现个别利益相关者利益的角度上求解，债权人与商业银行之间的借贷关系、顾客与银行之间的交易关系、雇员与银行间的雇佣关系等均未纳入银行治理的制度安排之中，从而可能导致对部分利益相关者的负外部性（Rey and Tirole，1999），以致我国商业银行履行社会责任行为呈现功利性强、责任意识淡薄、缺乏系统性等特点。因而，扬弃“股东至上主义”的逻辑，遵循既符合我国国情又顺应世界趋势的利益相关者治理逻辑，优化商业银行公司治理结构已成为当务之急。相对于发达国家，我国转轨时期商业银行的形成和发展有其特定的演进逻辑，诸如产权制度改革有待深化、市场体系建设还不完善、政府职能转换还不到位、社会信用环境还不令人满意、经济主体理性程度有待提高等方面的客观现实，决定了商业银行治理改革的艰巨性、长期性与复杂性。为此，有必要借鉴而不是照搬其他国家银行公司治理的经验，结合我国经济和金融体制现实作出选择。

10.4.1 “参与 + 对话”机制：关键利益相关者参与内部治理，与全体利益相关者保持对话

实施利益相关者治理，首先要解决的问题是：究竟是利益相关者共同治理还是关键利益相关者治理？利益相关者治理意味着利益相关者在公司中至少扮演两个角色——决策者和高度承诺的利益相关者，这有可能导致利益冲突。例如，需要高水平的信任以防止利益相关者滥用从董事会获得信息的优势进行牟利（La Porta et al.，1997）。Noteboom（1999）则观察到，对控制

权的完全利益相关者参与，需要从制度上内嵌于企业社区、交易或所在行业，唯其如此，才能提升收益水平。从公司治理的角度来看，“剩余索取权应尽可能分配给企业中最重要的、最具有信息优势、最难以监督的成员”（张维迎，1999）。其他利益相关者，如小额储蓄者的参与方式可以通过监管力量来实现。

从与关键利益相关者治理相对的利益相关者共同治理的适用条件来看，我国银行业目前尚不完全具备实施利益相关者治理的条件，良好信用环境的欠缺削弱了利益相关者共同治理的可行性（Wright et al.，2003）。因而，我国商业银行在利益相关者治理的具体执行方案上，宜选用“参与 + 对话”——即关键利益相关者参与内部治理，与全体利益相关者进行对话的机制。关键利益相关者参与内部治理，主要体现在关键利益相关者代表通过监事会或董事会直接参与银行的经营决策与管理。例如，银行所提供的产品质量直接取决于银行员工的服务态度，并与员工的人力资本投资不可分割，应积极鼓励员工参与商业银行的治理：一是给予经营者与员工一定的剩余索取权，如员工持股计划（Employee Stock Ownership Plans，ESOP）；二是给予其一定的剩余控制权，让员工代表通过监事会直接参与银行的经营决策。利益相关者对话（Stakeholder Dialogue）的本质则是通过双向交流在公司与利益相关者之间建立互信和理解（Johnson-Cramer et al.，2003）。例如，荷兰银行（ABN AMRO）与全球范围内超过 10 家综合能源客户进行深度讨论，以确定相关的政策草案；荷兰合作银行（Rabo Bank）与绿色和平组织（Green Peace）、世界自然基金会（WWF）等非政府组织通过会话、咨询、会议、研讨会、网站、书面沟通等多种形式保持紧密接触。如此，既可摆脱利益相关者共同治理导致的企业公共化困境，又可避免关键利益相关者治理可能出现的忽视次要利益相关者利益继而无法平衡各方利益所导致的混乱。

尽管不同的银行因其基本战略导向、公司政策等的差异而采取不同的利益相关者治理方案，但从现有银行业的实践来看，“参与 + 对话”机制实施的前提仍然在于利益相关者的选择与识别。因此，可以参考以下步骤（Zappi，2007）：①以承担风险及对特定议题的影响力为依据，选择利益相关者。例如，讨论执行道德规范的方法时，银行可选择与员工和/或特定的员工利益团体进行商谈；讨论与环境相关的议题时，银行可邀请环保部门、当地环保组织及关注环境绩效的机构进行协商。②辨识可作为代表的人和组织，考虑代表了利益相关者的广泛利益，或具有表明其慎重程度及有效性的历史或关系方式。具备了这些前提，与银行进行对话的结果可有效地传至其代表的团体，继而有助于建立和培育银行声誉；深谙企业社会责任，并愿意参与到银行的对话过程之中；清楚地表现出其与银行建立建设性的中长期互动关系的倾向。结合我国银行业实际，纳入内部治理架构的关键利益相关者应包括：员工（银行业作为知识密集型的金融服务行业，员工人力资本投入关乎银行价值），主债权人（“资产负债率越高，债权人就越像股东，经营者与其主要债权人就越要依靠协商来解决问题”），经营者（“权力的中心”）。除此之外的供应商、消费者、社区、政府等利益相关者则不宜纳入内部治理，而应与之建立对话机制。理由在于：其一，即使供应商向银行投入了专用性资产，要保护他们的利益，并不需要派代表进入董事会或监事会，可通过非正式的安排，如定期信息交流来建立互信关系。如果供应商代表进入银行内部，供应商得到更多的银行信息，将降低银行与供应商的谈判能力。正如英国学者指出的：“对于英国的公司来说，如果它们的老供应商被安排在董事会，那么，当他们试图寻找最有可能合作的供应商时，就无优势可言。”其二，消费者人数众多，如何将其引入银行内部很难操作，可建立针对消费者的信息披露和双向交流平台等。其三，银行与社区的问题主要涉及环境保护、就业安置、基础设施建设、公益事业等方面，只要让社区能够有机会将它们的利益诉求反映给银行，银行在决策时注意维护社区利益即可。可考虑在董事会下设社会责任委员会，负责与社区代表进行交流与协调，维护银行与社区间的良好关系。政府也不宜越权干预银行内部治理，而应通过管制创造良好的外部环境，引导银行恪尽社会责任。

10.4.2 我国商业银行健全利益相关者治理的具体措施

1. 在董事会层面设立企业社会责任（CSR）职能

首先是机构设置，途径有二：其一，将社会责任明确地嵌入董事会下设机构及各成员的职责之中。比如，资产组合委员会监督银行管理层在做出重大投资决策和贷款决定时，考虑社会和环境风险，同时要充分认识和把握可持续发展领域中的金融创新商机，积极开发促进社会进步和环境保护的金融产品与服务，在具体银行业务中实现社会责任。再如，赋予监事会诉讼权、设立外部监事制度、整合独立董事制度与监事会的关系等方面，都有利于社会责任内化于商业银行自身的发展战略中；其二，新设机构，在董事会现有的资产负债管理委员会、审计委员会等主要的经营决策委员会外，增设社会责任委员会、社会贡献委员会和环保问题委员会等组织机构，负责监督社会责任履行情况和可持续发展政策实施情况，并且提出相关建议；成立由集团各部门管理层组成的社会责任执行小组，负责监督社会责任政策的实施、业绩评价和沟通，同时作为企业社会责任委员会的信息窗口；成立专门工作组负责处理特定国家或地区层面的社会责任事务，从而确保银行不违反社会规范、勇于承担社会责任，并力求为环境、自然和社会福利等做出贡献。其次是建立相应的董事会绩效考核体系，将银行社会绩效及董事会各机构及成员履行社会责任情况纳入考核指标，进行年度评价，并参考中立的外部市场机构的评价对绩效进行评定，从职责划分、考核、奖惩全过程对董事形成良好的激励约束机制。

2. 优化董事会结构，强化董事会的多样性

商业银行的董事会不仅要代表股东利益，也要切实地代表其他利益相关者的利益。为此，要重构原有的银行董事会，银行董事会应由签约各方的利益代表共同组成。银行董事会作为整个银行契约的代表，其本质是银行控制权的配置载体，是对银行进行真实的资产专用性投资的相关签约人之间合作控制的载体。强化董事会的多样性，就是在董事会中要有股东以外的利益相关者的代表，如员工代表、债权人（存款人）代表和非股东的财经专家等，且这些利益相关者在年龄、性别、教育背景、从业经历、民族、宗教等方面有所差异，要特别考虑女性在董事会中的占比，以提高董事会的独立性及其对管理层的监督能力（Carter et al.，2007），并较好地缓解因国有股权“虚位”而产生的“内部人控制”。从工具性的利益相关者观点来看，关键利益相关者加入董事会可增加 Hillman 和 Dalziel（2003）所称之“董事会资本”（Board Capital）——包括人力资本（专长、经验、知识、声望、技能）和关系资本（与战略相关组织的联系），从而更好地促进银行与利益相关者的互动，敦促银行切实履行社会责任。

我国 1993 年《公司法》参考的主要是大陆法系模式，采用双层制的结构，强调了包括股东大会、董事会、监事会和高级管理层在内的“三会一层”的公司治理架构；2005 年《公司法》修改时加入了独立董事等规定，是典型的英美法系制度。监管部门为有效发挥董事会的作用，在实践中又进一步提出董事会应当建立包括审计委员会、薪酬委员会等在内的各委员会。因此，实际上我国商业银行的公司治理结构既借鉴了大陆法系国家的模式，又借鉴了英美法系国家的成果，从而使得监事会与董事会在监督高管人员的

履职表现方面存在交叉现象。利益相关者董事的加入，实际上承担了监事会所应承担的“对国有独资商业银行的信贷资产质量、资产负债比例、国有资产保值增值等情况以及高级管理人员违反法律、行政法规或者章程的行为和损害银行利益的行为进行监督”（《中华人民共和国商业银行法》第十八条）的职能。因而，商业银行在董事会的多样性能够确保形成各利益主体间相互制衡格局后，已无须另外设置监事会，应考虑予以撤销，将现有的平行双层治理模式转变为单层治理模式。但独立董事应予保留，此时，独立董事的主要职责将转变为决策创新和协调董事会内部各利益相关者之间的矛盾，并非仅仅是监督控股股东以协调大小股东之间的关系。

3. 构建利益相关者对话机制，提高利益相关者参与程度

积极的利益相关者参与是利益相关者介入公司治理的条件和结果，其要点在于高效的利益相关者对话机制。商业银行应将利益相关者对话机制建成利益相关者按照一定民主程序、共同参与公司治理建设的机制和过程，对参与原则、参与主体、参与内容、参与者的行为规范等作出明确的规定。有效的战略对话机制的步骤及结果如表 10 - 2 所示。

表 10 - 2　有效的战略对话机制：步骤及结果

步　骤	结　果
1. 询问并理解高级管理层、股东及利益相关者的心理和关注问题	充分理解不同利益相关者偏好的策略意图
2. 在组织和利益相关者集团之间分享隐示知识	提升组织知识库，就公司历史、能力、绩效和未来建立共同理解
3. 将隐示知识转化为明示知识	公司知识库编码
4. 运用共享的明示知识，评估战略合理化流程中的计划战略及应急战略	对是否存在对公司历史、能力、绩效和未来的共同理解的现实检验
5. 战略形成	提升战略的竞争地位

资料来源：Miles, M. P., Munilla, L. S. and Darroch, J., “The Role of Strategic Conversations with Stakeholders in the Formation of Corporate Social Responsibility Strategy”, *Journal of Business Ethics* 69 (2006), 195 - 205。

可持续发展报告是促进银行与利益相关者间对话的一种有效形式（Jeucken, 2002）。定期地在财务报告之外单独发布可持续发展报告、企业社会责任报告等非财务报告，以反映企业在环境保护和社会责任方面的业绩及其对可持续发展的影响与贡献；并接受社会监督，与利益相关者和公众分

享银行在履行环境责任和社会责任方面的做法和经验。我国商业银行可将目前的社会责任报告内容拓展为涵括 G3 银行业环境绩效指标的可持续发展报告。具体指标包括：核心业务环境政策；核心业务环境风险评估；核心业务运用环境风险评估程序界限的声明；客户对银行环境监测评估中要求其执行条款的监测（不适用于资产管理项目）；提高员工对环境风险和机遇把握能力的途径；对核心业务进行环境管理系统审计的次数和频率；与客户、商业伙伴共同采取行动面对环境风险和机遇；集团中已经开始报告存在环境问题的分行的数目和所占百分比；积极、消极应对环境问题的资产所占比例（只适用于资产管理项目）；对环境投资问题的股东投票政策声明（只适用于资产管理）；被委托环境投资问题投票权的资产占比（只适用于资产管理）；环境类产品和服务总的价值；具体地区、部门环境类产品和服务的价值。在全球银行业排名第 25 位的荷兰合作银行，设立了一个员工代表组织——成员行员工委员会（the Group Staff Council of Members Banks），代表成员行的员工，与管理层讨论涉及地方成员行在合作中的相关问题；客户还组成了一个委员会，参与该银行在各分支银行的决策，包括并购之类重大事项的决策。

此外，公司治理要行之有效，银行还必须塑造超越合规经营的企业文化，制订行为规范（Thomsen，2001）。巴塞尔银行监管委员会的指导原则特别强调企业价值准则，许多大型跨国银行也都特别颁布了《行为准则》（Code of Conduct）作为公司治理文件的一个组成部分。例如，参照“赤道原则”建立项目融资行为准则。Zappi（2007）在总结意大利银行业相关经验的基础上，也指出利益相关者治理的设计实施取决于银行内部企业社会责任文化的成熟程度及银行已采取的方案（道德规范、社会责任基金等）。企业文化和职业伦理问题，也受到了监管部门的关注，如香港金融管理局特别发布《行为准则》指导性文件，督促本地认可机构建立良好的道德文化和道德准则。我国银行业在规范董事、高级经理和员工的行为规范，建立诚实、守信的企业文化和职业准则等方面还任重道远。

值得注意的是，目前大多数对利益相关者参与公司治理进行探讨的文献均以西方发达国家为背景。而西方发达国家制度的一个特色是市场导向，通过市场机制来解决公司内部的管理问题向来是西方学者的共识。但西方发达国家市场毕竟比较成熟、规模庞大、历史悠久，与我国市场发育程度较低有着相当大的差异。在通常情况下，一项规定的背后有一连串的体系背景或配套措施，而且这些背景或配套有时很难完整移植，或者移植后造成水土不服。Wright 等人（2003）在分析利益相关者治理的适用性时就指出，转型经济国家市场制度的不完善往往要求政府在平衡内部股东和优化公司治理中扮演一定的角色。例如，就银行员工参与公司治理的法规支持来讲，《中华人民共和国商业银行法》第十七条：“商业银行的组织形式、组织机构适用《中华人民共和国公司法》的规定”，而我国现行《公司法》规定国有独资公司董事会成员中应当有公司职工代表；董事会中的职工代表由公司职工民主选举产生。但其适用范围有限，只限于国有独资公司。为此，应修改公司法，将职工董事作为一项一般性规定，适用于所有的公司，并且要进一步完善职工董事的职权职责，使其能真正发挥作用。总之，正如 Shleifer 和 Vishny（1997）指出的，公司治理既是一个经济问题也是一个法律问题，甚至是资本社会化后，减少经理对投资者“剥削”的政治问题，因此，我们在探讨通过利益相关者参与治理来促使银行业善尽社会责任的相关措施时，应防止切割式的改革，避免徒有条文而无法落实，甚至脱离实际、妨碍效率的结果发生。

下　篇

金融安全的行为特征与网式保障

11

证券分析师利益冲突与投资者利益

近年来，证券分析师利益冲突问题引起了媒体（如 Gasparino，2002；Maremont and Bray，2004）和学术界的广泛关注（如 Lin and McNichols，1998；Michaely and Womack，1999）。尤其是新经济泡沫破灭之前某些证券分析师翻手为云、覆手为雨，造成了极为“恶劣”的社会影响，监管机构据此认定证券分析师利益冲突损害了投资者利益，因而出台了诸如美国 SOX 法案、NASD 2711/NYSE472 条例等一系列法案，以期恢复投资者对市场的信心。国际证监会组织（IOSCO）亦于 2003 年发布了《处理卖方分析师利益冲突的原则声明》。然而，证券分析师利益冲突真的损害投资者利益了吗？实证经验的回答却是模棱两可，甚至相当一部分实证研究否定了这一监管措施出台的前提。那么，基于该前提推出的一系列监管措施是否实现了预期的目的？究竟是提高还是降低了资本市场的效率？

本章通过对 1995～2007 年学术界有关证券分析师利益冲突与投资者利益的实证研究的梳理和综述，对上述问题进行了分析和讨论，以期为我国证券市场监管效率的提高提供启示和借鉴。

11.1 证券分析师利益冲突的存在机理

11.1.1 证券分析师利益冲突及其主要来源

从经济学的视角来考察，金融机构利益冲突（Conflicts of Interest）是指金融交易一方在采取某种“行动”获得潜在收益的同时损害其对手利益（Mehrana and Stulzb，2007）。由于金融交易中介及资产监护人的金融机构往往身兼多重角色，从而使得利益冲突不可避免地内嵌于金融行业结构中（Boatright，2000），并且，金融市场交易费用和信息不对称的存在以及金融机构业务的日趋多元化为利益冲突的滋生提供了沃土。在已有的金融机构利益冲突文献中，证券分析师利益冲突最受瞩目，因为分析师在证券市场这一巨大的柠檬市场中扮演了信息传递的关键角色（De Bond and Forbes，1999）。然而，相当一部分研究认为，被赋予重任的证券分析师不但有过度乐观的现象，其预测偏误往往会误导投资者（Malmendier and Shanthikumar，2004；Boni and Comack，2002）。监管机构和司法当局的调查也显示：华尔街的证券分析师在新经济泡沫膨胀时期确实存在着“利益冲突”行为，不同程度地存在着通过发布偏颇的、过度乐观的研究报告或证券评级误导投资人以招揽投行业务等行为。

具体而言，证券分析师利益冲突主要来源于：（1）面对其所属公司旗下各部门间利益冲突的压力，倾向于作出较乐观的预测，或被禁止发表对客户（或投资者）不利的报告或者被迫发表一些并不客观的报告，以维系良好的客户关系，促进所在机构投行业务、经纪业务的开展，便于日后轻易地取得客户第一手资料（Dugar and Nathan，1995；Michaely and Womack，1999；DeChow et al.，2001），实现所在公司业务的拓展或其他的经营目的。

（2）基于个人职业生涯发展的考量，为避免影响工作升迁或去留而作出有偏误的预测（Hong and Kubik，2003）。例如，Krigman、Shaw 和 Womack（2001）研究发现，证券分析师的研究报告是公司选择投资银行时重点考虑的因素，而证券分析师发布较为乐观的研究报告有利于他们接触所研究公司的管理层（Lim，2001），Hong 和 Kubik（2003）则发现倾向于发布乐观报告的分析师更容易跳槽到更好的投资银行。Trueman（1994）从理论上、Hong 等人（2000）和 Welch（2000）从实证上探讨了证券分析师为建立在业界的声誉，倾向于采取“羊群行为”策略，放弃自己的观点而跟从其他分析师的股票评级。宋军和吴冲锋（2003）也确认了“羊群行为”在我国证券市场上的广泛存在。

（3）与被研究公司的利益关系。证券分析师必须经常与被研究公司的管理层沟通以获得有价值的信息，管理层可能会因此对分析师施加压力，要求他们发表有利于该公司的研究报告，否则拒绝与其再交流。

（4）基于个人投资利益的考量。如果证券分析师个人持有被研究公司的股票，那么他们就更有动机发布不够公正的研究报告以为自身牟利，如发布乐观的研究报告，但私下却对其所持股票进行与其建议相反的交易操作等（DeChow et al.，2001）。

11.1.2 证券分析师利益冲突的存在机理

使用信息不对称下的动态博弈来描述分析师与投资者之间的交互行为（Jackson，2005）。假定某只股票的初始价值为 P_0，其未来回报存在概率相同的两种状态：x_{high}和 x_{low}，即 $x_{low}-P_0<0<x_{high}-P_0$。

假定存在一期投资者，其对数效用（log utility）及初始财富（initial wealth）为 W，他最初相信赚钱的概率 $\lambda=P(x_{high})=0.5$，并持有 δ_0 数量的该股票，

$$\delta_0=\frac{-W\left[\lambda(x_{high}-P_0)+(1-\lambda)(x_{low}-P_0)\right]}{(x_{high}-P_0)(x_{low}-P_0)}$$

δ_0 为据该投资者初始信念而确定的最优股票持有数量。

假定投资者采纳且仅采纳某一卖方分析师对未来状态的预测，且如果他在分析师建议下进行交易必须通过雇佣该分析师的经纪商进行交易。卖方分析师可能是以下两种类型中的一种：明智型（smart）（收到私人信号）、愚钝型（dumb）（收到噪音）。投资者及分析师最初都无法确知分析师属于哪一类型，但他们持有普遍先验（common prior）即 $P_{smart}=\theta$，$0\leqslant\theta\leqslant1$。

期初，卖方分析师收到一个关于未来状态的、不可交易的二进制私人信号（binary private signal）（$s=s_{high}$或 $s=s_{low}$），如下：

$$P(s_{high}\mid x_{high.},smart)=p$$

$$P(s_{high}\mid x_{low},smart)=1-p$$

$$P(s_{high}\mid x_{high},dumb)=P(s_{high}\mid x_{low},dumb)=0.5$$

$$0.5<p<1$$

收到私人信号后，分析师对二进制信息进行选择（$m=m_{high}$或 $m=m_{low}$），然后将信息传送给投资者。信息不一定需要真实，即分析师即使

观察到 s_{low} 亦可选择传送 m_{high}。投资者接收到信息并改变其对股票回报的初始信念 $\lambda^* = P(x_{high} \mid m)$，继而计算其最优持有量并通过交易来达到最优持有量。假定投资者弱小，其行为不影响股价，即股价仍保持在 P_0 状态，

更改信念后的持有量：

$$\delta_1 = \frac{-W[\lambda^*(x_{high} - P_0) + (1 - \lambda^*)(x_{low} - P_0)]}{(x_{high} - P_0)(x_{low} - P_0)}$$

投资者的合意交易：

$$\delta_1 - \delta_0 = \alpha(\lambda - \lambda^*), \alpha = \frac{-W(x_{high} - x_{low})}{(x_{high} - P_0)(x_{low} - P_0)} > 0$$

假定投资者面临卖空限制的概率为 q，这意味着投资者即使接收到负面信息也不一定能执行其合意交易。投资者所作的正面信念修正（positive revision）和负面信念修正（negative revision）所致的期望交易分别为：

$$\mathrm{E}(\mathrm{Trade} \mid \mathrm{positiverevision}) = \alpha(\lambda - \lambda^*)$$
$$\mathrm{E}(\mathrm{Trade} \mid \mathrm{negativerevision}) = (1 - \mathrm{q})\alpha(\lambda - \lambda^*)$$

若 $q>0$，相对于等量的正面信念修正，负面的信念修正将会产生一个较低的绝对期望交易规模。这一不对称解释了分析师为什么会趋向于乐观。

到了期末，股票回报的真实状态昭然若揭于投资者和分析师眼前，投资者比较此前由分析师传递的信息 m 与真实状态 x，更新自己对分析师能力的信念，更新后的信念（updated posterior belief）$\theta^* = P(smart \mid m, x)$，$\theta^*$ 决定了分析师在下一期的声望。

受雇于经纪商的分析师，其薪资由其带来的交易佣金及其排名所决定。设交易佣金的比率为 c。分析师的目标函数可简化表示为：

$$\max_m c. E(Trade \mid m) + k. E(\theta^{posterior} \mid m)$$

也即，分析师关心的是当期所创造的交易佣金以及期末的声望。参数 $k \in [0, \infty)$ 代表分析师对其未来声望的关注程度，这一参数分析师确知，但投资者不知。因而投资者面临对分析师支付函数的不完全信息，但投资者了解 k 的概率分布的累计分布函数（cdf）$F(k)$。在单项博弈之初，自然根据概率密度函数选择分析师的 k 类型。投资者对 k 的不确定性是模型结果的首要动因。

参数 k 可作以下两种解释：其一，k 代表分析师当期面临的随机外部选择价值（Stochastic Outside Option），k 值低意味着有吸引力的外界选择价值，故分析师将较少关注其声望；而 k 值高则表明分析师更看重其声望。其二，对于某个既定的分析师而言，k 值历时不变。这反映了分析师对其职业生涯的关注，例如，年轻的分析师 k 值可能更高、更注重声望（Holmstrom，1982）；由于博弈的"终期"效应，临近退休的分析师 k 值可能较低。据此，投资者被假设为无法就分析师跨期的 k 类型进行信息沟通，或无法断定分析师是否邻近博弈的最终回合。

由上述推导可知，由于分析师对高额佣金及声望的关注，当且仅当其收到看低的私人信号时，就会产生利益冲突。对于看高的私人信号 s_{high}，分析师发布积极的信息，既可增加交易量，又有益于其声望的提高，因而两个目标兼容，不会产生冲突。反之，如果分析师收到的是看低的信号 s_{low}，若发布真实信息会降低交易量，但最终在期末却有可能为其赢得预期的声望，因而便会产生利益冲突。此时分析师的最终选择取决于目标函数最大化。在如下条件下，分析师会真实地报告看低的信息：

$$c.\,[\,E(Trade \mid m_H) - E(Trade \mid m_L)\,] \leqslant k.\,[\,E(\theta^{posterior} \mid m_L) - E(\theta^{posterior} \mid m_H)\,]$$

否则分析师便会撒谎而报告 m_H。

11.2 证券分析师利益冲突对投资者利益的影响：1995～2007 年相关实证研究结论的分析

一般认为，证券分析师利益冲突会导致预测偏误，继而损害投资者利益。特别是在 20 世纪 90 年代末美国网络泡沫期间，有些分析师成了股市的"泡沫添加剂"，被推荐的股票最后都是一跌再跌，使众多投资者血本无归，也使分析师信誉扫地，证券分析师利益冲突也因而备受诟病。但是，尽管监管部门和公众对证券分析师利益冲突损害投资者利益这一论断深信不疑，近年的研究却对此莫衷一是。本节试图通过对 1995～2007 年 *Journal of Finance*，*Journal of Financial Economics*，*Journal of Financial and Quantitative Analysis* 等重要期刊相关文献的回顾，从实证方面考察证券分析师利益冲突对投资者利益的影响（见表 11－1）。

表 11－1　分析师利益冲突、预测偏误及投资者利益关系研究回顾（1995～2007）

a. 分析师利益冲突导致预测偏误，影响投资者收益			
序号	年，作者	取样日期，数据来源	结论
1	1999，Michaely and Womack	1990－1991，First Call，Investment Dealer's Digest	391 宗 IPO 案例表明，关联分析师买进推荐较非关联分析师的绩效为差。相对于非关联分析师的建议，投资者不大理会关联分析师的推荐，股价也未达到买进推荐中所说的那么高
2	2000，Dechow，Hutton and Sloan	1981－1990，I/B/E/S，SDC	1179 宗案例分析表明，关联分析师对长期增长的预测较乐观，但按这一观测操作的后续绩效大多不尽如人意
3	2006，Boni	1999－2004，I/B/E/S	全球和解协议（Global Settlement）之后，签发银行减少了企业数量，持续乐观，发行推荐的变化对价格的影响很小。协议似乎成效不彰
4	2006，Kadan，Madureira，Wang and Zach	2000－2004，I/B/E/S，SDC	前规制时期（2000.11～2002.8）分析师作出 IPO 和 SEO（后续发行）乐观推荐的几率增长 38%，而关联分析师则更额外增长 10%。后规制时期（2002.9～2004.12）此现象消失，但 IPO/SEO 买进推荐升级对价格的影响更大，而股价对卖出推荐的反应较小，且无论是关联分析师还是非关联分析师，股价对他们评级调整的反应相近
5	2007，Barber，Lehavy and Trueman	1996－2003，First Call，SDC，Nelson's Directory of Investment Research	依据独立研究公司的买进推荐操作，比按投行买进推荐操作每年可额外获得 8% 的超常收益。卖出推荐则相反，投行往往比独立研究公司发出更多的赢利性卖出推荐
b. 分析师利益冲突导致预测偏误，但不影响投资者收益			
序号	年，作者	取样日期，数据来源	结论
1	1995，Dugar and Nathan	1983－1988，Corporate and Industry Research Reports and Investext，Corporate Finance Bluebook	投资银行的分析师在赢利预测和股票推介上更乐观。按推介操作的投资者绩效并未因此受影响，因为市场不理会这些推荐
2	1998，Lin and McNichols	1989－1994，I/B/E/S，SDC	关联卖方分析师对长期增长预测和股票推荐持非常乐观态度，短期（1～2 年）赢利预测未发现此种现象。关联分析师推荐持有较独立分析师持有推荐为多，说明投资者视关联分析师的持有为沽出

续表

b. 分析师利益冲突导致预测偏误，但不影响投资者收益			
序号	年，作者	取样日期，数据来源	结论
3	2004，Irvine	1993 – 1994，I/B/E/S，Toronto Stock Exchange Transaction Data	买进推荐为分析师的经纪公司创造了更多交易。赢利预测偏误（预测减实际赢利）无法产生更多交易但与舆论相悖的预测可产生更多交易
4	2005，Jackson	1992 – 2002，I/B/E/S，SDC，Australia Stock Exchange Transaction Data	分析师更乐观或通过更准确的预测提高声誉，而为其经纪公司产生更多交易。因而声誉可调和利益冲突
5	2005，Ljungqvist，Marston and Wilhelm	1993 – 2002，I/B/E/S，SDC，LPC	抽样期内的乐观研究吸引了联合承销管理指定，反过来又增加了银行未来赢得更多有利的托管机会
6	2005，O'Brien，McNichols and Lin	1994 – 2001，First Call，SDC	相对于非关联分析师，关联分析师对推荐买进评级的调整更慢
7	2005，Agrawal and Chen	1994 – 2003，I/B/E/S，x-17a-5 SEC Filings	以收入分解作为利益冲突的代理，发现投资银行冲突导致了乐观推荐偏误，1990年代晚期尤为严重。对推荐变化的反应表明资本市场不太重视这一乐观偏误，修正推介的一年期回报与利益冲突无关
8	2006，Bradley，Jordan and Ritter	1999 – 2000，Briefing. com，Carter-Manaster rankings	检视了1999年及2000年的IPOs，未发现控制了推荐的特征和时机之后，关联分析师与无关联分析师反应有明显差别，尽管关联分析师更为乐观
9	2006，Bradshaw，Richardson and Sloan	1975 – 2000，I/B/E/S，First Call，SDC	由于与企业融资活动相关联，分析师对赢利预测、股票推荐和目标价位均过度乐观。过度乐观在企业发行股票和债券时处于巅峰，在企业回购时落到谷底
10	2006，Chan，Karceski and Lakonishok	1984 – 2004，I/B/E/S	抽样期内，分析师变得较悲观，因而许多企业获得增加收益的惊喜
11	2006，James and Karceski	1996 – 2000，First Call，SDC	二级市场表现不佳的IPO企业目标定价较高，关联分析师尤其强烈推荐买进。这一现象至少持续6个月
12	2007，Malmendier and Shanthikumar	1994 – 2001，I/B/E/S，SDC New Issues，TAQ	大交易商对强烈推荐买进有反应，而对买进推荐无反应，推荐持有时则卖出。小交易商则按推荐意见的字面意思操作。此外，只有大交易商对关联推荐更不以为然，显示小投资者无法理性地应对分析师别有用心的扭曲。他们同时还发现依关联分析师推荐或依非关联分析师推荐操作，收益并无区别

续表

c. 分析师利益冲突既未导致预测偏误，也不影响投资者收益			
序号	年，作者	取样日期，数据来源	结论
1	2003, Jacob, Rock and Weber	1998 - 2001, I/B/E/S, Nelson's Directory of Investment Research	投资银行分析师对每季收益、年收益以及长期增长预测相对于独立调研公司的分析师更为准确、谨慎。投资银行高水平的技能和更佳的资源主导了所谓的利益冲突
2	2004, Agrawal and Chen	1994 - 2003, I/B/E/S, x-17a - 5 SEC Filings	每季预测的准确性和偏误与冲突数量无关，长期增长预测的相对乐观与经纪业务正相关
3	2004, Bajari and Krainer	1998 - 2003, Nasdaq - 100 Firms, First Call, SDC	分析师推介主要基于公众可观察到的股票和行业信息，而非投资银行交易的存在
4	2004, Clarke, Khorana, Patel and Rau	1993 - 2002, I/B/E/S, Nelson's Directory of Investment Research	大型投资银行的分析师对赢利预测更谨慎、更准确，根据这些大型投行建议操作获得的超常收益也高于其他金融机构。分析师并不会因为转往大型投行而改变其乐观态度
5	2005, Groysberg, Healy, Chapman and Gui	1997 - 2004, Anonymous Buy-side Firm, I/B/E/S	买方分析师较卖方更乐观且较不准确。买方分析师的买进推荐和强烈买进推荐赢利低于卖方分析师
6	2007, Clarke, Khorana, Patel and Rau	1988 - 1999, I/B/E/S, Institutional Investor, SDC	明星分析师转换投资银行或加入一家新银行时并不会改变他们原先对赢利预测或推荐的态度。没有证据表明对发行收益的乐观预测或推荐影响投资银行的交易
7	2006, Ljungqvist, Marston and Wilhelm	1993 - 2002, I/B/E/S, SDC, LPC	没有证据表明极度乐观的分析师介绍能够增进其所在银行获得包销业务的赢利性。牵头银行的选择主要取决于此前的承销和借贷关系
8	2006, Cowen, Groysberg and Healy	1996 - 2002, First Call and I/B/E/S, SDC, Nelson's Directory of Investment Research	事实上，承销和交易机构的分析师作出的预测和推介更加谨慎。大承销商分析师最为谨慎，表明对声誉的重视弱化的研究的乐观。分析师乐观只是部分由交易动机所驱动，而非投行业务
9	2006a, Fang and Yasuda	1993 - 2003, I/B/E/S, Institutional Investor, Carter-Manaster Rankings	市场低迷时期，相对其他分析师而言，顶级投行分析师（根据机构投资者排名确定）更迅速地调低买进评级。榜上有名的分析师所作的股票推荐收益率更高。个人声誉在面临卖方研究利益冲突中起到了戒律的作用
10	2006b, Fang and Yasuda	1994 - 2003, I/B/E/S, Institutional Investor, Carter-Manaster Rankings	投资者可依顶级银行明星分析师的买进推荐操作而获利，而遵从其他分析师建议则赢利不佳。而且，在市场反弹期间顶级明星分析师的推荐仍然极具价值。因而，声誉在利益冲突中发挥了调和的作用

续表

c. 分析师利益冲突既未导致预测偏误，也不影响投资者收益			
序号	年，作者	取样日期，数据来源	结论
11	2006, McNichols, O'Brien and Pamukcu	1994 - 2001, First Call, SDC	没有证据表明关联分析师关于买进和持有的推荐收益低于非关联分析师。非关联分析师对于好与差的 IPOs 区别的评价总是太迟
12	2007, Ljungqvist, Marston, Starks, Wei and Yan	1993 - 2000, I/B/E/S, Thomson 13F, SDC	与舆论相关的推荐与投资银行关系和经纪商压力正相关，与机构投资者所有权负相关。拥有更多机构所有权的公司，其赢利预测更准确，推荐级别调整对股价下降的影响更快

由表 11－1 可知，对于证券分析师利益冲突是否损害投资者利益，学术界至今仍未达成共识。理论上，认为证券分析师利益冲突会损害投资者利益所遵循的推理逻辑是：利益冲突→预测偏误→误导投资者→投资者投资回报受损。从实证研究结果来看，这一逻辑的每一环节几乎均受到实证的质疑。

1. 没有确凿的证据表明预测偏误与利益冲突相关

投资银行客户需要带有倾向性的研究似乎只是臆测，因为学术界尚未找到证据来支持上述观点。一方面，预测偏误并不一定有助于投行业务的开展。Ljungqvist、Marston 和 Wilhelm（2006）运用 1993～2000 年 16625 支债券和股票发行情况的数据，特别考察是否带有偏见的研究可帮助投资银行获得更多的承销委托。结果发现，没有证据表明分析师的行为促进了其关联银行赢得承销委托而增加赢利，是否能成为牵头银行的主要决定因素是此前的承销和借贷关系。Clarke 等人（2007）对 1988～1999 年 216 宗案例的调查也表明，没有证据表明乐观的赢利预测影响投行业务。另一方面，投行压力与预测偏误之间并无明确的关联。尽管 Agrawal 和 Chen（2005）考察了 1994～2003 年由 4000 位分析师作出的 110000 份推荐，发现运用投行业务收入和经纪业务收入重要性来衡量的利益冲突，与更为乐观的推荐相关。但是，更多的研究结果证实，没有证据表明赢利预测的准确性或偏误与投行或经纪活动对于金融机构收入的重要性相关，更没有证据表明因投行导致的利益冲突令分析师更加乐观或降低其分析的准确度（Agrawal and Chen，2004；Cowen et al.，2006；Jacob et al.，2003；Clarke et al.，2004）。

2. 分析师的预测普遍趋于乐观

例如，Lloyd-Davies 和 Canes（1978）就指出正面的分析师推荐要多于负面推荐，Fried 和 Givoly（1982）也指出分析师的赢利预测有上调的倾向。Womack（1996）利用 1989 ~ 1991 年的样本数据研究发现，分析师给出“买”的评级是“卖”的评级的 7 倍。特别地，Affleck-Graves 等人（1990）证明了当个人面对一段时间序列的收益时，他们即使没有任何理由也会提供乐观的收益预测，即“判断性经验偏误”（Judgmental Heuristics Bias）。Willis（2001）和 Groysberg 等人（2005）对买方分析师的研究也支持了这一观点。王征、张峥和刘力（2006）对我国股票市场 2004 年 12 月底分析师股票评级特征的分析也表明，分析师更愿意给出增持评级的投资建议。

3. 关联分析师推荐的价值不一定低于独立分析师

尽管一部分学者认为，关联分析师的预测比独立分析师更为乐观（Dugar and Nathan，1995；Lin and McNichols，1998；Dechow et al.，2000）。但是，这并不表明关联分析师预测的信息价值低于独立分析师。例如，Lin 和 McNichols（1998）发现在其抽样期内，关联分析师的持有推荐比独立分析师的持有推荐更具价值。Lin 和 McNichols（1998）通过对每季企业的预测和推荐进行分析发现，主承销商旗下的分析师在推荐和增长预测方面表现得更为乐观，但在赢利预测上与其他独立分析师并无太大差别。Barber、Lehavy 和 Trueman（2004）也对美国的投资银行与独立研究公司所雇用的财务分析师所公布的股票推荐进行获利性的比较，结果发现，就买进推荐而言，由独立研究公司的买进推荐所产生的异常年报酬率，平均而言比投资银行还要高出 8%；卖出推荐的结果恰好相反，投资银行的卖出推荐所产生的异常年报酬率，平均而言比独立研究公司还要高出 4.5%。由此可见，关联分析师推荐的价值并不一定低于独立分析师。

4. 利益冲突引致的预测偏误不一定会误导投资者

Michaely 和 Womack（1999）调查了新股发行，发现投资者在一定程度上怀疑关联分析师的推荐。McNichols、O'Brien 和 Pamukcu（2006）运用 1994 ~ 2001 年的数据，重复 Michaely 和 Womack 的研究，也发现投资者不相信关联分析师的推荐。Bradley、Jordan 和 Ritter（2008）却得出了与此相反的研究结论，他们调查了 1999 年和 2000 年的新股发行，发现市场对关联分析师和独立分析师推荐的反应并无差异。

Dugar 和 Nathan（1995）调查了一些公司和他们的投资银行咨询企业，

以及投资银行提交的分析师报告和无关联分析师的报告，结果发现投资银行的分析师在赢利预测和投资推荐方面表现得更为乐观，但市场对此不以为然，投资者遵照推荐行事所获的收益也不会因此变得更差。Agrawal 和 Chen（2005）认为资本市场对利益冲突引致的乐观偏误不以为然。他们对 1993 ~ 2004 年证券市场数据抽样检验的结果表明，整个 20 世纪 90 年代，这种不以为然的程度在不断增加，推荐的投资绩效也与利益冲突无关，即市场并未被因分析师利益冲突而导致的偏误所愚弄，这一结论与 Kroszner 和 Rajan（1994，1997），Gompers 和 Lerner（1999）对全能银行的研究，以及 Bhattacharya 等人（2007）和 Reuter 和 Zitzewitz（2006）对金融媒介的研究结论一致。

11.3 为什么分析师利益冲突对投资者利益不一定构成影响

实证分析表明，证券分析师利益冲突并不一定影响投资者的利益，那么其中的原因何在呢？回到问题的原点，投资者是分析师利益冲突牺牲品这一观点基于两个假设：①分析师以发布有偏误的投资评级来应对利益冲突；②投资者对分析师的推荐信以为真（Agrawal and Chen，2007）。近年的研究成果表明，这两个假设均受到不同程度的质疑。

1. 为什么利益冲突不一定导致预测偏误

Crockett 等人（2005）和 Ljungqvist 等人（2007）的研究表明，存在一系列帮助控制利益冲突及其影响的因素，使得证券分析师即使面对激烈的利益冲突也会有所节制。

（1）声誉机制。声誉对重复博弈举足轻重，因而可抑制利益冲突。研究表明，分析师的威望随其预测准确性的提高而增加。有良好声誉的分析师不愿陷入纯粹向投资银行提供帮助而扭曲其建议和预测（Jackson，2005；Fang and Yasuda，2006a；Clarke et al.，2007）。金融机构对声誉的关注也会在一定程度上缓冲利益冲突。例如，Ljungqvist 等人（2007）发现分析师的乐观与金融机构的声誉资本之间存在负相关关系，表明证券分析师的声誉资本越高，越能更好地控制利益冲突。

（2）薪酬机制。一方面，金融机构普遍实施的薪资与业绩捆绑的薪酬计划，驱使着经理人为完成销售目标，而不惜以公司长远利益为代价向顾客倾销产品（Jenson, 2003）。如高激励计划的公司经理通过分析师建议及其他形式的期望管理抬高股价（Bolliger and Kast, 2006）。另一方面，薪酬制度的合理设计，如将预测准确性与分析师的晋升相关联，能在一定程度上遏制利益冲突（Hong et al., 2000），Jenson 和 Murphy（1990）就呼吁将薪酬计划作为利益冲突的解决方案。

（3）劳动力市场信号。劳动力市场对分析师关键绩效指标（KPI）的界定对个人是否介入利益冲突有很大影响。例如，倾向于发布乐观报告的分析师更容易跳槽到更好的投资银行（Hong and Kubik, 2003），预测更准确的分析师更有可能到更有声誉的公司就职（Hong and Kubik, 2003; Ljungqvist, Marston and Wilhelm, 2006）。

（4）竞争。一方面，投资银行业务竞争的加剧会促使投资银行家向分析师施加更多和更大的压力；另一方面，市场竞争程度的提高，会促使研究机构提高其研究的客观性和独立性，进而提高整个市场的定价效率（Bolton, Freixas and Shapiro, 2007）。

（5）管制。诸如收回或撤销专业认证等法律和管制行为能够终结一个分析师的职业生涯。而且，诉讼会使一家金融机构前路难行。如果司法体系运作良好，因利益冲突而损害投资者利益的金融机构（或证券分析师）需赔偿顾客损失，支付诉讼费用。

2. 为什么有偏误的投资评级不一定损害投资者利益

对于这一亟须深入探讨的问题，既有的文献并未作出回答，可能的解释包括：（1）效率市场假说（Efficient Market Hypothesis, EMH）。效率市场假说认为，人们的行为符合主观预期效果理论和理性，即使有不理性行为驱使市场价格偏离基本价值，也会很快被套利所形成的市场力量所导正（Fama, 1970）。据此，即使分析师的推荐有偏误，投资者也可能明白股票研究中存在的利益冲突，从而理性地处理分析师的观点。事实上，投资者的理性和自利行为意味着股价能准确地反映对信息公告的共识（Grossman, 1976; Grossman and Stiglitz, 1980）。利益冲突严酷性与投资评级对股价的短期（2～3天）影响取决于投资者的反应是理性或幼稚（Kroszner and Rajan, 1994; Gompers and Lerner, 1999）。理性的投资者认识到潜在的利益冲突并作出相应的调整，因而在很大程度上可避免带偏见的股票推荐的副作用；而幼稚的投资者则可能因为无关效果，并不受分析师预测偏误的影响，还是会作出与原来相同的决策（Tversky and Shafir, 1992; Shriller, 1998）。

（2）行为金融理论。行为金融理论关于市场非效率（Market Inefficiency）的论述认为，由于心理偏差、选择偏差的存在，市场可能不会调整其预期（Barberis et al.，1998；Daniel et al.，1998；Hayes and Levine，2000）。可能的原因是：第一，投资者（特别是如金融机构般资深的投资者）也有机会独立、高效地运用分析师用作预测变量的公开信息进行分析，根据过度自信的观点，他们更愿意相信自己的分析和判断。第二，投资者也可选择调整分析师的预测，即众所周知的系统误差（Systematic Errors），例如大部分人都喜欢购买自己熟悉的公司的股票，听熟悉的人的推荐。第三，投资者的信念自适应系统（Adaptive Belief System，ABS），人们通过不断的学习，选择业绩好的预测规则（信念），以适应不断变化的复杂的环境，这样就导致了不同类型的投资者比例的变化，进而影响着资产价格的变动，而价格的变化反过来影响投资者对预测规则的选择，形成了二者相互作用的进化系统（Brock and Hommes，1997，1998）。第四，反应过度（De Bondt and Thaler，1985）。实证研究表明，反应过度和反应不足无论在短期和长期均有一定程度的存在，即证券价格不能对影响证券价格的信息的出现作出即时、充分和准确反应的现象。

因此，尽管“为什么有偏误的投资评级不一定损害投资者利益”这一问题还有待于进一步深入探讨，尽管效率市场假说与行为金融在很多观点上针锋相对，但相关的解释均强调了作为市场主体之一的投资者的主观能动作用。

综上所述，市场规律在很大程度上发挥了防范利益冲突交易的功能，金融机构和分析师能根据市场竞争的需要，以及成本与效益的衡量而自发地对于可能的利益冲突现象加以管制。例如，证券分析师若是滥用信息优势谋取不当私益，虽然可获一时利益，长远来看却会失去客户的信任，商誉会遭受损失并面临民事、刑事责任的诉讼风险，实际上是得不偿失的，因此理性的金融机构并不会滥用利益冲突地位而谋取一时的私利。而另一方面，投资是一种有意识的经济行为，投资者的决策过程受心理因素、信息的刺激与判断等诸多因素的影响，从而在一定程度上避免或对冲了分析师预测偏误的影响。

11.4 小结

在中国这个 Fama（1970）意义上的弱势有效市场上（吴东辉、薛祖云，2005；朱红军、何贤杰、陶林，2007），尽管证券咨询行业短短十几年间经历了蓬勃发展，但投资者对证券分析师的素质和职业操守却是颇有微词。部分分析师利用虚假信息误导投资者，甚至与庄家勾结，操纵股价。深圳证券交易所在2007年4月发布的研究报告中指出，“我国当前已具备了滋生和酿发此类大案要案（注：即分析师滥用信息优势误导投资者，最终导致股市泡沫破灭）的土壤”，这一薄弱环节已“成为助长股市虚假繁荣，影响市场健康稳定发展的一个潜在重大风险点”。另一方面，朱红军、何贤杰和陶林（2007）对wind数据库中我国2004年和2005年所有A股上市公司的分析表明，我国证券分析师的信息搜寻活动能够提高股票价格的信息含量，从而增强价格对资源配置的引导作用；而与此同时，多元化已成为金融业不可阻挡的潮流，“十七大”报告中就强调了要“推进综合经营”，证券分析师利益冲突的来源基础势必进一步扩大。在这种形势下，如何有效防范化解证券分析师利益冲突无疑成为当下迫在眉睫的问题之一。

对1995～2007年相关实证研究的综述，在一定程度上质疑了“分析师利益冲突损害投资者利益”这一监管命题，并揭示了利益冲突调节机制的存在。从西方国家的实践来看，政府旨在通过组织隔离与业务分立来杜绝利益冲突发生的监管措施，不仅未能有效消除利益冲突，反而在一定程度上导致分析师研究质量下降，金融机构成本增加，企业融资成本增加，从而降低了市场效率（Gintschel and Markov，2004；Mohanram and Sunder，2006；Agrawal et al.，2006；Malmendier and Shanthikumar，2007）。诚然，我国新兴的资本市场的运行效率不及西方成熟资本市场，我国投资者的成熟度尚有待提高，但这不并排斥我们借鉴西方实证研究的基本结论和分析方法来研究和探讨我国证券市场运行中存在的问题。根据以上文献综述，我们至少可以得出以下两点启示。

首先，必须肯定的是，利益冲突的引发来源——信息不对称解决机制的运行无疑地需要一种权威性、强制性的力量作为其直接或间接的支撑与保障。由于政府兼具市场外的独立地位与公共意志的权威效力，因此无可争辩地就成为利益冲突的重要干预途径。一方面，强制信息披露，提高市场透明度；另一方面，加强投资者教育，鼓励社会公众参与监管，通过信息披露机制的有效贯彻执行，让中介服务机构和社会各界通过运用公开透明信息，参与金融资产定价，并对金融机构的运作进行监督，维护社会公众的合法权益，保证金融运作的公平和有效。随着金融业务综合化的不断发展，逐步设立权限整合的金融监管部门，建立统一的金融监管体制。

其次，监管当局在制定有关政策时，需要兼顾效率与公平，既要适当地避免利益冲突，又不至于打击金融机构整合资源以获得规模经济和范围经济效应的积极性。既然分析师利益冲突存在一系列调节因素，且市场不一定轻信利益冲突导致的偏误，那么，政府在利益冲突的管制程度、管制方式以及金融监管政策的选择上就必须审慎为之。在金融监管当局、金融机构、社会公众“三位一体”的监管格局中，随着改革的进一步深化、投资者的日渐成熟，对利益冲突的监管，不宜强行设置金融业务樊篱，应当更重视发挥声誉机制、劳动力市场信号等市场调节力量，采用更灵活、更简单、更透明、更经济有效的方式，形成基于市场激励、目标导向、增进效率、改善市场运作和审慎性监督的监管架构，审时度势，逐步引导，最终构建起以间接监管为主体，以直接监管为引导的高效的利益冲突治理机制。

12

配股融资、市场反应与投资者收益

股权再融资对上市公司股票收益率造成的影响及其内在的影响机制一直受到学术界和市场投资者的高度关注。在中国，随着企业规模的扩大和各项业务发展对资本金需求的增加，上市公司通过资本市场进行股权再融资也日益普遍。尤其是在 2010 年，金融企业和非金融企业超大规模的股权再融资，成为金融界特别是股票市场关注的焦点。近年来，股权再融资之所以受到高度关注，一方面是因为上市公司再融资公告后，其股票价格通常表现为下跌，从而对整个股票市场的走势会产生影响；另一方面是由于我国上市公司普遍存在“融资饥渴症”，企业具有强烈的股权再融资偏好，股权再融资成为上市公司的一种较为普遍或经常性的行为。① 实践证明，股权再融资不仅会影响上市公司的价值，而且也直接关系着市场投资者的切身利益，因而也激发了理论界对其背后的内在机理作出理论解释的浓厚兴趣。

尽管股权再融资有多种方式，但配股融资无疑是一种更加主要的形式。数据显示，1998 ~2008 年，我国股票市场上配股融资的一直居于主导地位。有必要指出的是，就对股东利益的影响范围而言，配股融资对所有股东尤其是流通股股东具有一定的强迫性，所以其影响范围更加广泛、更加深远。而且，从趋势上看，我国上市公司采用配股融资将是一个长期的现象，因而也是各个方面都难以回避的问题。因此，对于我国上市公司过强的股权再融资

---

① Wind 资讯统计数据显示，仅从 1998 年到 2010 年，上市公司进行股权和债权再融资共计 1515 次，其中债权再融资即发行可转换债只有 73 次。

偏好，配股融资是否会得到市场投资者的认可和支持；当上市公司宣告其配股说明书、市场投资者在不得不面对这一现实时，其投资利益会受到多大程度的影响；投资者收益率曲线会如何演绎；以及配股融资背后的内在机制是什么；都值得进行深入的探讨。本章在借鉴已有研究成果的基础上，试图对这些问题进行系统的实证研究，并对配股融资影响市场的实际程度和内在机制作出解释。

12.1 相关研究文献述评

12.1.1 理论研究文献：业绩与公告效应

对于上市公司再融资对其股票价格带来的负面效应，即再融资影响股票市场的途径，国内外学者进行了多方面的理论解释。资本结构变化假说（Galai and Masulis，1976；Masulis，1983）认为配股和增发后，都可能导致市场的负面反应。一方面，由于股权融资会使得公司的债务风险变小，从而会把财富从股东手里转移到债权人手里（DeAngelo，1980）；另一方面，由于财务杠杆的降低增加了资本成本，进而减少了公司价值。价格压力假说（Kalay and Shimrat，1987；Barclay and Litzenberger，1988）则认为公司股票需求曲线是向下倾斜的，原因在于不存在其他类似的替代品，所以增加股票的供给必然使得股价下跌。McLaughin 等人（1996）用 Jensen（1986）的“自由现金流量假说”给出的解释是，增发新股是一种不利于控制“自由现金流量”代理成本问题的行为，而且增发会降低公司的财务杠杆率，增大经理人控制的自由现金流，使代理问题更为严重，因此，增发新股无疑会增大公司滥用自由现金的可能性。所以公司增发新股时，其股票市场价格应该下跌，并且下跌的幅度与公司自由现金流量代理成本成正相关关系（Leland and Pyle，1977；Heinkel，1982）。Myers（1984）基于逆向选择提出了融资的“啄食理论”：为避免价值低估，企业会选择价值低估程度最小的证券或资金来源进行融资，首推内源融资，然后是债权融资，最后才是股权融资；这一理论认为，股权发行公告日股票价格会下跌，同时，逆向选择的程度随着信息的公告会降低。McLaughin 等人（1998）用 Myers 和 Majluf（1984）的“证券发行决策信息模型”来解释公司股权再融资后业绩下降的原因，认为公司信息不对称越严重，公司股权再融资后的业绩下降就越快；他们的研究发现，在发行后5年内，增发新股的公司业绩指标总资产税前经营现金流和经配比样本调整（matched-adjusted）的总资产税前经营现金流，都出现显著下降。这一结论与负面信息假说的观点比较一致，即公司的增发传递了公司经营的负面信息（Loughran and Ritter，1995；Cai Jun，1998）。Miller和Rock（1985），Teoh、Welch和Wong（1998）从公司现金盈余角度进行的研究表明，企业在股票再发行过程中可以通过调整可操纵应计利润来提高发行前的报告盈余，股权再融资后可操纵应计利润的逆转，经营业绩和股票收益自然下降；而原有股东通过报告盈余判断企业的价值时，由于没有能够及时看透企业的盈余管理行为，就在高价位买入了公司股票（Rangan，1998）。Loughran和Ritter（1995）、Spiess等人（1995）则认为，公司在股权再融资后股票收益长期表现较差，其原因在于投资者情绪对股票收益的影响，那些购买股权再融资公司股票的投资者在股票发行时会系统地高估股票的价值。此外，还有学者从交易成本角度给出了解释，认为配股的交易成本高于公开发行的交易成本，因此配股公告后的股票价格下跌（Hansen，1988）。

对于我国上市公司再融资后市场的反应，国内学者也进行了较为深入的研究。李康（2003）认为，配股实施后将在一定程度上削弱股东的权益；非流通股股东参加配股后，其每股净资产增长率将显著放缓；而在非流通股不参加配股的情况下，流通股股东财富的减少就是非流通股股东财富的增加，而且配股价格越高，其损失就越大。与此相类似，宋献中、李诗田和魏立江（2009）认为，在股权分置状态下，非流通股股东与流通股股东利益是分割的，上市公司配股公告宣布后，非流通股股东对投资项目好坏具有私人信息，于是，非流通股股东预期到这一均衡结果之后，会不顾忌项目的好坏进行配股融资；而配股公告发布后，流通股股东预期到这一均衡结果之后，会通过抛售股票“逃权”，对配股公告这一事件作出负面反应。马曙光、黄志忠和薛云奎（2005）认为，上市公司配股“圈钱”之后，有相当部分的配股资金又回流到证券市场参与了股票投资，从而使配股资金成为金融市场宏观调控中不可忽视的重要因素。对于配股公司股票价格的走势，杜沔和王良成（2006）从公司业绩角度给出的解释认为，上市公司配股前的自由现金流量越多，公司的成长性越高，资产规模越大，公司配股后业绩下降得越快，而且公司的股权集中度低于投资水平低的上市公司，配股后的业绩也下降得越快。配股后业绩发生变化还有一个原因就是，上市公司在配股前3年及当年存在系统的盈余管理行为，操纵了应计净利润并转移到配股前，不但降低了资本的配置效率，也误导了投资者、债权人和政府等会计信息使用者的决策行为（张祥建、徐晋，2005）。而在配股融资过程中，上市公司还存在更改募集资金投向、大股东放弃配股权“合法”地转移走中小股东的财富、“重筹资、轻使用”等问题（李心愉，2004）。徐军辉（2008）的研究还表明，配股融资频繁的企业，两次融资的时间间隔越短，资金的闲置程度就越严重，其使用效率就越低，再融资后业绩下滑就越严重。因此，毛小元、陈梦根和杨红云（2008）认为，上市公司配股发行后的长期收益低并不是一个异象，而只是这类股票的特定“收益模式”。

12.1.2 实证研究成果：配股公司业绩下降但股价未必随之下降

从配股融资对股票市场的影响幅度的实证检验结果来看，由于研究样本选取与处理方法的不同，得出的研究结论也有所差异。但在上市公司配股后的业绩方面，则达成了一致。[①] 中国的情况是，上市公司配股后长期业绩出现了下降。表现在净利润上，-3年到0年配股公司的平均净利润（中位数）分别为0.1223、0.1297、0.1129和0.08134（0.1051、0.1060、0.0835和0.0708），而在配股之后的3个年度中，净利润则发生急剧的逆转，从配股后第1年到第3年净利润的平均值（中位数）分别为0.04894、0.0334和0.0162（0.0497、0.0400和0.0242），不仅大大低于配股前的水平，而且表现出每年严格递减的趋势（张祥建、徐晋，2005）；表现在净资产收益率（ROE）上，上市公司在配股当年的ROE较配股前1年下降了2.7个百分点（袁显平、柯大钢，2006）。杜沔和王良成（2006）的研究则表明，配股前上市公司ROE的中位数超过10%，而在配股后则迅速下降，到第3年ROE的中位数下降到了低于2.5%。毛小元（2009）的研究也证实，尽管配股公司的资产收益率（ROA）、ROE和主营业务利润率相对于其对照组表现好，但是从配股当年到之后的5年间，均呈逐年下降的态势。

从配股公司的股票超额收益率来看，公司业绩下降但股票价格走势却未必都表现为下降。在国外，配股公告后，上市公司的股票收益率大多表现为

① 其中的一个重要原因在于上市公司为了迎合监管部门的配股权规定存在利润操纵的行为（陈小悦、肖星、过小艳，2000），比如系统的盈余管理（张祥建、徐晋，2005）。

下降，显示公告效应为负；[1] 国内的研究表明，配股公告后，股票的超额收益率未必均表现为下降。张瑞彬和李树辉（2001）的研究认为，配股说明书公告后两日的收益率合计为 -0.14%。万力和杨宁（2007）从企业增长机会方面对股权再融资公告市场反应的影响程度进行了研究，平均来说，高增长企业在公告股权再融资时股票价格的负面反应明显好于低增长企业，而且企业的融资规模和市净率对融资公告的市场反应负相关。管征、卞志村和范从来（2008）的研究表明，我国上市公司的股权再融资无论是采取增发方式，还是采取配股方式都对公司价值有损害，都不受市场上的投资者欢迎，因此，公告后市场将作出负面反应。

不过，也有研究表明，参与配股会给流通股带来显著的正累积超额收益率。李康等人（2003）对我国沪、深两市 2000 年和 2001 年全部 A 股配股的研究发现，配股给参与配股的流通股股东带来显著的超额收益，均值为 3.85%；而且流通股股东的超额收益率与折扣率显著正相关，相关系数达到了 11.91；其原因在于，高折扣率配股在不影响非流通股股东权益增长的情况下，使得流通股股东获得部分超额收益。Wang 等人（2003）对中国 1994 ~ 1999 年的 432 次配股事件的实证分析表明，配股事件的平均累积超额收益率（4.8%）同样显著大于零。原红旗（2004）以 1995 ~ 2000 年实施配股的 A 股上市公司为样本，根据大股东认购配股比例的高低区分为高认购组和低认购组，以配股说明书公告日作为事件日，发现高认购组的事件日超额收益率和两日累积超额收益率显著大于零，低认购组的超额收益率不显著。

国内的这些实证研究结果表明，配股公告后上市公司股票的超额收益率均值并不完全表现为小于零。对于这一现象，国内学者也注意到了，配股公司股票累计超额收益率表现各异可能受到了时间窗口时间长度不同的影响，但其实证结论同样存在分歧。胡援成和程建伟（2006）采用（-5，5）、（-15，15）和（-40，20）三个时间窗口对配股的公告效应进

---

① White 和 Lusztig（1980）、Hansen（1988）利用美国上市公司的数据研究发现，股票市场对配股的宣告有负反应。而且通过对比研究发现，美国在 1970 ~ 1990 年，没有实施再发行的股票的长期年均复利收益率为 15%，而实施股票再发行的长期年均复利收益率仅为 7%，即上市公司的再融资对其股价带来了负面冲击（Loughran and Ritter，1995）。Cai（1998）研究了日本东京交易所 1971 ~ 1986 年实施配股股票的收益率也发现，配股后股票的收益率的表现也不如没有实施配股的股票。

行研究的结果表明，时间窗口的选择对某些研究组别的结论会带来影响，而且导致了累计超额收益率随时间逐步增加。王亚平等人（2006）选取4个不同的时间窗口，即再融资公告后5天、10天、半年和1年进行研究（而非事件的正常收益率计算则统一为公告前1年零1个月到公告前1个月）的结果表明，增发和配股都存在负的价格效应。[①] 管征等人（2008）选取（-60，60）、（-15，15）、（-1，1）和（-1，0）等4个时间窗口对增发和配股的累计超额收益率（CAR）进行了实证研究，结果表明，配股公告后，在不同的时间窗口下，CAR既可能表现为在短时间窗为负效应，在长时间窗口表现为正效应。而宋献中、李诗田和魏立江（2009）从（$-t$，5）（$t=1$，2，3，4，5）等5个时间窗口对CAR的均值检验后认为，配股融资的CAR平均值为正。综合而言，上市公司进行股权再融资，其股票价格相对于整个市场指数的走势表现出了阶段性特征。[②]

12.1.3 文献评论与研究方向

可以看出，关于配股融资对股票市场的影响，国内学者采用多种方法并从多个方面进行了研究，得到了一系列有重要参考和启发价值的研究结论和实证检验成果。就研究方法而言，对配股进行的事件研究，国内现有的研究文献以对单个时间窗口进行事件研究居多，而且在以日交易数据进行的事件研究中，时间窗口的时间跨度又以（-5，5）时间窗口的短期效应研究居多，对配股融资后的中期和长期效应研究则相对较少，于是，倾向性的研究结论几乎是一致地认为，配股公告后的价格效应为负效应。事实上，在配股全过程中，时间窗口的选择和长度对配股公司股票的累计超额收益率具有重要的影响（胡援成、程建伟，2006），以单个时间窗口展开的事件研究无疑不能够揭示配股再融资影响市场的全貌。因此，近年来国内开始从多个时间窗口来研究配股的公告效应，以揭示上市公司股票价格在配股全程中的阶段表现与特征。

---

① 再融资公告后5天，增发公司的股价平均下降了2.42%，配股公司的股价平均下降了1.30%；再融资公告后半年，增发公司的股价平均下降了3.39%，配股公司的股价平均下降了3.06%。

② 相对于整个市场而言，公司配股公告之前，股票价格大幅上扬，公告后实际发行前，股票价格显著地下降，而在实际发行时，股票价格则进一步下降，公司进行股权融资后股票长期回报率偏低（王亚平等，2006）。管征等（2008）在（-60，60）时间窗口的研究则认为，配股的CAR曲线在公告日10天后一直呈现上涨趋势。

大量的研究表明，事件研究中至关重要的一个问题是准确计算超额收益（廖理、沈红波，2008）。事实上，我国上市公司的再融资往往存在消息的提前泄露。因此，就单个时间窗口的研究而言，配股说明书正式公告前的估计时间太短，将因没有考虑到配股消息的提前泄露而遗漏配股公告的一部分影响，进而影响累计超额收益率的计算，低估配股的公告效应；但是如果公告前的估计时间太长，将非配股事件的正常收益率纳入超额收益率的计算范围，也将影响累计超额收益率的计算，同样也可能低估或高估配股的公告效应。

就采取多个时间窗口进行的事件研究，即从不同时间长度的时间窗口考察配股再融资对市场的影响而言，如果这些时间窗口的起始时间点不一致，那么在研究过程中就不能够保持逻辑上的内部一致性。因为，这一方面难以保证配股融资的公告效应是否均受到了相同程度信息泄露的影响，另一方面由于累计计算的基准不同，通过计算得到的受到配股公告影响的累计超额收益率在统计意义上也不具有可比性；因此，最终得出的实证研究结论的可靠性也将降低，进而难以揭示配股再融资随着时间的推移影响市场的全貌。遗憾的是，在这方面国内既有的研究文献还相对较少。

在既有对上市公司配股融资进行事件研究的文献中，不论是进行单个时间窗口研究，还是进行多个时间窗口研究，仅从对配股公司的研究样本筛选来看，还存在明显的需要改进之处。有的研究样本数量相对较少，有的虽然样本数量较多但筛选标准的严格程度又不够，因此，如果样本筛选标准不严格，就可能因收益率数据受到其他事件如年报信息披露、董事会公告等事件的干扰而制约实证研究结果的稳健性和清洁度；在研究配股融资对市场较长时期的影响时，研究样本的清洁度要求则更高。为此，本章试图通过更为严格的标准对我国 1998 ~ 2008 年间完成配股融资的上市公司样本进行更为严格的筛选，以确保在进行事件研究中的超额收益率数据尽可能地不因筛选不严导致研究结果受到非配股事件等干扰因素的“污染”。

本章试图在尽可能没有“污染”的大量研究样本数据的基础上，一方面将估计期的时间跨度拉长为配股信息泄露前 1 年，以充分反应配股公司股票与市场的关系，并据此确定配股公司股票的正常收益率；另一方面在时间窗口起始点的确定中充分考虑到公告信息的提前泄露，将时间窗口的起始点统一设定在配股说明书公告前第30个交易日，即-30天。为了揭示配股公告在不同长度时间窗口下的价格效应及其阶段性特征，本章还试图在考虑已有研究惯例如配股后5个交易日、技术分析的均线系统、尤其是紧密结合上市公司配股全程中的3个重要时间节点的基础上，来确定5个不同时间跨度的时间窗口，进而展开较为系统和深入的分析，以期揭示我国上市公司配股融资影响市场的全貌和途径。

虽然已有的研究文献发现，我国股票市场对配股公司公告的反应表现出阶段性的特征，但在对其价格效应的分析中，也鲜见从配股进程中的各个重要时间节点来剖析股票价格变化的背后逻辑。为此，对于上市公司配股公告后，股票价格呈现阶段性走势的内在逻辑，本章也试图在多因素回归模型分析的基础上，结合上市公司配股进程中的一系列重要甚至是关键的时间点即配股公告日、股权登记日、除权日和配股上市日，从证券投资角度作出相应的理论解释，进而就如何规范我国证券市场的配股再融资提出相应的政策建议。

12.2 样本选择与研究方法

12.2.1 数据来源与研究样本选择

本章所采用的上市公司进行配股融资的研究样本数据和计算市场收益率的原始数据（上证综合指数和深圳成分指数）均来自wind资讯数据库，而配股融资研究样本的日回报率数据则来自深圳国泰安数据库（CSMAR）。从1998年到2008年①，wind资讯数据库显示，上市公司在A股市场进行配股融资共628次。为了不对研究样本公司实施配股再融资后的累积超额收益率的计算带来影响和干扰，本章对研究样本按照以下筛选标准对不符合研究要求的样本公司进行了剔除以避免传染效果，共剔除上市公司403家（次）（见表12-1）。

① 选择从1996年底开始，是考虑到我国从1996年12月底开始实施涨跌停板制度，这样1998年5月公告配股说明书的公司，回溯280个交易日，以确保其日收益率数据能够与后续年度公告配股的公司不存在制度上的差异，避免因制度变化引起数据结构的突变进而对配股事件研究结果的干扰。

表 12－1　严格筛选前后的 A 股市场上实施配股的公司数量统计

年份	1998	1999	2000	2001	2002	2003	2004	2005	2006	2007	2008	合计
筛选前	150	115	156	118	22	24	24	1	2	8	8	628
筛选后	50	56	65	23	5	11	9	0	1	5	0	225

注：2005 年完成配股的上市公司标准股份虽然是在 2005 年 1 月完成股权登记和除权，但公告日发生在 2004 年，因此，配股申请年度和实施年度不在同一年，故剔除掉。

2008 年配股样本全部被剔除，原因在于，其中 5 家公司配股说明书公告日在 4 月 30 日之前，2 家在 2008 年因属于重复融资保留了第 1 次，1 家公司从 CSMAR 下载而来的交易数据显示异常。

配股以除权日期统计，以确定配股的成功完成。

数据来源：wind 资讯。

（1）剔除金融公司样本。由于金融类上市公司具有独立于与非金融公司的经营方式与范围、管理模式、会计制度和信息披露要求以及更高的财务杠杆等不同的经营特性，因而不具有可比性。

（2）剔除 ST 公司样本。ST 公司赢利能力差，非流通股股东给出的对价相对有限，而且这类公司常常是股改和重组同时进行，具有一定的特殊性（廖理、沈红波，2009），也不具有可比性。

（3）剔除 A-H 股公司样本。A 股和 H 股在制度上存在一定的差异，这种制度性差异将对实证结果产生潜在影响（肖泽忠、邹宏，2008）。

（4）剔除同一上市公司本次配股距前次再融资的时间间隔少于 2 年的公司样本。两次配股融资时间间隔太短的上市公司圈钱的欲望强烈，资金使用效率不高，而且时间间隔 1 年再融资公司的业绩显著劣于时间间隔 2 年及以上的公司业绩（徐军辉，2008）。此外，重复融资的时间间隔太短，一方面以配股说明书公告日回溯 280 个交易日后，正常收益率的计算结果也会受到上次配股融资的干扰与污染；另一方面在预测公告后 250 个交易日估计期时的超额收益率结果也容易受到后一次配股融资事件的干扰。

（5）对于在研究期间重复配股融资间隔超过 2 年的研究样本，只保留第 1 次配股融资的研究样本，以消除重复配股对研究结果的影响，其中对于 3 次配股再融资中有间隔不到 2 年的研究样本只保留最后 1 次。

（6）剔除配股公司在宣告期间有重大事件如董事会公告、年报披露[①]、分红方案披露等密集事件（event clustering）发生的样本，以及避免上市公

① 我国上市公司年报的披露时间截至每年的 4 月 30 日，因此剔除 4 月 30 日前公告配股的公司样本，以避免配股申请年度和配股实施年度不在同一年的影响。

司再融资的申请日和发行日不在同一年度的影响[①]（杜沔、王良成，2006），以免影响研究样本的累积超额收益率。

（7）剔除财务数据和金融交易数据缺失的或异常的研究样本。

12.2.2 事件研究方法与步骤

本章采用现代金融学中的一种经典研究方法——逻辑线索简单明了的事件研究法研究再融资对市场的影响机制与影响程度。事件研究法的两个关键步骤是选取合适的时间窗口和估计没有事件发生情形下的正常收益率。根据塞勒（2005）提供的研究标准，本章选择日交易数据而不选择频率较低的月或周交易数据以便能够将事件发生的前一期和后一期分开。在研究过程中使用的统计软件为 Eviews 6.0，具体研究步骤如下。

（1）确定事件日期。事件研究的第一步是确定事件日期，即市场第一次获得新信息（事件）的时间（塞勒，2005）。上市公司再融资的整个过程，一般都要经历董事会预案公告日、股东大会决议公告日、配股说明书公告日、上市公告日四个重要公告日。由于董事会预案公告日和股东大会决议公告日往往伴随其他事项，存在干扰因素，而不适合进行事件研究（宋献中等，2009）。本章以上市公司配股说明书公告日的时间为事件日期。

（2）确定时间窗口。为研究上市公司再融资公告的短期价格效应和长期价格效应，选取 5 个不同的时间窗口，即再融资公告后 5 个交易日、10 个交易日、30 个交易日、半年（125 个交易日）和 1 年（250 个交易日）。对于配股的长期价格效应，选取时间窗口为（-30，250），一方面是期望通过足够长的时间跨度，以反映出配股对股票价格变化的真实影响；另一方面是考虑到如果时间窗口的时间跨度过长，又难以排除其他重要因素对上市公司配股后股票价格走势的真实影响；此外，公告后 250 个交易日的累计超额收益率也能包含配股融资后的年度财务报表中关于配股后公司当年的经营业绩。

（3）确定估计期。从已有的大量研究文献来看，估计期的长短并没有统一的标准。为了充分反映进行再融资的股票和市场之间的联系，又考虑到要避免由于估计期过长而估计出的这种联系不适合研究样本公司进行再融资当时的情况，本章将估计期长度确定为 250 个交易日。考虑到我国上市公司

① 如果公司再融资的批准日在当年的 3～12 月，那么计算该公司的申请日年度就在当年。

再融资事件可能在正式宣告前30天甚至是前30个交易日就已泄露，将计算正常收益率的估计期设为（-280，-31），即从公告前280个交易日到公告前30个交易日。

（4）计算正常或非事件收益率（这将在本章第4部分进行详细展开）。

（5）计算非正常收益率（超额收益率，*AR*，Abnormal Return）。即用时间窗口中每天的实际收益率减去预测到的正常收益率。

（6）计算研究样本总体的标准化非正常收益率（*TSAR*）和计算总体标准化非正常收益率之和（*CTSAR*）。

（7）确定计算累计超额收益率（*CAR*）的多个时间窗口。根据研究的目的，结合技术分析的均线系统以及配股进程的重要时间点，将计算 *CAR* 的时间窗口设定为5个。超短期时间窗口依据既有研究成果设定在公告后第5个交易日，即（-30，5）。由于股权登记日距离配股公告日有10个交易日，因此将短期时间窗口设为（-30，10）。从操盘学的角度，主力为出货拉高股价需要有一定的时间（伍朝晖，2009），由于配股上市日距离公告日有27个交易日（见表12-2），将中短期时间窗口设为（-30，30）。对于中长期和长期的时间窗口，将其时间跨度分别设定在到配股公告后半年和一年，即（-30，125）和（-30，250）。

表12-2　配股过程中的几个重要时间点距离公告日间隔天数统计分析

间隔天数	最小值	最大值	众数	均值	交易日-按众数	交易日-按均值
登记日距公告日	2.00	32.00	14.00	12.81	10.00	9.15
上市日距除权日	7.00	103.00	32.00	37.97	22.86	27.12

数据来源：根据wind资讯提供的数据整理。

（8）检验 *AR* 和 *CAR* 的统计显著性。

（9）设定影响配股再融资累计超额收益率的各影响因素的横截面回归方程。

12.3　模型设定

12.3.1　正常收益率计算模型的选择

在计算“清洁”的超额收益率方面，什么期望模型更合适，目前仍无定论（Khotari and Wamer，2006）。有研究表明，在预测预期收益率时，与采用多个解释变量的回归模型相比，只有一个解释变量的单指数市场模型，也能够消除资本资产定价模型的某些弊端，绕开模型设定不当和具体的企业模型，以此为基准计算出来的超额收益率也是“清洁的”，在大多数情况下都能够得到很好的效果（Mackinlay，1997；Fama，1998；塞勒，2005；陈信元、江峰，2005）。这可能也是国内在计算超额收益率时大多采用市场模型或市场调整模型（袁显平、柯大钢，2006）的一个重要原因。

在本章计算过程中，对于在沪市配股的股票，以名义的上证综合指数的收益率作为相关基准；对于在深市配股的股票，以名义的深圳成分指数的收益率为相关基准。为避免共线性问题和降低异方差，在对市场收益率的计算过程中，采用取自然对数的方式，即 $Return = ln\ (P_t/P_{t-1})$。而配股样本公司的收益率则采用国泰安数据库提供的考虑了股票分割和股票分红的现金红利再投资的日回报率。计算正常或非事件收益率的基本模型为：

$$\hat{R}_{it} = \hat{\alpha}_i + \hat{\beta}_i R_{mt} \tag{12 - 1}$$

其中，$\hat{\alpha}_i$ 和 $\hat{\beta}_i$ 是从再融资公告日前 280 天至前 31 天的市场模型中估计得出：

$$\mathrm{R}_{it} = \alpha_i + \beta_i R_{mt} + \varepsilon_{it} \tag{12 - 2}$$

其中，$\varepsilon_{it} \sim (0,\ \sigma^2)$

12.3.2 确定 *AR* 和 *CAR* 的统计显著性

统计检验的目的在于确定配股公告这一事件影响股票价格波动的显著水平。虽然检验超额收益率统计显著性的方法很多，但本章采用大多数情况下都能够使用的标准化超额收益率（*SAR*）进行检验（该方法假设各横截面数据是相互独立的，塞勒，2005）。通过检验 Z 统计量来确定总体标准化超额收益率（非正常收益率）是否显著。

1. 时间窗口中每天的 *TSAR* 的 Z 统计量的计算公式为：

$$\text{Z-statistic}_t = \frac{TSAR_t}{\sqrt{\sum_{j=1}^{N} \frac{D_j - 2}{D_j - 4}}} \tag{12 - 3}$$

其中，Z-statistic_t = 时间窗口中每天的 Z 统计量，Z ~ （0，1）；

$TSAR_t$ = 时间窗口中每天的 $TSAR$，为每家配股公司超额收益率之和；

D_j = 在估计期的观测值中，公司 j 的交易日数目；

N = 样本公司数目。

2. 时间窗口中每天累计超额收益率（总体标准化非正常收益率）之和 $CTSAR$ 的 Z－统计量的计算公式为：

$$\text{Z-statistic}_t = (\frac{1}{\sqrt{N}})\left[\frac{(\sum_{T_1}^{T_2} SAR_{jt})}{\sqrt{(T_2 - T_1 + 1)\left(\frac{D_j - 2}{D_j - 4}\right)}}\right] \quad (12-4)$$

其中，N = 样本公司的数目；

SAR_{jt} = 时间窗口中，公司 j 每天的 SAR；

T_1 = 时间窗口中的第一天（－30）；

T_2 = 时间窗口中后面的日期（取值范围为 －30 到 250）；

D_j = 在估计期的观测中，公司 j 的交易日数目。

3. 而在公式（12－3）和（12－4）中，计算每家公司在时间窗口中每天的标准化超额收益率（非正常收益率）的公式为：

$$SAR_{jt} = \frac{AR_{jt}}{\sqrt{S^2 AR_{jt}}} \quad (12-5)$$

其中，SAR_{jt} = 公司 j 在 t 交易日的 SAR；

AR_{jt} = 公司 j 在 t 交易日的 AR；

$\sqrt{S^2 AR_{jt}} = SAR_{jt}$ = t 交易日公司 j 的 AR 的方差的平方根 = t 交易日公司 j 的 AR 的标准差。

而计算方差的公式为：

$$S^2 AR_{jt} = \left[\frac{\left(\sum_{t=-280}^{-31} AR_{jt(est,period)} - \overline{AR}_{j(est,period)}\right)}{Dj - 2}\right] \times \left[1 + \frac{1}{D_j} + \frac{(R_{mt(event,window)} - \overline{R}_{m(est,period)})^2}{\sum_{t=-280}^{-31}(R_{mt(est,period)} - \overline{R}_{m(est,period)})^2}\right] \quad (12-6)$$

其中，$S^2 AR_{jt}$ = t 时期公司 j 的 AR 的方差；

$AR_{jt(est,period)}$ = 估计期中，t 时期公司 j 的 AR；

$\overline{AR}_{j(est,period)}$ = 估计期中，公司 j 的 AR 的平均值；

$R_{mt(event,window)}$ = 在时间窗口中，t 时期的市场收益率；

$R_{mt(est,period)}$ = 在估计期中，t 时期的市场收益率；

$\overline{R}_{m(est,period)}$ = 在估计期中，t 时期的市场收益率的平均值。

12.3.3 多元横截面回归方程的设定

中国股市的运行无疑受到多种因素的影响。上市公司配股说明书公告后，其股票价格的走势也同样受到多种因素的影响，即配股公告将通过多种途径将配股公司的信息传导给投资者，进而在股票收益率上集中体现出来。结合国内外已有研究文献的成果，对影响配股公司累计超额收益率的多种重要因素设定如下的多元横截面回归模型：

$$CAR_i = \alpha_i + \beta_i lnSize + \eta_i lnIssue + \varphi_i BM + \gamma_i Ratio + \lambda_i Dr + \delta_i Debitr + \varepsilon_i \qquad (12-7)$$

其中，$i=1\sim5$，$CAR_1=CAR(-30,5)$，$CAR_2=CAR(-30,10)$，$CAR_3=CAR(-30,30)$，$CAR_4=CAR(-30,125)$，$CAR_5=CAR(-30,250)$；α_i 为截距，β_i、η_i、φ_i、γ_i、λ_i 和 δ_i 为系数，ε_i 为随机干扰项。

lnSize 代表配股公司规模的大小。公司规模作为一个重要的解释变量，是信息不对称的代理变量（牟晖等，2006）。公司规模用配股公司发行前最近 1 年末的总资产代替。为避免共线性问题和降低异方差，采取自然对数形式 *lnSize*。

lnIssue 代表配股公司的计划融资规模，为配股价格乘以计划发行股份数量。同样的，为避免共线性问题和降低异方差，也采取自然对数形式 lnIssue。

BM 代表配股公司的市净率，也称之为账面市值比，反映公司的成长性，市净率大的公司成长性好（杜沔、王良成，2006）。用配股公司发行前最近 1 年的净资产除以公告配股说明书当日的总市值。

Ratio 代表配股比例，为配股发行股份数/原有股份数。配股比例的大小决定了投资者能够认购的配股股份数量。

Dr 代表配股公司配股价格相对于说明书公告当日收盘价的折让幅度，计算公式为：（公告当日收盘价 - 配股价格）/公告当日收盘价。

Debitr 为配股公司财务杠杆的代理量，使用配股发行前最近一年的资产负债率，用以揭示配股公司的资本结构和财富再分配。

12.3.4 实证检验步骤

由于经济现象错综复杂，同方差假定在许多情况下与实际情况不相符合，在截面数据分析中，异方差性存在的可能性很大（高铁梅，2006）。因此，在进行实证检验中，首先将对多元回归方程（12-7）进行普通最小二乘法（OLS）进行估计，之后再对估计结果进行 White 检验，以确定多元横截面回归模型中是否存在异方差。其次，在确定 OLS 估计出的多元横截面回归方程中存在异方差后，再确定方差的情形，进而确定权数序列。在方差情形未知的情形下，通过试错的方法最终确定用随机误差项的近似估计量 ε_i 求权重序列，即利用残差序列 resid 的绝对值的倒数序列1/| resid | 作为加权序列 ω_i，令 $\omega_i = 1/|\text{resid}|$。最后，采用加权最小二乘法（WLS）对多元横截面回归方程的相关系数进行估计。

12.4 配股融资影响市场的幅度：实证检验与分析

12.4.1 配股公告新信息的提前泄露与吸收时间

配股公告当天及之后，配股公司股票的超额收益率的均值，一直围绕 0 收益率反复震荡，并呈近似的正态分布。在时间窗口（-30，5）中，在置信水平 95% 的条件下，有 5 天是显著的（公告前只有 1 天），其中，配股公告当天（0 天）和第 1 天（1 天），样本公司超额收益率均值分别下降 0.47% 和 0.28%，Z 统计量的 p 值小于 1%，即置信水平高达 99%（见表 12-3）。这说明，配股公告当天和第 1 天上市公司向市场传递了强烈的新信息。

至于配股说明书公告后，市场充分吸收这些新信息，是否需要一定的时间，实证检验显示，在公告后的第 5 个交易日之后，即第 6 个交易日到第 250 个交易日期间，有 24 个交易日的超额收益率均值显著地作出了反应，置信水平均在 95% 以上，其中第 11 和第 198 个交易日的置信水平在 99% 以上。但从市场吸收配股说明书传递的新信息的集中程度来看，配股公告当天到第 11 个交易日最为密集，11 个交易日中共有 8 天作出了显著反应，其中 6 个交易日的超额收益率显著为负值。因此，配股说明书公告后，其传递的新信息并不会立即被绝大多数投资者所吸收，投资者对这些信息的理解和吸收有一定的时滞。

表 12－3 配股公告的价格效应—超额收益率的 Z 统计量检验结果

距公告交易日	*AR* 均值	p 值	距公告交易日	*AR* 均值	p 值
－29	－0.0021	0.1907	79	－0.0028	0.0410
－20	－0.0023	0.0464	89	－0.0029	0.0157
0	－0.0047	0.0000	95	0.0026	0.0345
1	－0.0028	0.0082	98	－0.0022	0.0256
3	－0.0027	0.0104	134	0.0019	0.0328
4	－0.0031	0.0468	137	0.0023	0.0301
6	0.0030	0.0114	160	－0.0029	0.0117
9	－0.0035	0.0142	165	－0.0033	0.0329
10	0.0034	0.0180	168	0.0026	0.0125
11	0.0085	0.0000	187	－0.0030	0.0223
19	－0.0026	0.0258	197	－0.0023	0.0288
23	0.0030	0.0281	198	－0.0034	0.0093
27	0.0027	0.0362	214	－0.0031	0.0170
30	0.0023	0.0294	220	－0.0026	0.0289
59	－0.0023	0.0178	224	－0.0025	0.0376

从配股说明书公告前的市场反应来看，只有一个交易日即在公告前第20个交易日（－20天），样本公司超额收益率的均值显著下降0.23%，Z统计量的p值为0.046，小于5%。这表明，我国上市公司配股公告前第20个交易日（大约公告前1个月），消息就已经泄露，置信水平高达95%。这也表明，将时间窗口日的起点设定在公告前30个交易日是合理的，进一步看，尽管在公告前29个交易日的统计显著水平虽然较低，只有19%，但市场也有所反应，超额收益率的均值下跌了0.21%。不过，对总体样本的累计超额收益率进行显著性检验结果显示，在上市公司配股公告前，Z统计量的p值均大于10%。因此，我们推断，除在公告前第20个交易日存在显著的信息泄露外，之后公告信息并没有进一步发生显著泄露。

12.4.2 不同时间窗口的市场反应特征

配股说明书公告后，在不同长度的时间窗口下，上市公司股票的累计超额收益率表现出阶段性的特征。即在时间窗口（－30，5）内 *CAR* 显著下降，在（－30，10）内 *CAR* 降幅收窄，在（－30，30）内则显著上涨，在

（－30，125）和（－30，250）内均保持显著而且持续的下降趋势（见表12－4及图12－1）。

表 12－4　不同时间跨度时间窗口累计超额收益率的均值 t 检验

	CAR(－30,5)	CAR(－30,10)	CAR(－30,30)	CAR(－30,125)	CAR(－30,250)
累计超额收益率	－0.01018	－0.00807	0.009787	－0.00962	－0.05904
均值假设	－0.01	－0.01	0.01	－0.01	－0.06
t 值	－0.020482	0.20596	－0.018499	0.019184	0.030021
p 值	0.9837	0.8370	0.9853	0.9847	0.9761

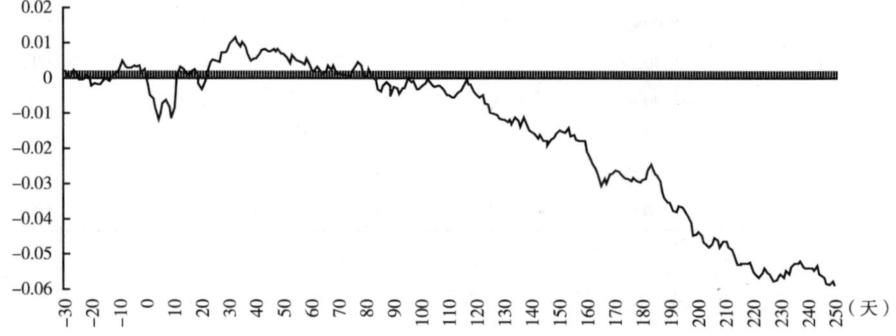

图 12－1　配股说明书公告前后的累计超额收益率变化情况

在配股公告后，市场在超短期时间窗口（－30，5）内反应迅速强烈，价格效应为显著的负效应。配股公司的股票超额收益率均值连续显著地下跌5天，置信水平在95%以上，其中，配股公告当天（0天）和第1天（1天）的置信水平高达99%。期末，股票的累计超额收益率下跌1.02%。

将窗口期的时间跨度拉长到（－30，10）来考察，在第5个交易日后，配股公司的股票价格开始有所反弹。第6个交易日的超额收益率均值显著为正，置信水平在95%以上，尽管在第9个交易日的超额收益率均值出现显著的下降，但在第10个交易日的超额收益率均值由负值转变为正值，置信水平在95%以上。因此在（－30，10）时间窗口的累计超额收益率下跌幅度收窄，仅下跌0.81%。时间窗口的时间跨度拉长到（－30，30）后，价格效应转向正效应，配股公司股票的累计超额收益率上涨到0.98%。实证检验显示，在公告后第11个交易日和第12个交易日，配股公司股票的超额收益率均值承续第10个交易日的趋势继续显著地上升，置信水平分别在99%和90%以上。而且在第23天、27天和30天的超额收益率均值也显著为正值，置信水平在95%以上。尽管在第19个交易日的超额收益率均值显著为负（置信水平在95%以上），但并不影响累计超额收益率的上涨。

从配股公告后的中长期价格效应来看，即在（-30，125）和（-30，250）的时间窗口中，在第31个交易日后，上市公司配股后在总体上表现为负价格效应，（-30，125）和（-30，250）的累计超额收益率分别下降到-0.96%和-5.90%。在公告30个交易日后到半年即125个交易日内，配股公司股票的日超额收益率均值有4个交易日显著为负值，即第59、79、89和98个交易日，置信水平在95%以上。而从半年后到1年内，除了3个交易日即第134、137和168个交易日的日超额收益率均值显著为正之外，其余日超额收益率均值显著为负值的交易日就达8个。表现在累计值上，从超额收益率均值显著为负值的第89个交易日开始，配股公司的累计超额收益率便一直表现为负值，直到第250个交易日下降到5.90%。

结合配股说明书公告后不同时间跨度的时间窗口期的价格效应，可以发现，在（-30，5）窗口期，价格效应显著为负值；在（-30，10）窗口期公告后的第6个交易日后，负价格效应开始趋于减弱，降幅收窄，但累计超额收益率依然为负；在（-30，30）窗口期，自公告后第10个交易日起，具有统计显著性的价格效应便以正效应为主导，之后的交易日无论是在（-30，125）窗口中还是在（-30，250）窗口中，具有统计意义的交易日价格效应便以负效应为主导，其中虽有反弹，但股票的累计超额收益率持续下降的趋势不变。

12.4.3　不同时间窗口市场反应的内在逻辑

配股说明书公告后，配股公司的股票收益率在不同时间跨度窗口期有不同的市场表现，在以负价格效应为主导的行情中，也有短时间的正价格效应。本章的实证研究表明，其内在的逻辑在于，参与配股的各个利益主体对配股公司相关信息的解读程度和对风险规避的快慢程度不同。

在（-30，5）这样的超短期时间窗口期中，配股公告后，市场反应迅速而且强烈。这与我国股票市场投资者的投资行为多为投机性（牟晖等，2006）密切相关，因此，具有一定投资经验的流通股投资者在获知配股信息后，便会过度反应，选择抛售所持有的股票“逃权”（宋献中，

2009），以避免配股后股价下跌的损失。而在股票价格下跌的情况下，尚不知情的其他投资者的跟风“杀跌”行为也将进一步加强股票价格下跌的程度。

通过统计研究样本公司从公告配股说明书到进行股权登记日的时间间隔，可以发现，在226家上市公司中，间隔时间最长的为32天，最短的为2天，平均间隔时间为13天。因此，对于（-30，10）窗口的第6个交易日后股票超额收益率的上升，一个较为合理的解释是，为了配股融资目标的成功实施，配股公司的股票价格在停牌前有被拉高的可能，即通过提高流通股股东所关注的配股价格相对于收盘价的折让率或折让幅度，进而激发投资者参与配股的认购积极性。甚至在（-30，30）窗口期第11、12个交易日超额收益率均值表现为显著的正效应，也可能与此因素有关。这与李康等人（2003）的研究结论比较一致，即配股上市公司股价随着消息的发布却有一定幅度的上升。

在（-30，30）窗口期间，第23、27、30个交易日配股公司股票的超额收益率均值显著为正值，这可能是由于主力投资者拉高股价出售股票所致。从配股上市日到配股除权日的时间间隔，最大为103天，最小为7天，平均间隔时间为38天。从配股上市日到配股说明书公告日的时间间隔，最大为118天，最小为20天，平均间隔为53天。以每周5个交易日计算，除去配股登记日到除权日的停牌时间间隔（均值为15天），配股上市到配股说明书公告日期间大约有27个交易日。从（-30，30）窗口的累计值看，配股公司股票的累计超额收益率在第30个交易日末已经上升为正的收益率。就其内在原因而言，主要是在注重短期利润的股票市场上，拥有丰富投资经验和较强研究能力的主力投资者在预期到公司业绩将下滑，而且在其参与配股认购股份可以上市交易的情况下，有拉高股价出货的可能。

而在（-30，125）和（-30，250）窗口期间，配股说明书公告后，在30个交易日后，或者说在主力投资者拉高出货结束后，配股公司的股票价格便进入了下跌通道。而且随着时间的推移，投资者也将认识到配股后上市公司的经营业绩会显著地下滑，卖出股票将是明智的选择，因此在以下跌为主要趋势的股票行情中，股票价格即便是有所反弹，也改变不了继续下跌的大趋势，毕竟没有上市公司经营业绩这一基本面的支撑。

12.5 配股融资影响市场的途径：多元模型检验结果与分析

12.5.1 多元回归模型的异方差性：White 检验

在对多元横截面回归方程逐一进行 OLS 估计得到每一方程的残差后，异方差 White 检验的结果表明，CAR_i 和 *lnSize*、*lnIssue*、*MB*、*Ratio*、*Dr*、*Debitr*（在公式 12 - 3 中不作为解释变量）六个解释变量进行的 OLS 回归估计结果均存在显著的异方差性，其置信水平均在99%（公式 12 - 4 为 95%）以上（见表 12 - 5）。因此，如果使用 OLS 对多元方程的相关系数进行回归估计，虽然得到的估计量仍然是线性和无偏的，但却不是有效的，进行的假设检验结果也是不可靠的（高铁梅，2006）。为此，本章将采取补救措施，使用加权最小二乘法（WLS）对多元方程进行回归分析。

表 12 - 5 多元回归方程异方差检验结果

Heteroskedasticity Test: White			
回归方程 1：CAR_1 和 *lnSize*、*lnIssue*、*MB*、*Ratio*、*Dr*、*Debitr*			
F-statistic	3.879279	Prob. F(27,198)	0.0000
Obs * R-squared	78.19026	Prob. Chi-Square(27)	0.0000
回归方程 2：CAR_2 和 *lnSize*、*lnIssue*、*MB*、*Ratio*、*Dr*、*Debitr*			
F-statistic	3.304014	Prob. F(27,198)	0.0000
Obs * R-squared	70.19674	Prob. Chi-Square(27)	0.0000
回归方程 3：CAR_3 和 *lnSize*、*lnIssue*、*MB*、*Ratio*、*Dr*、*Debitr*			
F-statistic	2.347466	Prob. F(27,198)	0.0004
Obs * R-squared	54.80202	Prob. Chi-Square(27)	0.0012
回归方程 3B：CAR_3 和 *lnSize*、*lnIssue*、*MB*、*Ratio*、*Dr*			
F-statistic	2.517197	Prob. F(20,205)	0.0006
Obs * R-squared	44.55845	Prob. Chi-Square(20)	0.0013
回归方程 4：CAR_4 和 *lnSize*、*lnIssue*、*MB*、*Ratio*、*Dr*、*Debitr*			
F-statistic	1.848715	Prob. F(27,198)	0.0093
Obs * R-squared	45.50287	Prob. Chi-Square(27)	0.0144
回归方程 5：CAR_5 和 *lnSize*、*lnIssue*、*MB*、*Ratio*、*Dr*、*Debitr*			
F-statistic	2.036186	Prob. F(27,198)	0.0031
Obs * R-squared	49.11437	Prob. Chi-Square(27)	0.0057

12.5.2 不同时间窗口下配股融资影响市场的途径与机制

实证模型的检验结果表明，上市公司配股公告后，在不同时间长度的时间窗口中，配股公司的资产规模（*lnSize*）大小、配股计划融资规模（*lnIssue*）和配股价格的折让率（*Dr*），都是显著影响累计超额收益率的重要因素和共同因素，并将配股公告中蕴含的新信息传导到股票价格的走势之中，在累计超额收益率上集中体现（见表 12－6）。

表 12－6 不同时间窗口期下累计超额收益率的多元回归检验结果

	CAR_1	CAR_2	CAR_3	CAR_{3B}	CAR_4	CAR_5
常数项	－0.1782	－0.2053	－0.1207	－0.1203	－0.0047	－0.1433
（t 值）	（－23.7602）	（－16.8268）	（－5.6947）	（－5.8818）	（－0.1284）	（－3.0713）
（p 值）	（0.0000）	（0.0000）	（0.0000）	（0.0000）	（0.8979）	（0.0024）
lnSize	0.0200	0.0377	0.0197	0.0170	0.1525	0.3401
（t 值）	（4.9092）	（5.5255）	（3.7251）	（5.8724）	（13.0309）	（15.5229）
（p 值）	（0.0000）	（0.0000）	（0.0002）	（0.0000）	（0.0000）	（0.0000）
lnIssue	－0.0186	－0.0433	－0.0419	－0.0392	－0.2375	－0.4620
（t 值）	（－4.1720）	（－5.8570）	（－6.2147）	（－6.8168）	（－19.6829）	（－20.6075）
（p 值）	（0.0000）	（0.0000）	（0.0000）	（0.0000）	（0.0000）	（0.0000）
MB	0.0039	0.0057	－0.0036	－0.0040	0.0127	0.0292
（t 值）	（4.8812）	（4.2908）	（－2.6707）	（－3.4891）	（5.1002）	（6.3066）
（p 值）	（0.0000）	（0.0000）	（0.0081）	（0.0006）	（0.0000）	（0.0000）
Ratio	0.1431	0.1620	0.1630	0.1661	－0.1718	－0.5431
（t 值）	（12.2611）	（14.1713）	（12.5223）	（13.8538）	（－6.6142）	（－14.7671）
（p 值）	（0.0000）	（0.0000）	（0.0000）	（0.0000）	（0.0000）	（0.0000）
Dr	0.3515	0.5865	0.8213	0.8156	2.0637	3.6699
（t 值）	（21.5446）	（19.8781）	（28.0066）	（25.1815）	（62.0224）	（32.6363）
（p 值）	（0.0000）	（0.0000）	（0.0000）	（0.0000）	（0.0000）	（0.0000）
Debitr	－0.0467	－0.0962	－0.0106		－0.3815	－0.8977
（t 值）	（－6.9200）	（－6.5257）	（－0.6640）		（－15.7610）	（－17.7266）
（p 值）	（0.0000）	（0.0000）	（0.5074）		（0.0000）	（0.0000）
Adj-R2	0.9392	0.8766	0.8799	0.8627	0.9813	0.9309
模型 F 值	580.0357	267.2664	275.7197	283.7045	1965.7310	506.1926
D.W. 值	2.2278	2.1668	2.0224	2.0168	1.9754	1.9588
样本量	226	226	226	226	226	226

（1）配股说明书公告后，我国股票市场存在规模效应，大盘股比小盘股的表现好。配股说明书公告后，无论时间窗口的时间跨度长短，*lnSize* 的系数符号显著为正，置信水平在 99% 以上。这说明，我国股票市场支持 Stein（1992）的观点，即公司规模越大对机构投资者分析员的水平要求越高，同时要接受投资者更详细的审查，因此上市公司规模与配股公告后的累计超额收益呈正相关关系。虽然自由现金流量假说（Jensen，1986）认为，规模越大、股权越分散的公司，越容易因滥用现金流产生代理成本问题，而且代理问题的监督成本、内部控制成本和机会成本都会随着公司规模的增加而提高（McLaughin et al，1996；Vogt，1997；沈洪涛、沈艺峰，2003），配股后业绩也会下降得更快。但本章的实证结果并不支持配股公告后累计超额收益与公司规模负相关（如 Brennan and Kraus，1987；Brennan and Schwartz，1988）的结论。这也表明，自由现金流量假说还不能有效解释我国股票市场上累计超额收益率与配股公司资产规模的相关关系。

（2）配股公司融资规模越大，对二级市场的资金需求越大，其股票的累计超额收益率也下降得越多。在经济学意义上，上市公司配股融资既意味着股票供给的增加，也意味着对原有股东资金需求的增加。根据价格压力假说（Barclay and Litzenberger，1988），公司股票的需求曲线是向下倾斜的，股票供给的增加将导致股票价格持久下跌，而且融资规模越大，股票价格下跌就越多。而 Miller 和 Rock（1985）则认为，外部融资传递了公司收益不足的信号，发行规模则显示了实际和期望的内部现金流差异程度。于是，配股融资规模的大小，便揭示了关于上市公司消极信息的程度。因此股票再发行规模与市场反应之间存在负相关关系。实证检验结果也支持这两种推断。配股公告后，*lnIssue* 的系数符号显著为负值，置信水平在 99% 以上。这表明配股公司的股票价格走势与配股融资规模大小呈显著的负相关关系。

（3）配股价格相对于公告日收盘价折让幅度越大，配股公司股票价格的下跌幅度越小。实证检验结果表明，配股价格折让率与公告后的累计超额收益率成正相关关系，置信水平在 99% 以上。这表明，以较低的价格配股对参与配股的股东利益具有一定的保护作用，而且折让率越大，保护作用越大。李康等人（2003）的研究也认为，在我国存在流通股股东和非流通股股东的情况下，在不影响非流通股股东权益增长的情况下，高折扣率配股比低折扣率配股更能保护流通股股东的利益，而且流通股股东的超额收益率随着配股折扣率加大而增加。

12.5.3 配股融资在（-30，5）和（-30，10）内影响市场的途径与机制

从配股说明书公告后，在超短期内即（-30，5）和短期即（-30，10）两个时间窗口，公司的资产规模大小、计划的配股融资规模、账面市值比、配股比例、配股价格折让幅度、资产负债率等6个因素都将显著地影响配股公司股票的累计超额收益率；也就是说，在短期及超短期中，配股说明书中蕴含的经济信息将通过6条途径作用于配股公司股票价格的走势，置信水平均在99%以上。其中，4条途径将对配股公司股票价格产生正面影响，另外2条途径对配股公司股票价格产生负面影响（见表12-6中方程 CAR_1 和 CAR_2）。

1. 资产规模、市净率、配股价格折让率和配股比率对累计超额收益率具有助涨作用，而且影响力度随时间跨度增加而增强

从各种信号传导途径对配股公司股票价格走势的作用力度来看，在超短期（-30，5）和短期（-30，10）时间窗口中，配股价格折让率都是对累计超额收益率最大的正面影响因素，而且随着时间的推移其影响力度也随之增加，相关系数由0.3515提高到0.5865；其次是配股公司的配股比例，相关系数由0.1431提高到0.1620。而公司总资产规模和账面市值比对配股公司股票累计超额收益率的正面影响则相对较弱。这表明在超短期和短期时间窗口中，我国股票市场的投资者对配股价格的折让幅度更为关注也更为敏感，而对市净率高低和公司总资产规模的敏感程度则比较低。但总的来看，在短期内，投资者对配股说明书蕴含的经济信息有一定的反应时滞。

对于在短期及超短期内投资者为何对配股价格折让率更为敏感，这可能是由于，在我国的股票市场，流通股股东参与配股不但具有强迫性①，而且具有非流通股价值向流通股价值转移的再分配效应，因此，在其他条件不变的情况下，配股价格越低，配股产生的转移价值就越大（唐国正，2006）。

虽然配股公告后，市场对配股公司的资产规模和账面市值比反应较弱，

① 李康等人（2003）的研究表明，对于原有的流通股股东而言，参与配股的流通股股东有3.85%的超额收益，而不参与配股的流通股股东则有-3.70%的超额损失。宋献中（2009）也认为，上市公司配股公告宣布后，流通股股东即使知道配股公司的投资项目不好，配股有损公司价值，但是如果不认购股份，只要发行成功，配股除权之后股票价值会更低，“搭便车”现象决定股权登记日在册的流通股股东的占优策略是认购股份。

但也证实我国股票市场存在规模效应，即大盘股和成长性较高的股票表现好于小盘股和成长性较低的股票。对于市场对公司资产规模的反应，这里不再赘述。短期内，高账面市值比的股票表现更好，反映了其暗含着的重大成长性和增长机会（Stein，1992；牟晖等，2006；杜沔、王良成，2006）；证实了超额收益与未来增长机会正相关的研究结论（Stein，1992）；也支持自由现金流量假说的一个观点，即成长性好的公司，配股后的业绩下滑更加缓慢。

2. 资产负债率和配股融资规模对 CAR 具有助跌作用，而且前者大于后者

在超短期（-30，5）和短期（-30，10）中，配股公司的资产负债率对累计超额收益率的作用力度大于配股计划融资规模的作用力度，而且投资者对这两方面的经济信息同样存在一定的反应时滞，相关系数的绝对值分别由 0.0467 提高到 0.0962，由 0.0186 提高到 0.0433。

资产负债率的高低对配股公司股票价格的走势造成显著的负面影响，也证实了 Kalay（1987）的观点，随着资本结构变化，股权融资会导致市场的负面反应：一方面公司的债务风险变小，会把财富从股东转移到债权人（DeAngelo，1980）；另一方面财务杠杆的降低增加了资本成本，减少了公司的价值。即便是负债率较低，配股再融资也可能向投资者发送公司进行债务融资已经很困难和经营前景较差的信息，进而引发股票价格较大的下跌。

12.5.4 配股融资在（-30，30）内影响市场的途径与机制

（1）在（-30，30）的时间窗口中，资产负债率对配股公司股票价格的影响并不显著，对投资决策的参考价值下降。

在考虑资产负债率的多元回归方程中，虽然回归结果显示，资产负债率的高低与配股公司股票的累计超额收益率仍然呈负相关关系，但是在统计意义上并不显著（见表 12-6 中 CAR_3）。因此，在（-30，30）的时间窗口中，资产负债率对累计超额收益率的变化并不是一个有效的解释变量。在 226 个研究样本公司中，从公告配股说明书到除权日，平均只用了 15 天时间，最长的也只有 33 天时间。因此，虽然所有的公司在（-30，30）的时间跨度期间都完成了配股，但是其资产负债率由此出现的变化程度，对投资者而言，却较难获知。一方面，配股完成后，公司的资产负债率肯定有所下降，但各家配股公司的变化时间却是随机的；另一方面，在配股公告后 30

个交易日内，绝大多数公司均未公布包括配股融资信息的新财务报表，而在这之前，投资者是不能获得新的资产负债率的确切信息的。因此，资产负债率在证券投资决策中的参考价值大大降低，进而不能有效地解释（-30，30）期间 *CAR* 的变化。

（2）在配股公告后 30 个交易日，配股价格折让率和配股比例对 *CAR* 的影响力度上升，配股公司资产规模、融资规模和账面市值比的影响力度下降，而且账面市值比由先前的积极因素转变为消极因素。

在剔除资产负债率这一解释变量后的多元回归模型中，虽然调整的拟合优度值 Adj-R2 略微有所下降，但依然高达 0.8627，原有解释变量的系数符号均未改变，而且模型的 F 值还有所提高，因此，剔除 *Debit*r 变量后的多元回归模型是稳健的（见表 12-6 中 CAR_{3B}）。

在（-30，30）窗口，上市公司配股价格折让率 *Dr* 和配股比例 *Ratio* 的相关系数均较（-30，10）同时上升，分别上升到 0.8156 和 0.1661；而资产规模 *lnSize*、配股融资规模 *lnIssue* 和账面市值比 *MB* 的相关系数分别下降到了 0.0170、-0.0392 和 -0.0040，置信水平均在 99% 以上。前文已经论述，在配股公告后 30 个交易日，主力投资者参与的配股认购股份可以上市交易后，有拉高股价出货的可能。因此，在此时间窗口，配股价格折让率的大小，对于主力投资者的赢利空间具有重要的影响，在较大折让率的条件下，配股比例的大小就决定了主力投资者持有的筹码进而抛售股票赢利的空间。而在临近配股说明书公告后第 30 个交易日期间，配股公司的资产规模、配股融资规模对主力投资者投资决策的参考价值自然就有所下降。而且在此阶段，从估值上看，配股公司的高市净率（账面市值比）也成为其拉高股价出货的重要掩护，因此，账面市值比对 *CAR* 的贡献由短期的正面转变为负面。

12.5.5 配股融资在（-30，125）和（-30，250）内影响市场的途径与机制

（1）配股公告后半年及 1 年，配股比例对配股公司股票价格的影响由先前的正面影响转变为负面影响，而且影响力度随时间跨度的增加而增强；但是账面市值比则由（-30，30）的消极因素回归为积极因素。

在（-30，125）和（-30，250）窗口，市场对配股比例 *Ratio* 的反应转向负面，而且随着时间的推移，反应更为敏感，相关系数分别转变为 -0.1718和 -0.5431。从上市公司配股后的业绩来看，有研究表明，配股比

例与公司业绩显著负相关，配股比例过高，一次融资金额相对于公司原有规模过大会对公司业绩带来显著的负面影响（徐军辉、王华，2009）。从监管的角度，证监会对公司配股比例也有监控要求。就配股公告后的股票价格变化趋势而言，*CAR* 在第 89 个交易日显著为负值后，就一直处于下跌趋势之中。金融市场价格运动的大部分时间是一边倒，而且投资者的情绪跟着价格走（拉斯·特维德，2003）。Loughran 和 Ritter 在 1995 年的实证研究就表明，公司股权再融资后的股票收益率长期表现较差，而且认为这是受到投资者情绪的影响所致。因此，参与配股并继续处于亏损状态的投资者，从投资情绪角度看，很可能将原因归结于配股比例的大小，而且亏损越多，这种情绪可能会越强烈。因为，除了配股融资规模大小外，配股比例实实在在地决定了投资者认购配股股份的数量。

在（-30，125）和（-30，250）窗口期间，账面市值比由（-30，30）时的显著负值转变为显著的正值，相关系数分别转变为 0.0127 和 0.0292。这表明，代表重大成长性和增长机会的账面市值比逐渐被股票投资者所认识到，即成长性好的公司，配股后的业绩下滑更加缓慢。或者可以认为，在主力以 *MB* 作为掩护出货结束之后，账面市值比对累计超额收益率的影响回归到了正常的状态。

（2）在配股公告后半年及 1 年，配股公司的资产规模、配股融资规模、配股价格的折让率和资产负债率对 CAR 的影响力度继续大幅上升。

在（-30，125）窗口，*lnSize*、*lnIssue*、*Dr* 和 *Debitr* 的相关系数分别上升到 0.1525、-0.2375、2.0637 和 -0.3815，均较与之更短的时间窗口有了大幅度的提高。而在（-30，250）窗口，*lnSize*、*lnIssue*、*Dr* 和 *Debitr* 的相关系数大小更是较（-30，125）上升了 1 倍，分别上升到 0.3401、-0.4620、3.6699 和 -0.8977。这表明，配股说明书公告后，随着时间的推移，配股公司的有关经营信息逐渐被市场所了解，因此市场对上市公司配股的反应也越来越强烈。可以看出，配股公司股票的累计超额收益率的下跌幅度，对配股价格的折让率大小更加敏感，即配股价格越低折让率越大，其下跌幅度越小。

12.6 小结

与国内已有的研究成果相比，我们采取更为严格的标准对 1998～2008

年在A股市场上进行配股融资的上市公司样本进行了更为严格的筛选，从而提高了事件研究结果的“清洁”度，降低了样本区间非配股事件对研究结果的“污染”；在充分考虑配股说明书信息提前泄露的情况下，本章对时间窗口期的起点进行了较为准确的设定，并据此获得了准确度极高的正常收益率和超额收益率指标，进而在此基础上统一了多时间窗口 *CAR* 的计算基准，使得在不同时间长度下研究配股事件对市场的影响具有了可比性；本章还结合配股融资进程的关键时间点和证券投资的实务，对配股公司股票收益率曲线表现出的阶段性特征和配股融资影响市场的内在机制，给出了理论上的解释。以既有研究成果为基础，本章在研究方法上遵循形式逻辑内在的一致性，对上市公司配股后的市场反应进行了多个时间窗口的事件研究，得到了以下重要结论。

（1）配股说明书公告含有足以影响其股价走势的新信息。信息提前泄露时，市场反应相对较弱，正式公告时市场反应迅速而且强烈。虽然市场作出显著反应以公告当天到第11个交易日最为密集，但是由于市场充分吸收公告信息的时滞性，市场的反应却是持久的。

（2）从多个时间窗口考察，配股融资对市场的影响虽以负价格效应为主导，但也有短时间的正价格效应。自公告前第30个交易日起，到公告后第5个交易日，*CAR* 下跌1.02%；在第6个交易日 *AR* 趋于上升，到第10个交易日 *CAR* 下跌只有0.81%；在第11个交易日，*AR* 继续保持上升，到第30个交易日 *CAR* 上涨到0.98%；之后 *AR* 以下跌主导，到第125个和第250个交易日，*CAR* 分别下降到 -0.96% 和 -5.90%。

（3）股票价格效应的阶段性特征与配股全程的三个重要时间节点密切相关。配股公告后5个交易日内，市场选择抛售股票“逃权”规避风险的过度反应和跟风杀跌，负价格效应强烈。临近股权登记日，股票价格有被拉高以提高配股价格折让率的可能，负价格效应减弱。临近配股上市交易日，主力投资者预期到公司业绩将下滑，为出货拉高股价，（-30，30）窗口价格效应为正。之后，配股公司经营业绩会显著地下滑并逐渐被市场所知晓，股票价格便进入下跌通道。

（4）在不同长度的时间窗口中，有6种途径能够有效传导配股融资对市场的影响，但其相关关系并不完全稳定。公司的资产规模和配股价格折让率与 *CAR* 显著正相关，计划融资规模与 *CAR* 显著负相关，而账面市值比、配股比例和资产负债率与 *CAR* 的关系不稳定。在（-30，30）窗口中，市

净率与 *CAR* 逆转为显著负相关，资产负债率不再具有传导效力，而在（-30，125）和（-30，250）窗口中，这两者又均回归正常，即与 *CAR* 显著正相关，但是配股比例与 *CAR* 的相关性则逆转为显著负相关。总的来讲，在这 6 种影响途径中，除资产负债率外，配股影响市场的力度均随时间长度增加而增强，其中配股价格折让率一直是配股影响市场最重要的途径。

基于上述研究结论，我们得到如下启示。

（1）结合国内外已有的研究成果，可以发现，配股融资对投资者收益率的改变程度，既与时间窗口的时间长度密切相关，又与是否准确估计信息提前泄露进而对超额收益率的准确计算相关，还与研究样本是否受到非配股事件的干扰密切相关。可以预期，本章的研究方法同样可以应用到对增发和发行可转债如何影响投资者收益率曲线的研究。

（2）上市公司配股融资改变投资者收益率的全过程表明，我国股票市场上的投机性氛围依然未减。在理论上，无论是在牛市还是在熊市，作为证券投资分析中最重要的估值指标之一的市净率（*MB*），均代表着公司的成长性，市净率对公司股票超额收益率的贡献应该一直为正值。但是只有在（-30，30）时间窗口中，*MB* 系数前的符号显著为负值，而在此期间的末期，也是配股股份即将上市的日期，*CAR* 也显著为正，此后 *CAR* 一直下降并显著为负，这也表明我国股票市场上 *MB* 表现出的估值优势成为主力出货的掩护，市场投机氛围依然较浓，股票市场的健康发展还任重道远。

（3）投资者对配股融资的反应程度大小与配股公告信息被理解吸收的程度和时间快慢有关。因此，一方面，为了向证券投资者提供公正、公开和公平的交易环境，监管部门要继续强化对上市公司各项有可能影响股票价格走势的相关事宜的监管，严防经济信息的提前泄露，使所有市场投资者获得公平的信息披露待遇；另一方面，对于市场投资者在实际投资过程中的盲目性和过度反应，证券监管部门和各类证券服务机构有责任加强对投资者的证券投资教育，倡导市场投资者进行理性的证券投资，促进我国证券市场逐步走向成熟。

（4）上市公司配股融资后的市场表现以负价格效应为主导，这反映了市场对配股公司配股后经营业绩的担忧。虽然随着各项业务的发展，上市公司确实存在通过配股融资补充资本金的现实需求，但是针对我国上市公司的股权再融资偏好，以及实际募集资金往往超过实际需要等“圈钱”行为，监管部门应加强对上市公司的监管和配股及增发等资格的审查（比如，扩大对上市公司业绩的评价范围，尽可能防止其为获得配股资格操纵应计净利润等盈余管理行为，强化对其再融资完成后资金用途的监管等），从而减少上市公司再融资对市场的负面影响，为保护普通个人投资者的利益奠定制度基础。

（5）虽然近年来上市公司通过增发进行股权再融资的频率在增加，但配股依然是我国上市公司进行再融资的主要方式，而且这在我国资本市场也会是一个长期的现象。因此，在配股融资将损害投资者利益的现实背景下，监管部门应倡导并鼓励获得配股融资资格的上市公司以高股价折让率配股，以强化对流通股股东利益的补偿。

13

治理金融腐败与保障金融安全

《左传》曰："国家之败，由官邪也，官何以邪，宠赂章也。"历代政府莫不以整肃贪污为安邦定国之道。金融作为现代经济的核心，素为腐败高发领域。近年来，朱小华、刘金宝、王雪冰、张恩照、董正青、王益、胡汉成等一批中国金融界精英因腐败而沦为阶下囚即为明证。在当前金融危机背景下，资金的稀缺性日益凸显，对金融腐败更要保持高度警惕。因而，加强对金融腐败问题的研究，探讨治理金融腐败的长效机制设计，无疑具有重要的现实意义。也许资料搜集的困难构成了研究上的限制，对于金融腐败问题的研究，国内既有的文献在数量上却远逊于这个问题应受到重视的程度。为了系统地了解金融腐败发生的原因，本章试图通过文献回顾，以法制建设、激励机制、社会规范作为分析金融腐败现象的三个维度，厘清金融腐败的生成机理，管窥治理金融腐败的长效机制设计问题，期望借此抛砖引玉，引起大家共同参与，探讨金融业反腐倡廉的解决之道。

13.1 金融腐败：含义、表现及经济危害

13.1.1 金融腐败：含义及表现

腐败最普遍的定义是滥用受委托的权力牟取私利（the misuse of entrusted

power for private benefit；Pope，2000）。[①] 金融行业在国民经济中的地位及其行业特征决定了金融行业极易滋生腐败[②]，对货币资金这种稀缺性资源的垄断性配置、金融体系普遍存在的委托—代理问题更为金融腐败提供了天然的生长土壤。根据国际货币基金组织的定义，金融腐败就是金融行业的人员利用经营金融业的权力如资金配置权进行谋取私利或小集体（小团体）利益的违法犯罪行为。

鉴于金融腐败涉及监管寻租与共谋、证券内幕交易、融资信息欺诈、信贷交易中索取额外收入等多层面，谢平和陆磊（2005）引进“非规范融资交易”以涵盖金融机构的交易性腐败行为，把这一行为建立在“拥有稀缺资源配置权”的分析框架内，并将一般金融业的资金交易腐败和金融监管腐败结合起来进行研究——金融监管腐败利用的是行政权力的稀缺性，一般金融交易腐败利用的则是资金配置权力的稀缺性。其中，金融交易腐败主要表现为非规范融资行为。例如，银行利用其配置资金的垄断权力从融资行为中获得两类寻租收入：直接从信贷额度中扣除部分金额作为“好处费”或在账外向借款人额外征收高利息。金融监管腐败是金融监管与金融机构间存在的权力交易，主要体现为“胁迫”与“共谋”两种情形。于被监管者一方，存在面对现有管制被迫行贿的“逼良为娼”，以及为寻求违规庇护的主动行贿的“警匪一家”；于监管者一方，则因事先是否设租，存有“贪赃枉法”与“贪赃不枉法”之别。

值得注意的是，不同类型金融机构腐败的表现形式及特征存在差异。以

---

① 对于腐败行为的界定，有从“道德和操守”的观点对腐败行为加以批判（Dwivedi，1978），认为腐败构成道德上的瑕疵。也有从是否“违反职权”界定腐败（McMullan，1961，转引自 Heidenheimer，1978；Bayley，1966）。此派学者认为贪污行为，尤其是与贿赂有关之行为，系指为了私利考虑（不限于金钱）而滥用职权（authority）的行为。另有学者则以是否“侵害公共利益”，而判定公务人员的行为是否为贪污行为（Rogow and Laswell，1963，转引自 Heidenheimer，1978）。再者，有从“市场行为”来界定贪污，Van Klaveren（1978）认为公务人员将其公共职权视为一种“生意”，以牟取个人最大利益；其所能获取的利益乃是依据市场的情势，及其自身所能找到公共需求的最大获利点。无论对于腐败采取何种定义，都有不同的衡量尺度，并涉及不同的价值判断。

② Mauro（1998）认为巨额的腐败最可能出现在寡头竞争的产业和难以估价的项目，金融行业恰属于第一种情形，此其一。其二，Quah（1999）对印度尼西亚的研究，把公仆分为两类：一类是各种委员会、发展计划部、掌管外国训练的人员等，这些与金钱、发展计划、银行或者是公营企业相关的“湿”（wet）的职务；另一类是处理传统行政事务的“干”（dry）的职务。湿的职务贪污的机会较多，而干的职务较少。当然，必须说明的是，实务中，任何部门当中，都会有一些职务足以诱发腐败发生的机会。

我国为例，证券业腐败往往具有在较短时间内对交易价格和数量进行双重操纵的特征，因而，其交易对手面临投资本金和收益率的全面损失；而由于政府“扶持之手”[①] 效应，银行业腐败仅是价格加成，体现为在法定利率之上的额外收入，且受到非正规金融市场价格的制约，存在腐败定价的上限（谢平、陆磊，2005）。

13.1.2 金融腐败的经济危害

世界银行认为，腐败是经济和社会发展的单个最大桎梏，它扭曲法律、弱化经济增长赖以实现的制度基础，从而逐步削弱发展。从已有的研究来看，腐败导致投资与增长的低位运行（Mauro，1995）、发展中国家对外国直接投资的吸引力下降（Wei，1997）、税收收入减少（Haque and Sahay，1996；Tanzi and Davoodi，1997）、产品创新受挫（Mahagaonkar，2008）、军备支出增加（Gupta et al.，2000）以及非正式经济的大规模出现（Johnson et al.，1999）。[②] 由于金融腐败涉及国家在发展进程中最稀缺的资源——资金的配置，因而对经济增长的影响比一般的官员腐败更加直接，其具有的强烈负外部性效应对经济冲击巨大、影响深远。具体而言，金融腐败的经济危害主要体现在如下三点。

第一，提高融资成本，造就低下信用。首先，金融腐败影响了资本形成，阻断了储蓄与投资，通过提高融资成本制造了资金稀缺（Beck et al.，2006），同时造就了高风险融资者（即逆向选择）。以融资腐败为例，作为一种转移支付，融资腐败的实质是金融机构或监管部门直接或间接攫取实体经济部门的产出收益，这似乎是一个零和博弈，但是实际情况远较此复杂。由于这种转移支付的存在，资金市场面临进一步的短缺，出现利率偏离实体经济需求的反常抬升，因而金融腐败是制造稀缺的行为。其次，金融腐败造

① Frye 和 Shleifer（1997）：“扶持之手”行政主导型权力结构，政府扶持企业，由此导致有组织的腐败（organized corruption）。

② 一些研究认为腐败是经济增长的滑润剂，如 Nye（1967）、Liu（1985）。Rock 和 Bonnett（2004）的研究发现，在许多发展中国家，贪腐对于经济的成长造成了负面的影响，但是也发现了贪腐并未妨碍一些东亚地区较大型新兴工业化国家的经济成长。他们以长期稳定及独占的贿款支付，以及特权给予的交换关系解释所谓的“东亚吊诡”。这些国家如中国、韩国、印度尼西亚、泰国等，借着此种上对下垂直式的恩庇——依侍（patron-clientelism）的稳定关系，降低了制度的不确定性，贿款形同征税，并使投资者获得了保护，并且因为这些国家会为了长期利益的考虑，更积极地帮助本国企业的发展，形成东亚经济发展的特殊模式。

就了信用低下，这是由于金融腐败提高了融资成本[①]，导致愿意接受这一要价的借款人往往不具备偿还能力，同时把好的借款人挤出市场。最后，在产出效应上，金融腐败直接造成了储蓄与投资间的差距，因此社会资本形成不能达到应有的水平，故全社会产出必然低于充分就业的水平。

第二，影响金融市场发育。金融腐败行为破坏合法竞争，扰乱了市场良性运转的交易规范，使得基于价格、质量、效率等展开竞争的原则形同虚设，价格信息及其对资源配置的导向作用难以奏效，从而严重影响金融市场发育。谢平和陆磊（2005）对中国银行市场膨胀、证券市场萎缩这一现象从腐败的视角进行了诠释，从公众资产选择的基本出发点入手，通过“金融机构—公众—融资者—政府”的多元博弈下的一般均衡方法，证明了银行与证券腐败的本质差别和非对称国家担保机制，导致了金融市场发展的差异性。

第三，破坏金融运行环境，影响金融稳定。金融腐败之“恶性肿瘤细胞”的扩散，可能对一些融资者起到“逼良为娼”的效应，使得整个资金融通环境进入一种非良性的循环之中。金融腐败是金融机构不良资产不断产生和积累的重要原因，其还可能引起金融挤兑[②]，继而引发经济危机。在欠发达经济体中，金融腐败可能会把经济拖入高腐败、低产出的贫困陷阱，通过财政货币政策增加当地的资本存量可使经济进入高产出、低腐败的良性循环。经济转轨中的金融腐败严重地威胁了金融稳定，而金融稳定正是经济成功转轨所依靠的基本条件。

13.2 金融腐败的肇因[③]：兼析我国金融腐败的影响因素

诚如陶在朴（2000）所言，腐败是多种成分所组成的毒药。现有的文献从不同层面对腐败的肇因进行了探讨。例如，Treisman（2000）对腐败指

---

① 据中国人民银行《中国金融腐败研究》的调查显示，就全国而言，企业每获得100万元正规金融机构贷款，其非正常的申请费用就接近4万元，农户和个体工商户平均每万元贷款的申请费用接近600元。这表明，几乎每年企业和农户都必须多支出4%～6%的利息，连同平时3%～5%的维护关系费，相当于支付9%的年利率。

② 例如，2001年10月，广东省开平市多家银行遭储户挤兑，正是典型的金融腐败事件引起的恐慌性挤兑。

③ 由于金融腐败相关研究文献的匮缺，此部分更多地将金融腐败置于更广泛意义的腐败范畴进行探讨。

数与一国历史、文化、经济、政治特征之间的关系进行了研究，结果发现腐败率较低的国家往往具有新教徒国家、前英国殖民地、人均收入较高、普通法系、进口占 GDP 比率高、民主时间长、单一政体等特征；陈文团（1998）认为贪腐源于人类被追求权力和财富的欲望所驾驭，因社会结构、道德、文化、司法系统的不同而呈现出显著或不显著、合理或不合理的差异，贪污事件参与者获利被视为一种“团结一致”的方法；Mehlum 等人（2006）认为腐败是寻租的结果；吴一平（2006）认为造成腐败不断扩大的一个重要原因是激励机制效率的低下；Teachout（2009）认为腐败是情境（context）与意图（intent）的产物等。综观现有文献，金融腐败的影响因素大致可从法制建设、激励机制、社会规范三个方面加以阐发，且金融腐败往往是上述因素交互作用的结果。

13.2.1 法制建设

Herzfeld 和 Weiss（2003）主张，腐败是存在已久的现象，有效率的法律系统是降低腐败的关键要素。多项研究表明，法律体系的质量与腐败事件的数量负相关。① 在 Andvig 和 Moene（1990）提出的两阶段官僚决策模型中，腐败的相对吸引力是法律体系效力的函数，更具体地来讲，是被察觉及惩罚概率的因变量。法制与腐败之间的关系甚至可以从腐败的心理学中找到线索：社会心理学认为，有一种腐败的动机来自于因为根本上对法律的漠视、不尊重，而产生“不守法的动机”（Holmes，1993）。但是，在法规和腐败之间有着复杂的关系，腐败的成因、结果和解决腐败的方案，三者容易纠缠不清。Jain（2001）以一个简单的案例演绎了腐败与一国法律体系能效的关系：法制体系效率低下的国家，其腐败水平可能会因响应外部冲击而提高；政治精英会发现腐败收益无法抗拒的增长，一旦产生腐败，这些精英们就会通过人为的资源配置及更改关键岗位的任命，极力地降低司法体系的有效性；而资源的减少又使得法律体系抗击腐败举步维艰，继而令腐败日益泛滥。Levin 和 Satarov（2000）则以转型中的俄罗斯为例，认为法律体系的滞后造成腐败横生、国民对法律关注度低、司法程序混乱及有法不依；与此同时，“腐败渗透法庭”，律师将腐败作为捍卫其客户利益的有效工具，因而腐败与律法之间的关系事实上是相互缠绕的。Herzfeld 和 Weiss（2003）认

① 有关此论题的综述，可参见 Lambsdorff（1999）和 Jain（2001）。

为，这正是腐败顽固长存的原因之一。

从实践来看，腐败的确与法制健全与否高度相关。例如，Treisman（2000）研究发现，前英国殖民地国家之所以不如其他国家的殖民地腐败，是由于其已经拥有正常的法律体系，因而他也主张法律系统本身就会决定腐败程度；La Porta 等人（1999）则发现拥有大量天主教徒或穆斯林人口的欠发达国家，以及实施法国法（与普通法相对）的国家，政府运作绩效低下，腐败程度较高。从我国的情况来看，李扬和周子衡（2009）指出，正是由于我国金融立法不足，特别是防范金融腐败的立法不足（具体表现为金融机构立法和金融业务立法存在较大欠缺，立法的专业性不够，有关责任主体和范围的法律界定失之宽泛甚至基本缺位），“造成群体性的灰色选择，形成大面积的金融腐败，从而扭曲市场行为，损害金融效率，恶化金融界的职业操守，甚至可能为腐败分子打开逃脱之路”。近年来，我国多名证监会官员先后落马，与相关监管法律的缺失不无关系：《证券法》赋予证券监管部门 20 多项权力，其必须遵守的义务却只有“不得利用职务之便牟取不正当利益”以及“不得在被监管机构中兼职”，而且均无细则。

13.2.2 激励机制

Nas 等人（1986）从福利经济学角度提出了“政策导向腐败”（Policy-oriented Corruption）的概念，其结论是：腐败不是一种孤立现象，而是一定的政策产物。越来越多的研究表明，企业融资模式无法用企业或产业要素解释的部分可以被一国制度因素所解释（Demirgüç-Kunt and Maksimovic, 1996, 1998, 1999, 2001; Rajan and Zingales, 1995; Booth, Aivazian, Demirgüç-Kunt and Maksimovic, 2001; Giannetti, 2003; Fan, Titman and Twite, 2005）。作为政策产物的腐败，又可以从宏观激励机制设计和微观激励机制设计两个层面加以解析。

1. 宏观层面的激励机制设计

亨廷顿在《变动社会中的政治秩序》中一针见血地提出，“腐败的基本形式就是政治权力与经济财富的交换”。因而，宏观层面的激励机制设计，应致力于完善政治体制，切断权力与金融之间的联系桥梁，建立民主廉洁的政治制度。具体而言，包括以下几个方面内容。

（1）市场机制。邹薇（2000）认为，腐败是政府干预与市场经济体系不健全的缝隙中产生和蔓延的制度行为。如果政治市场和金融市场都是完全竞争的，则人们不论从事正当合法的竞争，还是从事金融贿赂活动，其私人成本与社会成本、私人收益与社会收益是一致的。此时，遵守市场规则、合法竞争能够带来预期的回报；相反地，金融腐败一旦被查处，组织和个人就得承担全部成本，即使侥幸没被查处，组织和个人也不可能从中得到任何额外的好处。因此，包括交易秩序、市场竞争等在内的市场制度越是完善，则贪腐行为越少。从现实情况来看，发展中国家普遍存在市场制度不健全的问题，吴敬琏（2005）认为，我国作为一个向市场经济转轨的国家，政府配置资源和对企业微观经济活动的干预权力过大，是腐败难以消除的最主要原因，因而从源头上反腐败的基本途径在于推进市场化改革。Barth 等人（2009）也主张，市场化程度的提高使得金融机构间竞争加剧，可增强融资者的讨价还价能力，从而有助于遏制腐败。

（2）公共治理。政治寻租与金融部门发展及经济增长的关系早已被相当多的文献所证实（Shleifer and Vishny，1994，1998；Fisman，2001；Johnson et al.，2002；Johnson and Mitton，2003；Ramalho，2003；Acemoglu and Johnson，2005；Faccio，2006；Charumilind et al.，2006；Leuz and Oberholzer-Gee，2006）。Fan 等人（2008）对我国 23 起金融腐败案所作的分析也证明了公共治理于企业融资模式的重要影响。转轨过程中与金融相关的公共治理制度安排缺陷往往会成为腐败的诱因。谢平和陆磊（2005）发现，我国中央银行或财政对金融机构的坏账进行转移支付（央行再贷款或其他形式的注资），可能会使银行“无所畏惧”，加剧道德风险，从而助长金融腐败。换言之，由于存在转移支付机制，企业与银行的非规范金融交易的实质是对中央银行和财政转移支付的分割。如果来自当局对坏账的转移支付力度与银行寻租所得的边际收益增幅大于银行内部对坏账形成的约束或惩罚力度增幅，则银行在坏账增加的情况下，依然有积极性提高贷款总量，以获取更高的腐败收益。在公共治理领域，如何提高透明度，体现民众对于掌管经济与社会互动的制度的尊重，并能有效监督政府的活动十分关键（Kaufmann，2006）。因而，在反腐败方面，提升体制改革（例如，通过简化和增加公共行政的透明度）是十分重要的（Del Monte and Papagni，2007；Kolstad and Wiig，2009）。

（3）金融监管。“政治/监管捕获观”（Political/Regulatory Capture View）认为，政客和监管者最大化的不是社会福利，而是私人福利（Hamilton et al.，1788；Buchanan and Tullock，1962；Becker，1983；Shleifer and Vishny，1998）。

如果银行监管机构有权处置不合规的银行，他们就会利用这种权力诱使银行将信贷投向转移至与政治相关的企业（Becker and Stigler，1974；Stigler，1975；Haber et al.，2003），如此一来，银行就不能仅按风险—回报标准配置资本，而要受到监管当局的影响，那么腐败和政治联系就会扰乱银行的信贷配置。这一观点认为，加强监管部门的权力会在实质上降低银行信贷的效率，要打击腐败，就应釜底抽薪。在某种意义上，谢平和陆磊（2005）对中国金融腐败的调研结论为“政治/监管捕获观”提供了中国例证。与权力过大相联系的权力使用不当，即监管制度的缺陷同样也可能成为贪腐的温床。商林和汪辉（2008）对湖北省近年查处的金融职务犯罪案件进行分析后认为，当前我国金融监管的局限——以对金融机构的审批和金融机构的合规性监管为主，对金融机构的日常经营的风险性监管、规范性监管、法人治理结构和内控涉及较少——是金融机构贪腐案频发的重要原因。而对金融创新监管的滞后，更助长了名为“打擦边球”实则贪污腐败的弊案。

金融监管的“私人授权观”（Private Empowerment View）则主张银行监管政策应专注于提高私人机构克服信息及交易成本的能力和激励，使之能够实现对银行的有效治理。与此同时，这一观点认识到市场失败（激发政府干预）和政治/监管失败（监管部门没有足够的激励减轻市场失败）的重要性，继而提出应赋予监管部门相关的责任和权力，引导银行向公众披露准确的信息，以使得私人机构能够更有效的监控银行（Hay and Shleifer，1998）。Beck 等人（2006）对 37 个国家超过 2500 个企业外部融资的数据所作的分析表明，授权大众监督、敦促银行披露信息有助于消除腐败这一外部融资障碍。Barth 等人（2009）也发现，有强有力的证据表明，银行间竞争及信息共享可有效减少信贷腐败，信息共享通过减少逆向选择（Pagano and Jappelli，1993）、抑制轻率借款行为以纾解道德风险（Padilla and Pagano，1997），更可提升竞争在抑制腐败中的作用。

2. *微观层面的激励机制设计*

在微观激励机制层面，毋庸置疑，如果存在机构自身层面上的监督和激励等治理结构的缺陷所导致的软约束，那么就必然会产生金融腐败行为。微观激励机制研究的重点在于如何抑制经济主体与生俱来的逆向选择与道德风险问题，在实践中体现为加强监控、加大惩罚力度或高薪养廉等。例如，Basu、Bhattacharya 和 Mishra（1992）认为反腐败必须从增强稽查以提高抓获受贿者的概率和提高罚款以降低受贿者预期收入角度入手；Jain（2001）总结了诸多文献提出的反腐措施，认为其中重要的措施是构建更好的监督体系，提高腐败被发现的概率，提高惩罚力度与官员工资。与此相对应，监督体系和激励约束机制的缺陷就会助长贪腐。

（1）治理结构安排。拉孜克·买买提和张玉民（2002）通过对新疆维吾尔自治区喀什地区2001年金融贪污腐败案件的个案分析，发现法人治理结构缺损正是当地农村信用社腐败的重要原因，因而“金融机构从业人员贪污腐败不仅仅是一个法律概念，其经济学含义是‘治理结构缺损下内部人道德风险的极端形式’”。Fan等人（2007）以中国上市公司为对象，考察了公司总经理的政府任职背景对治理结构和企业价值的影响，他们发现，总经理的政府任职背景对董事会职业化程度具有显著负面影响。从我国当前的情况来看，金融机构负责人绝大多数具有政府任职背景，部分金融机构法人治理结构尚不完善，上下级之间存在着紧密的内部利益关系，监督主体实质上存在缺位问题，一些金融机构董事会、监事会的作用尚未完全发挥。

（2）内控机制的缺失。在实践中，金融机构一般通过执行常规的合规审计来抗击腐败，内审亦被美国注册舞弊审核师协会（Association of Certified Fraud Examiners，ACFE）视为反腐肃贪的最有效工具，但缺乏内控又恰恰是腐败案件发生的最普遍诱因（ACFE，2008）。在儒家文化盛行的亚太地区，内部审计往往角色模糊且地位较低（Goodwin and Yeo，2001）。中国人民银行海口中心支行纪委课题组（2006）指出，“有些金融机构对内控制度的认识还不很明确，忽视了内控制度是一种机制，是一种贯穿于决策、执行和监督整个过程之中的相互制约的防范机制，因而缺乏执行内控制度的意识。还有些单位发现问题处理不及时，执法执纪不严，内控执行机制和处罚机制弱化，缺乏足够的威慑力。”

（3）对金融权力主体的激励约束机制不完善。在经济转轨过程中，金融机构管理者的报酬与其贡献及组织业绩可能存在不成比例的现象，激励机制的缺陷使得金融机构管理人员具有绕过政策限制、通过贪腐谋求利益的强烈动机。此时腐败实际上是当正式的制度安排不能满足个体的利益需求时孕育出来的一种利益诉求方式。此外，且不论我国金融机构“一长制”现象之严重，由于目前的一些制度安排（包括法律法规和内部治理）存在不少缺陷，易被腐败分子利用，大打“擦边球”，模糊违规与违法的界限，造成监管查处上的难度，因此，腐败被抓住的“概率”极低，导致金融腐败成为“高收益、低风险”行为。

(4) 惩防体系建设不健全。研究表明，举报热线可能是侦测诈欺的最佳工具（Wells，2008），有相当数量（46%）的腐败案件均是由线索而不是其他技术或方法工具测出的（ACFE，2008）。

值得注意的是，无论是在宏观层面还是微观层面，肃贪机构是否能够健全运作备受关注，其中最重要的问题是该机构本身运作的模式是否能独立自主。Quah（1999）① 发现，“一个独立机构的反贪立法”的中国香港与新加坡的肃贪是最为成功的，因为唯有“独立的肃贪机构”才是有效侦查腐败的方式。肃贪机构必须独立于受侦查单位之外，虽然这样会增加更多的成本，也会削弱了行政首脑的权限，但却是能够将腐败根源连根拔起的有效方法。这是因为，如果肃贪机构的人事、权限、经费受制于应受侦查的组织或机关首长时，则肃贪机构发挥功效的可能性，甚至小于其本身遭到腐蚀的可能性。因此基于权力分立的原则，唯有侦查者摆脱受侦查者的影响时，才能够真正发挥监督制衡的作用。吴一平（2006）从中国银行业纪检部门缺乏独立性，对于行长一级的高级经理人员的腐败行为无法制约来说明腐败为何难以遏制：如果依法办事的话，可能会受到打击报复，因此通常的做法是不闻不问，有的甚至合谋腐败，纪检机构形同虚设。谢顺利和乔海曙（2007）也认为，我国金融体系纪检监察机构设置缺乏独立性，致使纪检监督流于形式。

13.2.3 社会规范

1. 国家层面的社会规范

由于“贪污深植于传统社会所遗下的制度和态度的残留物中”（朱岑楼，1973），有相当数量的研究将东亚地区的腐败现象归因于华人文化的传统，甚至归咎于儒家文化（Beresford，1988，转引自 Holmes，1993）。费孝通曾解释中国人的社会结构是一种以“己”为中心的“差序格局”，在“差

① Quah（1999）分析了包括蒙古、印度、菲律宾、新加坡、中国香港五个亚洲国家和地区的肃贪做法，将其分为三种模式，分别为“没有独立机构的肃贪立法”（Anti-Corruption Legislation with no Independent Agency），以蒙古为代表；“多机构的反贪立法”（Anti-Corruption Legislation with Several Agencies），以印度和菲律宾为例；以及“一个独立机构的反贪立法”（Anti-corruption Legislation with an Independent Agency），以中国香港与新加坡为代表。

序格局”当中，群、己，公、私的分际不是绝对的，而是相对的。一个腐败的人，当他牺牲国家而为他所属的小团体谋利益、争权利时，他也是为公，只是为了小团体的公而已。此外，华人社会具有显明的家庭主义特征——家庭里的人要有福同享，有祸同当，彼此是互利的结合，应该是紧密地团结一起（杨国枢，1983）。这种特征一旦延伸到其他机构中，就形成了下面的人应该设法“孝敬”上面的人，甚至可以发挥密切的团队精神，使违背公义和贪污行为逐渐走向制度化的方向。而且因家族主义作祟，很容易让领导护短，万一出了事情，上面的人绝对不会承认是自己手下做的。还要设法把问题摆平，充其量不过是私下把犯错的人责骂或处罚一番，对外却是绝对不肯承认。因此贪污腐败问题之所以会日渐坐大，和这种护短心态不无关系（谢瑶伟，2000）。不仅如此，Hwang 和 Baker（2000）发现，中国的人际“关系”往往会影响到审计人员的道德判断，从而放弃其独立性。而 Au 和 Wong（2000）也发现“关系”会削弱中国注册会计师的道德推理能力。

此外，随着经济、社会的快速发展，我国已朝向一个多元社会与多元价值的体系，产生了奥格本提出的“文化失调”（Culture Lag）现象，重视物质文明而轻忽精神文化的倾向，导致社会病态丛生。若干农业社会转向工商业社会的实例表明，由于大量金钱及物质的诱惑，一般人不愿遵守以往传统道德规范，产生所谓“笑贫不笑娼”、“笑廉不笑贪”的观念，致使一个社会原有优良道德传统崩溃，各种腐化的观念可能继之而来，官员视收贿为理所当然的事，贪污风气因而盛行（宋筱元，1988）。

2. 组织层面的社会规范——企业文化

另一种对腐败现象产生原因的解释来自于顺从[①]需要（need for conformity）。在华人性格的分析中，社会顺从性是一项重要的指标。社会顺从即“从众性行为”指个人行为或态度因受到社会规范、角色任务、道德标准等社会因素影响而趋于一致的倾向，或是个人容易受到社会影响而放弃自己想法的“随和性格”（张春兴，2004）。一旦组织间充斥着腐败，成员就没有“不贪污的自由”了，因为“超然独立者”必然招致“非正式的处罚”，其方式有工作上的排挤、栽赃式的检举或威胁等，而迫其同流合污或

① Milgram（1963）提出“社会顺从”理论，顺从与服从二者不尽相同，服从（obedience）是拥有权力者以命令要求他人调整行为。而顺从（conformity）是个体为了自身利益或避免受惩罚而自愿遵从他人的行为。前者是受强迫而引发，后者强调其仍有某种程度上的主动性。

离开该单位（谢瑶伟，2000）。此外，组织中高层的腐败更可能造成低层级者腐败的示范与鼓励（Holmes，1993），正所谓“上有所好，下必甚焉者矣”（《孟子·滕文公》）。

事实上，与一国文化传承相比，企业文化在反腐倡廉方面同等甚至更加重要，因为其直接指导道德行动、形塑反腐态度，尽管很多金融机构并未对此给予足够的重视（Watson，2003）。实证研究对此提供了经验支持，Okleshen 和 Hoyt（1996）研究发现，美国和新西兰学生于诈欺、强权的道德认知差异，在其参加了道德课程之后完全消弭，继而得出对员工进行道德培训有助于减少文化因素对道德决策影响的结论。

综上所述，金融腐败不仅与一国政治经济发展的阶段特征相关，而且还有很深的政治、法律、文化、制度根源。金融腐败的形成，仿佛是不断地皴染和涂抹，于是构成深幽的、被遮蔽的背景，它仿佛树根，支撑着各种形式的金融腐败苗芽不断地滋长。这也就决定了金融腐败治理不可能一蹴而就，而必须付诸金融腐败治理长效机制的设计与实施。

13.3 治理金融腐败的长效机制设计

尽管我国目前已初步形成了抑制金融腐败的 6 大支柱：金融机构自身的自律监管；专门金融监管机构的外部专业监管；由财税、审计构成的外部社会监管；纪检监察机关的监督；公、检、法机关的监督；社会监督（李扬、周子衡，2009），但金融领域内确实存在着一些较为严重的金融腐败现象。这些金融腐败行为既是历史的积淀在金融改革开放条件下的沉渣泛起，也是社会金融结构在转型时期腐败因素对我国金融肌体侵袭破坏的突出表现，同时更是金融从业人员的权力失去民主监督和自我约束所产生的必然结果。金融腐败严重阻滞和侵蚀我国社会生活及金融的文明进程与创新成果，其潜在和现实的威胁都十分巨大。这些都迫切要求我们采取行之有效的措施，构建防治金融腐败的长效机制，坚持标本兼治、综合治理、惩防并举、注重预防，全面推进金融行业反腐倡廉工作，为金融稳定健康发展提供有力保证。

13.3.1 完善防治金融腐败的法律体系

其一，加强金融反腐立法。市场经济的立法精神就是要保障各利益主体的利益神圣不可侵犯，因而金融立法要提高金融立法的科学性、实用性和前瞻性，以债权人的权益为核心，建立一套防范侵权行为的法律体系。首先要加快金融立法的步伐，可考虑在《银行业监督管理法》等相关法律的基础上制定统一的“金融业监督管理法”，就金融监管的基本原则、宗旨、金融监管体制、金融监管机制的职权与责任、金融监管的主要内容等方面作出明确规定。在统一的“金融业监督管理法”出台以前，可考虑在《银行业监督管理法》之外制定独立的“证券业监督管理法”和“保险业监督管理法”等单行法规，以便与我国现行金融监管体制相协调。与此同时，建立具有可操作性的金融危机处置法律制度及相关配套措施，加强金融监管国际合作，继续完善涉外金融监管法律制度。其次应加强金融刑事犯罪方面的立法。一是要根据金融改革开放的新形势和金融领域出现的违法违纪新动向、新问题，及时修改《刑法》有关金融犯罪方面的规定，以便更好地协调《刑法》和金融法规的关系；二是要考虑超前立法，把未来可能发生的某些严重金融腐败行为列为犯罪行为；三是要加大刑法对金融腐败行为的打击力度，有效地发挥刑法在打击金融腐败中的应有作用。总之，要在法律规范中形成对金融腐败案件定性、举报人保护与奖励、法律责任、行政处罚手段、民事侵权救济等的清晰界定，消除模糊概念，使得对金融腐败案件的查处和判罚更加明确，充分发挥法律的威慑力和对人们行为的规范作用。

其二，加强金融反腐执法。对于金融欺诈的治理，执法的一致性、可预测性是西方核心纠错机制的设计目标（陈志武，2005）。我国是一个受儒家文化长期浸润的国家，在治国安邦方面的长期理念是“德主刑辅”、“明刑弼教”，因此在执法方面较其他国家缺少刚性。当前，我国的金融监管执法运作在诸多环节上还存在着明显缺陷，执法的总体水平和总体效能都还很低，远不能适应开放性经济和市场化条件下金融监管执法的需要，金融执法效率低，法治没有真正落实。为此，应构建与加强政府监管相适应的立法、行政执法和司法的协调配合机制，切实发挥司法制裁和救济的功能，提高司法系统处理金融违法犯罪事件的专业能力，提高金融民事案件立案率，降低投资者诉讼成本，提高金融执法的效率。

此外，还应积极加大对金融企业客户利益的保护力度，包括逐渐放开对涉证券民事赔偿案件的受理限制，强化对损害金融企业客户利益的司法救济；加强金融机构信息披露的深度和广度；避免过多地采用行政手段介入金融机构的重组、接管和破产，强调以法律手段来处理金融机构的破产、接管问题等。

13.3.2 优化金融行业反腐激励机制

在宏观层面，应将金融反腐败激励机制建构于整个经济体制改革大框架之内。首先，要强化市场机能，把资源配置权进一步向市场分散，用制度的约束力来防治金融腐败：①合理划清政府和金融行业之间的界限，用法律的方式明确各方职责，消除由于两种干预方式结合造成的腐败经济需求，破除政府行政权力对于金融行业正当竞争的不利影响，给金融行业一个宽松公平的运作环境；②深化金融主体和业务方面的改革，实现金融主体和金融业务的多元化，拓宽微观经济主体的融资渠道，破除金融行业的垄断地位，为金融机构开展业务创造公平、公正、公开的市场竞争环境，消除腐败产生的根源；③立足金融创新实际，完善金融创新监管，分层次、有重点地制定相关金融法律法规。其次，要推进透明度建设，把透明度建设作为防范金融腐败的根本所在，一方面要把不必要集中的权力下放到市场中，另一方面需要金融监管机构建立一套顺畅的信息收集系统，在及时处理各外部主体所反映的金融机构腐败信息的同时，为公众的外部监督提供信息渠道。最后，完善金融监管体制，加强对金融市场监管部门的监管力度，使金融监管部门充分发挥遏制金融腐败的职能；在监管方式上，实现由机构型监管向功能型监管的转变，从一般行政性监管为主转为依法监管为主，从注重外部监管转为注重金融机构内部控制为主；在监管内容上，从注重合规性监管转向注重风险性监管。此外，还要适应金融综合经营的发展趋势，建立金融监管协调合作机制，加强对金融控股公司的监管，进一步发挥行业协会的自律监管作用。

在微观层面，首先，金融机构内部要完善公司治理，加强腐败风险管理。具体措施包括：①管理层基于法律、行业特征、政府官员互动数量等对腐败风险进行评估，切实将腐败风险融入尽职调查，并延请第三方对金融机构尽职调查进行审计；②董事会应通过一项反腐政策，就接受赠礼、慈善捐助、合规认证、审计权条款及反腐保障契约形成指南，在管理层中分发并在企业网站公布；③客户经理、信贷管理人员或采购人员均须定期接受反腐合规培训；④内审人员须执行轮换合规审计；⑤对内部发现的腐败行为，应正确、及时地宽大处理。其次，要加强党内监督与法人治理机制监督的联系与互动，确保纪检监察机构的独立性。纪检监察机构应按党政组织的行政隶属关系设置机构，即改派驻金融系统的纪检监察机构为直接派驻机构，提高金融系统纪检监察机构的独立性，将派驻纪检监察机构与金融机构的内设机构合二为一，在干部管理、工资待遇和经费划拨方面实现真正“派驻”，形成纪检监管机构与监事会的优势互补，加强纪检监察部门与稽核审计部门的密切配合，充分发挥纪检监察的综合监督优势，实现对金融腐败的事前防范、事中检查、事后处理的全程管理。再次，加强对金融权力主体的约束与激励：①明确管理人员的反腐承诺，并将反腐倡廉成效列入绩效考核；②参照清朝对封疆大吏实行的“养廉银”制度，考虑建立类似长期储蓄的“反腐败保险个人账户”（谢平、陆磊，2005），从其拥有权力起即建立，退休时若未发现其存在腐败行为则准予一次性领取该保险金，否则予以取消。这可以调整金融机构和监管部门的预期收入，降低其腐败倾向；③引入自我报告制度。[①] 在自我报告制度下，通过提供一个选择性的罚金，可以与官方的惩罚制裁形成一个竞争性的惩处方式，最终阻碍金融机构中的违法犯罪行为以及金融监督执法中腐败问题的发生。最后，建立有效的举报奖励机制，允许风闻言事，弘扬金融行业廉洁正气，对防范风险或举报、消除案件发生的有功人员要进行奖励，形成对权力的外部监督。

13.3.3 加强廉政文化建设

普遍主义的道德要行之有效是需要建立在人们的共识基础之上的，因而反腐倡廉，必须加强廉政文化建设，形成抵制腐败文化蔓延扩散和群体压力效应的相应机制。在整个社会层面，廉政文化建设的关键在于能否形成对主流文化的普遍认同及由此形成的社会评价。孔子在《论语·为政》中有言：“道之以政，齐之以刑，民免而无耻；道之以德，齐之以礼，有耻且格。”要旗帜鲜明地以廉政文化反对贪腐文化，弘扬中国优秀传统中“立志”、“畏”、“知耻”思想，把反腐倡廉教育同思想教育、纪律教育、社会公德教育、职业道德教育、家庭美德教育和法制教育结合起来。在内容上，坚持把社会主义核心价值体系融入反腐倡廉教育全过程；在形式上，要充分利用传媒、网络、文艺等载体，把廉政文化的内容进行多样化渗透，增强廉政文化的感染力和渗透力，促使社会公众广泛参与和监督，提高金融腐败的发现概率。在金融行业层面，要特别强调行业自律，充分发挥金融同业公会的作用，加强行业公会的规章与守则，形成金融行业内部的相互监督。在金融体

① Malik（1993）、Kaplow 和 Shavell（1994）利用 Becker（1964）的模型做过详细的研究，指出允许自我报告的监督执法比没有自我报告的监督执法更为有效。

系内部，要遵循文化发展规律，针对腐败文化的消极效应，将反腐倡廉融入企业文化建设之中：其一，完善反腐倡廉的舆论导向机制，坚持正面宣传为主，强化揭露问题、鞭挞腐恶，激浊扬清，扶正祛邪、弘扬正气的主旋律，形成针对腐败文化的强大舆论压力；其二，营造反腐倡廉的心理氛围，努力形成一种崇尚廉洁从政、贬斥贪污腐败的社会评价，营造“崇尚廉政、褒扬廉政”、“以廉为荣、以贪为耻”的崭新风尚，形成全方位、多角度、多层次的正气氛围，为反腐倡廉建设创造良好的心理文化环境；其三，健全激发群众参与积极性的激励机制，通过建立反腐败表彰体系和适应市场经济准则的实名举报奖励制度，有效激活反腐败的各种要素，达到增强腐败压力、抑制腐败动机、遏制腐败行为的综合效果。

“冰冻三尺，非一日之寒；为山九仞，岂一日之功。”整肃金融腐败，无法毕其功于一役，而必须诉诸金融腐败治理长效机制的设计与实施。这就要求我们通过层层质疑式的研究，深入剖析中国金融腐败的根源，从法律、制度、文化等诸多方面推行制度创新，提高金融腐败的私人成本，降低其私人收益，加大金融腐败的查处力度，激发全社会的反腐败能量，使反腐倡廉成为社会文化的主流，从源头治理金融腐败这一痼疾。值得注意的是，随着全球经济一体化进程的推进，金融腐败早已跨越国界，只有通过全球化的反腐斗争才能彻底肃清。因而，未来的金融反腐治理工作中，要逐步加强国际反腐合作，配合金融反腐法制建设、激励机制健全以及公民社会的广泛参与，不断提升金融行业的廉洁透明度，促进经济社会稳定和谐发展。

14

存款保险制度的建设与金融安全：以韩国为例

2008 年美国次贷危机在世界范围的迅速蔓延，使人们意识到建立金融安全网，特别是建立存款保险制度，不仅是一国防范国内金融风险的有效手段，还是防范国际金融危机、与国际接轨的必然选择。应对市场风险仅仅依靠行政手段将会为国家和纳税人带来极大的或然损失，并且行政手段难以处理涉及国际风险的事务。因此，建立市场化的金融安全措施就成为一种必然选择。

作为新兴经济体，韩国在 1997 年亚洲金融危机和 2008 年全球金融危机中的应对策略及其较好的效果引起人们关注，其中最引人注目的是其存款保险制度。韩国存款保险制度建立在金融改革的过程中，建立后不久即发生了亚洲金融危机。这一制度在危机中发挥了十分重要的作用，稳定了韩国公众对金融体系的信心，也增强了国际社会对韩国经济恢复的信心。

国际学术界关于存款保险制度的研究已经从其建立的必要性、可行性以及成本收益分析逐渐过渡到存款保险制度效果检验、具体实施方法等方面。说明国际社会已经普遍认可存款保险制度，并积极参与实施这一制度。发达国家存款保险制度建立运行的时间较长，其研究成果较为丰富。而在发展中国家，特别是亚洲发展中国家中，存款保险制度建立的时间还比较短。直接针对这些国家存款保险制度的理论研究成果较少。本章以韩国为研究对象，对于丰富亚洲发展中国家存款保险制度的研究成果，具有十分重要的理论价值。

14.1 文献综述

14.1.1 关于存款保险制度的研究成果

存款保险制度始终是金融安全保障研究的重要内容，国内外涌现出大量的研究成果。最初学者们着重于存款保险制度的必要性研究，其中涉及制度成本与收益的权衡。在其必要性得到认可之后，学者们分析了存款保险制度给经济带来的影响，包括正面影响和负面影响。在充分考量这些影响的基础上，学者们对存款保险制度进行了设计。基于这些研究成果，如何践行存款保险制度成为各国研究的重要课题。Demirgüç-Kunt 等人（2008）使用 180 个国家 1960～2003 年的数据分析了影响一国金融安全网决策的因素。在控制了宏观经济冲击、银行监管的质量和制度发展因素后，私人和公共利益以及要求效仿发达国家规则制度的外部压力是决定推行存款保险制度时机的主要因素；在控制了其他因素后，政治体制是促成一个国家建立存款保险制度的主要因素；存款保险更有可能在危机期间被采用，因为危机期间部门间的利益更容易协调。

市场约束与道德风险始终是存款保险制度践行过程中的主要问题。Angkinand 和 Wihlborg（2010）认为市场约束由显性存款保险的范围以及未保险的存款人和其他债权人的信用决定，同时还取决于银行的所有权结构和银行管理者对市场刺激的反应。显性存款保险覆盖范围与银行的风险承担行为之间具有 U 型关系。他们考虑了不同性质银行的道德风险，发现国有控股的银行体系具有较高的风险倾向，这与高度的显性存款保险相关；外国银行风险倾向较低，但在高显性存款保险覆盖的国家不成立。

保险定价是存款保险制度的核心问题。多数国家采取统一保费费率，是因为受到信息不对称的限制（Freixas and Rochet，1998）。统一的保费费率虽然操作简单，却容易引发道德风险和逆向选择。DeLonga 和 Saunders（2008）在研究了 60 家金融机构之后发现，引入统一费率的存款保险后，银行和信托公司风险倾向增加（只有部分运行良好的银行减少了其风险行为）。有学者提出要建立风险调整型定价方式，即根据银行风险暴露的不同等级制定有差别的保费费率。后来有研究对风险调整型费率也提出了质疑，但他们并没有否认它是一个限制银行风险暴露的有效工具，只是存款保险定价应与其他监管工具相配合（Giammarino et al.，1993）。

Goodhart（2008）认为在广泛的金融监管实践和金融安全网安排中，应该重新审视全球背景下金融市场与政策行为的国际溢出效应。进入监管严格的国家的银行有可能把风险转移回自己的国家（Buch and DeLong，2008），因而显性存款保险制度的国际协作十分重要。Hardya 和 Nieto（2008）研究了多国审慎监管和存款保险规则的最优联合设计，发现政策不协调将导致过少的监管和过多的存款保护。在多国背景下，最好的方法是同时采取审慎监管，限制存款保护。存款保险制度与其他金融安全网设施的协作必不可少。

2009 年 6 月 18 日，为了帮助各国更好地建立显性存款保险制度，巴塞尔银行监管委员会（BCBS）和国际存款保险协会（IADI）共同发表了《有效存款保险制度核心原则》（Core Principles for Effective Deposit Insurance System），提出了建立有效存款保险制度的一系列原则和实际操作方式的系统架构。

我国正处于研究建立存款保险制度的阶段，我国学者从各个层面对这一问题进行了研究，涌现出一批有代表性的理论研究成果。彭兴韵（2005）认为降低商业银行道德风险不是我国建立存款保险制度的根本依据。存款保险制度是为应对市场化改革后的风险暴露而设立的风险隔离机制，对于完善货币调控机制、增强中央银行的信用独立性是必要的。这一目标的确立紧扣我国金融体制改革的方向，指出了我国建立存款保险制度的现实需要。颜海波（2004）提出了建立存款保险制度的时机选择原则，认为应该根据国际货币基金组织推荐的做法，在金融市场信用体系已经建立，金融机构的监管和市场退出机制较为规范和完善，银行系统或大多数银行已经完成重组，偿债能力和赢利能力呈现良性循环，整个金融体系趋于稳定的情况下建立存款保险制度。这时建立存款保险体系所需的成本最低，运行的效果也最好。有学者还探讨了存款保险制度所需要的配套设施建设，认为完善的银行公司治理是克服存款保险负面影响的重要前提，银行公司治理的改善能显著提高存款保险制度的有效性（汤洪波，2008）；还应加快存款保险的立法，制定规范银行破产的特别法，使存款保险机构成为破产银行的接管人和清算人（李华、马幸荣，2009）。此外，许多学者还实证分析了我国存款保险的现状，阐述了我国建立存款保险制度的障碍与已具备的条件，提出了各种各样具体的设计方案。

然而，相关研究成果的针对性不强，借鉴西方发达国家存款保险制度的吸收消化时间较长，而有些新兴发展中国家的存款保险制度效果良好，对我国具有较强的借鉴意义。这方面的研究成果开始出现，但是研究成果较少。

14.1.2 关于韩国存款保险制度的研究成果

Walker（2008）研究了亚洲国家的存款保险制度，认为每一个亚洲国家存款保险体系的设计要满足国家和地区的特殊情况。他们的设计者也在寻求先进的方法来发展完善他们的存款保险体系。他们的存款保险体系在目标、设计特征方面是相似的。他们的不同点在于具体要求和担保限制。这在很大程度上反映了各个国家的具体环境是不同的。亚洲许多存款保险体系在相似的时间建立起来，这些体系可以在信息共享和合作方面进行广泛交流。中国建立存款保险制度会对其他东亚经济体产生影响，并且将影响东亚存款保险制度之间的区域协作。

Kaoru、Hiroko 和 Kotaro（2005）通过对 1992～2002 年印尼、韩国、马来西亚和泰国这四个受危机影响的亚洲国家进行比较，发现 1997 年亚洲金融危机后，韩国的存款人对银行风险所作出的反应没有增加。危机过后，存款人的风险敏感性降低了，存款保险体系的建立确保了其在稳定的政治条件下的可信度。Kaoru（2005）检验了韩国市场约束的有效性，发现存款人在危机发生中和发生后对银行风险承担行为的反应比危机发生前低，在其现有的存款保险制度下，市场约束是有效的。Angkinand 和 Wihlborg（2010）对新兴市场的存款保险担保范围、所有权和银行的风险承担进行研究，发现韩国提供了接近风险最小化的存款保险担保范围。

韩国存款保险公司研究部前任主任，现任金融监管服务部负责人的 Choi 研究指出，韩国的存款保险制度是在改革过程中，在参与破产金融机构处置过程中建立的。相对于在危机中建立存款保险制度来说，此时建立存款保险制度的成本要小得多。

国外研究成果表明发展中国家建立存款保险制度是必要的；亚洲各国的存款保险制度具有相似性和可操作性；韩国存款保险制度在几个方面是成功的。国内关于韩国存款保险制度的研究成果仅出现几篇。2003 年在《银行家》发表的《韩国存款保险制度》对韩国存款保险制度成立的背景、运作机制以及 1997 年金融危机后的改革作了简要介绍。2006 年周蓉在《当代经理人》发表的《韩国存款保险公司在金融重构中的举措及其启示》，主要对韩国存款保险公司在金融重构中的举措作了介绍，并简单总结了韩国存款保险制度对我国存款保险制度建设的启示。2007 年侯尧文和胡怀邦在《宁夏社会科学》发表的《建立我国存款保险制度的设想——来自新兴市场国家的经验》，仅对韩国存款保险制度作了简单描述。我国现有的研究成果，只是对韩国存款保险制度作简单的描述性分析，未作深入剖析，并且这些研究成果相对较老，已经不能反映当前国际经济金融的新形势。

14.2 国际存款保险体系概览

存款保险制度是为了保护存款人的利益，维护金融体系的安全与稳定而设立存款保险机构，存款类金融机构根据存款额大小按照一定的保险费率向该存款保险机构投保，当投保的金融机构出现经营危机时，该存款保险机构向其提供流动性支持或直接向其存款人支付部分或全部存款的一种制度安排。

存款保险作为针对存款类金融机构的安全网，是金融安全网的重要组成部分，这是由存款类金融机构在金融体系中的重要地位决定的。存款保险制度本质上是一种保护存款类金融机构的制度安排，其目的在于为金融体系提供一张安全网，防止存款人因个别存款类金融机构的倒闭而对整个金融体系失去信心，由此导致挤兑，引发金融恐慌乃至危机。由于注意到其对金融体系稳定的重要作用，各国政府开始重视使用该手段，从国家层面建立了存款保险制度，使其地位得到法律承认，与最后贷款人、审慎监管相辅相成，共同组成金融安全网。

14.2.1 存款保险制度的产生

捷克共和国早在 1924 年就建立了相当复杂的全国性信用及存款保险制度，成为世界上第一个实施全国性存款保险制度的国家。但这一制度后来出现问题，引发了严重亏损，给国家带来很大损失，不得不停止运行。由于该制度建立的时间很短，不具有代表性。而美国的存款保险制度运行良好，在世界上影响广泛，因此，学术界普遍认为美国为全球第一个正式建立现代存款保险制度的国家。

美国的存款保险制度早在 19 世纪就已经存在了，但是由于保险金额的不足，难以真正发挥其作用。20 世纪 30 年代的“大萧条”造成美国大量的银行倒闭，特别是 1930 年美国历史上存款数额最大的商业银行——美国银行的破产，重创了存款人对银行业的信心。美国整个金融系统处于严重的危机之中。此次的银行危机是以银行倒闭浪潮为标志的，美国银行的大量倒闭使联邦储备体系委员们开始反省，他们讨论着“储备银行在成员银行歇业问题上应当承担什么样的责任”以及“应当采取什么样的措施来避免这种危机的出现”。因为银行的倒闭不仅冲击人们对商业银行的信心，也严重冲击人们对联邦储备体系的信心。因此，银行体系的崩溃迫切需要有效的补救性措施。为此，美国政府当局制定颁布了相关的法律制度，建立了联邦存款保险制度。这一措施的推出，不但改变了联邦储备体系的结构和权力，而且加强了对银行及其他金融机构的监管。

1932 年，一个关于存款保险的议案由众议员斯蒂格尔提出并在众议院获得通过，但是因参议员格拉斯的反对而在参议院被否决。1933 年斯蒂格尔和格拉斯将其二人的议案合并，并最终写入了《1933 年银行法》(Banking Act of 1933)。该法案规定了一个建立永久性存款保险制度的计划，于 1934 年 7 月 1 日正式生效。根据该法案，美国政府增设了联邦存款保险公司（FDIC），同时规定所有联邦储备体系的成员银行都必须加入 FDIC 的存款保险，而非成员银行可以提出申请，经 FDIC 同意后可以加入。最初的保险金额被限制在每个储户最高 2500 美元，该限额在 1934 年 7 月 1 日提高到了 5000 美元，在 1950 年 9 月 21 日又被提高到了 10000 美元。要求参保的银行按照存款的一定比例缴纳保险费，对临时存款保险基金的成员的合格受保存款则按照 0.5% 的费率标准执行；在永久存款保险制度体系下，费率是存款总额的 1/12 个百分点，每半年支付一次。1950 年 9 月 21 日颁布的《联邦存款保险法案》（Federal Deposit Insurance Act）改变了存款保险计费基础，该法案规定参保银行所缴纳的保费，扣除存款保险公司的经营费用、损失以及为弥补当年预期损失而计提补充到保险基金的部分，其 3/5 按比例计入参保银行账户，作为下一年度参保银行应付的保费的一部分支付。1960 年 7 月 14 日的一项修正案又将这一比例提高到 2/3（Friedman and Schwartz, 1963）。另一方面，FDIC 于 1950 年被授权自行决定对其成员银行进行特殊检查，因此，成员银行实际上受到三个机构的监管：联邦储备体系、货币监理署和联邦存款保险公司。美国随后又于 1934 年成立了联邦储蓄信贷保险公司（Federal Savings and Loans Insurance Corporation, FSLIC）（在经历了

1980 年代储贷协会危机后，FSLIC 的保险基金于 1987 年耗尽，后被储蓄协会保险基金取代），这标志着现代存款保险制度的建立。

14.2.2 存款保险制度的发展

美国存款保险制度的作用很快便发挥出来。1930～1933 年，FDIC 刚刚建立之前，倒闭的银行平均每年 2000 家。从 1934 年联邦存款保险公司创立至 1981 年，倒闭的银行平均每年不超过 15 家（Mishkin，1991）。由于其作用效果明显，再加上金融危机事件频发，世界上其他国家逐渐开始效仿美国这一举措，建立起本国的存款保险制度。

1960 年土耳其建立了“银行清算基金”，1962 年印度建立了印度存款保险公司。随后挪威、加拿大等国家开始建立存款保险制度。1971 年 7 月，由政府、银行和民间金融机构共同出资，日本建立存款保险公司（Deposit Insurance Corporation of Japan，DICJ），专门负责日本的存款保险事务。20 世纪 80 年代的金融危机后英国、中国台湾和墨西哥等 17 个国家和地区纷纷建立存款保险计划。巴西、越南、韩国和瑞典等国家也在亚洲金融危机前后建立了存款保险制度。发展中国家也逐渐意识到存款保护的重要性，开始建立各种保护存款人的制度。秘鲁建立了正式的存款保险制度，有些国家则建立了存款“保险基金”，或者是在一旦发生破产倒闭时由中央银行或财政部加以干预接管，维护存款者利益，以维持其金融和经济和稳定。例如，1985 年 7 月 5 日，菲律宾中央银行宣布接管该国一家私人商业银行——太平洋银行。在此之前，货币委员会曾试图挽救这家银行，但均告失败。这是 1985 年被菲律宾政府接管的第三家银行。委内瑞拉政府 1985 年 6 月 3 日宣布禁止一家银行继续营业，该行业务由有关部门接管，该行存款由“公共基金”支付（盛慕杰，1989）。1994 年，欧盟委员会专门制定颁布了《欧盟存款担保指引》（Deposit Guarantee Directive of EU），要求成员国存款保险制度必须是强制性的，并且规定保险限额最低为 2 万欧元，存款 90% 以上应受到保护。在此指引下，欧盟各国纷纷建立起自己的存款保险制度，德国、奥地利、英国和爱尔兰还建立了共同保险制度。

截至 2011 年 3 月，世界上已有 111 个国家与地区建立了存款保险制度，有 8 个国家正在筹建存款保险制度，有 33 个国家正在研究存款保险制度。[①]

---

① 资料来源：国际存款保险协会官方网站 http：//www.iadi.org/。

存款保险制度在全世界呈现加速发展的态势。当然，各国所采取的具体方式各有不同，并且很多国家根据经济发展状况对原有的存款保险制度进行了改进。

存款保险的国际间合作也得到很大发展。1998 年在美国首都华盛顿召开首届“存款保险国际研讨会”（International Conference on Deposit Insurance）。会议根据七国集团财长和央行行长的指示，决定成立“世界金融稳定论坛”（Financial Stability Forum），并专门设立了“存款保险研究组”（Working Group on Deposit Insurance）。该研究组通过对各国存款保险制度的比较研究，在 2001 年 7 月发表了《发展有效存款保险制度指南》（Guidance for Developing Effective Deposit Insurance System），对建立和改革存款保险制度提出了一系列原则性的建议。2002 年 5 月 6 日，国际清算银行（Bank for International Settlements，BIS）成立国际存款保险协会（International Association of Deposit Insurance，IADI）确定存款保险相关准则，提倡国际合作，借此提升各国存款保险制度的效能，并通过加强国际交流强化和稳定世界金融体系。2003 年，国际货币基金组织（IMF）通过对各国实践的调研和总结，提出了《存款保险制度最优实践原则》（the Principles of Best Practice for Deposit Insurance System），对如何解决存款保险制度中的道德风险、逆向选择等委托—代理问题提出了可操作性建议，成为各国设计和评估存款保险制度的参考标准。各个国际组织所作的努力，为存款保险的国际合作奠定了基础，为应对全球化金融危机提供了一个有效的机制和方法。

美国次贷危机引发的世界性金融危机给全球经济带来了巨大的影响，经济波动剧烈，人们信心受到极大损伤。世界金融业遇到前所未有的危机和挑战。一时间银行倒闭事件频发，实体经济也受到很大影响。仅就美国而言，FDIC 官方网站公布的数据显示，2008 年以来，美国倒闭银行共计 398 家，仅 2010 年就有 157 家银行倒闭。美国流动性严重缺乏，没有机构或个人愿意或者有能力接手这些问题银行。

危机中，存款保险制度的作用凸显。为了减轻金融危机带来的影响，各国存款保险体系纷纷采取了各种措施。美国 FDIC 于 2008 年 10 月 3 日宣布将存款保险限额从 10 万美元提高到 25 万美元。据估计，FDIC 已为 2009 年的银行倒闭潮耗资 250 亿美元，预计到 2013 年将大幅增至 1000 亿美元。①

---

① 资料来源：美国中文网 http：//www.sinovision.net/。

在欧洲，爱尔兰率先于 2008 年 9 月 30 日宣布担保其国内储蓄机构所有个人存款的安全，向国内 6 大银行提供为期两年、总额达 4000 亿欧元的个人存款担保；英国于同年 10 月 3 日宣布把个人存款担保的上限从 3.5 万英镑提高到 5 万英镑；德国政府则于 2008 年 10 月 5 日宣布为个人银行存款提供不限额担保以恢复金融市场信心。同时，欧盟委员会于 2009 年 1 月 22 日批准德国对银行存款保险商 SdB（SdB 是一个银行实体，支持德国私营商业银行在补偿支付过程中的存款保护基金）的 67 亿欧元政府担保，支持新创建的存款保护基金；希腊宣布为国内所有银行个人存款提供担保；丹麦、瑞典、奥地利等国也宣布了各自的存款担保措施。同时，欧盟在酝酿对《欧盟存款担保指引》进行修改，计划将保险赔付限额提高到 10 万欧元，取消共同保险机制，缩短对存款人的赔付时间（魏加宁、蒋蛟龙，2009）。各国存款保险制度应对危机的快速反应和制度调整，显示出其体制的灵活性和活力，对稳定本国金融秩序做出了贡献。

2009 年，IADI 与巴塞尔银行监管委员会联合发布了《有效存款保险制度核心原则》，为各国存款保险体系提供新的支持性指导方针，提高存款保险制度的有效性。

世界存款保险制度的发展呈现出 6 个特点：①存款保险制度在全球的发展越来越快，越来越多的国家开始重视这一制度；②存款保险制度逐渐成为一种国家制度，强制参加成为主流；③存款保险的国际合作越来越密切，为各国存款保险业的发展提供了许多有意义的指导；④风险调整型保费费率受到越来越多的国家推崇；⑤在应对危机的过程中不断调整策略，展现出较强的生命力；⑥各国根据自身特点建立了不同的存款保险制度。

存款保险制度建立以后，人们在享受其收益的同时，也发现了它的很多缺陷。这些缺陷不断出现在经济社会的发展过程中。1980 年代以后，发达国家银行破产的事件不断增多，涉及金额不断增大，美国 FSLIC 的破产更是集中反射出了存款保险制度的弊端。学界和政界都在积极想办法，力求通过对存款保险制度的改革来消除其负面影响。

之所以出现这样的局面，一方面在于存款保险制度固有的缺陷，另一方面是由于存款保险制度的发展没能跟上金融业发展的步伐，产生了负效应。金融业是一个迅速发展的行业，存款保险制度不可能是一成不变的，否则它必将退出历史舞台。于是，存款保险由隐性到显性，保险费费率由统一到风险调整型，参加存款保险由自愿型到强制型，资金来源不断多元化，经历了一个又一个改进发展的过程。20 世纪末的亚洲金融危机和当前美国次贷危机引发的世界金融危机再次引发人们对存款保险制度的思考。有些国家在思考是否应该建立存款保险制度，有的国家在思考如何改进存款保险制度。总之，存款保险制度处于不断地发展变化之中。

14.3 韩国存款保险制度概况

1995 年前，韩国政府一直为存款人提供隐性担保。此后，韩国政府认识到经济全球化过程中，金融业变得更加自主和自由，市场更为广阔，面临的风险更大。作为金融业主体，银行业发生亏损的可能性更大。为了稳固公众对金融体系的信心，韩国政府在 1995 年 12 月 29 日通过《存款人保护法》，并在 1996 年 6 月 1 日成立韩国存款保险公司（Korea Deposit Insurance Corporation，KDIC），建立了存款保险制度。

14.3.1 韩国存款保险制度的历史沿革

1995 年前，韩国政府一直为存款人提供隐性担保。而后，与其他经济体一样，韩国政府认识到在全球化进程中，金融业不可避免地在广阔的市场中更加自主和自由，因而面临的风险也更大，银行业作为金融业主体是风险的聚集地，事关公众的利益和金融体系的稳定。1995 年 12 月 29 日，韩国政府通过《存款人保护法》（Depositor Protection Act，DPA），并于 1996 年 6 月 1 日成立韩国存款保险公司（KDIC），建立存款保险制度。KDIC 为银行、金融投资公司、保险公司（寿险和非寿险）、商人银行（Merchant Banks）①、互助储蓄银行和韩国联邦储蓄银行（Korea Federation of Savings Banks）② 等金融机构提供存款保险服务。自其建立至今，韩国存款保险制度发生了许多具有里程碑意义的大事件（见表 14－1）。

---

① 与普通商业银行的金融交易业务（活期存款和短期商业贷款）不同，商人银行主要从事银行承兑汇票、股票或债券的发行承销等业务。

② 韩国存款保险制度建立初期，受担保的金融机构还包括信用合作社。2004 年 1 月 1 日，韩国存款保险体系将信用合作社排除在外。

表 14－1　韩国存款保险制度大事记

1995 年 12 月 29 日	《存款人保护法》(Depositor Protection Act)颁布
1996 年 6 月 1 日	韩国存款保险公司(KDIC)成立
1997 年 1 月 1 日	KDIC 作为一个存款保险人开始运行
1997 年 4 月 30 日	收取第一笔存款保险费
1998 年 1 月 3 日	签署第一份存款保险合约
1998 年 4 月 1 日	存款保险基金统一由 KDIC 管理,创建单一的、完整的存款保险体系
2001 年 1 月 1 日	有限担保系统(Limited Coverage System)恢复
2001 年 12 月 24 日	特别调查团(Special Investigation Mission)开始运行
2002 年 5 月 6 日	KDIC 作为创始成员加入国际存款保险协会(IADI)
2002 年 5 月 23 日	隐匿财产报告中心(Concealed Property Report Center)开始营业
2003 年 1 月 1 日	创建新的存款保险基金
2003 年 9 月 4 日	与金融监管服务部(Financial Supervisory Service,FSS)签署联合金融机构检查谅解备忘录
2003 年 10 月 23 日	KDIC 主办 IADI 年会
2004 年 1 月 1 日	存款保险担保把信用合作社排除在外
2004 年 11 月 18 日	KDIC 主办"破产金融机构与不履约企业员工调查方法"国际研讨会
2006 年 6 月 14 日	KDIC 主办 2006 年国际公开会议(International Open House)
2006 年 6 月 16 日	与日本存款保险公司(DICJ)签署相互合作意向书(LOI)
2006 年 10 月 31 日	与越南存款保险(Deposit Insurance of Vietnam,DIV)签署谅解备忘录
2006 年 12 月 18 日	与金融服务补偿计划(FSCS)签署相互合作与交流协议
2007 年 11 月 16 日	与联邦存款保险公司(FDIC)签署谅解备忘录
2008 年 11 月 23 日	外币计价存款纳入担保范围
2009 年 1 月 1 日	目标基金制度(Target Fund System)生效
2009 年 3 月 24 日	与俄罗斯联邦存款保险机构(Deposit Insurance Agency of Russian Federation,DIA)签署谅解备忘录
2009 年 5 月 27 日	李承雨被任命为第七届 KDIC 主席(Chairman & President)
2009 年 6 月 6 日	养老金产品纳入担保范围
2010 年 5 月 28 日	修正与越南存款保险(DIV)的谅解备忘录
2010 年 11 月 19 日	与印度尼西亚存款保险公司(Indonesia Deposit Insurance Corporation,IDIC)签署谅解备忘录

资料来源：根据公开资料整理。

14.3.2 韩国存款保险结构

金融机构向存款保险公司（KDIC）支付存款保险费，在破产时向储户支付存款补偿，KDIC 在金融机构发生偿付危机时，向储户支付存款补偿。这构成了韩国存款保险结构（如图 14－1）。

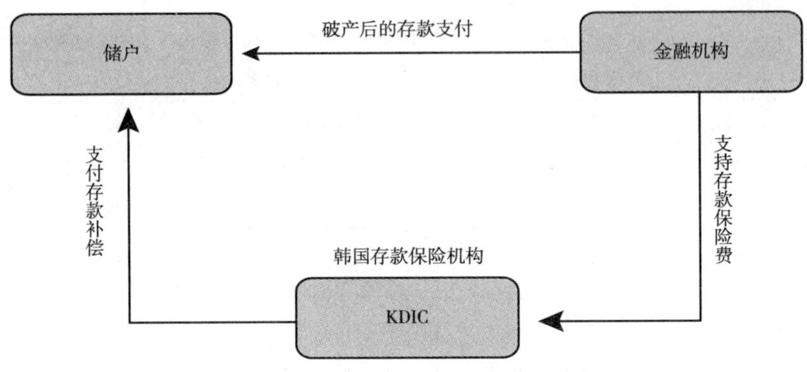

图 14－1 韩国存款保险结构

资料来源：根据韩国存款保险网站资料绘制。

14.3.3 韩国存款保险公司的组织架构

韩国的金融安全网由战略财政部（Ministry of Strategy and Finance, MOSF）①、金融服务委员会（Financial Services Commission, FSC）、金融监管服务部（Financial Supervisory Service, FSS）、韩国银行（Bank of Korea, BOK）构成。MOSF 负责制定金融政策，修改相关金融法规、颁发和撤回金融机构的特许执照。FSC 负责执行金融政策，对金融市场实施监管。FSS 负责监管金融机构。BOK 负责制定货币政策。

KDIC 的组织架构在这种金融安全网体系下构建（如图 14－2）。KDIC 接受 MOSF 的监管与指导。存款保险委员会（the Deposit Insurance Committee）是 KDIC 的最高决策机构，只考虑关键的全局性问题，并作出决策。存款保险委员会由 KDIC 主席、FSC 副主席、MOSF 副部长、BOK 副总

① 2008 年，韩国财政经济部（Ministry of Finance and Economy, MOFE）和计划预算部（Ministry of Planning and Budget, MPB）合并为战略财政部。

裁，其他三个成员由知名的专家学者担任。审计官是 KDIC 的独立官员，只在存款保险委员会会议上表达他的观点，不参与委员会的投票过程。审计官下设审计办公室。董事会是 KDIC 的最高执行部门，由一个主席、一个执行副主席和四个高级董事经理组成。董事会主席下设主席办公室、公共关系办公室和破产调查司。破产调查司由调查支持部和调查局组成。执行副主席直接管理高级董事经理和客户满意中心。执行系统包括人力资源与行政部、创新管理部、计划协作部、信息技术部、接管综合部、决策部、研究分析部、国际事务组、基金管理部、存款保险政策部、储蓄银行支持部、风险管理Ⅰ部、风险管理Ⅱ部等 13 个部门。

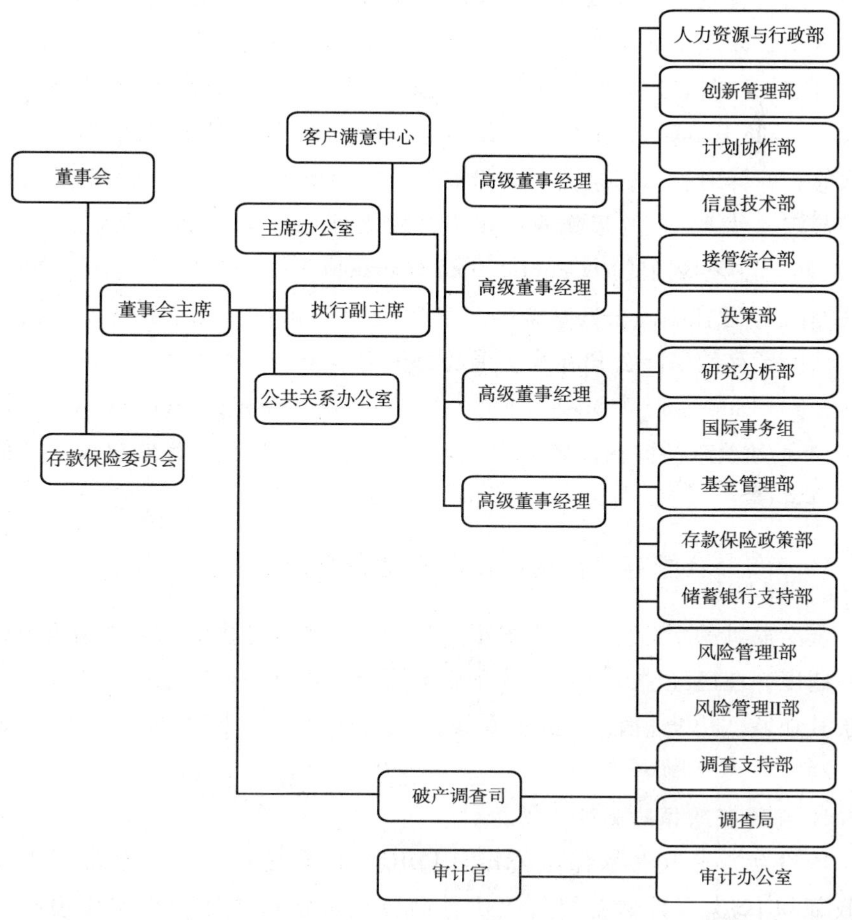

图 14－2　韩国存款保险制度的组织架构

资料来源：根据韩国存款保险公司网站资料绘制。

14.3.4 韩国存款保险公司的权力保障

韩国存款保险制度运行过程中，始终把握损失共担和成本最小化原则。这在保护存款人利益的前提下保持了韩国金融体系的市场约束力，减轻了由存款保险制度带来的道德风险问题。为此，韩国政府赋予KDIC广泛的权力，包括风险评估、高风险（陷入清偿危机）金融机构联合检查、现场检查、调查破产金融机构和破产处置等，以最小化其可能的损失（Walker，2008）。为保障KDIC这些权力的执行，韩国政府制定了一系列法律。

第一，《存款人保护法》。《存款人保护法》是最具效力的法律之一，目标在于通过有效运行存款保险体系，阻止破产金融机构无法偿还其存款人情况的发生，以此来保护存款人，并维持金融系统稳定。《存款人保护法》使KDIC能够强制执行其决策。第二，《存款人保护法执行令》（Enforcement Decree of the Depositor Protection Act）。该法1998年7月25日颁布，后经过多次修订，针对存款保险公司的组成、运行中所涉及的各个细节问题进行了详细规定，使KDIC的运作有章可循，极大地保证了其权力的实施。第三，《公共基金监督特别法》（Public Fund Oversight Special Act）。该法于2000年12月颁布，旨在提高公共基金增值和管理中的客观、公正和透明。该法的实施保障了存款保险公司在社会上的公信力。第四，《公共基金监督特别法执行令》（Enforcement Decree of the Public Fund Oversight Special Act）。该法2001年4月颁布，旨在保障《公共基金监督特别法》的有效执行。其他法律不再赘述。

14.3.5 韩国存款保险制度与其他存款保险制度之比较

金融危机的不断发生，影响不断扩大，使越来越多的国家开始重视存款保险制度。在已经建立存款保险制度的国家中，有一些国家的存款保险制度由于其地域、历史阶段、创建方式、运行模式等不同而各具特征（如表14-2）。

1. 美国存款保险制度

1933年，联邦存款保险公司（FDIC）建立之初，其启动资金由美国财政部和12家联邦储备银行提供，向各会员银行收取的保费作为补充资金。这笔基金即被用于对存款人进行赔付。根据1950年《美国联邦存款保险法》（Federal Deposit Insurance Act of U.S.）规定，FDIC主要承担三大

表 14 - 2 主要存款保险制度特征

	美国	欧盟	德国	世界平均
显性与否	是	是	是	68 个国家
担保限额	100000 美元	20000 欧元	资产的 30%	一般为人均 GDP 的 3 倍
是否共同保险	否	10%	否	17 个国家采用共同保险
是否担保外国存款	是	可以排除在外	是	48 个国家担保
是否担保银行间存款	是	否	否	18 个国家担保
是否有基金	有	没有规定	有,但额外基金可随时收回	58 个国家有基金计划
基金来源	各方共同出资	没有规定	银行	15 个国家私人投资 51 个国家共同出资 1 个国家公共出资
管理	公共管理	没有规定	私人管理	11 个国家私人管理 24 个国家共同管理 33 个国家公共管理
会员资格	强制性	强制性	自愿	55 个国家强制
是否风险调整型保费	是	没有规定	是	21 个国家采用风险调整型保费

资料来源：根据 Beck，T.，“Deposit Insurance as Private Club：is Germany a Model?” *The Quarterly Review of Economics and Finance* 42 （2002），701 - 719 整理。

职能：①提供存款保险，保险最高赔付金额为 10 万美元，保险范围包括支票与储蓄存款、同业存款和大额定期存单（CD）；②对参与保险的银行进行监督；③接管、处置和清算问题银行。FDIC 的董事会由五名成员组成。这些成员由总统任命（须经参议院批准）。他们的任期固定为 6 年，通常与总统的任期不一致。总统不能随意撤换存款保险公司董事会成员。这就使 FDIC 具有较强的独立性，使存款保险公司的行为免于政治压力和控制。FDIC 兼有政府机构和商业公司的特征，它在法律的框架下自主决策、自主运行，通常不受总统或行政分支机构的约束，除非国会授权总统监督联邦存款保险公司特定的行为或功能。

FDIC 在其成立后的长达近 50 年（1933 ~ 1981 年）的时间里，成功维护了美国银行系统的稳定和发展。这一时期银行经营风格较为保守，监管也比较严格，出现问题的银行很少，且多为小银行，保险基金损失不大，

FDIC 在维护经济的同时，自身也获得了很大发展，积累了较多的保险基金。

但在 1981 年以后，银行体系问题和矛盾开始深化，存款保险的设计和运作也受到人们的批评。随着布雷顿森林体系的瓦解，经济波动剧烈，规避管制和追求利益的金融创新不断涌现，银行业竞争日益激烈，银行业风险升级，通货膨胀率的上升压缩了银行的利润空间。20 世纪 80 年代末、90 年代初爆发了储蓄贷款行业危机（Savings and Loan Crisis），这一危机也影响到了商业银行。美国银行业处于极不稳定的时期，这给为银行业服务的存款保险体系带来了极大的风险和挑战。

美国的银行和储贷机构在这一时期所面临的金融危机的压力是自 1929～1933年经济“大萧条”以后从未有过的。1980～1994 年是 FDIC 成立后银行破产倒闭率最高的时期，平均每两天就有一家银行或储贷机构倒闭。在 1988～1992 年的高峰期，平均每天倒闭一家，FDIC 和联邦储蓄信贷保险公司（FSLIC）平均每天要处置 3.85 亿元倒闭银行的资产。大量的银行或储贷机构的倒闭给 FDIC 和 FSLIC 带来巨大的冲击。FSLIC 收不抵支，保险基金亏空 750 亿美元，被迫于 1989 年关闭。联邦存款保险基金也几乎被耗尽（徐诺金，2004）。

这些问题引起人们关于存款保险制度改革的广泛争论。1989 年美国国会通过《金融机构改革、复兴和实施法案》（Financial Institutions Reform, Recovery and Enforcement Act of 1989），根据该法创建了储蓄协会保险基金（Saving Association Insurance Fund, SAIF），并以之取代了 FSLIC。该基金由 FDIC 全权管理，但是与银行保险基金（Bank Insurance Fund, BIF）分离，FDIC 必须保持 SAIF 的独立性。《1991 年联邦存款保险公司改进法》颁布，重新调整 FDIC 的资本，力求最小化纳税人的损失；对“大而不倒”作出限制，要求 FDIC 在一家银行的资本降至某一水平时迅速采取有效措施。

20 世纪 90 年代后期开始，以上措施的作用开始显现，银行倒闭数量大幅下降，银行总体资产水平连续上升，达到了历史最高水平。与此同时，联邦存款保险基金也在不断地增加，至 2000 年底已达到 310 亿美元（Mangold, 2003）。这与当时美国的经济政策和活跃的经济发展也是分不开的。此间美国进行了新技术革命，产业结构调整，吸引了全球的金融资产。美国金融监管当局的一系列金融自由化法案使美国银行业展开了新一轮的竞争，银行业在平稳中迅速发展起来。

2005 年的《联邦存款保险改革法案》（Federal Deposit Insurance Reform

Act of 2005）进行了技术层面的改革以适应环境变化。值得注意的是：①这一法案把银行保险基金 BIF 和储蓄协会保险基金 SAIF 融合为一支新的基金——存款保险基金（Deposit Insurance Fund，DIF）。DIF 来自于存款机构缴纳的保险费。保费的收取不仅依赖于投保存款的余额，还依赖于投保机构的风险水平；②该法案把退休金账户的最高赔付限额提高到 25 万美元；③取消基于指定准备金率（Designated Reserve Ratio，DRR）的保险费率限制，允许 FDIC 根据投保机构的风险水平对存款保险进行定价，而不必考虑准备金水平。①

2007 年次贷危机爆发以来，美国金融体系又发生了严重的动荡。2008 年 7 月，IndyMac 银行的破产清算，使 DIF 遭受巨额损失，FDIC 不得不再次实行恢复计划以补充该基金，可能会要求参与高风险活动的机构缴纳更多保费。此次危机将使美国存款保险制度面临再一次调整。

2. 英国存款保险制度

英国的存款保险经历了由隐性向显性转换的过程。20 世纪 70 年代发生了一场大规模的银行危机。为了帮助金融机构早日摆脱困境，中央银行出面组织各大清算银行出资建立了救援基金。该基金所采取的援助方式是再循环存款或发放短期贷款。通过央行与民间金融机构这种非正式协议，暂时解决了英国当时的问题。但是，这种隐性的、临时性的保护模式具有很大的不确定性和不稳定性。存款人不能得到明确的保障，银行挤兑的发生仍有很大的可能性。因此，建立存款保险制度就成为英国的一项明智选择。

根据 1979 年的银行法，英国建立了存款保护计划（The Deposit Protect Scheme，DPS），这是英国最初的存款保险制度。根据这一法律，英国于 1982 年成立了存款保险委员会（The Deposit Protect Board，DPB）。DPB 要求英国所有吸收存款的金融机构必须参加，建立并运用存款保障基金，保障存款人的利益在发生危机的时候不会受到损害。1987 年的英国银行法对 DPS 进行了修改，指定 DPB 对该计划进行管理。DPB 是一个法定机构，其会员由英格兰银行和其他银行人员组成，主席由英格兰银行行长担任，有 4 名兼职成员。DPB 的资金来自银行，用于小银行的倒闭和管理费用，较大银行的倒闭通过从银行征收特别费用来获取资金。同时，DPB 有权向其他机构借入资金。该计划是一个有限担保制度，受保护的存款人的存款只有

---

①　资料来源：美国存款保险公司网站 http：//www. fdic. gov/。

90%能够得到补偿，且最高限额为18000英镑，并对担保的存款范围进行了规定。这就从组织和资金两方面保证了英国存款保险制度的建立。

为了应对金融全球化和金融混业经营的局面，英国于1997年10月成立了金融服务管理局（Financial Services Authority，FSA）。FSA是一个独立的法人机构，其法定目标和监管原则在于：促进有效、有序和公平的市场；保护小消费者受到公平待遇；提高经济效能。FSA所采用的方法是高级风险应对操作框架（the Advanced，Risk-Responsive Operating frameWork，ARROW），是一种基于风险的监管措施。FSA认可消费和公司自我管理的职责，也承认不可能排除所有的金融风险和破产清算。[①] FSA的建立强化了存款保护计划的金融监理功能，并取代英格兰银行成为英国存款保险委员会的负责机构。英格兰银行在存款保险计划中只负责为DPB提供必要的资金。

2000年，英国颁布了《金融市场与服务法案》（Financial Services and Markets Act 2000）。根据该法案，英国金融服务管理局将原有的DPS与1986年建立的建筑业协会投资者保护计划（Investor Protection Scheme，IPS）、1986年建立的投资者补偿计划（Investor Compensation Scheme，ICS）、1975年建立的投保者保护计划（Policyholders Protection Scheme，PPS）以及友好协会保护计划（Friendship Association Protect Scheme，FAPS）等补偿计划加以合并，形成由FSA统一管理的金融服务补偿计划（Financial Services Compensation Scheme，FSCS）。FSCS在FSA的领导下负责对英国的补偿计划实施管理。

FSCS是一个独立的法人机构，具有商业公司的所有特点，隶属于FSA，是国家政府公营机构，执行单一存款保险功能，主要负责存款保险基金的收集、管理和保险的赔付工作。FSCS有权获取存款补偿计划成员的信息，以计算保费额度。其资金来源主要包括：从补偿计划成员收取的保费及逾期缴付费；存款保险委员会从无力偿付的成员的资产中讨回的款项；基金的投资回报；FSCS为执行其职能而借入的资金；任何其他合法拨付存款保护基金的资金等。并且每家金融机构成员均须向FSCS缴纳3种资金：初期资金、续增资金和特别出资。

FSCS对问题会员的存款人的赔付是有限的，同时规定了最高赔付金额。实际上英国存款保险制度仍旧是一个共同保险制度，存款人、参保机构和

① 资料来源：英国金融服务管理局网站 http：//www. fsa. gov. uk。

FSCS 共担风险，相关的每一方均有激励监督问题的出现，在某种程度上减轻了道德风险的产生。

FSA 于 2004 年起开始监管抵押品交易，2005 年开始监管普通保险活动，把整个英国金融业的监管统一于一家门下。这有利于金融业的统一监管和风险的统一防范。

3. 德国存款保险制度

德国的存款保险制度是最具特点的，它是由非官方的存款保险体系和政府强制性保险体系构成。早在 20 世纪 30 年代，德国信用合作业就建立了救助及担保基金，以扶持陷于困境的信用合作社成员，目的在于应付因经济危机而导致的银行破产倒闭事件。60 年代，迫于政治压力，为所有金融机构服务的存款保险计划开始确立。私人商业银行业全国协会则在 1966 年建立了跨区域性的救急基金（Feuerwehrfonds），德国储蓄银行及票据清算协会在 1969 年才建立储蓄银行扶持基金。信用合作部门及储蓄银行部门的保险机制，一开始就着眼于对机构的保险，即间接地对存款者保护；而私人商业银行业保险基金则是对储蓄账户、工资账户和退休金账户在一定额度内（曾为 1 万马克）的存款的保护，后来又对自然人的在一定额度内（约 1 万欧元）的活期存款给予保护（何广文、冯兴元，2003）。这即为德国的非官方存款保护体系。

1974 年，德国爆发以 Herstatt 银行破产为代表的银行业危机，引起了社会对金融机构的信任危机，私人商业银行的存款保障条款也引起了较多的关注和评论，唤起了银行业协会及立法者采取相应的措施完善其存款保障（何广文、冯兴元，2003）。Herstatt 危机以后，德国商业银行系统、储蓄银行系统和信用合作银行系统这三大银行集团分别引入它们各自的存款保险计划以避免更多形式的政府干预。同时，流动性联盟银行（Liquidity Consortium Bank，LCB）建立起来，以支持暂时陷入流动性困境的仍有偿付能力的银行。为不同银行集团服务的德国存款保险计划具有私人和自愿性质，避免了政府进一步干预金融部门的政治压力（Beck，2002）。

1976 年，德国对其金融法进行了修订，私人商业银行决定并建立了全方位的存款者保护措施，并对所有非银行的活期、定期、储蓄存款给予保障，建立了存款保障基金，并制订了存款保障基本规则。基金的主要职责是保护存款人利益、向银行提供资金援助、增加公众对商业银行的信心。同时基金有权对出现问题的会员银行进行干预，以避免存在经营危机问题。三大银行集团都有自己的审核实体机构，与联邦银行监管办公室（Federal Banking Supervisory Office，FBSO）、德国联邦银行（Deutsche Bundesbank）的工作类似。德国联邦银行作为存款保险制度的最后贷款人受法律约束。因而人们期望在系统性风险的情况下能找到特别的政治解决方案（Deutsche Bundesbank，1992）。三个计划是自愿的，并且由会员银行的保险费提供经费（Beck，2002）。

根据1994年公布的《欧盟存款担保指引》，德国政府要求银行业建立强制性存款保险制度。1998年7月德国颁布实施《存款保险与投资人保护法》，明确建立与原来的自愿存款保险体系并行的强制性最低存款保险制度。由此，德国建立了二元存款保险制度，呈现“自愿性保险为主，强制性保险为辅”的特色。但是，德国政府不直接对银行业的存款保险活动进行干预，因而德国存款保险体系中的三大组成部分都是由各相关行业协会直接管理和经营的。它们具有一些相似的特征：①所有保障机制的成员金融机构，均须缴纳一定的保费，形成保障基金；②存款保障涉及金融机构的国内外分支机构；③受保护的是储户的存款，不论其是以何种币种形式存在；④国内外存款者受保护的程度是一致的；⑤基金管理者按章程处理保险事故时，也允许各种辅助性措施的介入；⑥受保护的债权人及金融机构在法律上均没有对保险机构的追诉权；⑦存款保险机制不对金融金业面临的普遍性危机给予保障。2002年以前，德国所有的合作金融机构均是按照统一的费率向基金组织缴纳费用。德国合作金融业已达成共识，2002年开始，将把德国所有的合作金融机构按照风险程度分成3类，并分别制定不同的保险费率（何广文、冯兴元，2003），以期通过改革进一步减少道德风险的不良影响。

值得一提的是，德国联邦银行并不是存款保险体系的一个组成部分，存款保险机构的工作不受德国联邦银行的监管。当然，德国联邦银行也不发挥存款保险体系的最后贷款人职能。这与一般国家的制度安排不一样。

德国的存款保险制度很好地适应了其经济特征，起到了稳定其金融业发展的作用。在德国，很少发生银行破产事件。一方面，德国的同业监督比其他监督形式更为有效，另一方面，其存款保险的制度设计很好地避免了存款保险运行过程中的委托—代理问题。与其他大多数国家不同，德国纳税人不是存款保险机构的主人，因而也不是其担保人，这就排除了存款保险机构管理者和纳税人之间的潜在的代理问题。德国模式的成功运行，给全世界存款保险事业带来了新的视角，为存款保险中的公私合作提供了借鉴。当然，各国在设计时，还要考虑本国经济条件和制度特征。

4. 加拿大存款保险制度

加拿大的存款保险制度的与众不同之处在于，它并不产生于银行业危机，而是政府主导的运作和管理模式。20 世纪 60 年代，加拿大经济强劲发展，并没有发生存款挤兑事件和银行危机。但此时，美国存款保险制度已经在成功运作。对加拿大建立存款保险制度产生了很大的促进作用。关于加拿大政府引入存款保险制度的原因，大家的观点不同。较有代表性的观点有：①加拿大政府引入存款保险制度，是为了限制注册银行的权力，使联邦政府对银行的经营实行更好的管制，从而确保金融体系的稳定（Binhanuner and Boulakia，1968）；②联邦政府和地方省政府的“双银行制”[①] 及不同地区间经济发展速度与水平的不平衡。这些状况使加拿大的金融市场存在发生危机的可能性，为了解决此问题，加拿大政府设立了存款保险制度（Carr，Mathewson，Quigley and February，1994）。

不论原因何在，1967 年 2 月，加拿大通过了《加拿大存款保险公司法》（Canada Deposit Insurance Corporation Act），并设立了加拿大存款保险公司（Canada Deposit Insurance Corporation，CDIC），专门负责魁北克之外的全国范围内的存款保险，由此，加拿大存款保险制度建立。

CDIC 主要的职能是：①强制要求吸收存款的金融机构成为其成员，而成员机构的加入必须具备相应的资格条件；②保证存款人的存款安全，增强银行的信誉和公众对银行的信心；③对所有投保银行的业务经营和财务状况实行金融检查和统计报告制度；④ CDIC 有义务向财务地位不稳定的银行提供财务和管理方面的援助，可以在特殊情况下接管濒临倒闭的成员机构，并在银行倒闭时向存款人提供部分赔偿（蒋先玲，2004）。

在具体的操作过程中，CDIC 倾向于存款的全额赔偿，这无疑增大了存款人的不监督和银行的冒险行为。存款保险制度建立之后，加拿大发生的机构破产或援助案件明显多于计划实施以前。因此，1999 年 CDIC 对其保费费

---

① 按照相关法规规定，加拿大的商业银行都必须在联邦立法机构注册，称之为“注册银行”（Charted Bank），而非银行金融机构如信托公司、抵押贷款公司、信用合作社、保险公司、投资公司等，既可在联邦注册，也可在各省的立法机构进行注册。注册银行可在全国范围内自由开设分支机构，而非银行金融机构则仅限于本省，这就是加拿大所谓的“双银行制”（The Dual Banking System）。

率进行了调整，由固定费率改为差别费率。同年6月，加拿大财政部颁布《金融监管框架》，2002年又颁布了《风险评估评级标准》，确立了以风险为核心的金融监管体系。针对不断出现的问题，加拿大政府和CDIC进行了不断的改革，并在改革中不断进步。

5. 日本存款保险制度

日本的存款保险制度也源于金融危机的发生。20世纪的四五十年代，日本相继发生了3次银行经营危机、8次信用金库经营危机。这给日本经济带来很大影响。为了防止银行挤兑风潮的再次发生，防止银行或金融机构的大规模的恶性倒闭，稳定本国金融体系，同时意识到存款保险对维护金融稳定的作用，日本金融管理机关于1957年向国会提交《存款保障制度基金法案》和《保全金融机构经营的特别措施法案》，希望可以通过借鉴西方国家的经验，构建存款保险制度，但这两个法案未被通过，未能建立存款保险制度。

1971年4月，日本颁布了《存款保险法》，进一步明确了日本存款保险制度的相关内容，并依据该法于1971年7月1日成立了日本存款保险公司（DICJ）。日本存款保险制度正式建立。该制度成立之初，其理事长由日本银行副总裁兼任，理事长、理事及专业金融人士（7名以内）共同组成存款保险机构的决策核心营运委员会。内部组织机构并不完全独立，其业务范围仅限于收取保险费用和支付保险金。其原始资本金分别由日本政府（财务省）、日本银行和民间金融机构三方各出资三分之一筹集。存款保险额度上限仅为100万日元。推动日本存款保险制度建立的主要因素有：经济的高速增长；金融市场的需求；政府的风险防范意识增强。

为了适应新的金融特点，加强金融监管，日本的存款保险制度经历了很多改革和调整。第一次改革发生在1986~1992年，主要改革内容为：提高存款保险限额和存款保险费率；实行暂时支付制度；增加了财务求助方式。第二次改革发生在1996~1998年，主要改革内容为：强化存款保险机构的职能，并扩大其权限。据1998年修改后的《存款保险法》，DICJ有权进行融资并由政府提供担保；有权向有偿付能力但流动性不足的银行注入资金，或购买其不良资产；经政府授权可设立处置回收公司（作为其附属公司）回收不良贷款；有权对破产金融机构追究民事和刑事责任，并与处置回收公司协作追索债务人隐匿的资产；经授权设立日本过桥银行以接管问题银行；

经营运委员会认可，可在普通银行的申请下购买其优先股，总额为 13 万亿日元。第三次改革发生在 2000～2005 年（2005 年再次修改《存款保险法》），主要内容有：调整存款保护范围；将各类存款分为特定存款和其他存款；扩大 DICJ 的财务救助范围；适时调整存款保险费率。经过这次改革，日本在全额保险的基础上，建立了限额保险制，使存款保险制度能够适应金融体制变化的要求，更好地发挥其维护金融稳定和银行信用、保障存款人利益的职能（周爱萍，2009）。

日本存款保险制度经过多次改革逐步建立起了由政府、银行及民间金融机构共同协作的相对完善的体系，在保护存款人利益上发挥了重要作用，有效维护了金融稳定，强化了政府对金融机构和市场的监管。

6. 印度存款保险制度

印度是较早建立存款保险制度的发展中国家之一。印度存款保险制度的建立缘于银行业危机。1960 年两家银行的倒闭促使印度中央银行和中央政府意识到建立存款保险制度的重要性。1961 年 12 月，印度通过并颁布实施了《存款保险公司法》（Deposit Insurance Corporation Act），并于 1962 年建立了印度存款保险公司（Deposit Insurance Corporation of India，DICI），专门负责印度存款保险的实施。印度政府与储备银行（The Reserve Bank）进行磋商，由其负责管理 DICI。1978 年，印度存款保险公司兼并了印度信用担保股份有限公司（Credit Guarantee Corporation of India，CGCI），将 DICI 更名为存款保险与信用担保公司（Deposit Insurance and Credit Guarantee Corporation，DICGC）。国有商业银行、外国银行在印度的分支机构、合作银行、在农村地区的银行均强制投保。除了外国政府存单、中央政府或邦政府存款、同业存款、合作银行的邦土地开发存款、可转让大额存单、作为现钞抵押的存款、在银行倒闭前或公告至少 6 个月或更早以前由于附属债务转移产生的存款以及在国外的存款，其他存款均受 DICGC 的保障（曹明奎、张登婧，2004）。1981 年，DICGC 又把它的担保范围扩大到小规模工业，到 1989 年，担保范围扩大到印度储备银行定义的整个优先发展部门。然而，1995 年，住房贷款被排除在 DICGC 的担保范围之外。在 DICGC 发展的过程中，其担保的存款最高限额最初为 1968 年的 5000 卢布，后在 1993 年增加到了 10 万卢布。[①]

① 数据来源：DICGC 官方网站 http：//www. dicgc. org. in/。

20 世纪 80 年代以后，金融全球化趋势明显，引发经济波动的因素增多，银行业的风险不断加大。为了应对新形势，保持存款保险体系的有效性，DICGC 不断地在管理方式、投保机构、保险基金、保险限额等方面都作出了调整，有效地克服了道德风险等问题，为印度经济和金融发展做出了重要贡献。

7. 匈牙利存款保险制度

匈牙利是典型的经济转轨国家，其对金融体系进行的市场化改造被普遍认为是发展中国家金融改革的范例。1987 年，匈牙利政府将中央银行职能从商业银行职能中分离出来，单独行使中央银行职能，初步建立了两级银行系统，随后进行了一系统银行改革。1991 年 10 月匈牙利通过《匈牙利国家银行法》(The Act on the National Bank of Hungary)，并经过多次修改，恢复了 Nemzeti 银行作为央行的独立性。此后，匈牙利政府采取一系列措施对银行进行了私有化改革。

在银行私有化改革以前，国家对储户的存款提供无限担保，但企业或其他机构的存款不在担保之列。经济转轨之后，银行体系出现急剧恶化的局面，虽然政府向银行提供紧急援助和一些形式的隐性担保，仍然没能避免银行破产的发生。1993 年 3 月，匈牙利议会通过了建立存款保险基金的法令。同年 7 月，匈牙利国家存款保险基金（National Deposit Insurance Fund，NDIF）成立。1996 年，匈牙利通过信贷机构和金融企业法（Act CXII of 1996 on Credit Institutions and Financial Enterprises）并于 1997 年 1 月 1 日开始实施，其中对 NDIF 作了更加详细的规定。1997 年（Act CLVIII of 1997）、2000 年（Act CXXIV of 2000）、2001 年（Act CXX of 2001）、2002 年（Act LXIV of 2002）和 2003 年（Act XXXIX of 2003），匈牙利不断出台新的法令，对原法令进行修订，对存款保险制度进行完善，匈牙利的存款保险制度也日臻丰富、完善起来，在 2004 年加入欧盟时，又对存款保险制度作了一定的修改，形成了现在的存款保险体系（周琼，2007）。

匈牙利全国存款保险基金（NDIF）是存款保险制度的执行和管理机构。NDIF 作为一个法律实体，既不是一个公司，也不是一个预算性机构，又不是中央银行或监管机构的组成部分。NDIF 是一个独立自主的经营实体，不受政府干预。董事会是其最高决策机构，董事会成员来自中央银行、财政部、金融监管局、银行业协会和联邦储蓄合作社的高官以及执行董事。匈牙利国家审计署负责对 NDIF 进行审计，将审计结果报议会。NDIF 的业务范围包括按照最低成本原则保护存款以防出现不能支付的情况，以及在万一出现存款不能支付时进行理赔。所有吸收存款的信贷机构均为 NDIF 的法定成员机构。NDIF 的资金来源包括成员机构一次性的入会费和缴纳的保费、持有国债的投资收益和在特殊时期的外部借款等，匈牙利财政没有给 NDIF 投入任何资金，也没有在法律中明确规定将给予担保。成员机构加入 NDIF 需要缴纳相当于注册资本 0.5% 的入会费，此后每年的费率为被保险存款的 0.2%，风险较高的机构的费率最高为 0.3%，另外，成员机构还需要缴纳部分额外费用来偿付基金的借款（欧明刚，2005）。

匈牙利存款保险制度具有这样一些原则和特征：①强制任何一家信贷机构参加存款保险；②规定最高存款担保限额为 100 万匈牙利福林；③明确规定不受担保的存款范围，包括利率超过中央银行基准利率的存款，期限过长的存款，银行高级职员的存款，银行以及其他专业投资者的存款和被判定为以洗钱为目的的存款等；④只对居民、企业或其他机构的存款进行担保，不担保同业存款；⑤对可疑存款不予赔偿；⑥资金运作由专门的资产管理专家完成，但只能投资于安全且流动性强的项目；⑦NDIF 有权对会员机构进行现场检查。

韩国存款保险制度与 111 个已经建立了存款保险制度的国家和地区中的有代表性国家[①]的比较见表 14-3。

韩国存款保险制度主要具备如下特征：①独特的创建时机。不论其他国家和地区的存款保险制度具有怎样的特点，除了加拿大外，均在银行业危机的背景下建立。韩国的存款保险制度是在改革过程中，在参与破产金融机构处置过程中建立的。相对于在危机中建立存款保险制度来说，此时建立存款保险制度的成本要小得多（Choi，2000）；②与美国存款保险制度的相似度较高。除了具体的担保限额以及个别不受担保的金融产品不同外，韩国存款保险制度与美国存款保险制度存在极大的相似性，而两国与德国的存款保险制度则在许多方面不同；③国际存款保险行动的积极践行者。虽然其建立的时间不长，但是作为 IADI 的创建国之一，韩国不仅促成了 IADI 的建立，还积极参与 IADI 以及国际存款保险体系的各项活动。

① 美国和德国的存款保险制度比较有代表性，美国最早建立起比较完善的存款保险制度，德国有着独特的运行机制。因此，本章选取这两个国家与韩国进行比较。

表 14－3　韩国与其他存款保险制度特征之比较

特征	美国	德国	韩国
是否显性制度	是	是	是
担保银行范围	属地原则	属地兼属人原则	属地原则
担保限额	25 万美元	破产银行资产的 30%	5000 万韩元
是否担保外国存款	是	是	是
是否担保政府存款	否	否	否
是否担保银行间存款	是	否	否
是否有基金	有	有，但额外基金可随时收回	有
基金来源	初始基金和保险费	银行	初始基金和保险费
管理方式	公共管理	私人管理	公共管理
会员资格	强制性	自愿	强制性
是否风险调整型保费	是	是	拟

注：属地原则指担保范围为本国境内的所有合规金融机构，属地兼属人原则指担保范围不仅包括本国境内合规金融机构，还包括本国金融机构的海外分支；美国和韩国都对其初始担保限额进行了多次调整，表中数据为最新；美国存款保险基金的初始基金来自财政部和 12 家联邦储备银行，韩国存款保险基金的初始基金来自中央政府。

资料来源：根据 Beck（2002）、FDIC 网站和 KDIC 网站资料整理。

14.4　韩国存款保险制度的运行机制

与许多国家和地区一样，韩国存款保险制度遵循最小成本原则（Least Cost Principle）、损失分担原则（Loss-Sharing Principle）、自助原则（Self-Help Effort Principle）和透明度/客观性原则（Transparency/Objectivity Principle）（称为四大原则），在四大原则指导下，完成其存款保险的各项程序。

14.4.1　韩国存款保险基金的资金来源及管理

韩国政府为存款保险制度提供 100 亿韩元的初始基金，并由此构建存款保险基金（Deposit Insurance Fund，DIF）。DIF 由银行账户、金融投资公司账户、保险公司（寿险和非寿险）账户、商人银行账户、互助储蓄银行和韩国联邦储蓄银行账户等构成。根据 2002 年公布的《公共基金偿还办法》（Public Fund Repayment Measures），这支基金经批准转化为存款保险基金债券偿付基金（Deposit Insurance Fund Bond Repayment Fund）。《公共基金偿还办法》同时还批准设立了（新）存款保险基金［（New）Deposit Insurance Fund］，资金来源主要是投保金融机构缴纳的保费，这两支基金共同构成KDIC 公共基金。

KDIC 不仅向投保金融机构收取保险费，还向他们收取存款保险基金债券报酬，称为“特别捐税”（Special Assessment）。KDIC 针对不同类型的金融机构制定了不同的保费费率和特殊评估率（如表 14－4）。

表 14－4 韩国存款保险保费费率

	银行	金融投资公司	保险公司	商业银行	互助储蓄银行	信用社
保费费率	8/10000	15/10000	15/10000	15/10000	35/10000	-
特别捐税率	1/1000	1/1000	1/1000	1/1000	1/1000	5/10000

资料来源：根据 KDIC 官方网站资料绘制。

从表 14－4 可以看出，KDIC 对银行收取较低的保费费率，对金融投资公司、保险公司和商业银行收取相同的保费费率，对互助储蓄银行收取最高的保费费率。这充分考虑了金融机构的规模和风险水平。不论是保费费率，还是特别捐税率，KDIC 对信用社收取的比率都是最小的。

韩国存款保险基金优先投资于稳定性、收益性和流动性都有保证的债券，如政府和公共债券。原则上，KDIC 会一直持有购买的债券，直到其到期。为了维持债券的稳定性，存款保险基金被禁止投向没有本金保护的基于赢利能力的产品，但是允许投向公共基金投资池中的 MMF 受益凭证。KDIC 根据不同方法确定投资于债券或存款的特定比例。但是每种比例可以在一定范围内扩大，以应对不可预期的市场条件，灵活管理存款保险基金。

14.4.2 韩国存款保险的担保范围

KDIC 推行限额存款保险制度，为每位存款人 5000 万韩元（约合 42823 美元）以下的存款提供担保，这是韩国单位 GDP（17074 美元）的 2.5 倍。[①]

KDIC 对银行、证券公司、保险公司、商业银行、互助储蓄银行和信用社等 6 类金融机构提供存款保险，各类投保金融机构的类型和数量如表

① 根据 2009 年底统计数据折算。

14－5所示。担保的产品有银行存款、客户证券交易保证金和个人保险单等，不为信用违约互换、回购协议、商业票据和政府存款提供担保。

表 14－5　KDIC 担保的金融机构类型和数量

金融机构		国内机构	国外机构	总数
银行		17	37	54
金融投资公司		99	19	118
保险公司	寿险	16	7	23
	非寿险	14	7	21
商人银行		1	0	1
互助储蓄银行		99	0	99
总数		246	70	316

资料来源：根据 KDIC 官方网站资料整理。

14.4.3　韩国存款保险公司处理问题金融机构的方式和步骤

当 KDIC 认为有必要判断一家破产或面临破产威胁的金融机构的状况时，可以要求在保金融机构及其上级金融控股公司递交经营情况和相关资产数据。对这些数据进行分析后，如果 KDIC 发现一家在保金融机构濒临破产，可以进行更详细地调查，包括对其经营情况和资产状况进行深入调查。经过调查，如果 KDIC 发现存在可能导致风险事件的因素，可以要求金融服务委员会对相关机构采取措施。如果一家金融机构的财务结构不符合要求，KDIC 或金融服务委员会可以宣布这家机构破产（破产程序如图 14－3）。一家在保金融机构破产后，KDIC 对那些合规的存款人进行优先偿付，并对这家破产的机构进行处置。KDIC 与破产金融机构签订谅解备忘录，监视其遵约情况，对那些导致金融机构破产的人员进行全面调查，强化对公共基金的管理，以此帮助市场恢复健康运行。为了最小化其处置成本，KDIC 支持其他机构对破产的金融机构进行并购，既保护存款人的利益又使其成本达到最小。KDIC 会对相关金融机构进行资质审查，然后选择那些运行良好的在保金融机构进行并购交易。KDIC 可以安排第三方来并购破产或即将破产的机构，也可以在合适的时机并购其上级金融控股公司。参与并购的机构或其上级金融控股公司可以根据其净资本的欲额向 KDIC 申请获得资金支持。

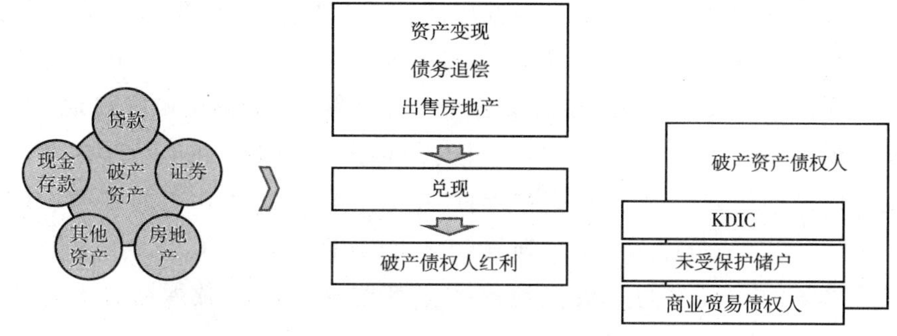

图 14－3 韩国金融机构破产程序

资料来源：根据 KDIC 官方网站资料绘制。

金融机构发生清偿危机后，存款人通过网络、邮件、传真或现场隐匿财产举报中心提交偿付报告。该中心确认被报告的一方是否对破产负有责任。确认过后，KDIC 和相关债权人会调查发现合适的财产。调查可以采取必要的法律程序。当隐匿资产被发现后，将会依据报告者提供信息的质量来偿付5000 万韩元以下的存款。

14.4.4 韩国存款保险的合作机制

韩国存款保险体系十分重视与国内外其他金融安全网设施的协作，建立了常态协作机制。KDIC 与金融监管部门（FSC 和 FSS）、韩国银行签署了联合检查和共享信息的谅解备忘录，这对于平稳的金融监管和信息交流是至关重要的；KDIC 在必要时可以要求在保金融机构和 FSS 提供数据；KDIC 也可以要求 FSS 检查特殊的金融机构，并告知其检查结果，或者要求 FSS 与其进行联合检查；各个机构高级别官员相互参加高级别的决策会议。这些国内金融安全网的有效协作增强了韩国金融体系自我稳定的能力。

在与国外金融安全网设施的合作方面，KDIC 也取得了一定的成就。KDIC 很早就开始力争成为一个全球参与者，KDIC 是国际存款保险协会（IADI）的创始成员，主办了 2003 年 IADI 的年会，一直担任其执行理事成员，并担任 IADI 研究与指导委员会（Research & Guidance Committee）的副主席。KDIC 还参与了国际存款保险规则的制定，作为国际工作组成员参与创建了《有效存款保险制度核心原则》。作为处置系统性风险小组委员会（Subcommittee on Handling of A Systemic Crisis）主席，KDIC 引领全球金融风险研究。此外，KDIC 还积极与多个国家和地区的存款保险机构签署信息共享和相互合作的谅解备忘录，并积极向国外推广其先进经验。2004 年，韩国财政经济部（Ministry of Finance and Economy，MOFE）发起知识共享计划（Knowledge Sharing Program，KSP），向其他国家和地区的政府官员提供韩国政策制定经验以及针对目标国家和地区的特定研究成果和建议，帮助他们建立和实施存款保险制度。作为 KSP 计划的延续，KDIC 在 2010 年发起了全球 KDIC 计划（Global KDIC Program）。KDIC 对国际存款保险事务的积极参与，极大地提高了韩国在国际存款保险体系中的影响力。

14.5 韩国存款保险制度的经验总结及评价

14.5.1 韩国存款保险制度的经验

自 1996 年成立以来，韩国存款保险制度经历了从起步、改进到逐渐完善的发展过程，在这一过程中，它积累了一些经验，取得了不错的成效，但也存在一些问题。分析韩国存款保险制度的经验，有助于我国得到更多建立存款保险制度的启示。

1. 韩国存款保险制度日常运行的经验

（1）借鉴国外先进存款保险制度模式，发挥后发优势。韩国存款保险制度与美国存款保险制度极大的相似性表明，韩国在建立和运行存款保险制度时，借鉴了美国的经验。而美国是最早建立现代存款保险制度的国家，其存款保险制度经历了多次金融危机的锤炼，积累了丰富的经验，是许多国家和地区争相研究与模仿的对象。韩国在这方面做得较为突出，经过借鉴与模仿，其存款保险制度取得了较快的发展速度和较好的运行效果。

（2）实施完备的监督管理措施，保障存款保险制度顺利运行。KDIC 的监管措施包括：参照科学的国际信贷分类标准和拨备标准（Provisioning Standards）来评估丧失清偿能力的资本；实行严格的资本充足要求；建立会计等相关信息披露制度，要求金融机构每年进行两次信息披露，同时加强对虚假披露行为的惩罚力度等。

（3）赋予 KDIC 广泛的权力，保证处置成本的最小化。韩国存款保险制度运行过程中，始终把握损失共担和成本最小化原则，在保护存款人利益的前提下保持韩国金融体系的市场约束力，降低存款保险制度带来的道德风险。为此，KDIC 被赋予了广泛的权力。这些权力能保证其收缴到足够的基金，保证其能够以低成本获得判断一家金融机构经营健康状况的信息，保证其在处理问题金融机构时的权威，保证其公信力，从而达到最小化其可能损失的目的。

（4）积极参与 IADI 的活动，保持本国存款保险制度的先进性。KDIC 不仅积极参与创建《有效存款保险制度核心原则》，还在实践中积极践行该原则，其设置及运行模式与这一原则基本保持一致。KDIC 积极组织和参与存款保险方面的研究，为其他国家和地区，以及本国存款保险制度的发展提供先进的理论研究成果，指导其实践。此外，韩国还积极开办存款保险公司英文网站，加大对国外的宣传力度，增强与国外相关机构的协作。

（5）优化存款保险委员会人员构成，增强决策的科学性。韩国存款保险体系的最高决策机构——存款保险委员会中不仅包括各金融安全网机构的负责人，还包括知名的专家学者。这种人员构成使韩国金融安全网更好地融合在一起，增强了金融安全网的协作力，又使其保持先进的理论指导，从而增强了其决策的科学性。

2. 韩国存款保险制度应对危机的经验

除了日常运作外，应对危机的作为构成存款保险体系的一项重要职能。韩国存款保险制度建立不久，就发生了亚洲金融危机。存款保险体系在危机中采取了一系列措施，帮助韩国经济迅速从危机中走了出来，并步入快速上升通道。这一过程中有不少先进经验。

（1）灵活调整担保政策。韩国存款保险制度实行限额担保政策，在亚洲金融危机期间，调整了这一政策，采用临时性全面担保策略，并且扩大了 KDIC 的保险范围，维护了公众对金融体系的信心，特别是外国投资者对韩国经济的信心，及时遏制了危机的蔓延，促进了经济的好转。2001 年，当金融体系恢复稳定，广泛的经济金融体制改革开始实施时，韩国即恢复了限额担保，这有利于降低道德风险，增强韩国金融体系自我稳定机能。

危机期间，韩国存款保险还会调整存款支付时间，以应对出现的不利局面。2011 年 2 月 17 日，受 1997 年亚洲金融危机和 2008 年美国次贷危机影响，韩国金融委员会关闭了 6 家储蓄银行，由此引发“挤兑”风潮。为了应对这一局面，FSC 提前一周部分偿还符合要求的停业储蓄银行储户的存款。通常情况下，KDIC 在银行停业 3 周后向储户支付存款，但这次为了应对挤兑这种突发事件，韩国存款保险体系对存款偿付期限作出了调整，遏制了“挤兑”风潮的蔓延。

（2）扩大公共基金使用的目标范围。在韩国，公共基金除了用来偿付合格存款外，还被用来向能够存活的金融机构注资，提高其流动性，处置其不良贷款，帮助其恢复正常运转，重振市场的信心。2003 年 1 月 1 日，用于韩国金融部门重构的存款保险基金分为两支基金：存款保险基金赎回基金（Deposit Insurance Fund Redemption Fund）和新存款保险基金。赎回基金用于完成 1997 年亚洲金融危机之后的金融重构，也用于恢复第一轮和第二轮金融重构时注入的公共基金。截至 2011 年 5 月底，用于金融援助的公共基金共计 120235 亿韩元。[①] 公共基金不仅恢复了金融机构的清偿能力，还为金融重构提供支持，同时进行了自我修复。

（3）先救助再处置。对于陷于偿付危机的金融机构，KDIC 会首先根据四大原则对其实施救助，通常采用的方法是存款偿付和金融援助。其中金融援助包括贷款延期和公积金缴存，购买资产和管理负债，进行股权投资和捐款等方式。

当无法实施救助或者救助成本过高时，KDIC 会以最小成本处置破产的金融机构，所采用的方法是偿付存款、购买资产、管理负债、建立桥银行[②]等方式，力图有序、及时的完成处置过程。

（4）积极恢复公共基金。为了有效恢复注入陷于清偿危机的金融机构的公共基金，KDIC 采取了多种措施，包括将其职能扩展到管理破产资产领域，委派其员工作为破产机构的管理者或委托人，代表陷于清偿危机的金融机构实行责任诉讼、要求赔偿，将 KDIC 的调查范围从陷于清偿危机的金融机构扩大到相关的违约企业等。

14.5.2 韩国存款保险制度的评价

1. 韩国存款保险制度的运行绩效

韩国存款保险制度建立没有多久，就发生了亚洲金融危机，韩国没能幸免。但是，其存款保险制度在危机期间发挥了很大作用。KDIC 在维持韩国金融体系稳定中担当着重要的角色，采取了许多应对措施，取得了很好的效

---

① 资料来源：KDIC，“KDIC Statistics”，May，2011。

② 一般指在存款保险体系下，当一家银行破产后，存款保险公司成立的负责管理破产银行存款和负债的临时性银行。

果，帮助韩国经济迅速从危机中走了出来，并步入快速上升通道。

危机过程中，韩国对其存款保险制度进行了及时调整，不仅恢复了限额担保范围，还向那些能存活的金融机构注入公共基金来减少系统性风险，恢复市场信心，完成金融改革和稳定金融市场，帮助经营状况不好的机构进行规范化管理，使用公共基金进行存款偿付，处置不良贷款，提高流动性。

Kaoru、Hiroko 和 Kotaro（2005）通过对 1992～2002 年印度尼西亚、韩国、马来西亚和泰国这四个受危机影响的亚洲国家进行比较，发现 1997 年亚洲金融危机后，韩国的存款人对银行风险所作出的反应没有增加。危机过后，存款人的风险敏感性降低了，存款保险体系的建立确保了其在稳定的政治条件下的可信度。Kaoru（2005）检验了韩国市场约束的有效性，发现存款人在危机发生中和发生后对银行风险承担行为的反应比危机发生前低，在其现有的存款保险制度下，市场约束是有效的。Angkinand 和 Wihlborg（2010）对新兴市场的存款保险担保范围、所有权和银行的风险承担进行研究，发现韩国提供了接近风险最小化的存款保险担保范围。

在 KDIC 的一系列努力下，韩国金融机构在亚洲金融危机中没有发生严重的银行破产事件，存款人的利益得到了最大限度的保护，各类金融指标均出现好转，促进了韩国经济的复苏。KDIC 的介入，及时遏制了 2011 年 2 月的“挤兑”潮，使韩国平稳渡过由于房地产持续低迷造成的金融风险期。

2. 韩国存款保险制度存在的问题

（1）缺乏独创性和本地化特征。韩国存款保险制度在建立时，主要参考了美国存款保险模式，从而获得了创建制度的后发优势，缩短了建立和发展所需要的时间期限。但是，这样做的弊端是缺乏独创性，本地化特征不明显。各个国家和地区的社会经济状况和制度环境不一致，这种差异必然造成他们的有效存款保险制度的不一致。每一个亚洲国家和地区存款保险体系的设计要满足本国和本地区的特殊情况。韩国存款保险制度虽然取得了一定的成效，但是缺乏独创性和本地化特征的存款保险制度是否是最优的，其发展的可持续性如何都未可知。

（2）监管职能执行不力。1997 年韩国金融危机发生后，为保证各金融机构的正常运转，KDIC 投入了大量的公共基金。为了减少公共基金损失，KDIC 对各金融机构犯有过失的责任人提起损害赔偿诉讼，以期收回部分或全部公共基金。但是，截至 2006 年 6 月，KDIC 追回损失 1268 亿韩元，仅相当于全部损失金额（16.52 万亿韩元）的 0.8%。[①] 造成这一问题的原因是被诉对象资产有限，远不足以补偿其不良贷款行为所造成的损失。实际上，如前文所述，KDIC 对于追偿公共基金有一套措施，之所以仍然出现无法追偿的情况，是其运行过程中监管职能执行不力、监管水平不足的结果。

14.6 韩国存款保险制度对我国的启示

我国正处于经济金融结构调整的过程中，金融业的完全开放在所难免。金融业必将面临更多的市场风险。应对这些市场风险仅仅依靠行政手段将会为社会和纳税人带来极大的或然损失，并且行政手段无法处理涉及国际风险的事务。因此，建立市场化的存款保险制度是我国当前的必然选择。

1993 年，《国务院关于金融体制改革的决定》提出要建立存款保险基金。2004 年 4 月，中国人民银行金融稳定局存款保险处挂牌，并于同年 12 月开始起草《存款保险条例》。2007 年全国金融工作会议再次提出建立我国存款保险制度。2010 年 3 月 5 日，在第十一届全国人民代表大会第三次会议上，国务院总理温家宝在其政府工作报告中提出“推进存款保险制度建设”。金融体制市场化改革要求我国建立市场化的风险管理机制，此次美国金融危机的严重后果再一次警示我国必须建立危机的主动应对机制。根据《有效存款保险制度核心原则》，如果当前制度环境条件不够理想，就应该先对其进行矫正；如果在矫正以前需要建立存款保险制度，那么该制度就应与这些前提条件相适应。因此，我国应借鉴先行国家的经验，结合我国的特殊国情，发挥后发优势，建立我国的存款保险制度。

Walker（2008）研究了亚洲国家和地区的存款保险制度，认为他们的存款保险体系在目标、设计特征方面是相似的。韩国是新兴发展中国家，在许多方面与我国的情况相似，与我国同属于亚洲国家，并且都处于高速发展阶段。韩国存款保险制度的先进经验，为我国建立存款保险制度带来不少启示。

---

① 资料来源：《韩国存款保险公社不良贷款损害赔偿诉讼成效不彰》，2006 年 10 月 25 日，中国经济网，http：//intl. ce. cn/sjjj/gat/200610/25/t20061025_ 9126216. shtml。

14.6.1　我国建立存款保险制度的现状考察

我国目前还没有建立存款保险制度，但存在事实上的以政府信誉为担保的“隐性存款保险”，政府为大型商业银行提供信誉支持，为储户的存款提供担保。银行储蓄是人们处置闲置资金的主要方式，缺乏培养风险意识的环境。为了帮助大型商业银行资本充足率达到巴塞尔协议规定的标准，国家为其提供了大力支持。1998 年 3 月，财政部发行特种国债 2700 亿元补充国有独资商业银行资本金。2004 年 1 月，国家又动用外汇储备 450 亿美元，向中国银行和中国建设银行注资。2008 年 11 月，中央汇金公司注资 1300 亿元推进中国农业银行的股份制改造，改善其资产状况。

张正平和何广文（2005）使用 1994 ~ 2003 年我国银行业面板数据，实证检验了我国 14 家银行市场约束力的情况，发现我国银行业的市场约束力非常微弱。这种现象在不同性质的银行间几乎没有差异，国家信用提供的隐性保险实质上覆盖到了所有的样本银行。李燕平和韩立岩（2008）运用面板数据模型分析了隐性存款保险下我国银行特许权价值经济效应的有效性，发现隐性存款保险降低了特许权价值对银行风险承担行为的敏感性，特许权价值的自律机制不仅对大型商业银行几乎失效，而且对中小商业银行的风险约束效应也不显著，说明中国银行受到隐性存款保险的全面保护，缺乏开展全面风险管理的动力机制。

在早期市场经济不发达、投资品种少、风险承担能力较弱、金融业开放程度低、金融创新缺乏的背景下，我国的隐性存款保险有效地稳定了金融体系。但在金融现代化进程加快、金融全球化增强的背景下，隐性存款保险越来越不合时宜，负面效应包括可能引发道德风险、造成国家财政巨额负担、导致银行业不公平竞争、阻碍银行业现代企业制度的建立和完善。

我国建立显性存款保险制度还存在一些障碍。主要的障碍是存款保险制度将带来信用保障覆盖面收窄的风险，特别是在利率未实现市场化的条件下，银行无法按照风险—收益机理运作，经营空间狭窄。从操作层面看，保费征缴是一项复杂的工作，投保对象的界定、缴纳保费时点的界定、已缴保费的调整等方面操作困难。存款保险资金的投资运作也很困难（王国刚，2007）。

我国建立存款保险制度的障碍还体现在：信用评级机构能够评价投保机构的信用，为保费费率的确定提供依据，为存款保险机构及时介入问题银行提供信号，而我国目前的信用评级体制还不能满足现实需要；我国大型商业银行的总资产在银行业中占较大比例，银行业结构不均衡，为存款保险机制的公平设计增加了很大难度；考虑到各个群体的切身利益，我国居民储户和银行对存款保险态度不积极，也不利于存款保险制度的推行；同时，成立存款保险机构还将面临各个部门权利的重新分配，部门利益之争在所难免。

虽然我国建立存款保险制度还存在一些障碍，但也具备了必要的条件。近年来，我国商业银行资本状况得到极大改善，资本充足率达标单位从2003年的8家扩大到2011年的390家；达标银行资产占总资产的比例从2003年的0.6%显著上升至2011年的100%。主要商业银行的不良贷款拨备覆盖率也得到较大幅度的提高，从2002年的6.9%上升到2011年的278.1%，从另一个侧面反映了我国商业银行对其贷款损失的弥补能力和应对贷款风险能力的增强。总之，我国商业银行资本状况良好，已经逐渐具备了承担市场化风险的能力，国家隐性担保的退出不会影响其良性发展。

此外，当前我国经济整体发展势头良好，GDP平稳快速增长，奠定了建立存款保险制度的经济基础；此次美国金融危机为我国经济结构调整提供了契机，也为存款保险制度的创建创造了机遇；大型商业银行不良资产处置效果明显，改制上市取得显著成效，中小商业银行实行差异化战略成果显著，其他非银行存款类金融机构经营状况明显改善，这些微观主体的良好发展为建立显性存款保险制度创造了有利的条件；银行业监管水平得到很大提高，问题银行的市场退出机制处于筹建阶段，为显性存款保险制度的职能发挥创造了前提条件；相关法律体系不断健全完善，法治环境逐渐优化。可以说，我国建立存款保险制度所需要的必要条件已经具备。

与经济发展状况相适应，我国形成了股份制商业银行、邮政储蓄银行、信用社、非银行存款类金融机构和外资银行等较为全面的存款类金融机构体系。存款类金融机构经过扩展或合并重组，结构日趋合理。然而，大型商业银行存款仍然是我国银行储蓄存款的主要组成部分。2010年6月，我国人民币存款额为674098.03亿元，其中四家大型商业银行的人民币存款额为330411.22亿元，占存款总额的49.02%。从中外银行境内总资产来看，外资银行资产占我国银行业资产总量的比例还较小，到2008年底仅占银行业总资产的2%。从不同类型的存款额来看，截至2009年底，居民储蓄和企业存款仍然是存款的主要类型。居民储蓄占所有存款的43%，企业存款占所有存款的35%，这两者共占总存款额的78%。外币存款仅占总存款额的

2.3%。此外，根据中国人民银行2005年4月对存款类金融机构存款账户结构的抽样调查，存款在5万元以下、10万元以下、20万元以下、50万元以下的存款账户户数占全部存款账户户数的比例分别为96.18%、98.32%、99.32%、99.70%，其存款金额占全部调查存款账户金额的比例依次为20.54%、29.47%、37.61%、46.08%。[①]

我国建立存款保险制度的需求机制与多数发达国家（如美国）不同。美国建立存款保险制度的需求机制是：金融危机→建立存款保险制度→维护金融稳定，而我国建立存款保险制度的需求机制是：金融体制改革→建立存款保险制度→建立市场化风险管理机制。美国建立存款保险制度是防止金融危机的应激反应；而我国是在没有出现系统性金融危机的情况下主动建立这一制度，是为我国金融体制市场化改革提供保障。需求机制的差异必然导致建立存款保险制度的目标不同。我国建立存款保险制度的目标在于与金融体制改革相适应，转变政府职能，减轻财政负担，建立市场化风险管理机制，适应金融全球化趋势，维护金融稳定。通过建立存款保险制度，创造有利于大型商业银行与其他中小银行公平竞争的环境，提高社会整体福利水平。

此次美国金融危机让我们看到了金融稳定的重要性，增强了我国防范危机的主动性和前瞻性。我国政府再次提出建立存款保险制度，是金融业完全放开和市场化改革进一步深化后对金融危机的预防性反应。

14.6.2 韩国存款保险制度对我国建立存款保险制度的启示

1. 时机选择

韩国政府所选择的建立存款保险制度的时机发生在其金融改革过程中。这一时机的选择使其存款保险制度在随后发生的亚洲金融危机中发挥了第一道防火墙的作用，及时保护了存款人利益，维护了金融系统稳定。我国正处于金融结构调整过程中，与韩国建立存款保险制度的时机类似。在此过程中发生的金融危机把金融体系中存在的各种问题暴露出来，此时正是进行金融改革的最佳时机，我国应把握这一历史机遇，及时引入存款保险制度，为应对今后可能发生的金融危机做好准备。

2. 运行机制

（1）设计完善的存款保险机构组织架构。韩国存款保险公司的组织架

---

① 资料来源：郭凤琳《存款保险制度正在积极酝酿》，2006年10月31日《中国证券报》。

构较为完善，既有保证存款保险制度顺利运行的组织体系，也有保障存款保险制度合法、安全运行的监督组织体系，并且在这种组织体系下，韩国的存款保险制度运行良好。在我国即将建立存款保险制度之际，设计完善的存款保险机构组织架构将是保证其顺利运行的有力保障。我国可借鉴 KDIC 来设计存款保险机构的组织架构。除了按照现代企业制度设计存款保险公司主体结构外，还要建立专门的客户满意中心、破产调查司和研究机构。

（2）采取积极有效的事前融资和基金管理方式。KDIC 通过向投保金融机构征收保险费和“特别捐税”进行存款保险基金的事前融资，此后对存款保险基金进行资产管理。事前融资可以在经济条件好时多融资，经济条件不好时少融资，有助于形成经济环境的对冲机制，减少资金的亲周期性，减轻金融危机期间存款保险机构对向社会融资的依赖，但增加了会员银行的成本。事后融资可以减轻会员银行的成本负担，但对向社会融资的依赖很强。因此，我国可以采取以事前融资为主的混合融资方式。我国银行缺乏推进存款保险制度的内在动力，存款保险的基础基金应由政府提供。存款保险的补充基金主要来自于会员银行交纳的保险费。在危机发生，基金不足以应付时，存款保险机构可以发行金融稳定基金或债券募集资金，也可以由财政部和中央银行注资。各种方式的出资额度可以随经济发展状况的不同有所调整，在危机期间更应视情况所需进行事后融资。

不论是事前融资，还是混合融资方式，存款保险机构均需对存款保险基金进行资产管理。此时，我国可借鉴韩国存款保险基金的管理方式，将基金主要投资于稳定性、收益性和流动性较好的国家债券和不以赢利为目的的公共基金，在保证存款保险基金安全的同时保持甚至扩大其规模。

（3）实行分类差别化的保费费率。KDIC 没有实行风险调整型保费费率，而是针对不同类别金融机构按不同费率收取，各个类别金融机构内部按统一费率收取。这种方式既考虑了不同金融机构承担风险的不同，又减少了保费征收成本，在韩国存款保险制度建立初期和为期不长的发展历史上取得了较好的效果。除了保费收入外，韩国存款保险制度还规定金融机构向 KDIC 缴纳“特别捐税”，这一举措有效了丰富了存款保险基金，保障了基金的公信力。我国建立存款保险制度的初期，暂不适合直接采用完全的风险调整型保费费率，可借鉴韩国的费率机制，设计适合我国国情的保费机制。

目前，我国银行业仍存在较为明显的两极分化，大型商业银行与其他中小银行相比，在规模、人员、竞争力、发展态势等方面都具有明显的优势，所以可以借鉴韩国存款保险制度，考虑采用分类费率的征收方式，即对大型商业银行与其他中小银行执行不同的费率类别。中小银行风险差别大，可以按照其资本充足率、不良资产率、内部控制机制、赢利和流动性状况等实行风险调整型费率。一般而言，由于存款规模小，对中小银行实行差别费率的总成本也较小；大型商业银行监管严格，风险差别不大，可以对其实行中等的统一费率（高于低风险中小银行，低于高风险的中小银行）。这种分类费率从总体上降低了我国存款保险费的征收成本。对大型商业银行实行中等水平的保费费率有助于银行之间的公平竞争，对中小银行实行差别费率也有利于激励其提高经营管理水平，减少风险承担。

（4）设置有限而灵活的担保机制。韩国建立了有限而灵活的担保机制。KDIC 限定了 6 类可以投保的金融机构，规定了具体的可投保产品①，确定了可担保的最高存款限额。危机发生时，韩国存款保险制度又采取灵活的担保机制。KDIC 在危机爆发后立即采取临时性全额担保政策，修订存款保险法案，扩大 KDIC 在金融监管和破产处理方面的职能等。韩国存款保险体系在危机期间采取灵活的担保政策，使其顺利化解了金融危机带来的不利影响。这都是非常重要的危机处理经验，值得我国学习和借鉴。

首先，我国应采取有限覆盖，并且存款保险覆盖范围应尽量找到使银行风险承担行为最少的那个点。存款保险制度建立初期，可担保的存款类型应该包括居民储蓄存款，这部分存款占存款总额的 43% 左右，对这些存款实行有效的保护，有助于在金融体制改革中稳固公众对银行体系的信心。对于企业存款，集资本和劳动于一体的小企业的存款应纳入存款保险体系。这一部分企业发挥着提供就业、方便人们生活等重要作用，但缺乏防控风险的能力。由于外币不得在我国自由流通，外币存款占存款总额的比例较小且随汇率经常变化，币值很难把握，我国存款保险制度建立之初可以把其排除在外。其他各种形式的高息储蓄存款、企事业单位存款、银行间同业存款、内部人存款以及财政性存款等可不纳入保险范围，因为这些存款人实力雄厚，把他们排除在外有利于增强市场约束力，降低投保银行的保费成本。

对于单个账户应该设定一个担保限额，即设定可全额担保的限额和超过这一限额的担保比例。以中国人民银行 2005 年 4 月的调查结果为例，如果

① 除银行存款外，KDIC 还为客户的证券交易保证金和个人保险单提供担保。

把存款担保金额限制在10万元以下，可以覆盖98%以上账户的全部存款。这部分存款人缺乏监督银行的实力，其存款只占总存款额的较小比例，为其提供全额担保有助于在不削弱市场约束的情况下稳定银行体系。不在全额担保之列的存款金额占全部调查存款账户金额的70.53%，这些大额账户可以形成较强的市场约束力。因此可以考虑为10万元以下的存款提供全额担保，对于超过限额的存款提供有限担保。这有助于过渡期的稳定，也不会给存款保险机构造成额外负担。实践中，担保限额应该根据最新的调查数据，综合考虑不同担保限额对应的最优基金规模来最终确定，并且根据经济发展水平、通货膨胀率、居民收入增长率以及存款保险基金的变化进行实时调整。

其次，我国在建立存款保险制度时，也应该考虑到赋予存款保险机构危机时灵活调整其担保政策的权力，设置灵活的担保机制，根据不同的国际国内环境，适时改变可担保的额度和范围以及存款偿付的时间期限，在担保成本与收益之间寻找平衡点，获得成本约束下的最大的社会效益。

（5）问题金融机构的处理方式。在对问题金融机构处理时，KDIC在救助前先对金融机构的状况做全面系统的评估，以确认其清偿状况和生存能力，而不是简单地向陷入清偿危机的银行提供资金援助。对于没有生存能力的金融机构，KDIC会坚决予以关闭。KDIC要求银行股东和借款人都必须承担相应的责任，共同分摊破产金融机构的损失，同时追究金融机构管理者和相关人员的法律责任。这种举措提高了金融机构自我风险管理意识和能力，促使其稳健经营，是维护存款人信心的有力保证。此外，KDIC还专门设计了存款人求偿程序和规则，依据信息质量确定偿付比例的方法极大地调动了存款人市场监督的积极性。

我国也应建立相应的问题金融机构处置机制，以较低的社会成本达到金融稳定的目标。金融机构退出机制可采用合并重组或破产清算的方式进行。合并重组就是选择有意向的经营稳健的金融机构对问题银行实施合并重组。存款保险机构必须对这些机构进行资格审查，选取最合适的机构。在合并重组过程中，存款保险机构可对实施合并重组的机构进行资金帮助或通过购买问题银行不良资产的方式进行间接资助。对问题十分严重、救助成本过高或者没有其他金融机构愿意接手的问题银行进行破产清算，对其存款人进行赔付。在破产清算过程中，存款保险机构应迅速、恰当、公平地偿付存款人，降低处理成本，并通过必要的法律途径强化市场约束，防止道德风险。

我国在进行问题金融机构处置机制设计时，应避免国家和存款保险机构兜底的情况，而设置相应的损失分摊机制，从机制上避免道德风险问题。此外，对于金融机构破产相关信息的提供者提供优惠。

3. 辅助机制

（1）提供切实有效的法律保障。韩国存款保险制度建立前，韩国政府首先制定颁布了《存款人保护法》，以此来确立存款保险制度以及存款保险公司的合法地位。之后，韩国政府又相继颁布了其他几部法律，并在实践中不断修正完善。韩国存款保险制度的相关法律不仅保证了存款保险制度建立的合法性，还保障了其权力的有效、顺利实施。建立一项新的制度，必须有相关法律的保障。

我国正在进行相关法律的研究与论证，可以参考韩国的法律框架，来设计我国的存款保险法律体系，尽快出台有关存款保险制度的法律法规，对存款保险机构的设置、职能、权力、担保范围、基金来源、保险费的收缴、问题银行的处置、赔偿和追偿、人员保护等问题作出明确规定，使存款保险制度在实施中有法可依，并使其审慎行为得到法律保护，增强存款保险制度的公信力。

（2）借鉴与应用相关国际规则。韩国存款保险制度在其建立与运行过程中，都借鉴与应用了相关的国际规则，这使其在制定规则的过程中少走了弯路，同时也提高了其规则的科学性。我国也应借鉴科学的国际规则，但应注意该国际规则在中国的适用性，对其作出恰当的调整。例如，国际上普遍认可的风险调整型保费费率对在我国建立存款保险制度的初期并不适用，应对其作出调整，建立适合我国国情的保费费率机制。

（3）开展广泛的合作。在社会分工和专业化不断细化的情况下，存款保险公司很难独自完成维护金融体系的重任。同时，金融全球化过程中，任何国家和地区都无法脱离与其他金融体系的交流。KDIC 对此采取积极的态度，积极开展与国内外不同层次机构的交流与合作。我国建立存款保险制度之后，必然与原有的最后贷款人和审慎监管设施产生某种程度的交替。各种金融安全网要素的平衡与协作是建立存款保险制度，并保证其顺利运行的重要保障。此外，我国即将面临金融体系的全面开放，存款保险制度的国际交流必不可少。因此，我国在创建存款保险制度时，应该考虑构建存款保险制度的国内国际协作机制。

在国内，存款保险机构必须与中央银行、银监会、审计署、财政部等有效配合，在常规工作中建立密切合作和信息共享的机制。具体包括：建立相关各方的信息共享机制和重大事件通报制度，规范信息的收集、整理、发布和传递；在银行出现流动性风险，且存款保险机构的基金不足以支持银行或赔付存款人时，应由中央银行提供（或者央行直接向问题银行提供）紧急贷款，避免发生挤兑事件，维护金融体系的稳定；为了从根本上减少银行破产带来的损害，存款保险机构应与银监会协作强化对银行业市场准入、业务范围、资本充足率、信息披露、高级管理人员任职资格、风险管理、内部控制以及市场退出等方面的监管，促进银行的稳健经营。在金融全球化进程中，我国银行业必将面临全球性风险，存款保险机构将很难独立完成涉及全球风险的金融稳定任务。因此，在保密的前提下，我国存款保险机构应与国外存款保险机构或其他金融安全部门进行信息交流，在国际间展开广泛合作（如问题银行处理方面的协调等），建立与其他国家和地区的存款保险研讨合作平台促进国际协作。通过制定双边或多边协定使一些合作制度化，便于金融危机中及时协调，减少危机从监管更严格的国家传入我国。

（4）建立存款保险制度的研究机制。KDIC 高度重视存款保险制度的研究，认为这种研究对于在高速变化的经济环境下制度的平稳运行和存款保险公司运作水平的提升具有十分重要的意义。KDIC 建立了专门的研究部门（研究分析部）从事专业研究。KDIC 不仅对国外先进存款保险制度进行研究，还对国内相关问题进行研究，并定期发布研究报告。我国不仅应该高度重视存款保险制度前的相关研究，更应重视制度建立之后的研究，即应建立研究的长效机制，协助保持存款保险制度的不断完善和进步。

最后，正如 Walker（2008）所说，亚洲国家和地区在设计其存款保险制度时，应体现其特殊性，因为各区域内的社会经济环境是各不相同的。在韩国运行良好的存款保险机制在我国不一定适用，因此我国在借鉴韩国存款保险制度先进经验的同时，还应充分考虑国情，设计出独特的、中国化的存款保险制度。

14.7 小结

在国际金融危机和国内金融体制改革的大背景下，本章试图对我国建立存款保险制度提出切实可行的合理化建议。合理化建议的提出离不开对国外先进经验的借鉴和对国内现状的透彻剖析。具有近百年历史的发达国家存款保险制度固然对我国建立存款保险制度有重要的参考价值，但是，巨大的国情差距降低了借鉴的可行性。因为任何制度的有效运行离不开适宜的土壤环境。在其他国家和地区运行良好、效果明显的存款保险具体机制在我国不一定适用，不一定能够取得预期效果。这使我们的思路转向了发展历史并不长，但是运行效果良好的新兴发展中国家和地区的存款保险制度。纵观近些年国际存款保险体系的鲜活实例，我们发现韩国存款保险制度的表现可谓优良。相似的发展背景和地域特征使我国有可能吸收到韩国存款保险制度的先进经验。

通过对韩国存款保险制度的概况、运行机制、经验教训等主要内容的研究，本章主要得到如下一些结论：第一，韩国存款保险制度与国际接轨密切，制度设施较为完善，其研究与合作机制有助于其未来发展；第二，当前这一时期是我国建立存款保险制度的最佳时机，我国应尽快将建立存款保险制度纳入日程安排；第三，韩国存款保险制度对我国建立存款保险制度具有重要的借鉴价值；第四，在借鉴韩国存款保险制度运行机制的同时，更应注重对其辅助机制（如研究和合作机制）的借鉴，因为辅助机制是顺利有效运行的重要保障。

15

金融安全网：基于信息空间理论的分析

一般而言，金融安全网是一个有效防范和管理银行危机的体系。目前，在银行业面临的风险因素不断增加和不断累积的背景下，探讨完善金融安全网的途径，降低银行失败的概率，防范系统性银行危机，具有重要的理论价值和现实意义。

从国内外完善金融安全网的相关研究文献来看，大多数研究是围绕着银行体系和金融安全网单个构成要素来展开的。其中，Goton（1985）提出的存款人理性行为模型，Smith（1987）对自由银行体系稳定性的分析，Park（1992）分析银行挤兑的理论模型，都论证了银行挤兑行为过程中信息所产生的深远影响。虽然这些研究没有就信息认知、交流、传递以及应用等问题进行理论上的解答，也没有指出信息不对称这一关键影响因素，但是从这些研究成果还是可以看出，这些研究隐含着这样一个观点：在防范银行危机的体系中，需要一种信息机制来解决银行体系内信息的收集、组织和传递等问题。这就是说，金融安全网防范银行危机的功能与信息机制的有效性高度相关。

在信息机制的研究方面，目前已经形成了不同的理论体系。其中，20世纪90年代，布瓦索（2000）提出的信息空间分析框架较为完整地解决了社会系统内部信息收集、组织和交换等问题。他通过对信息结构性、共享性以及信息发送与接收双方关系的分析，得出了新信息和新知识是在组织学习过程中进入系统的结论。而且，经常发生的信息流将会导致行为模式的产生，并在一定条件下形成规范的组织和制度。信息运动的特征，一方面反映了信息在信息空间中的特定位置；另一方面也体现了因信息流动而形成的结构对信息流动本身产生的影响。

本章尝试将信息空间分析框架与金融安全网信息机制建设联系起来，并结合系统思想和复杂性科学研究成果，从构建信息空间的角度来探讨金融安全网的信息过滤、整合、传递以及反馈机制。

15.1　构建金融安全信息网的紧迫性

针对美国次贷危机引发的全球性金融危机，世界各国采取了一系列救助措施，但效果并不是十分明显。其中的主要原因在于目前的金融领域已经发生了深刻的结构性变化。从防范及管理风险的角度来说，不论是银行经营模式、管理机制以及监管方面都需要进行深刻的调整和变革。可以说，重构金融机构及其监管制度已迫在眉睫，而重构的核心又在于构建全面、及时和有效的金融风险预防和管理机制。从这个意义上看，建立并完善金融安全网有着极为重要的作用。然而，在有效发挥金融安全网预防与管理风险功能方面，金融安全信息网的构建显得越来越重要甚至越来越紧迫。

第一，金融安全信息网的构建对于监管当局掌握有关金融机构及其经营模式的变化有着极为重要的作用。以美国次贷危机为例，造成这次金融危机的一个重要原因就在于美国商业银行表外业务发展失控，也就是有的学者所说的影子银行系统（Shadow Banking System）崩溃（朱民，2009）。近些年以来，金融领域的创新使得银行及其他金融机构表外业务快速增长，从而导致在银行系统之外形成了庞大的影子银行系统，这一系统的参与者包括投资银行、经纪商、对冲基金以及非银行抵押贷款机构等。这些金融机构通过借入短期且流动性高的资金，从事长期且流动性低的投资。为此，这些机构不可避免地面临着巨大的信用风险、市场风险和利率风险，而且这些风险没有被充分披露，没有严格的监管资本要求，也没有存款保险机构的保险。因为他们使用的投资工具大多是结构性投资工具，这些投资工具与发起银行之间具有破产隔离的法律形式，不纳入发起银行的资产负债表。据统计，截至2007年9月，全球大约有30家结构化投资实体，管理的证券面值达到了4000亿美元。这些新兴金融机构的运作模式脱离了金融安全网的管理。在市场运行相对良好的情况下，风险被掩盖起来；而当市场一旦出现动荡，这些机构的风险就会迅速转化为损失并向外蔓延。此外，这些新兴金融机构投资模式趋同、交易缺乏透明度等特点，使得金融监管及其安全网作用的发挥受到了极大的限制，特别是在金融风险识别方面面临着更加严峻的挑战。这也从一个方面说明，如果缺乏金融领域内各个金融机构（特别是新兴的金融机构）的详细数据信息，想要建立有效的风险识别、风险预警以及风险管理系统是不可能的。因此，随着各种信息技术的不断进步，运用这些技术来识别和解决未来可能出现的各种金融风险已经成为当前最为紧迫的任务。2010 年 7 月 15 日美国国会通过的《金融监管改革法》已经明确提出“成立金融稳定监管委员会”，该机构的主要职责就是“监测”和“处理”威胁国家金融稳定的系统性风险；该委员会有权认定哪些金融机构可能对市场产生系统性冲击，从而在资本金和流动性方面对其实施更加严格的监管。

第二，金融监管当局关于可能对市场产生系统性冲击的金融机构的认定或者评估，取决于各种相关数据信息的分析结果，这正是金融安全信息网所必须承担的功能。这是因为，在风险识别与防范过程中，监管当局需要始终监测并关注那些具体的风险来源。由于整个系统性风险的构成要素是宏观风险、群体风险和个体风险等，所以对风险的识别与分析不能仅仅停留在某一个层面上。在任何时候，不论危机是否发生，风险管理的任务始终都是要应对发生在整体系统内部的各个层面的风险，这就使得管理风险的体系不可避免地会形成高度的信息化（Shiller，2001）。

一般情况下，构建一个相对完善的金融安全信息网能够显著提高系统性风险的识别水平。所谓风险识别，就是发现并衡量风险分担的机会，即了解其不确定性存在的位置。具体来说，识别风险的第一步就是要设计能反映现实变化的指数，从而提高风险度量的有效性和实效性。在以往的实践中，对风险的描述通常会遗漏一些非常重要的信息，这源于风险本身所具有的复杂性，以及与风险相关各种信息数据提炼的不确定性。因此，金融监管当局要提高金融风险识别水平，第一步就要广泛收集与风险相关的各种数据信息，并通过科学的方法将其归类、整理、组合，最终形成一个完整的有效信息数据库。识别风险的第二步是衡量风险分担的机会。当代金融工程的核心就是创造金融衍生产品，实现套期保值和风险分担以及风险对冲，进而增强金融系统规避风险的能力。20 世纪 70 年代以来，期权、期货、掉期及互换等金融衍生工具不断发展，到 90 年代国际衍生产品日交易额达数十亿美元，全球约 80% 的流动性源于衍生品交易，世界 500 强企业中已有近 90% 的企业利用衍生品交易工具来进行风险控制以及风险对冲，整个全球衍生品市场已达到全球 GDP 规模的 11 倍（见图 15－1）。2005～2007 年，全球衍生品价值的年均增长高达 41.5%，期间世界经济年增长率仅为 4%。

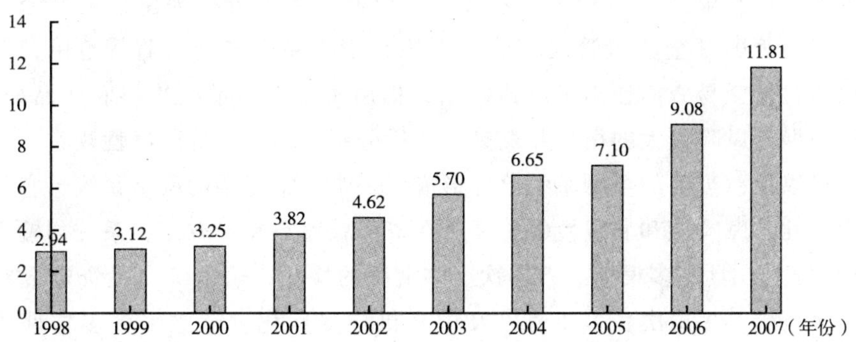

图 15－1　全球衍生品名义价值与 GDP 的比值

资料来源：国际清算银行、国际货币基金组织统计。

以美国为例，从 20 世纪 80 年代开始，美国进行了大规模的产业调整，将制造业转离本土，而将国内逐步打造成贸易、金融等服务业中心。以《金融服务现代化法》为标志，美国金融体系进入了混业经营时期；与此同时，信息技术不断的进步又使得虚拟资本流动速度不断加快。截至 2007 年，美国金融衍生产品使得金融服务业产值占整个 GDP 的比例达到近 40%，再加上股票和债券，美国虚拟经济与实体经济呈现出明显的非协调发展（其他年份的情况见表 15－1）。

表 15－1　美国虚拟资本相对于实体经济比率

单位：%

年份	股票及债券市值与 GDP 比率	股票及债券市值与实体资产存量比率
2000	3.07	14.75
2001	2.88	15.04
2002	2.60	14.10
2003	2.97	16.11
2004	3.03	15.47
2005	3.00	14.95
2006	3.51	16.34

资料来源：朱民《改变未来的金融危机》，中国金融出版社，2009，第 220 页。

从另一个角度来看，由于缺少实体经济的支持，不断发展的信息技术又成为虚拟资本投机的工具。例如20世纪90年代的信息高速公路概念酿成了NASDAQ的网络泡沫。这充分说明这次爆发的美国金融危机与其虚拟资本的过度膨胀以及虚拟经济和实体经济的不协调发展有着极为密切的联系。为此，新的美国《金融监管改革法》明确将衍生品市场纳入监管范围，并且在银行自营交易方面作出了严格限制，提出了要求金融机构将农产品掉期、能源掉期等风险最大的衍生品交易业务拆分到附属公司等限制性规定。

可以说，当前的金融系统已经形成了一个非常复杂的网络系统，它具有不确定性、风险性和非线性等特征。在资金融通与配置方面，系统的输入口（储蓄资金）具有多渠道、多层次、多期限的特征；输出口（投资资金）也具有多目标、多层次、多通道以及中介机构多元化、金融服务多样性等特征。因此，在这个高度复杂的网络系统内，信息的输入与输出、收集与组织、吸收与反馈，对于风险预警系统的建设都十分重要。

第三，在全球金融体系重塑的历史背景下，为了更好地发挥金融安全网对金融风险的预防和管理功能，进而提高我国金融系统的稳定性以及竞争力，同样需要加快构建金融安全信息网。改革开放以来，我国创造了年均9.5%的经济增长奇迹，同时出现了快速的经济金融化趋势（王芳，2004），金融相关比例（FIR指标）接近3。这表明，金融活动已渗入到整个经济体系的各个层面，已经成为经济增长的一个重要决定因素。这意味着，金融体系一旦出现波动或者发生危机，必然对经济体制改革和经济增长造成严重的冲击和影响。在我国现阶段金融结构（即政府主导型金融结构）与我国渐进式改革模式的共同作用下，我国金融部门在承担改革成本的同时，也积累了庞大的金融风险；再加上债权债务网络的复杂性，以及信息不对称性和信息化建设发展滞后等，都容易导致单个金融风险迅速演化成系统性金融危机。再从外部联系来看，随着我国经济与世界经济的联系越来越紧密，相互间的影响程度越来越深入，在我国可以实现金融风险在全球范围内的分散和转移的同时，也使得我国金融部门不得不直接面临形式各异的、越来越强烈的外部冲击。很显然，在这个过程中，作为发展中国家的中国始终处于信息劣势地位，也就是说，发展中国家始终是国际金融交易风险的主要承担者；而发达国家不仅拥有先进的交易技术，而且还主导国际金融交易规则的制定，占据着明显的优势。这也是当前国际金融体系格局中，发展中国家不得不面临的严峻考验。

综合起来看，我国金融部门既要承担经济改革的成本，又要防止各种金融风险转化成金融危机；既要利用国际金融市场转移及分散金融风险，又要克服在国际金融体系中的信息劣势地位所带来的一系列不利因素。因此，充分发挥金融安全信息网在预防及管理风险方面的功能，进而提高我国金融系统的稳定性与核心竞争力，对我国的金融改革和经济增长，都具有十分重要的意义。可以肯定地说，如果缺乏高效的金融安全信息网，不论是国内监管部门之间的协调，还是国际范围内金融监管的合作都将难以实现。通过 G20 峰会以及美国新金融改革法案也可以清楚地看到，金融监管体系的重构、金融监管模式的转变、金融风险预警机制的建立以及金融市场运作透明度的提高，无不以高度信息化建设为基础。

15.2　信息空间分析框架与金融安全网的适用性

信息空间分析框架是用来分析社会系统内部信息生产和交换的。首先，它对信息流动进行总体描述，并将信息的流动划分为两个阶段，即个人和组织。第一个阶段是个人从数据处理过程中提取信息，并对其进行编码和抽象，最后形成个人知识的过程；第二个阶段是描述组织对个人知识进行吸收和内化，进而形成组织知识的过程。其次，在总体描述的基础上，分析个人获取信息的方式和能力、个人分享其所获信息及个人之间进行信息交换的条件；同时，分析组织对个人知识的吸收条件、组织之间进行信息交换的条件，从而完成该分析框架的静态构成。再次，将整个信息的产生和交换作为一个动态过程进行考察，分析信息产生和交换可能性的变化导致社会系统内部信息新陈代谢的根源，进而引起社会系统内部知识的新陈代谢。由此可见，信息的运动是在三个子信息空间之内完成的（见图 15－2）。

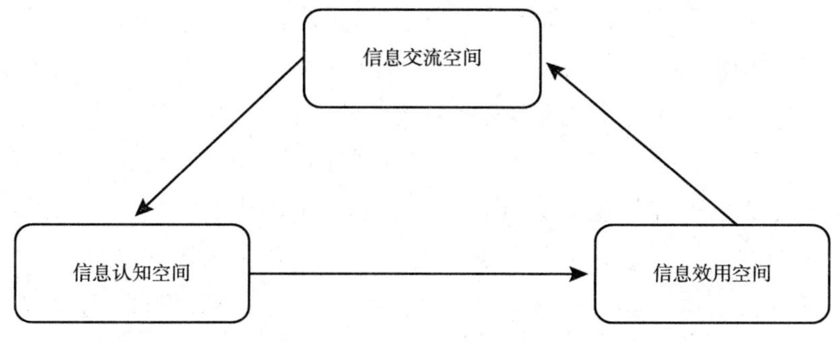

图 15－2　信息在信息空间中的流动过程

其中，认知空间是信息主体依据其认知能力及知识结构对信息进行处理的思维空间；交流空间是信息需求主体为满足自身的目标而进行信息搜集的活动空间；效用空间是信息主体发挥其所搜集到的信息效用的空间。具体来说，效用空间向交流空间传递着信息需求结构和内容，交流空间向认知空间传递着客观的知识结构，而认知空间向效用空间表达着主观的知识结构，这就形成了信息在信息空间内的完整的运动过程或者说是传递路径。

从社会系统角度来看，信息在空间中的运动又划分为个人学习和组织学习两个阶段（见图 15－3）。

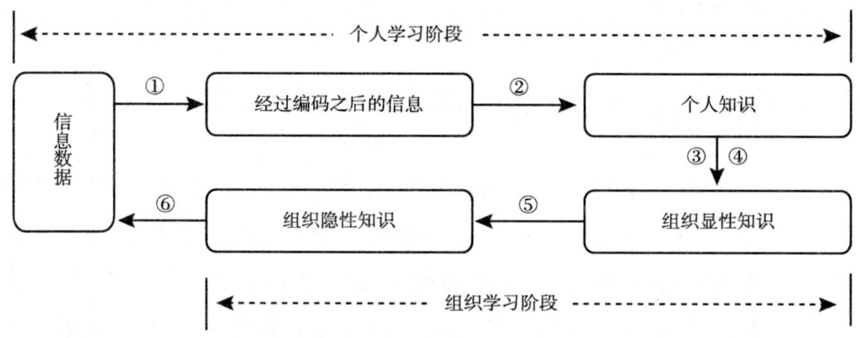

图 15－3　信息与知识相互转化的两个阶段

注：图中①表示个人对信息的提炼和编码过程；②表示个人对经过编码的信息进行抽象的过程；③和④表示个人知识的扩散及组织对其进行吸收的过程；⑤表示组织知识的内化过程；⑥表示依据组织知识形成决策之后的信息反馈过程。

根据主体的不同，信息空间的目标、手段和运行过程也是有差异的。比如，个人信息空间满足的是其自身对各种信息的需求，并且依靠个人学习能力来实现客观知识向主观知识的转化；而组织信息空间则是以实现其特定目标为目的，通过组织的学习能力完成个人知识向组织知识的转化，即组织对个人知识的吸收及内化过程；社会系统信息空间则是为了实现系统健康稳定运行的目标，凭借系统适应能力实现系统内外信息的生产、交流和传递。

显而易见，在这些信息空间内，信息与知识的相互转化是通过不同的作用机制来完成的。在信息交流空间内，数据的编码机制决定了信息的搜索成本，代码越有效，要求处理的数据就会越少；当代码出现问题的时候，要么对其分类进行重构，要么寻找新的分类方式。因此，编码机制既是信息主体对数据的选择行为又是对数据进行的分类工作。在认知空间内，个人知识的形成主要是通过抽象机制完成的。信息主体在完成信息编码之后得到的数据，经过抽象机制形成概念。一般来说，概念就是关于对象、环境、事件及其次序，行动及其次序的数据的综合（苗东升，2000）。在一定意义上，编码和抽象都是为了降低复杂性。在组织的认知空间内还存在另外两种机制，即同化机制和顺应机制，前者是指组织已有的组织知识对个人知识进行过滤和改造的过程；后者则是组织对其已有的组织知识进行改造以符合信息所载知识内容的过程。在信息效用空间里，信息经过吸收之后会转化为实际的决策和行动，在这些实际行为结束之后会产生两种信息反馈：第一种情况，反馈信息作为成功经验被内化到组织知识体系中；第二种情况，反馈信息会刺激组织对其决策进行修正，从而产生新的信息需求。这一需求将会重新进入交流空间开始新一轮的信息流动。在这样的机制作用下，信息不断地新陈代谢，而知识就表现为一种适应性增长。

毫无疑问，这一信息空间分析框架也能够在相当大的程度上适用于金融安全网的信息机制构建。

第一，金融安全网是人类社会为了预防和管理金融危机而构建的一个系统。这就是说，金融安全网是一个以降低金融危机对经济社会发展所造成的影响，并按照一定的逻辑步骤设计而成的人造系统。因此，它的设计和调整必然要根据金融危机的变化而不断地进行试验和调整，这是一个循环过程，而且每一次循环都会产生一个更精确、功能更强的系统。因此，金融安全网的存在不可避免地与金融危机联系在一起，它们之间必然存在着信息生产与交换的问题。从这个意义上来说，在金融安全网系统设计过程中，应该建立一套关于金融危机信息的生产、交换和组织机制；与此同时，由于人造系统是按照计划为完成特定目标而设计出的一系列组成部分，因此金融安全网的设计中还应包括金融危机信息在系统构成要素之间传递、吸收及内化的机制。

第二，金融安全网是一个开放的系统。由于金融系统是开放的系统，所以作为与其相伴而生的金融安全网系统也是开放的，它必然会受到政治环境、经济环境、文化环境以及技术环境的影响。金融安全网从这些环境中获取并吸收信息，经过处理之后再向环境系统输出信息，从而维持其有序的结构（见图 15－4）。而且，在构成金融安全网的各种制度系统中，也存在着不同内容的可选择集合，这些制度集合也是开放的，即吸收新的内容，淘汰旧的没有存在意义的内容。因此，从系统的开放性角度来看，金融安全网与其存在的环境之间存在着信息的生产与交换关系。

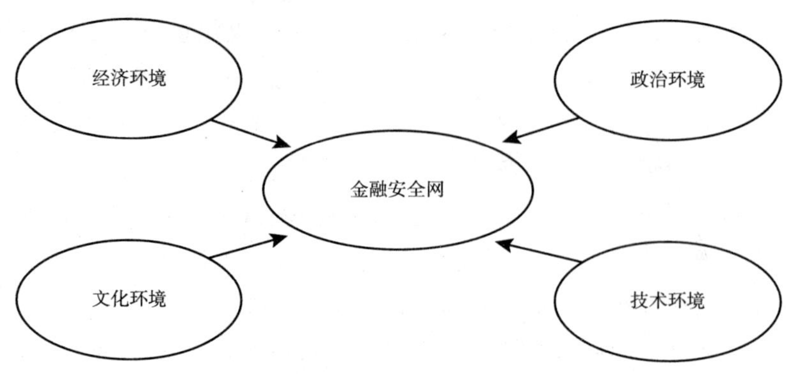

图 15－4 环境与金融安全网的关系

第三，金融安全网制度系统的子系统具有非线性特征。非线性意味着多样性、差异性、可变性、非均匀性、奇异性和创新性（杨永福，2004）。金融安全网制度系统内的制度在其不断演进过程中，一方面有着自我稳定和强化机制；另一方面存在着不断适应环境的行为过程，即学习效应和协调效应。这些制度为适应环境而进行的学习过程中也要经过两个阶段，即个人学习阶段和组织学习阶段。具体而言，首先是个人对存在于混沌信息空间中的数据进行选择和分类，经过提炼和抽象形成个人知识，然后再经过系统的选择、内化及反馈产生新的知识。与此同时，这些制度系统的演变，除了来自于外部环境的力量，在其内部也存在着制度变迁的力量，这种内部的力量来自于制度安排过程中成本和收益的比较，这种成本与收益关系会随着市场内部各种信息的变化而变化。可见，这些制度变迁的力量与市场各种要素之间也存在着信息的生产与交换的问题。

第四，金融安全网内部制度系统的非线性特征决定了金融安全网是一个复杂系统。与一般的自然系统相比，金融安全网是一个典型的非自然系统，即人在回路中（human-in-loop）。这就是说，它是由人选择、比较，并通过相互博弈最终形成的一个制度体系。这种设计取决于人的有限理性和非理性的能力，这也就是金融安全网复杂性产生的重要根源。人类有限理性和非理性所具有的复杂性和非线性特征决定了金融安全网是一个复杂系统。根据人类目前对复杂性的认识，复杂性正是起源于进化的过程和结果，其中，变异和选择将自动产生差异和整合，前者产生了多样性；而后者则体现了依赖性。由此可以得出复杂性的二维特征，即联结和区别（Peters，2001）。当一个系统随着时间推移不断发展变化时，它的复杂性也不断增加，而且，系统进化过程中的变异和选择，在一定意义上取决于系统的综合信息处理能力。

第五，金融安全网各部门之间行动的统一协调取决于信息共享机制的有效性。这是从金融安全网实际运行角度来说的。由于金融系统、银行系统以及金融安全网系统本身都是复杂的巨系统，因此在各种环境的约束下，金融安全网对金融危机进行处理常常会遭遇两难选择，诸如中央银行履行最后贷款人职责对问题银行提供流动性支持，有时会与其货币政策职能发生矛盾；存款保险制度在保护存款人利益的同时会产生道德风险等。换句话说，影响金融安全网运行的信息是庞大的、不确定的以及难以预测的，它们有时交叉出现，有时共同发挥作用，这就要求系统不但具有综合处理不确定性信息的能力，而且还需要各个制度系统之间进行交流、合作与协调。从金融安全网运行的历史经验来看，世界各国在构建金融安全网的过程中都十分重视各机构之间的信息共享，因为金融安全网作用的有效发挥都涉及存款保险机构、中央银行、金融监管当局、财政部等机构之间的合作。这种信息共享实际上就是社会系统之间以及社会系统内部的信息生产与交换。

综上所述，现代经济及金融秩序中最为显著的特征就是信息的生产和交换，以及在形成信息流动条件时的各种制度所能发挥的作用。信息的生产和交换在现代经济条件下是通过组织学习的方式、利用知识和信息之间的转换机制来实现的。以布瓦索为代表的学者以信息运动为基础，构建了一个信息空间分析框架并用来处理社会系统信息生产和交换的问题。这个分析框架是建立在几个简单观念之上的：第一个观念是组织、制度的出现是由社会制度系统中信息流动所决定的；第二个观念是信息的流动受物质规律的制约。人类对信息的处理和个人之间、组织之间的信息交流又反映了对这一物质规律的妥协。因此，这个信息空间分析框架对于各种存在信息生产和交换问题的社会系统都有着广泛的适用性。同样，人类为预防金融危机而设计构造的金融安全网是一个动态的、开放的复杂系统。它的复杂性起源于它的演进过程和结构，这种演进体现在系统对各种外部环境的适应能力和系统内部各种力量的变化上。这种对环境的适应能力就是一种系统与环境之间的信息及能量的交换。在这种信息生产和交换过程中，在变异和选择机制作用下，系统具有学习效应和协调效应。因此，信息空间分析框架是适用于解决金融安全网有关信息生产及交换问题的。

15.3　金融安全网信息空间的结构层次及其特征

关于金融安全网的构成要素，国内外学者存在着不同的认识。有的学者认为，金融安全网仅指存款保险制度安排；有的学者将金融安全网限定为存款保险制度和最后贷款人制度；有的学者则认为，金融安全网除了存款保险制度外，还包括审慎监管和最后贷款人制度。特别是，有学者提出了“危机扩散断路器”概念，从整个风险运行的角度，构建了相对完整的理论。这一理论认为，金融安全网就是应对银行危机时，防止危机扩散的断路器（Circuit Breakers），这些断路器包括银行系统的市场准入、审慎监管、关闭准则、存款保险、最后贷款人以及强制性救助等各项制度及措施。按照这一理论，金融安全网的运行过程是：先从复杂且庞大的社会经济及银行系统数据中提取信息，经过抽象和组织内化，形成各种制度（即市场准入条件、审慎监管标准、银行关闭条件、实施危机救助要求等），并最终形成决策（即关闭和救助之间的选择）和行动方案（见图15－5）。

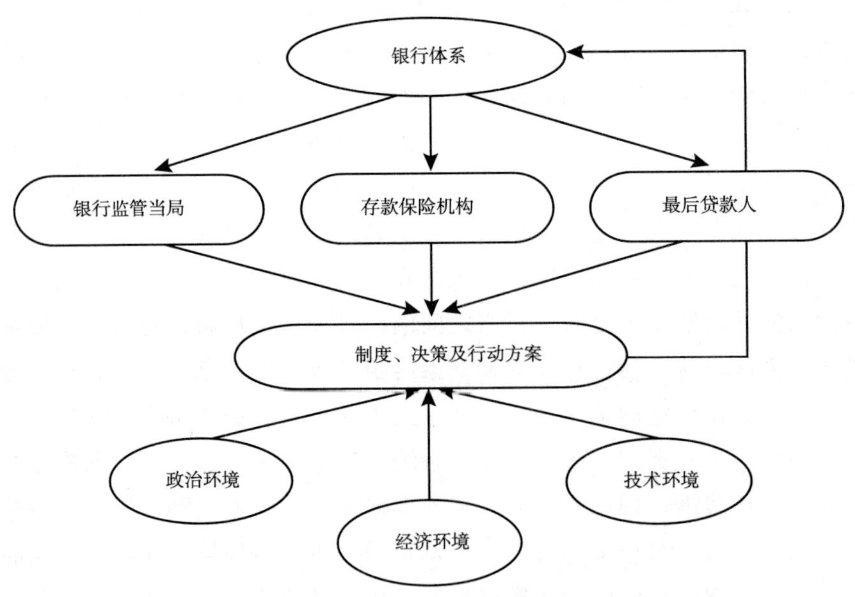

图 15－5　金融安全网的系统运行

图 15－5 反映金融安全网运行过程中存在着不同的信息生产和交换过程。这表明，金融安全网不但能够而且需要构建信息空间。根据信息空间分析框架，金融安全网可以通过对信息空间的优化，进而解决金融安全网三个不同层次的信息生产和交换问题：第一个层次是系统与外部环境之间的信息交换，即宏观信息空间；第二个层次是系统与银行体系之间的信息交换，即中观信息空间；第三个层次是系统内部之间的信息交换，即微观信息空间。

首先，宏观信息空间的设计目标就是解决系统与外部环境之间的信息生产和交换问题，提高金融安全网对系统目标的修正能力。从社会系统构成及其相互作用的角度来看，每一个系统都有独立的目标，而且它们会被分解为不同的子目标，子目标会被连接和整合从而为上一级目标服务。虽然在整合过程中，子系统控制的复杂性提高了、有效性降低了——这是因为控制变量随着环境的变化而在各个系统中间跃迁，但这是整个系统演进的客观需要。因此，金融安全网系统需要与高层次系统进行有效的信息传递以修正其目标，而更高层次的系统也需要协调和整合金融安全网的子目标。

其次，中观信息空间的构建是为了解决金融安全网与银行系统之间的信息生产和交换问题。在某种意义上，金融安全网是一种特殊的安全保护机制，它的功能类似于调节器：通过预测所有可能偏离正常状态的行为并对其作出反应，将各种变化限定在允许的范围内，从而维持系统的正常运行（何德旭、史晓琳、饶云清，2010）。当被调节对象的变化越大时，调节机制的选择就会越困难。复杂的银行系统决定了选择合适的金融安全网系统的困难程度。作为银行体系的安全保护机制，金融安全网需要银行系统几乎所有的信息，特别是危机酝酿、形成、扩散过程中的信息，以及危机处理过程中的反馈信息。因为这些信息能够帮助系统对银行体系运行可能出现的偏离情况进行预测，能够对危机的影响程度进行估计，能够对危机处理方案进行理性的选择。所以，这些信息的传递能够提高金融安全网对危机的反应能力和对危机处理的决策能力，进而提高金融安全网的防护功能。

最后，微观信息空间用于解决金融安全网系统内部信息生产和交换的问题。银行危机有着复杂的生成及传导机制，对其进行预防和管理需要考虑相关的各种因素，即决策的复杂性。目前，常用的处理决策复杂性的方式就是细化决策，它要求将问题分解为独立的子问题以及各方密切协调，而且这种协调与合作需要信息共享机制。从金融安全网运行的历史经验来看，世界各国在构建金融安全网的过程中都十分重视信息共享问题，因为它保障了金融安全网对危机管理的有效性。换句话说，建立各个部门之间的信息共享机制能够保证存款保险机构、中央银行、金融监管当局、财政部等各个机构之间的密切合作和统一行动。

从信息流动方面来看，上述三个不同层次的信息空间具有明显的相似性，即它们都是由三个信息子空间组成，分为两个学习阶段。第一阶段的信息流动遵循搜集、编码、提炼、抽象和扩散过程；第二阶段则需经过组织的吸收、内化以及反馈。经过不断的循环，信息和知识不断地相互转化，从而构成知识的适应性增长。当然，这三个不同层次的信息空间又因为它们解决的是不同主体之间的信息生产和交换问题，所以又具有不同的目标。因此，构建这些信息空间也就有着不同的要求，或者说有着不同的需要解决的主要问题。

其一，构建金融安全网宏观信息空间，需要建立一个强大的目标控制系统。在宏观信息空间内产生和交换的是关于该系统与更高层次系统的目标及其目标变化的信息。由于金融安全网的目标是金融系统目标体系中的一个子目标，它服务于金融系统运行目标，而且需要根据金融系统目标的调整来进行修正。通常，金融安全网目标被定义为预防和管理银行危机。显然，这一界定存在着明显的缺陷。一方面，这是一个不确定的目标，它容易产生两种情况：一是模糊，即无法准确地确定目标的界限；二是模棱两可，即无法对两个或多个事件或行动方案作出理性的评估和取舍（刘玉仙、顾琛，2004）。其中的原因在于没有掌握充分的信息，或是在认识中存在混淆现象，也可能是在现实中存在相互冲突的证据，结果是造成金融安全网面临两难选择。例如，前面已经提及的中央银行履行最后贷款人职责对问题银行提供流动性支持，有时就会与其货币政策职能发生矛盾；存款保险制度在保护存款人利益的同时会产生道德风险等。另一方面，由于系统目标的不确定，还可能会产生组织权力划分模糊以及职能交叉（见图 15－6）。因此，金融安全网需要构建一个复杂决策机制，即细化决策问题，将其目标分解为各个相互联系的子问题，并构建一个较高层次的目标控制系统，用以协调和整合各个子目标。

其二，在构建金融安全网中观信息空间时，需要强大的数据分析处理系统、信息传递及反馈系统。银行系统的信息是庞大的、不确定的以及难以预测的，它们有时交叉出现，有时共同发挥作用，这就要求系统具有综合处理不确定性信息的能力。这种能力体现在对海量数据的获取以及对数据结构和

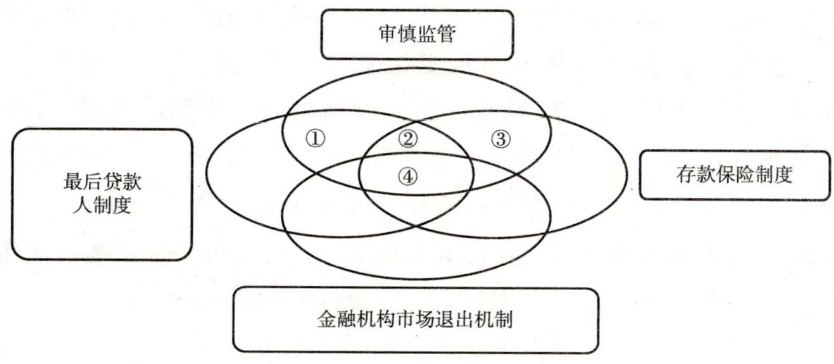

图 15－6 金融安全网部门职能交叉情况

注：图中①表示审慎监管与最后贷款人之间的职能交叉；②表示最后贷款人与存款保险制度之间的职能交叉；③表示审慎监管与存款保险制度之间的职能交叉；④表示审慎监管、最后贷款人、存款保险制度与退出机制之间的职能交叉。

资料来源：何德旭、史晓琳、饶云清《金融安全网：内在联系与运行机理》，《当代财经》2010 年第 5 期。

关系的区分，同时借助现代技术对数据进行深度挖掘。数据挖掘（Data Mining）目前已经成为一个新兴的研究领域，它以统计学、数据库和人工智能等众多学科为基础，将各种分析方法集成在数据元和知识元的提取上。事实证明，有效的数据挖掘技术能够对信息运动实施有效的引导。以动态数据组织过程为例，决策树模型就是在数据库中寻找最有分辨力的数据，然后将其划分为多个子集，构成一个分枝过程，最后调用该分枝过程，直到所有子集包含统一类型的数据。这样一来，庞大且变化无常的信息就能够被组织成一个有序的体系。在各种数据挖掘技术的支撑下，金融安全网关于市场准入标准、金融机构偿付能力的评估、存款保险费费率的确定、金融机构退出机制的设计等都能够做到相对科学。特别是在对银行体系各种数据的深度挖掘过程中，一方面可以通过构建模型库、数据库和方法库，并结合各种决策的历史数据和经验数据进行分析，完成对银行危机的预防目标；另一方面可以选择数据挖掘工作市场化或者建立与各个专业机构之间的合作机制，以提高系统对银行业及其他金融机构的数据搜集能力和处理能力。

其三，构建金融安全网微观信息空间，需要建立信息共享机制及行动协调机制。从整合系统各部门之间的信息共享网络来看，构建一个更高级别的信息共享协调机制是促进金融安全网目标实现的必然选择。在复杂系统的信息空间内，如果没有更高级的信息共享网络及协调机制，那么，不论是信息的提炼，还是个人知识或组织知识的形成都将难以完成。因此，构建高一级别的信息空间，能够对纷乱复杂且变化无常的信息运动所引起的“混沌”现象构成必要的约束和限制。基于此，在更高级信息空间的作用下，各部门将大量的数据信息组织成为具有明确主题的、稳定的、集成的数据库，从更高的层面进行数据挖掘；数据经过挖掘阶段形成的知识元，经过内化机制形成组织知识（即有关金融安全网优化的知识），然后再经过系统的决策机制和信息反馈机制，确保各部门之间综合决策的有效性和行动的一致性。

15.4 小结

本章主要研究金融安全网信息机制问题，阐述了信息空间理论分析框架，并探讨了该分析框架与金融安全网之间的适用性。通过将信息空间分析理论与金融安全网的结合，阐述了金融安全网信息空间的结构层次及其特征，解释了金融安全网三个层次的信息空间及其相应的各种信息机制。由此形成以下重要结论。

第一，构建有效的金融安全网信息机制是实现其系统目标的重要保证。金融安全网的存在与发展需要信息的生产和交换机制，这种机制不仅来自于系统外部信息的编码、提炼和抽象，而且还来自于系统内部的扩散、吸收和内化。这意味着，金融安全网应该不仅关注系统内知识的沉淀和更新，还要注重与系统外部的信息搜集、交流与反馈。这就要求，在实践中不断强化系统内外的信息系统功能：一是建立各主体之间信息发布与传递系统；二是建立强大的信息搜索系统，通过提供“信息的信息”来解决信息搜索路径的问题；三是按照清晰化、针对性强和便于理解的原则优化信息结构，从本质上改变信息状态；四是加强信息与知识的转化机制，强化金融安全网系统的吸收及内化能力，从而提高金融安全网对复杂金融环境的适应能力。

第二，构建金融安全网信息空间，虽然不可能完全消除复杂金融系统以及复杂信息所带来的影响，但是却能够有效地降低这些问题的影响程度，从而有助于实现金融安全网的系统目标。在这个意义上，金融安全网优化建设的一个十分重要的方面就是通过对其信息空间的优化，提高系统综合处理不确定性信息的能力。这一结论表明，金融安全网的优化必然伴随着各个部门及其组织成员知识水平的提高。系统整体知识水平的提高需要整个系统共同投入，通过知识的交流与共享机制以及知识的“溢出效应”使其在整个系统内部扩散，再经过系统的吸收和内化，最终形成组织知识。这就要求，首先要建立健全各种学习机制，从而提高系统内各个组织成员的个人知识水平，随着整个系统内各部门成员个人知识的不断提高，金融安全网对金融危机的预防作用将有质的提高。其次是建立健全与其他学科领域之间的交流与合作机制，特别是提高对金融领域内海量数据的深度挖掘技术，并将其与信息空间的优化建设结合起来，从而促进金融安全网的优化建设。

第三，从优化金融安全网的角度，在完善的信息机制基础上，通过信息共享机制形成一个统一的决策机制及其协调机制用以整合、优化及协调各部门的决策行为。因为构建一个更高级别的决策及协调机制是促进金融安全网优化建设的一种积极的选择，这就需要在原有信息机制的基础上，形成高一层次的信息空间，以此过滤及整合庞大的复杂信息，升级系统综合信息吸收能力，强化系统自我调整能力。

参考文献

中文文献

1. 〔马来西亚〕沈联涛：《十年轮回》，杨宇光等译，上海远东出版社，2009。

2. 〔美〕查尔斯·金德尔伯格：《疯狂、惊恐和崩溃：金融危机史》（第四版），朱隽等译，中国金融出版社，2007。

3. 〔美〕弗雷德里克·米什金：《货币金融学》（第四版），李扬等译，中国人民大学出版社，1998。

4. 〔美〕卡尔－约翰·林捷瑞恩：《银行稳健经营与宏观经济政策》，潘康、张卫东、康以同、王忠译，中国金融出版社，1998。

5. 〔美〕罗伯特·希尔：《非理性繁荣》（第二版），李心丹等译，中国人民大学出版社，2008。

6. 〔美〕迈克尔·塞勒：《金融研究：方法论大全必备》，金马译，清华大学出版社，2005。

7. 〔美〕米尔顿·弗里德曼：《货币稳定方案》，宋宁等译，上海人民出版社，1991。

8. 〔美〕佩特·斯潘瑟：《金融市场结构与监管》，戴国强译，上海财经出版社，2005。

9. 〔美〕萨缪尔·亨廷顿：《变动社会中的政治秩序》，张岱云等译，上海译文出版社，1989。

10. 〔美〕斯坦利·恩格尔曼等：《剑桥美国经济史》（第三卷），高德步等译，中国人民大学出版社，2008。

11. 〔美〕威廉·费尔丁·奥格本：《社会变迁——关于文化和先天的本质》，王晓毅、陈育国译，浙江人民出版社，1989。

12. 〔挪威〕拉斯·特维德：《金融心理学——掌握市场波动的真谛》（修订版），周为群译，中国人民大学出版社，2003。

13. 〔日〕都留重人：《现代日本经济》，马成三译，北京出版社，1980。

14. 〔日〕香西泰：《高速增长的时代》，彭晋璋译，贵州人民出版社，1987。

15. 〔日〕野口悠纪雄：《泡沫经济学》，曾寅初译，三联书店，2005。

16. 〔英〕马克斯·布瓦索：《信息空间：认识组织、制度和文化的一种框架》，王寅通译，上海译文出版社，2000。

17. 《韩国存款保险公社不良贷款损害赔偿诉讼成效不彰》，2006 年 10 月 25 日，中国经济网，http：//intl. ce. cn/sjjj/gat/200610/25/t20061025_9126216. shtml。

18. 《韩国存款保险制度》，《银行家》2003 年 1 月。

19. 卞志村：《泰勒规则的实证问题及在中国的检验》，《金融研究》2006 年第 8 期。

20. 曹明奎、张登婧：《印度存款保险四十年发展终成正果》，《金融博览》2004 年第 9 期。

21. 陈强：《高等计量经济学及 Stata 应用》，高等教育出版社，2010。

22. 陈文团：《政治与道德》，台湾书店，1998。

23. 陈希孺、王松桂：《近代回归分析——原理、方法及应用》，安徽教育出版社，1987。

24. 陈向聪：《存款保险机构代位受偿优先权立法探究》，《国际金融研究》2006 年第 7 期。

25. 陈小悦、肖星、过小艳：《配股权与上市公司利润操纵》，《经济研究》2000 年第 1 期。

26. 陈信元、江峰：《事件模拟与非正常收益模型的检验力——基于中国 A 股市场的经验检验》，《会计研究》2005 年第 7 期。

27. 陈志武：《预防金融道德风险　加速推进金融改革》，2005 年 3 月 23 日《21 世纪经济报道》。

28. 崔光灿：《资产价格、金融加速器与经济稳定》，《世界经济》2006 年第

11 期。

29. 董直庆、王林辉：《我国证券市场与宏观经济波动关联性：基于小波变换和互谱分析的对比检验》，《金融研究》2008 年第 8 期。
30. 杜沔、王良成：《我国上市公司配股前后业绩变化及其影响因素的实证研究》，《管理世界》2006 年第 3 期。
31. 费孝通：《乡土中国、生育制度》，北京大学出版社，2002。
32. 高铁梅：《计量经济分析方法与建模——EViews 应用及实例》，清华大学出版社，2006。
33. 高云峰、董邦国：《中国货币需求稳定性的实证研究》，《财经问题研究》2006 年第 6 期。
34. 耿同劲：《中国国有商业银行脆弱性研究》，中国财政经济出版社，2007。
35. 龚六堂、杜清源：《“金融加速器” 的 RBC 模型》，《金融研究》2005 年第 4 期。
36. 管征、卞志村、范从来：《增发还是配股？上市公司股权再融资方式选择研究》，《管理世界》2008 年第 1 期。
37. 郭凤琳：《存款保险制度正在积极酝酿》，2006 年 10 月 31 日《中国证券报》。
38. 郭萍：《新兴市场国家汇率制度选择与金融稳定性研究——基于韩国、印尼、墨西哥的实证分析》，《消费导刊》2009 年第 3 期。
39. 国际货币基金组织：《迈向金融稳定的框架》，中国金融出版社，1998。
40. 韩俊：《银行体系稳定性研究》，中国金融出版社，2000。
41. 何德旭，史晓琳，饶云清：《金融安全网：内在联系与运行机理》，《当代财经》2010 年第 5 期。
42. 何德旭，郑联盛：《美国金融危机与金融监管框架的反思》，《经济体制比较研究》2009 年第 3 期。
43. 何德旭、郑联盛：《金融危机演进、冲击和政府政策》，《世界经济》2009 年第 9 期。
44. 何帆、张明：《美国次贷危机是如何酿成的》，《求是》2007 年 20 期。
45. 何帆、郑联盛：《美国政府接管 “两房”：原因、计划及影响》，《中国金融》2008 年 10 期。
46. 何光辉：《民营化、国有化与中国国有银行改革》，《财贸经济》2005 年第 12 期。

47. 侯尧文、胡怀邦：《建立我国存款保险制度的设想——来自新兴市场国家的经验》，《宁夏社会科学》2007 年第 6 期。

48. 胡援成、程建伟：《配股融资与股票超常收益率》，《当代财经》2006 年第 8 期。

49. 黄静、董秀良：《证券分析师业绩预测和投资评级准确性实证分析》，《数理统计与管理》2006 年第 6 期。

50. 黄俊立、周林新、卢运珍：《国外通货紧缩理论研究评述》，《经济学动态》2000 年第 2 期。

51. 黄立新、郑建明：《银根松紧与银行贷款质量》，《中国软科学》2012 年第 1 期。

52. 蒋先玲：《加拿大存款保险制度的发展及其对我国的启示》，《国际贸易问题》2004 年第 8 期。

53. 靳云汇、于存高：《中国股票市场与国民经济关系的实证研究》（下），《金融研究》1998 年第 4 期。

54. 拉孜克·买买提、张玉民：《法人治理结构缺损与体制性腐败：农村信用社案件研究》，《金融研究》2002 年第 6 期。

55. 李稻葵：《转轨经济中的模糊产权理论》，《经济研究》1995 年第 4 期。

56. 李华、马幸荣：《我国存款保险发展的制度障碍及对策》，《现代经济探讨》2009 年第 3 期。

57. 李健：《论国有商业银行的双重功能与不良资产的双重成因》，《财贸经济》2005 年第 1 期。

58. 李康、杨兴君、杨雄：《配股和增发的相关者利益分析和政策研究》，《经济研究》2003 年第 3 期。

59. 李麟、索彦峰：《经济波动、不良贷款与银行业系统性风险》，《国际金融研究》2009 年第 6 期。

60. 李维安、曹廷求：《商业银行公司治理：理论模式与我国的选择》，《南开学报（哲学社会科学版）》2003 年第 1 期。

61. 李维安、王世权：《利益相关者治理理论研究脉络及其进展探析》，《外国经济与管理》2007 年第 4 期。

62. 李维安：《公司治理》，南开大学出版社，2001。

63. 李心愉：《中国上市公司配股资金使用效率的统计分析》，《财贸经济》2004 年第 3 期。

64. 李燕平、韩立岩：《特许权价值、隐性保险与风险承担——中国银行业的经验分析》，《金融研究》2008 年第 1 期。

65. 李扬、周子衡：《纪检监察工作对于抑制金融腐败具有重要作用》，《中国监察》2009 年第 12 期。

66. 梁琪、滕建州：《股票市场、银行与经济增长中国的实证分析》，《金融研究》2005 年第 10 期。

67. 廖理、沈红波：《Fama-French 三因子模型与股权分置改革效应研究》，《数量经济技术经济研究》2009 年第 8 期。

68. 凌涛、杜要忠、杨明奇：《存款保险融资制度设计中的公平问题》，《金融研究》2007 年第 5 期。

69. 刘静：《日本解决不良资产的曲折路径》，《经济导刊》2004 年第 11 期。

70. 刘明康：《银行业公司治理：机遇和挑战》，在南开大学第四届公司治理国际研讨会上的讲话，2007，http：//www. cbrc. gov. cn/chinese/home/jsp/docView. jsp? docID =20071103D2EDAFF7265F9C2CFF32A7252346BC00。

71. 刘少波、丁菊红：《我国股市与宏观经济相关关系的“三阶段演进路径”分析》，《金融研究》2005 年第 7 期。

72. 刘卫江：《中国银行体系脆弱性问题的实证研究》，《管理世界》2002 年第 7 期。

73. 刘玉仙、顾琛：《混沌信息空间信息组织面临的挑战和机遇》，《情报科学》2004 年第 6 期。

74. 卢嘉瑞、朱亚杰：《股市财富效应及其传导机制》，《经济评论》2006 年第 6 期。

75. 吕光明：《潜在产出和产出缺口估计方法的比较研究》，《中央财经大学学报》2007 年第 5 期。

76. 吕江林、朱怀镇：《中国股票市场对货币政策影响的实证分析》，《当代财经》2004 年第 11 期。

77. 吕江林：《我国的货币政策是否应对股价变动做出反应》，《经济研究》2005 年第 3 期。

78. 罗建：《银行体系不稳定性与实体经济关系的实证分析》，《经济理论与经济管理》2003 年第 1 期。

79. 罗开位、连建辉：《商业银行治理：一个新的解释框架——商业银行“契约型治理”的经济学分析》，《金融研究》2004 年第 1 期。

80. 马曙光、黄志忠、薛云奎：《上市公司配股、货币政策与股票价格——配股资金参与资本市场调控的经验证据》，《金融研究》2005 第 11 期。
81. 毛小元、陈梦根、杨红云：《配股对股票长期收益的影响：基于改进三因子模型的研究》，《金融研究》2008 年第 5 期。
82. 毛小元：《配股对股票长期收益的影响》，《金融学季刊》2009 年第 1 期。
83. 美国财政部：《美国财政部关于现代化的金融监管架构的蓝图》，国务院发展研究中心摘译，2008。
84. 苗东升：《论复杂性》，《自然辩证法通讯》2000 年第 6 期。
85. 苗巧刚、张际：《资产价格对传统价格指数的挑战》，《经济科学》2005 年第 5 期。
86. 牟晖、韩立岩、谢朵、陈之安：《中国资本市场融资顺序新证：可转债发行公告效应研究》，《管理世界》2006 年第 4 期。
87. 欧明刚：《存款保险制度的国际经验》，《银行家》2005 年第 6 期。
88. 潘敏：《商业银行公司治理：一个基于银行业特征的理论分析》，《金融研究》2006 年第 3 期。
89. 彭兴韵：《我们为什么需要存款保险》，2005 年 10 月 28 日《南方周末》。
90. 钱小安：《“信贷紧缩——不良贷款”陷阱的形成及其治理》，《金融研究》2000 年第 5 期。
91. 钱颖一：《中国的公司治理结构改革和融资改革》，载青木昌彦主编《转轨经济中的公司治理结构：内部人控制和银行的作用》，中国经济出版社，1995。
92. 邱兆祥、王修华：《建设金融强国意义重大》，2010 年 10 月 20 日《人民日报》。
93. 饶波、郑联盛、何德旭：《融监管改革与金融稳定：美国金融危机的反思》，《财贸经济》2009 年第 12 期。
94. 日本通商产业省《通商产业政策史》编纂委员会编《日本通商产业政策史》（第 8、10、14 卷），中国《日本通商产业政策史》编译委员会译，中国青年出版社，1995。
95. 商林、汪辉：《对金融领域职务犯罪的调查分析》，2008，http：//www.hgjcy.gov.cn/lilunyanjiu/ShowArticle.asp？ArticleID=572。
96. 沈洪涛、沈艺峰、杨熠：《新股增发：自由现金流量假说还是优序融资假说》，《世界经济》2003 年第 8 期。
97. 施华强：《银行重组、金融稳定和软预算约束：中国经济转型时期的国家—银行关系及其政策含义》，《金融评论》2010 年第 1 期。
98. 史长文、张贵友：《从韩国应对银行“挤兑潮”谈建立存款保险制度的必要性》，《金融理论与教学》2011 年第 2 期。
99. 宋军、吴冲锋：《中国股评家的羊群行为研究》，《管理科学学报》2003 年第 1 期。
100. 宋明海：《金融加速器理论：经济波动的新视角》，《中国金融家》2004 年第 3 期。
101. 宋献中、李诗田、魏立江：《股权分置改革与上市公司配股融资的公告效应》，《经济评论》2009 年第 3 期。
102. 宋筱元：《贪污概念分析及其所造成的影响》，《警政学报》1988 年第 14 期。
103. 宋玉华等：《美国新经济研究——经济范式转型与制度演化》，人民出版社，2002。
104. 孙景超、张舒英主编《冷战后的日本经济》，社会科学文献出版社，1998。
105. 孙景宇、杨越：《度量制度转型的质量对中国和俄罗斯的比较研究》，《经济社会体制比较》2010 年第 6 期。
106. 汤洪波：《存款保险制度与银行公司治理》，《金融研究》2008 年第 7 期。
107. 唐国正：《股权二元结构下配股对股权价值的影响》，《经济学季刊》2006 年第 1 期。
108. 唐建伟：《资产价格波动与宏观经济稳定》，复旦大学博士学位论文，2004。
109. 唐双宁：《关于降低国有独资商业银行不良贷款的几个问题》，《中国金融》2002 年第 6 期。
110. 陶在朴：《新的痛苦指数——贪污与腐化》，《新世纪智库论坛》2000 年第 9 期。
111. 万力、杨宁：《企业增长机会与股权再融资股价反应相关性分析》，《北京工商大学学报（社会科学版）》2007 年第 9 期。
112. 汪红驹：《用误差修正模型估计中国货币需求函数》，《世界经济》

2002 年第 5 期。
113. 王芳：《经济金融化与经济结构调整》，《金融研究》2004 年第 8 期。
114. 王国刚：《实施存款保险制度不宜操之过急》，《国际金融研究》2007 年第 7 期。
115. 王辉：《企业利益相关者治理研究：从资本结构到资源结构》，高等教育出版社，2005。
116. 王亚平、杨云红、毛小元：《上市公司选择股票增发的时间吗》，《金融研究》2006 年第 12 期。
117. 王永利：《存款保险制度的推出需要相关制度的配套改革》，《国际金融研究》2005 年第4 期。
118. 王云海、宋泓明、闫小娜：《金融加速器理论述评》，《经济学动态》2003 年第 10 期。
119. 王自力：《FDIC 经验与我国存款保险制度建设》，《金融研究》2006 年第 3 期。
120. 王自力：《统一金融监管和中国的步骤》，2008 年 8 月 9 日《21 世纪经济报道》。
121. 魏加宁、蒋蛟龙：《应加快构建我国的存款保险制度》，《中国金融》2009 年第 16 期。
122. 魏永芬、王志强：《我国货币政策资产价格传导的实证研究》，《财经问题研究》2002 年第 5 期。
123. 吴建环、赵君丽、王韬：《金融加速器理论及其发展》，《统计与决策》2004 年第 4 期。
124. 吴敬琏：《中国模式，还是过渡性体制?》，《财经》2011 年第 10 期。
125. 吴敬琏：《论腐败的溯源与清源》，《中国工商管理研究》2005 年第 5 期。
126. 吴晓求：《实体经济与资产价格变动的相关性分析》，《中国社会科学》2006 年第 6 期。
127. 吴一平：《经济转轨、制度缺失与银行内部腐败》，《制度经济学研究》2006 年第 7 期。
128. 伍朝晖：《操盘学》（上、中、下），广东经济出版社，2009。
129. 肖泽忠、邹宏：《中国上市公司资本结构的影响因素和股权融资偏好》，《经济研究》2008 年第 6 期。

130. 谢平、蔡浩仪：《金融经营模式及监管体制研究》，中国金融出版社，2003。
131. 谢平、陆磊：《中国金融腐败的经济学分析：体制、行为与规制设计》，中信出版社，2005。
132. 谢世清：《东亚金融危机的根源与启示》，中国金融出版社，2009。
133. 谢瑶伟：《透视贪犯罪——兼及图利行为解析》，台湾东方出版社，2000。
134. 邢毓静、朱元倩、巴曙松：《从货币政策规则看中国适度宽松货币政策的适时退出》，《金融研究》2009 年第 11 期。
135. 徐军辉、王华：《配股政策的经济后果研究》，《财会通讯》2009 年第 7 期。
136. 徐军辉：《频繁配股企业业绩更差吗》，《经济管理》2008 年第 5 期。
137. 徐诺金：《美国银行业危机处置》，中国金融出版社，2004。
138. 徐玉德、李挺伟、洪金明：《制度环境、信息披露质量与银行债务融资约束——来自深市 A 股上市公司的经验证据》，《财贸经济》2011 年第 5 期。
139. 颜海波：《中国建立存款保险制度所面临的困境与选择》，《金融研究》2004 年第 11 期。
140. 杨国枢：《中国社会里的贪污导因》，《中国论坛》1983 年第 7 期。
141. 杨瑞龙、周业安：《论利益相关者合作逻辑下的企业共同治理机制》，《中国工业经济》1998 年第 1 期。
142. 杨永福：《复杂性的起源与增长，复杂性科学研究进展》，全国第一届复杂性科学学术研究会论文集，科学出版社，2004。
143. 叶青、易丹辉：《中国股票市场价格波动与经济波动》，《预测》1999 年第 6 期。
144. 易纲、方星海：《东南亚国家和墨西哥金融危机对中国的启示》，《财贸经济》1999 年第 1 期。
145. 易纲、郭凯：《中国银行业改革思路》，《经济学（季刊）》2002 年第 4 期。
146. 余永定：《亚洲金融危机十周年和中国经济》，《国际金融研究》2007 年第 8 期。
147. 余元全、周孝华、杨秀苔：《资产价格对中国投资的影响：基于 SVAR

模型的检验》，《经济问题》2007 年第 7 期。

148. 原红旗：《大股东配股行为及其经济后果》，《中国会计与财务研究》2004 年第 2 期。

149. 袁德磊、赵定涛：《试论行业竞争对银行脆弱性的影响》，《外国经济与管理》2007 年第 10 期。

150. 袁显平、柯大钢：《事件研究法及其在金融经济研究中的应用》，《统计研究》2006 年第 10 期。

151. 张春兴：《张氏心理学辞典》，东华出版社，2004。

152. 张杰：《国有银行的资产扩张、分红博弈及其市场化困局》，《货币金融评论》2009 年第 5 期。

153. 张杰：《渐进改革中的金融支持》，《经济研究》1998 年第 10 期。

154. 张杰：《银行制度改革与人民币国际化：历史、理论与政策》，中国人民大学出版社，2010a。

155. 张杰：《制度金融学的起源：从门格尔到克洛尔》，《东岳论丛》2010b 年第 10 期。

156. 张杰：《认识“制度金融学”》，《中国金融》2010c 年第 5 期。

157. 张杰：《中国金融制度的结构与变迁》，山西经济出版社，1998。

158. 张路通：《泰勒规则对我国货币政策的检验》，《财会月刊》2008 年第 8 期。

159. 张瑞彬、李树辉：《大股东认购与配股公告期的股票价格调整》，《证券市场导报》2001 年第 12 期。

160. 张伟：《存款保险、信息不对称与预警机制》，《世界经济》2005 年第 11 期。

161. 张祥建、徐晋：《盈余管理、配股融资与上市公司业绩滑坡》，《经济科学》2005 年第 1 期。

162. 张筱峰、王健康、陶金：《中国银行体系脆弱性的测度与实证研究》，《财经理论与实践》2008 年第 1 期。

163. 张雪兰、何德旭：《法制建设、激励机制与社会规范——治理金融腐败的长效机制设计刍议》，《经济管理》2010 年第 5 期。

164. 张雪兰：《收入多元化能降低银行风险吗？——基于中国银行业（2001 ~ 2010）的实证研究》，《投资研究》2011 年第 12 期。

165. 张永宏：《发展型政府与地方产业的成长：乐从现象分析》，《广东社会科学》2006 年第 2 期。
166. 张正平、何广文：《我国银行业市场约束力的实证研究（1994～2003)》,《金融研究》2005 年第 10 期。
167. 赵振全、于震、刘淼：《金融加速器效应在中国存在吗?》,《经济研究》2007 年第 6 期。
168. 赵振全、张宇：《中国股票市场波动和宏观经济波动关系的实证分析》,《数量经济技术经济研究》2003 年第 6 期。
169. 中国工商银行城市金融研究所课题组：《我国境内商业银行信贷利差变化及对策研究》,《金融论坛》2009 年第 3 期。
170. 中国人民银行研究局课题组：《中国股票市场发展与货币政策完善》,《金融研究》2002 年第 4 期。
171. 周爱萍：《日本存款保险制度改革及其启示》,《金融理论与实践》2009 年第 6 期。
172. 周开国、李涛、何兴强：《什么决定了中国商业银行的净利差?》,《经济研究》2008 年第 8 期。
173. 周立：《国家能力与金融功能财政化研究》,《华南金融研究》2003 年第 3 期。
174. 周琼：《匈牙利存款保险制度研究及其借鉴意义》,《科技创业月刊》2007 年第 6 期。
175. 周蓉：《韩国存款保险公司在金融重构中的举措及其启示》,《当代经理人》2006 年第 21 期。
176. 周奕：《金融服务购买行为》，载张雪兰、黄彬主编《金融营销学》，中国财政经济出版社，2009。
177. 周忠明：《不良贷款与经济增长关系分析》,《中国金融》2005 年第 6 期。
178. 朱岑楼译《东南亚国家的贪污因果及其防治办法》,《宪政思潮》1973 年第 22 期。
179. 朱红军、何贤杰、陶林：《中国的证券分析师能够提高资本市场的效率吗——基于股价同步性和股价信息含量的经验证据》,《金融研究》2007 年第 2 期。
180. 朱民：《改变未来的金融危机》，中国金融出版社，2009。
181. 邹薇：《腐败行为的政治经济学分析》,《武汉大学学报（人文社会科学版)》2000 年第 1 期。

182. Sabourin, J. P. ,《存款保险制度的愿景》, 2006KDIC 国际研讨会, 2006。

外文文献

1. Abel, A. , "Asset Prices under Habit Formation and Catching up with the Joneses", *American Economic Review* 80 (1990), 38 – 42.
2. Acemoglu, D. and Johnson, S. , "Unbundling institutions", *Journal of Political Economy* 113 (2005), 949 – 995.
3. Acemoglu, D. , Johnson, S. and Robinson, J. , "Institutions as the Fundamental Cause of Long-term Growth", NBER Working Paper No. 10481, 2004.
4. Acemoglu, D. and Johnson, S. , "Unbundling Institutions", *Journal of Political Economy* 5 (2005), 949 – 995.
5. Achua, J. K. , "Corporate Social Responsibility in Nigerian Banking System", *Society and Business Review* 3 (2008), 57 – 71.
6. Adrian, T. and Shin, H. S. , "Financial Intermediaries and Monetary Economics" Federal Reserve Bank of New York Staff Reports No. 398, Oct. , 2009a.
7. Adrian, T. and Shin, H. S. , "Prices and Quantities in the Monetary Policy Transmission Mechanism", Federal Reserve Bank of New York Staff Reports No. 396, Oct. , 2009b.
8. Aghion, P. and Bolton, P. , "A Theory of Trickle-Down Growth and Development with Debt Overhang", Unpublished, Nuffield College (Oxford) and LSE, 1993.
9. Agle, B. R. , Mitchell, R. K. and Sonnenfeld, J. A. , "Who matters to CEOs? An investigation of Stakeholder Attributes and Salience, Corporate Performance, and CEO Values", *Academy of Management Journal* 42 (1999), 507 – 525.
10. Agrawal, A. and Chen, M. A. , "Analyst Conflicts and Research Quality", University of Alabama Unpublished Working Paper, 2004.
11. Agrawal, A. and Chen, M. A. , "Do Analyst Conflicts Matter? Evidence

from Stock Recommendations", University of Alabama Unpublished Working Paper, 2007.

12. Ahrend, R., "Monetary Ease: A Factor Behind Financial Crisis? Some Evidence from OECD Countries", *Economics: The Open-Access, Open-Assessment E-Journal* 4 (2010), 1-30.

13. Alkhafaji, A. F., *A Stakeholder Approach to Corporate Governance: Managing in a Dynamic Environment* (New York: Quorum Books, 1998).

14. Allen, F. and Gale, D., "Financial Contagion", *The Journal of Political Economy* 108 (2000), 1-33.

15. Allen, F. and Gale, D., "Financial Intermediaries and Markets", *Econometrica* 72 (2004), 1023-1061.

16. Allen, F. and Gale, D., "Financial Market, Intermediaries and Intertemporal Smoothing", *Journal of Political Economics* 105 (1997), 523-546.

17. Allen, F. and Gale, D., "Optimal Financial crises", *The Journal of Finance* 53 (1998), 1245-1284.

18. Allen, F., Qian, J. and Qian, M., "Law, Finance and Economic Growth in China", *Journal of Financial Economics* 77 (2005), 57-116.

19. Altunbas, Y., Gambacorta, L. and Marques Iba? ez, D., "Bank Risk and Monetary Policy", Banca D' Italia Working Paper No. 712, May, 2009.

20. Altunbas, Y., Gambacorta, L. and Marques Iba? ez, D., "Does Monetary Policy Affect Bank Risk-taking?" BIS Working Paper No. 298, 2010.

21. Amadi, C. W., "An Examination of the Adverse Effects of Consumer Loans", *International Journal of Business and Management* 7 (2012), 22-31.

22. Ando, A. and Modigliani, F., "The 'Life Cycle' Hypothesis of Saving: Aggregate Implications and Tests", *The American Economic Review* 53 (1963), 55-84.

23. Andvig, J. C. and Moene, K. O., "How Corruption May Corrupt", *Journal of Economic Behavior and Organization* 13 (1990), 63-76.

24. Angeloni, I., Faia, E. and Lo Duca, M., "Monetary Policy and Risk Taking", Mimeo, Jun., 2011.

25. Angkinand, A., and Wihlborg, C., "Deposit Insurance Coverage, Ownership, and Bank's Risk - taking in Emerging Markets", *Journal of International Money and Finance* 29 (2010), 252-272.

26. Aoki, K., Proudman, J. and Vlieghe, G., "House Prices, Consumption, and Monetary Policy: a Financial Accelerator Approach", *Journal of Financial Intermediation* 13 (2004), 414-435.

27. Arellano, M. and Bover, O., "Another Look at Instrumental Variables Estimation of Error-component Models", *Journal of Econometrics* 68 (1995), 29-51.

28. Arellano, M., Bond, S., "Some Tests of Specification for Panel Data: Monte Carlo Evidence and an Application to Employment Equations", *Review of Economic Studies* 58 (1991), 277-297.

29. Arndt, C. adn Oman, C., "Uses and Abuses of Governance Indicators", OECD Development Centre Studies, Paris, 2006.

30. Asian Development Bank, "Asian Development Outlook 1997 and 1998", Oct., 1998.

31. Association of Certified Fraud Examiners, "2008 Report to the Nation on Occupational Fraud & Abuse", 2008, http://www.acfe.com/documents/2008-rttn.pdf.

32. Athanasoglou, P. P., Brissimis, S. N. and Delis, M. D., "Bank-Specific Industry-Specific and Macroeconomic Determinant of Bank Profitability", Bank of Greece Working Papers No. 25, 2005.

33. Athanasoglou, P. P., Delis, M. D. and Staikouras, C. K., "Determinants of Bank Profitability in the South Eastern European Region", *Journal of Financial Decision Making* 2 (2006), 1-17.

34. Atkinson, W., "Doing Business in and with China: the Risks are Great, but so are the Rewards", *Risk Management Magazine* Mar. (2004), 24-29.

35. Au, A. K. M. and Wong, D. S. N., "The Impact of Guanxi on the Ethical Decision making of Auditors- An Exploratory Study of Chinese CPAs in Hong Kong", *Journal of Business Ethics* 28 (2000), 87-94.

36. Ayadi, R. and Pujals, G., "Banking Mergers and Acquisitions in the EU:

Overview, Assessment and Prospects", Paper Presented at the European Money and Finance Forum, Vienna, 2005.

37. Ayuso, S., Rodriguez, M. A., Garcia, R. and Ariño, M. A., "Maximizing Stakeholders' Interests: An Empirical Analysis of the Stakeholder Approach to Corporate Governance", IESE Business School Research Papers D/670, 2007.

38. Baily, M. N., Elmendorf, D. W. and Litan, R. E. "The Great Credit Squeeze: How it Happened, How to Prevent Another", Brookings Institution Discussion Paper, May 21, 2008.

39. Bajari, P. and Krainer, J., "An Empirical Model of Stock Analysts' Recommendations: Market Fundamentals, Conflicts of Interest, and Peer Effects", National Bureau of Economic Research Unpublished Working Paper, 2004.

40. Barber, B., Lehavy, R., McNichols, M. and Trueman, B., "Buys, Holds, and Sells: The Distribution of Investment Banks' Stock ratings and the Implications for the Profitability of Analysts' Recommendations", *Journal of Accounting and Economics* 41 (2006), 87 - 117.

41. Barclay, M and Litzenberger, R., "Announcement Effects of New Equity Issues and the Use of Intraday Price Data", *Journal of Financial Economics* 21 (1988), 71 - 99.

42. Barth, J. R., Caprio, G. and Levine, R., "The Microeconomic Effects of Different Approaches to Bank Supervision", World Bank, Mimeo, 2005.

43. Barth, J. R., Caprio, Jr. G., and Levine, R., "The Regulation and Supervision of Bank Around the World: A New Database" *Integrating Emerging Market Countries into the Global Financial System*; *ed. Litan, R. E. and Herring, R.*, (Washington, DC, Brookings Institution Press, 2001).

44. Barth, J. R., Lin, C., Lin, P., Song, F. M., "Corruption in Bank Lending to Firms: Cross-country Micro Evidence on the Beneficial Role of Competition and Information Sharing", *Journal of Financial Economics* 91 (2009), 361 - 388.

45. Bauer, R., Koedijk, K. and Otten, R. "International Evidence on

Ethical Mutual Fund Performance and Investment Style", Social Science Research Network, Mar. 2, 2002.

46. Beck, T. and Hesse, H. , "Why are Interest Spreads so High in Uganda?" *Journal of Development Economics* 88 (2009), 192 - 204.

47. Beck, T. , "Deposit Insurance as Private Club: Is Germany a Model?" *The Quarterly Review of Economics and Finance* 42 (2002), 701 - 719.

48. Beck, T. , Demirguc-Kunt, A. and Levine, R. , "Bank Supervision and Corruption in Lending", *Journal of Monetary Economics* 53 (2006), 2131 - 2163.

49. Beck, T. , Demirgü? -Kunt, A. and Levine, R. , "Law, Endowments, and Finance", *Journal of Financial Economics* 70 (2003), 137 - 181.

50. Becker, G. and Stigler, G. , "Law Enforcement, Malfeasance, and the Compensation of Enforcers", *Journal of Legal Studies* 3 (1974), 1 - 18.

51. Becker, G. , "A Theory of Competition among Pressure Groups for Political Influence", *Quarterly Journal of Economics* 98 (1983), 371 - 400.

52. Bell, J. and Pain, D. , "Leading Indicator Models of Banking Crises-A Critical Review", The Bank of England Financial Stability Review, Issue 9, 2000.

53. Bello, Z. , "Socially Responsible Investing and Portfolio Diversification", *Journal of Financial Research* 28 (2005), 41 - 57.

54. Beltratti A. and Stulz, R. M. , "Why Did Some Banks Perform Better during the Credit Crisis? A Cross-Country Study of the Impact of Governance and Regulation", ECGI Working Paper Series in Finance No. 254/2009, Jul. , 2009.

55. Bercoff, J. , di Giovanni, J. and Grimard, F. , "Argentinean Banks, Credit Growth and the Tequila Crisis: A Duration Analysis", Unpublished Paper, 2002.

56. Berger, A. and DeYoung, R. "Problem Loans and Cost Efficiency in Commercial Banks", *Journal of Banking and Finance* 21 (1997), 849 - 870.

57. Berger, A. N. and Bouwman, C. S. , "How does Capital Affect Bank Performance During Financial Crises?" Apr. 30, 2012, Available at SSRN: http: //ssrn. com/abstract = 1739089 or http: //dx. doi. org/10. 2139/

ssrn. 1739089.

58. Berger, A. N., Clarke, G. R. G., Cull, R., Klapper, L. and Udell, G. F., "Corporate Governance and Bank Performance: A joint Analysis of the Static, Selection, and Dynamic Effects of Domestic, Foreign, and State Ownership", *Journal of Banking & Finance* 29 (2005), 2179 – 2221.

59. Berger, A. N., Klapper, L. F. and Turk-Ariss, R., "Bank Competition and Financial Stability", *Journal of Financial Services Research* 35 (2009), 99 – 118.

60. Bernanke, B. and Blinder, A. S., "Is it Money or Credit, or Both or Neither? Credit, Money and Aggregate Demand", *American Economic Review* 78 (1988), 435 – 439.

61. Bernanke, B. and Gertler, M., "Agency Costs, Net Worth and Business Fluctuations", *American Economic Review* 79 (1989), 14 – 31.

62. Bernanke, B. and James, H., "The Gold Standard, Deflation, and Financial Crisis in the Great Depression: An International Comparison", NBER Working Paper No. 3488, 1990.

63. Bernanke, B., "The Macroeconomics of the Great Depression: A Comparative Approach", *Journal of Money, Credit and Banking* 27 (1995), 1 – 28.

64. Bernanke, B., "Non-Monetary Effects of the Financial Crisis in the Propagation of the Great Depression", *American Economic Review* 73 (1983), 257 – 276.

65. Bernanke, B., "Nonmonetary Effects of the Financial Crisis in the Propagation of the Great Depression", *American Economic Review* 73 (1983), 257 – 276.

66. Bernanke, B., Gertler, M. and Gilchrist, S., "The Financial Accelerator and the Flight to Quality", *The Review of Economics and Statistics* 78 (1996), 1 – 15.

67. Bernanke, B., Gertler, M. and Gilchrist, S., "The Financial Accelerator in a Quantitative Business Cycle Framework" In: Handbook of Macroeconomics, North-Holland, Amsterdam, 1999.

68. Besanko, D. and Thakor, A., "Competitive Equilibria in the Credit

Market under Asymmetric Information", *Journal of Economic Theory* 42 (1987), 167 – 182.

69. Bhattacharya, S., Goodhart, C. A. E., Sunirand, P. and Tsomocos, D. P., "Banks, Relative Performance, and Sequential Contagion", *Economic Theory* 32 (2007), 381 – 398.

70. Bhattacharya, U., Galpin, N., Ray, R. and Yu, Xiaoyun, "The Role of the Media in the Internet IPO Bubble", *Journal of Financial and Quantitative Analysis Forthcoming* 44 (2009), 657 – 682.

71. Bianco, M., Jappelli, T. and Pagano, M., "Courts and Banks: Effects of Judicial Enforcement on Credit Markets", CSEF Working Paper No. 58, Apr., 2002, Available at SSRN: http://ssrn.com/abstract = 302133 or http://dx.doi.org/10.2139/ssrn.302133.

72. BIS, "Annual Report", Basel, 2007.

73. BIS, "Financial System: Shock Absorber or Amplifier?", BIS Working Paper No. 257, Jul., 2008.

74. Blair, M. M., *Ownership and Control: Rethinking Corporate Governance for the Twenty-first Century* (Washington, DC: Brookings Institution, 1995).

75. Blanchard, O., "The Crisis: Basic Mechanisms, and Appropriate Policies", IMF Working Paper WP/09/80, 2009.

76. Blattner, T., Catenaro, M., Ehrmann, M., Strauch R. and Turunen, J., "The Predictability of Monetary Policy", ECB Working Paper No. 83, 2008.

77. Blinder, A. S., Ehrmann, M. Fratzscher, M., De Haan, J. and Jansen, D. J., "Central Bank Communication and Monetary Policy: A Survey of Theory and Evidence", ECB Working Paper No. 898, 2008.

78. Blundell, R. and Bond, S., "Initial Conditions and Moment Conditions in Dynamic Panel Data Models", *Journal of Econometrics* 87 (1998), 115 – 143.

79. Boni, L., "Analyzing the Analysts after the Global Settlement", *Financial Gatekeepers: Can They Protect Investors? Eds. Fuchita, Y. and Litan, R. E.*, (Washington DC: Brookings Institution Press and the Nomura Institute of Capital Markets Research, 2006).

80. Boone, L., Giorno, C., Richardson, P., "Stock Market Fluctuations

and Consumption Behaviour: Some Recent Evidence", OECD Economics Department Working Papers No. 208, OECD Publishing, 1998.

81. Booth, L., Aivazian, V., Demirguc-Kunt, A. and Maksimovic, V., "Capital Structures in Developing Countries", *Journal of Finance* 56 (2001), 87 - 130.

82. Borio, C. and Zhu, H., "Capital Regulation, Risk-taking and Monetary Policy: a Missing Link in the Transmission Mechanism" BIS Working Papers No. 268, Dec., 2008.

83. Borio, C., "Central Banking Post-crisis: What Compass for Unchartered Waters?" BIS, Mimeo, Apr. 10, 2011.

84. Borovikova, V., "The Determinants of Bank Failures: the Case of Belarus". M. A. Thesis, National University, Kiev-Mohyla Academy, 2000.

85. Bosworth, B., "The Stock Market and the Economy", Brookings Papers on Economic Activity, 1975.

86. Bourke, P., "Concentration and other Determinants of Bank Profitability in Europe, North America and Australia", *Journal of Banking and Finance* 13 (1989), 65 - 79.

87. Boyd, J. and Gertler, M., "The Role of Large Banks in the Recent US Banking Crisis", Federal Reserve Bank of Minneapolis Quarterly Review 18 (1994), 1 - 21.

88. Boyd, J., Graham, G. and Hewitt, R., "Bank Holding Company Mergers with Nonbank Financial Firms", *Journal of Banking and Finance* 17 (1993), 43 - 63.

89. Bradley, D. J., Jordan, B. D. and Ritter, J. R., "Analyst Behavior Following IPOs: the 'Bubble Period' Evidence", *Review of Financial Studies* 21 (2008), 101 - 133.

90. Bradshaw, M. T., Richardson, S. A. and Sloan, R. G., "The Relation between Corporate Financing Activities, Analysts' Forecasts and Stock Returns", *Journal of Accounting and Economics* 42 (2006), 53 - 85.

91. Brennan, M. and Kraus, A., "Efficient Financing under Asymmetric Information", *Journal of Finance* 42 (1987), 1225 - 1243.

92. Brennan, M. and Schwartz, E., "The Case for Convertibles", *Journal of*

Applied Corporate Finance 3 (1988), 55 -64.

93. Breuer, J. B., "Problem Bank Loans, Conflicts of Interest, and Institutions", *Journal of Financial Stability* 2 (2006), 266 -285.

94. Brissimis, S. N. and Delis, M. D., "Bank Heterogeneity and Monetary Policy Transmission", European Central Bank Working Paper Series 1233, 2010.

95. Brock, P. and Franken, H., "Measuring the Determinants of Average and Marginal Bank Interest Rate Spreads in Chile, 1994 - 2001", 2003, www. econ. washington. edu/user/plbrock/ChileSpreads091603. pdf.

96. Brunner, K. and Meltzer, A. H., *Money and the Economy Issues in Monetary Analysis* (New York: Cambridge University Press, 1993).

97. Brunnermeier, M. K. and Nagel, S., "Hedge Funds and the Technology Bubble", *Journal of Finance* 59 (2004), 2013 -2040.

98. Bruno, G. S. F., "Estimation and Inference in Dynamic Unbalanced Panel-data Models with a Small Number of Individuals", *The Stata Journal* 5 (2005), 473 -500.

99. Buch, C. M. and Delong, G., "Do Weak Supervisory Systems Encourage Bank Risk - taking?" *Journal of Financial Stability* 4 (2008), 23 -39.

100. Buchanan, J. M. and Tullock, G., *The Calculus of Consent* (Michigan: University of Michigan Press, 1962).

101. Calomiris, C. and Hubbard, G. R., *Imperfect Information, Multiple Loan Markets, and Credit Rationing* (Alvin Stein: Northwestern University Press, 1987).

102. Campbell, J. Y. and Cochrane, J., "By Force of Habit: A Consumption-based Explanation of Aggregate Stock Market Behaviour", *Journal of Political Economy* 107 (1999), 205 -251.

103. Caprio, G. and Klingebiel, D., "Episodes of Systemic and Borderline Financial Crises", World Bank Research Dataset, 2003.

104. Caprio, G. J. and Levine, R., "Corporate Governance of Banks: Concepts and International Observations", World Bank, IMF and Brooking Institution on Building the Pillars of Financial Sector Governance: The Roles of Public and Private Sectors, 2002, http://

iicg. som. yale. edu/news/april_ 5/CAPRIO. pdf.

105. Caprio, G. and Klingebiel, D., "Bank Insolvencies: Cross – Country Experience", Policy World Bank Research Working Paper 1620, 1996.

106. Carey, M., "Credit Risk in Private Debt Portfolios", *Journal of Finance* 53 (1998), 1363-1387.

107. Carlstrom, G. and Fuerst, T. S., "Agency Costs, Net Worth, Business Fluctuations: A Computable General Equilibrium Analysis", American Economic Review 87 (1997), 893 – 910.

108. Carr, J. L., Mathewson, G. F. and Quigley, N. C., *Ensuring Failure: Financial System Stability and Deposit Insurance in Canada*, C. D. Home Institute (Toronto: Hignell Printing Limited, 1994).

109. Carter, D. A., Simkins, B. J. and Simpson, W. G., "Corporate Governance, Board Diversity and Firm Value", *Financial Review* 38 (2003), 33 – 53.

110. Cater, D. A., D'Souza, F., Simkins, B. J. and Simpson, W. G., "The Diversity of Corporate Board Committees and Firm Financial Performance", 2007, Available at SSRN : hrrp: //ssrn. com/abstract = 972763.

111. Cecchetti, S. G., "Crisis and Response: The Federal Reserve and the Financial Crisis of 2007 – 2008", NBER Working Paper 14134, Jun., 2008

112. Cespedes, L., Chang, R. and Velasco, A. "Balance Sheets and Exchange Rate Policy", *American Economic Review* 94 (2004), 1183 – 1193.

113. Cespedes, L., Chang, R. and Velasco, A., "IS-LM-BP in the Pampas", *IMF Staff Papers* 50 (2003), 143 – 156.

114. Chan, L. K. C., Karceski, J. and Lakonishok, J., "Analysts' Conflicts of Interest and Biases in Earnings Forecasts", *Journal of Financial and Quantitative Analysis* 42 (2007), 893 – 913.

115. Chari, V., Kehoe V. and Patrick, J., "Financial Crises as Herds: Overturning the Critiques", NBER Working Paper 9658, 2003.

116. Charron, D., "Assessing the Quality of the Quality of Government Data, A Sensitivity Test of the World Bank Government Indicators", The Quality

of Government Institute, The University of Gothenburg, Sweden, Available at http: //www. qog. pol. gu. se/digitalAssets/1357/1357980 _ paper-on-sensititivty-tests-of-world-bank-data. pdf.

117. Charumilind, C. , Kali, R. and Wiwattanakantang, Y. , "Connected Lending: Thailand before the Financial Crisis", *Journal of Business* 79 (2006), 181 - 217.

118. Chavance, B. , *Institutional Economics* (Madison, NY: Taylor and Francis, 2009).

119. Choi, Jang-Bong, "Structuring a Deposit Insurance System from the Asian Perspective", A Study of Financial Markets, African Development Bank, 2000.

120. Christiano, L. J. , Motto, R. and Rostagno, M. , "The Great Depression and the Friedman - Schwartz Hypothesis", *Journal of Money, Credit, Banking* 35 (2003), 1119 - 1197.

121. Chung-Leung, L. , Yau, O. H. M. , Tse, A. C. B. , Sin, L. Y. M. and Chow, R. P. M. , "Stakeholder Orientation and Business Performance: The Case of Service Companies in China", *Journal of International Marketing* 13 (2005), 89 - 110.

122. Ciancanelli, P. and Reyes-Gonzalez, J. A. , "Corporate Governance in Banking: A Concept Framework", Strathclyde University Working Papers, 2000.

123. Cihak, M. , Wolfe, S. and Schaeck, K. , "Are Competitive Banking Systems More Stable?" *Journal of Money, Credit, and Banking* 41 (2009), 711 - 734.

124. Clarke, J. , Khorana, A. , Patel, A. and Rau, P. R. , "The Good, the Bad and the Ugly? Differences in Analyst Behavior at Investment Banks, Brokerages, and Independent Research Firms", Purdue University Unpublished Working Paper, 2004.

125. Clarke, J. , Khorana, A. , Patel, A. and Rau, P. R. , "The Impact of All-Star Analyst Job Changes on Their Coverage Choices and Subsequent Investment Banking Deal Flow", *Journal of Financial Economics* 84 (2007), 716 - 737.

126. Clarkson, M. B. E., "A Stakeholder Framework for Analyzing and Evaluating Corporate Social Performance", *Academy of Management Review* 20 (1995), 92–117.

127. Coffe, J. C., "Competition Versus Consolidation: The Significance of Organizational Structure in Financial Services Regulation", *The Business Lawyer* 50 (1995), 45–77.

128. Collin-Dufresne, P., Goldstein, R. and Martin, S., "The Determinants of Credit Spread Changes", *Journal of Finance* 56 (2001), 2177–2207.

129. Collins, J. and Porras, J., *Built to Last: Successful Habits of Visionary Companies* (New York: HarperCollins, 1994).

130. Constantinides, G., "Habit Formation: a Resolution of the Equity Premium Puzzle", *Journal of Political Economy* 98 (1990), 519–543.

131. Cook, D., "Monetary Policy in Emerging Markets: Can Liability Dollarization Explain Contractionary Devaluations?" *Journal of Monetary Economics* 51 (2004), 1155–1181.

132. Cowen, A., Groysberg, B. and Healy, P., "Which Types of Analyst Firms are More Optimistic?" *Journal of Accounting and Economics* 41 (2006), 119–146.

133. Crowley, J., "Interest Rate Spreads in English-Speaking African Countries", IMF Working Paper WP/07/101, 2007.

134. Cull, R. and Xu, L. C., "Institutions, Ownership, and Finance: The Determinants of Profit Reinvestment among Chinese Firms", *Journal of Financial Economics* 77 (2005), 117–146.

135. Davis, E. P. and Karim, D., "Comparing Early Warning Systems for Banking Crises", *Journal of Financial Stability* 4 (2008), 89–120.

136. De Bock, R. and Demyanets, A., "Bank Asset Quality in Emerging Markets: Determinants and Spillovers", IMF Working Paper WP/12/71, 2012.

137. De Graeve, F., Kick, T. and Koetter, M., "Monetary Policy and Financial (in) Stability: An Integrated Micro-macro Approach", *Journal of Financial Stability* 4 (2008), 205–231.

138. De Kock, M, *Central Banking*, 4th Edition (New York: St Martin's

Press, 1974).

139. De Nicolò, G., Dell'Ariccia, G., Laeven, L. and Valencia, F., "Monetary Policy and Bank Risk Taking", IMF Staff Position Note SPN/10/09, Jul. 27, 2010.

140. DeAngelo, H. and Ronald, M., "Leverage and Dividend Irrelevancy under Corporate and Personal Taxation", *Journal of Finance* 35 (1980), 236 – 356.

141. Dechow, P. M., Hutton, A. P. and Sloan, R. G., "The Relation Between Analysts' Forecasts of Long-term Earnings Growth and Stock Price Performance Following Equity Offerings", *Contemporary Accounting Research* 17 (2000), 1 – 32.

142. Del Monte, A. and Papagni, E., "The Determinants of Corruption in Italy: Regional Panel Data Analysis", *European Journal of Political Economy* 23 (2007), 379 – 396.

143. Delis, M. D. and Kouretas, G. P., "Interest Rates and Bank Risk-taking", *Journal of Banking & Finance* 35 (2011), 840 – 855.

144. Dell' Ariccia, G. and Marquez, R., "Lending Booms and Lending Standards", *Journal of Finance* 61 (2006), 2511 – 2546.

145. Dell' Ariccia, G., Igan, D. and Laeven, L., "Credit Booms and Lending Standards: Evidence from the Subprime Mortgage Market", IMF Working Paper WP/08/106, Apr., 2008.

146. Delong, G. and Saunders, A., "Did the Introduction of Fixed-rate Federal Deposit Insurance Increase Long-term Bank Risk-taking?" *Journal of Financial Stability* 12 (2008), 105 – 115.

147. Demirgüç-Kunt A. and Huizinga, H., "Market Discipline and Deposit Insurance", *Journal of Monetary Economics* 51 (2004), 375 – 399.

148. Demirgüç-Kunt, A., Kane, E J. and Laeven, L., "Determinants of Deposit-insurance Adoption and Design", *Journal of Financial Intermediation* 17 (2008), 407 – 438.

149. Demirgüç-Kunt, A. and Detragiache, E., "Financial Liberalization and Financial Fragility", IMF Working Paper 83, Jun., 1998.

150. Demirgüç-Kunt, A. and Huizinga, H., "Determinants of Commercial

Bank Interest Margins and Profitability: Some International Evidence", The World Bank Policy Research Working Paper No. 1900, 1998.

151. Demirgüç-Kunt, A. and Maksimovic, V., "Institutions, Financial Markets, and Firm Debt Maturity", *Journal of Financial Economics* 54 (1999), 295 – 336.

152. Demirgüç-Kunt, A. and Maksimovic, V., "Law, Finance and Firm Growth", *Journal of Finance* 53 (1998), 2107 – 2137.

153. Demirgüç-Kunt, A. and Maksimovic, V., "Stock market Development and Firm Financing Choices", *World Bank Economic Review* 10 (1996), 341 – 369.

154. Demirgüç-Kunt, A. and Detragiache, E., "The Determinants of Banking Crises: Evidence from Developing and Developed Countries", IMF Working Paper 106, Sept., 1997.

155. Demirgüç-Kunt, A. and Maksimovic, V., "Firms as Financial Intermediaries: Evidence from Trade Credit Data", World Bank and the University of Maryland Working Paper, 2001.

156. Demirgüç-Kunt, A., Kane, E J. and Laeven, L., "Deposit Insurance Design and Implementation: Policy Lessons from Research and Practice", The World Bank Policy Research Working Paper No. 3969, 2006.

157. Demirgüç-Kunt, A., Laeven, L. and Levine, R., "Regulations, Market Structure, Institutions, and the Cost of Financial Intermediation", *Journal of Money, Credit and Banking* 36 (2004), 593 – 622.

158. Demsetz, H. and Lehn K., "The Structure of Corporate Ownership: Causes and Consequences", *Journal of Political Economy* 93 (1985), 1155 – 1177.

159. Dewatripoint, M. and Tirole, J., *The Prudential Regulation of Banks* (Cambridge: MIT Press, 1994).

160. Diamond, D. and Dybvig, P., "Bank Runs, Deposit Insurance, and Liquidity", *Journal of Political Economy* 91 (1983), 401 – 419.

161. Diamond, D. W., "Monitoring the Reputation: The Choice Between Bank loans and Directly Placed Debt", *Journal of Political Economy* 99 (1991), 689 – 701.

162. Diamond, D. W. and Rajan, R. G., "Illiquidity and Interest Rate Policy", NBER Working Paper Series No. 15197, 2009.

163. Djankov, S., McLiesh, C. and Shleifer, A., "Private Credit in 129 Countries", Journal of Financial Economics 84 (2007), 299 – 329.

164. Doan, T., Letterman, R. and Sims, C., "Forecasting and Conditional Projection Using Realistic Prior Distributions", NBER Working Paper 1202, Sept., 1983.

165. Domac, I. and Martinez-Peria, M. S., "Banking Crisis and Exchange Rate Regimes: Is there a Link?" *Journal of International Economics* 61 (2003), 41 – 72.

166. Donaldson, G., "Corporate Debt Capacity: A study of Corporate Debt Policy and the Determination of Corporate Debt Capacity", Boston, Division of Research, Harvard Graduate School of Business Administration, 1961.

167. Donaldson, T. and Preston, L. E., "The Stakeholder Theory of the Corporation: Concepts, Evidence, and Implications", *Academy of Management Review* 20 (1995), 65 – 91.

168. Dooley, M. P., Folkerts-Landau, D. and Garber, P., "An Essay on the Revived Bretton Woods System", NBER Working Paper No. 9971, Sept., 2003.

169. Driscoll, C. and Starik, M., "The Primordial Stakeholder: Advancing the Conceptual Consideration of Stakeholder Status for the Natural Environment", *Journal of Business Ethics* 49 (2004), 55 – 73.

170. Dubecq, S., Mojon B. and Ragot, X., "Fuzzy Capital Requirements, Risk-Shifting and the Risk Taking Channel of Monetary Policy", Banque de France Documents de Travail No. 254, 2009.

171. Dugar, A. and Nathan, S., "The Effects of Investment Banking Relationships on Financial Analysts' Earnings Forecasts and Investment Recommendations", *Contemporary Accounting Research* 12 (1995), 131 – 160.

172. Ehrmann, M. A., Müller, M. R. A. and Vogel, R. F., "Molecular analysis of sourdough reveals", *International Journal of Systematic and Evolutionary Microbiology* 53 (2003), 7 – 13.

173. Eichengeen, P. and Rose, C., "The Empirics of Currency and Banking Crises", in NBER Reporter, 1999, Revised Version Published in Wirtschaftspditishes Blatter, Austrian Economic Paper, 2000.

174. Eichengreen, B. and Grossman, E., "Debt Deflation and Financial Instability: Two Historical Explorations", University of California, Berkeley, 1994.

175. Eichengreen, B., "Thirteen Questions about the Subprime Crisis", University of California, Berkeley, 2008.

176. Eichengreen, B., Rose, A. K. and Wyplosz, C., "Contagious Currency Crises". NBER Working Papers 5681, 1998.

177. Eichengreen, B. and Arteta, C., "Banking Crises in Emerging Markets: Presumptions and Evidence", *Financial Policies in Emerging Markets*; *Eds. Blejer, M. I. and Skreb, M.*, (Cambridge: MIT Press, 2002).

178. Elekdag, S., Justiniano, A. and Tchakarov, I., "An Estimated Small Open Economy Model of the Financial Accelerator", *IMF Staff Papers* 53 (2006), 219-241.

179. Ennis, H. and Malek, H., "Bank Risk of Failure and the Too-big-to-fail Policy", *Federal Reserve Bank of Richmond Economic Quarterly* 91 (2005), 21-44.

180. Ernst and Young, *Corruption or Compliance? Weighing the Costs: 10th Global Fraud Survey* (New York: Ernst & Young, 2008).

181. Espinosa, R. and Prasad, A. "Nonperforming Loans in the GCC Banking Systems and their Macroeconomic Effects", IMF Working Paper 10/224, 2010.

182. Ethics, B., "Socially Responsible Business is no Longer One-size-fits-all", Press Release from Business Ethics on Dec. 12, 2003, Available at: www. csrwire. com/ article. igi/2334. html.

183. Faccio, M., "Politically Connected Firms", *American Economic Review* 96 (2006), 369-386.

184. Faia, E., "Stabilization Policy in a Two Country Model and the Role of Financial Frictions", European Central Bank Working Paper Series No. 56, 2001.

185. Fama, E., "Efficient Capital Markets: A Review of Theory and Empirical Work", *Journal of Finance* 25 (1970), 383-417.

186. Fama, E., "Market Efficiency, Long-term Returns, and Behavioral Finance", *Journal of Financial Economics* 49 (1998), 283-306.

187. Fama, E., "Stock Returns, Expected Returns, and Real Activity", *Journal of Finance* 45 (1990), 1089-1108.

188. Fan, J. P. H., Rui, O. M. and Zhao, M., "Public Governance and Corporate Finance: Evidence from Corruption Cases", *Journal of Comparative Economics* 36 (2008), 343-364.

189. Fan, J., Wong, T. J. and Zhang, T., "Politically Connected CEOs, Corporate Governance and Post IPO Performance of China's Partially Privatized Firms", *Journal of Financial Economics* 84 (2007), 265-290.

190. Fang, L. H. and Yasuda, A., "Are Stars' Opinions Worth More? The Relation Between Analyst Reputation and Recommendation Values", University of Pennsylvania Unpublished Working Paper, 2006b.

191. Fang, L. H., Yasuda, A., "The Effectiveness of Reputation as a Disciplinary Device in Sell-side Research", University of Pennsylvania Unpublished Working Paper, 2006a.

192. Fauver, L. and Fuerst, M., "Does Good Corporate Governance Include Employee Representation? Evidence from German Corporate Boards", *Journal of Financial Economics* 82 (2006), 673-710.

193. Fields, M. A. and Keys P. Y., "The Emergence of Corporate Governance from Wall St. to Main St.: Outside Directors, Board Diversity, Earnings Management, and Managerial Incentives to Bear Risk", *Financial Review* 38 (2003), 1-24.

194. Fischer, M., "Macroeconomics and Finance: The Role of the Stock Market", Carnegie-Rochester Conference Series in Public Policy 21, 1984.

195. Fisher, I., "The Debt-Deflation Theory of Great Depression", *Econometrica* 1 (1933), 337-357.

196. Fisher, S., "The Asian Crisis and the Changing Role of the IMF", *Finance and Development* 35 (1998), 1-6.

197. Fisman, R. , "Estimating the Value of Political Connections", *American Economic Review* 91 (2001), 1095 – 1102.

198. Francesca, C. , Giorgio Di, G. , "Deposit Insurance, Institutions, and Bank Interest Rates", *Transition Studies Review* 11 (2004), 77 – 92.

199. Frederick, W. C. , "From CSR1 to CSR2", *Business & Society* 33 (1994), 150 – 164.

200. Freixas, X. and Rochet, J. C. , "Fair Pricing of Deposit Insurance: Is it Possible Yes. Is it Desirable No." *Research in Economics* 52 (1998), 217 – 232.

201. Friedman, B. , "The Role of Interest Rates in Federal Reserve Policymaking", *The Evolution of Monetary Policy and the Federal Reserve System over the Past Thirty Years: A Conference in Honor of Frank E. Morris; Eds. Kopcke, and Browne*, (Boston: Federal Reserve Bank of Boston, 2000).

202. Friedman, M. and Schwartz, A. , *A Monetary History of the United States*, 1867 – 1960 (Princeton: Princeton University Press, 1963).

203. Friedman, M. , "Introduction to 'A Theory of the Consumption Function'", NBER Chapters, in: A Theory of the Consumption Function, National Bureau of Economic Research, Inc. , 1957.

204. Friedman, M. , "The Role of Monetary Policy", Reprinted in the Optimum Quantity of Money and Other Essays, Chicago: Aldine, 1968.

205. Friedman, M. , "The Social Responsibility of Business Is to Increase Its Profits", The New York Times Magazine, Sept. 13, 1970, http://www.umich.edu/~thecore/doc/Friedman.pdf.

206. Frooman, J. , "Stakeholder Influence Strategies", *Academy of Management Review* 24 (1999), 191 – 205.

207. Fukunaga, I. , "Financial Accelerator Effects in Japan's Business Cycles", Bank of Japan Working Paper No. 2002 – 2, 2002.

208. Fung, B. S. C. and Yuan, M. , "Measuring the Stance of Monetary Policy", *Money, Monetary Policy and Transmission Mechanism*, 233 – 262, Proceedings of a Conference Held by the Bank of Canada, Nov. , 1999.

209. Furfine, G. , "Bank Portfolio Allocation: The Impact of Capital Requirements, Regulatory Monitoring, and Economic Conditions",

Journal of Financial Services Research 20 (2001), 33 – 56.

210. Gaggl, P. and Valderrama, M. T., "Do Banks Take More Risk in Extended Periods of Expansive Monetary Policy? Evidence from a Natural Experiment", Mimeo, 2011.

211. Galais, D. and Masulis, R. W., "The Option Pricing Model and the Risk Factor of Stock", *Journal of Financial Economics* 3 (1976), 53 – 82.

212. Galbis, V., "High Real Interest Rates under Financial Liberalization: Is There a Problem", International Monetary Fund Working Paper WP/93/7, Jan., 1993.

213. Gambacorta, L., "Monetary Policy and the Risk-taking Channel", *BIS Quarterly Review* Dec. (2009), 43 – 53.

214. Gamble, A. and Kelly, G., "Shareholder Value and the Stakeholder Debate in the UK", *Corporate Governance: An International Review* 9 (2001), 110 – 117.

215. Gasparino, C., "Ghosts of E – mails Continue to Haunt Wall Street – In Grubman Inquiry, Preschool is Pressed on Twins' Admission", Wall Street Journal, Nov. 18, 2002.

216. Geczy, C., Stambaugh, R. and Levin, D., "Investing in Socially Responsible Mutual Funds", Working Paper, 2003, http://finance.wharton.upenn.edu/_geczy/workingpapers.htm.

217. Gentler, M. and Hubbard, G., "Financial Factors in Business Fluctuations", Federal Reserve Bank of Kansas City, Financial Market Volatility, 1988.

218. Gentler, M., "Financial Capacity and Output Fluctuations in an Economy with Multi Period Financial Relationships", *Review of Economic Studies October* 59 (1992), 455 – 72.

219. Gerlach, S., Peng, W. and Shu, C. "Macroeconomic Conditions and Banking Performance in Hong Kong: A Panel Data Study", Hong Kong Monetary Authority Research Memorandum, Apr., 2004.

220. Gertler, M. and Gilchrist, S., "Monetary Policy, Business Cycles, and the Behavior of Small Manufacturing Firms", *Quarterly Journal of Economics* 109 (1994), 309 – 340.

221. Gertler, M., and Gilchrist, S., "The Role of Credit Market Imperfections in the Monetary Transmission Mechanism: Arguments and Evidence", *Scandinavian Journal of Economics* 95 (1993), 43 - 64.

222. Gertler, M., Gilchrist, S. and Natalucci, F. M., "External Constraints on Monetary Policy and the Financial Accelerator", BIS Working Paper No. 139, 2003.

223. Giammarino, R, Lewis, T. and Sappington, D., "An Incentive Approach to Banking Regulation", *The Journal of Finance* 48 (1993), 1523 - 1542.

224. Giannetti, M., "Do Better Institutions Mitigate Agency Problems? Evidence from Corporate Finance Choices", *Journal of Financial and Quantitative Analysis* 38 (2003), 185 - 212.

225. Glick, R. and Hutchison, M., "Banking and Currency Crises: How Common are Twins", Pacific Basin Working Paper 99 - 07, 1999.

226. Glodstein, M., "The Asian Financial Crisis: Causes, Cures and Systemic Implications", Institute for International Economics Policy Brief No. 55, 1998.

227. Goldstein, M., "The Subprime Credit Crisis: Origins, Policy Responses, and Reforms", Peterson Institute for International Economics, 2008.

228. Goldstein, M. and Turner, P., "Banking Crises in Emerging Economies: Origins and Policy Options", BIS Economic Papers 46, Oct., 1996.

229. Gompers, P. and Lerner, J., "Conflict of Interest in the Issuance of Public Securities: Evidence from Venture Capital", *Journal of Law and Economics* 42 (1999), 1 - 28.

230. Gonzúlez-Hermosillo, B., "Banking Sector Fragility and Systemic Sources of Fragility", IMF Working Paper 12, 1996.

231. Goodhart, C. A E., "The Regulatory Response to the Financial Crisis", *Journal of Financial Stability* 4 (2008), 351 - 358.

232. Goodwin, J. and Yeo, T. Y., "Two Factors Affecting Internal Audit Independence and Objectivity: Evidence from Singapore", *International Journal of Auditing* 5 (2001), 107 - 125.

233. Goton, G., "Bank Suspension of Convertibility", *Journal of Monetary Economics* 15 (1985), 177 - 193.

234. Greenwald, B. and Stiglitz, J., "Financial Market Imperfections and Business Cycles", *Quarterly Journal of Economics* 108 (1993), 77-114.

235. Grossman, S. J. and Stiglitz, J., "On the Impossibility of Informationally Efficient Markets", *American Economic Review* 70 (1980), 393-408.

236. Grossman, S. J., "On the Efficiency of Competitive Stock Markets Where Traders Have Diverse Information", *Journal of Finance* 31 (1976), 573-585.

237. Groysberg, B., Healy, P., Chapman, C. and Gui, Y., "Do Buy-side Analysts Out-perform the Sell-side?" Harvard University Unpublished Working Paper, 2005.

238. Grunig, J. E. and Hunt, T., *Managing Public Relations* (TX: Harcourt Brace Jovanovich College Publishers, 1984).

239. Guerard, J. B. Jr., "Additional Evidence on the Cost of Being Socially Responsible in Investing", *Journal of Investing* 6 (1997b), 31-34.

240. Guerard, J. B. Jr., "Is There a Cost to Being Socially Responsible in Investing", *Journal of Investing* 6 (1997a), 11-18.

241. Gupta, S., de Mello, L. and Sharan, R., "Corruption and Military Spending", IMF Working Paper 00/23, 2000.

242. Guru B., Staunton, J. and Balashanmugam, B., "Determinants of Commercial Bank Profitability in Malaysia", University Multimedia Working Papers, 2002.

243. Haber, S. H., Razo, A. and Maurer, N., *The Politics of Property Rights: Political Instability, Credible Commitments, and Economic Growth in Mexico* (Cambridge: Cambridge University Press, 2003).

244. Habermas, J., *Justification and Application: Remarks on Discourse Ethics* (Cambridge: MIT Press, 1993).

245. Haldane, A. G., "Rethinking the Financial Network", 2009, Available at http://www.bankofengland.co.uk/publications/speeches/2009/speech386.pdf.

246. Hall, S., "Financial Accelerator Effects in UK Business Cycles", Bank of England Working Paper No. 150, 1997.

247. Hamilton, A., Lay, J. and Madison, J., *Federalist Papers* (1788), Ed.

Rossiter, New American Library, New York, 1961.

248. Hamilton, S., Jo, H. and Statman, M., "Doing Well While Doing Good? The Investment Performance of Socially Responsible Mutual Funds", *Financial Analysis Journal* Nov. /Dec. (1993), 62–66.

249. Hansen, R. S., "The Demise of Rights Issue", *Review of Financial Studies* 13 (1988), 289–309.

250. Haque, N. U. and Sahay, R., "Do Government Wage Cuts Close Budget Deficits? A Conceptual Framework for Developing Countries and Transition Economies", IMF Working Papers 96/19, 1996.

251. Hardy, D. C. and Nieto, M. J., "Cross-border Coordination of Prudential Supervision and Deposit Guarantees", IMF Working Paper No. 08/283, 2008.

252. Hardy, D. C. and Pazarbaşioğlu, C., "Leading Indicators of Banking Crises: was Asia Different?" IMF Working Paper 91, 1998.

253. Hart S. L. and Sharma, S., "Engaging Fringe Stakeholders for Competitive Imagination", *Academy of Management Executive* 18 (2004), 7–18.

254. Hart, O. and Moore, J., "A Theory of Debt Based on the Inalienability of Human Capital", LSE Financial Market Group Discussion Paper No. 129, 1991.

255. Hawkins, J. and Klau, M., "Measuring Potential Vulnerabilities in Emerging Market Economies", BIS Working Papers No. 91, Oct., 2000.

256. Hay, J. R. and Shleifer, A., "Private Enforcement of Public laws: A Theory of Legal Reform", *American Economic Review Papers and Proceedings* 88 (1998), 398–403.

257. Hayes, R. and Levine, C., "An Approach to Adjusting Analysts Consensus Forecasts for Selection Bias", *FContemporary Accounting Research* 17 (2000), 61–85.

258. Heffernan, S. A. and Fu, M., "The Determinants of Bank Performance in China", Working Paper, 2008, www. cass. city. ac. uk/_ _ data/... / Heffernan-45-REVISED. pdf.

259. Heinkel, R., "A Theory of Capital Structure Relevance Under Imperfect Information", *Journal of Finance* 37 (1982), 1141 - 1150.

260. Helpman, E., *Institutions and Economic Performance* (Cambridge: Harvard University Press, 2008).

261. Herzfeld, T. and Weiss, C., "Corruption and Legal (in) Effectiveness: An Empirical Investigation", *European Journal of Political Economy* 19 (2003), 621 - 632.

262. Hicks, J. R., *A Theory of Economics History* (Clarendon: Clarendon Press, 1969).

263. Hill, CWL, Jones T. M., "Stakeholder-agency Theory", *Journal of Management Studies* 29 (1992), 131 - 154.

264. Hillman, A. J. and Dalziel, T., "Boards of Directors and Firm Performance: Integrating Agency and Resource Dependence Perspectives", *Academy of Management Review* 28 (2003), 383 - 396.

265. Hillman, A. J., Keim, G. D. and Luce, R. A., "Board Composition and Stakeholder Performance: Do Stakeholder Directors Make a Difference?" *Business & Society* 40 (2001), 295 - 314.

266. Hodgson, S., "Corporate Social Responsibility: It's Compelling Good Business to Give Something back to Nigeria", *The Guardian* 21 (2005), 15.

267. Hoelscher, D. S., Taylor, M. and Klueh, U. H., "The Design and Implementation of Deposit Insurance Systems (overview)", IMF Occasional Paper No. 251, 2006.

268. Hoelscher, D., "Bank Restructuring and Resolution", IMF Working Paper, 2006.

269. Hoenig, T. M., "Maintaining Stability in a Changing Financial System: Some Lessons Relearned Again?" Federal Reserve Bank of Kansas City Economic Review, First Quarter, 2008.

270. Hoggarth, G., Jackson, P. and Nier, E., "Banking Crises and the Design of Safety Nets", *Journal of Banking & Finance* 29 (2005), 143 - 159.

271. Holmes, L., *The End of Communist Power: Anti-Corruption Campaign and*

Legitimation Crisis (Cambridge: Policy Press, 1993).

272. Hopkins, M., "Corporate Social Responsibility: An Issues Paper", Working paper No. 27, ILO, Geneva, 2004.

273. Hu,J., Li, Y. and Chiu, Y., "Ownership and Non-performing Loans: Evidence from Taiwan's Banks", *Developing Economies* 42 (2004), 405 - 420.

274. Hu, X. and F. Schiantarelli, "Investment and Capital Market Imperfections: A Switching Regression Approach Using US Firm Panel Data", *Review of Economicsand Statistics* 80 (1998), 466 - 479.

275. Hughes, J. P., Lang, W., Mester, L. J., Moon, C - G., "Recovering Technologies that Account for Generalized Managerial Preferences: An Application to Non-Risk-Neutral Banks", Federal Reserve Bank of Philadelphia Working Paper, 1995.

276. Hutchinson, M. M. and McDill, K., "Are All Banking Crises Alike? The Japanese Experience in International Comparison", *Journal of the Japanese and International Economies* 13 (1999), 155 - 180.

277. Hutchison, M., "European Banking Distress and EMU: Institutional and Macroeconomic Risks", *Journal of Economics* 104 (2002), 365 - 389.

278. Hwang, D. B. K. and Baker, R. L., "A Study of Guanxi and Its Impacts on Chinese Accounting", Proceedings of Global Awareness Society International Conference, New York, 2000.

279. IADI, "Member Profile: Korea Deposit Insurance Corporation (KDIC)".

280. Iannotta, G., Nocera, G. and Sironi, A., "Ownership Structure, Risk and Performance in the European Banking Industry", *Journal of Banking & Finance* 31 (2007), 2127 - 2149.

281. Ibrahim,N. A. and Angelidis, J. P., "Effects of Board Members' Gender on Corporate Social Responsiveness Orientation", *Journal of Applied Business Research* 10 (1994), 35 - 40.

282. Ibrahim, N. A. and Angelidis, J. P., "The Corporate Social Responsiveness Orientation of Board Members: Are There Differences between Inside and Outside Directors?" *Journal of Business Ethics* 14 (1995), 405 - 410.

283. Im, K. S. , Pesaran, M. H. and Shina, Y. , "Testing for Unit Roots in Heterogeneous Panels", *Journal of Econometrics* 115 (2003), 53 – 74.

284. IMF, "Global Financial Stability Report", Oct. , 2009.

285. IMF, "The Recent Financial Turmoil-Initial Assessment, Policy Lessons, and Implications for Fund Surveillance", Apr. , 2008b, www. imf. org.

286. IMF, "Transmission of Liquidity Shocks: Evidence from the 2007 Subprime Crisis, IMF Working Paper 08/200, 2008a.

287. IMF, "World Economic Outlook", 1998 – 1999.

288. Ioannidou, V. P. and Penas, M. F. , "Deposit Insurance and Bank Risk-taking: Evidence from Internal Loan Ratings", *Journal of Financial Intermediation* 19 (2010), 95 – 115.

289. Ioannidou, V. , Ongena, S. and Peydró, J. L. , "Monetary Policy, Risk-taking and Pricing: Evidence from a Natural Experiment", NBER Summer Institute, Cambridge, MA. , 2009.

290. Isham, J. , Kaufmann, D. and Pritchett, L. H. , "Civil Liberties, Democracy, and the Performance of Government Projects", *The World Bank Economic Review* 11 (1997), 219 – 242.

291. Ito, T. and Iwaisako, T. , "Explaining Asset Bubbles in Japan", NBER Working Paper 5358, 1995.

292. Jackson, A. R. , "Trade Generation, Reputation, and Sell-side Analysts", *Journal of Finance* 60 (2005), 673 – 717.

293. Jacob, J. , Rock, S. and Weber, D. P. , "Do Analysts at Independent Research Firms Make Better Earnings Forecasts?" University of Colorado Unpublished Working Paper, 2003.

294. Jain, A. K. , "Corruption: A Review", *Journal of Economic Surveys* 15 (2001), 71 – 121.

295. James, C. and Karceski, J. , "Strength of Analyst Coverage Following IPOs", *Journal of Financial Economics* 81 (2006), 1 – 34.

296. Jensen, M. C. and Meckling, W. H. , "Theory of the Firm: Managerial Behavior, Agency Costs and Ownership Structure", *Journal of Financial Economics* 3 (1976), 305 – 360.

297. Jensen, M. C. , "Agency Costs of Free Cash Flow, Corporate Finance,

and Takeovers", *The American Economic Review* 76 (1986), 323 – 329.

298. Jiménez, G., Lopez, J. A. and Saurina, J., "How Does Competition Impact Bank Risk-taking?" Banco De España Working Paper No. 1005, 2010.

299. Jiménez, G., Ongena, S., Peydró, J. L. and Saurina, J., "Hazardous Times for Monetary Policy: What do Twenty-three Million Bank Loans Say about the Effects of Monetary Policy on Credit Risk-taking?" Paper Presented at the American Finance Association Meetings, San Franciscom, 2009.

300. Johnson, R. A. and Greening, D. W., "The Effects of Corporate Governance and Institutional Ownership Types on Corporate Social Performance", *Academy of Management Journal* 42 (1999), 564 – 576.

301. Johnson, S. and Mitton, T., "Cronyism and Capital Controls: Evidence from Malaysia", *Journal of Financial Economics* 67 (2003), 351 – 382.

302. Johnson, S., Kaufmann, D. and Zoido-Lobaton, P., "Corruption, public finances, and the unofficial economy", World Bank Policy Research Paper No. 2169, 1999.

303. Johnson, S., McMillan, J. and Woodruff, C., "Property Rights and Finance", *American Economic Review* 92 (2002), 1335 – 1356.

304. Johnson-Cramer, M. E., Berman, S. L. and Post, J. E., "Re-examining the Concept of 'Stakeholder Management'", *Unfolding Stakeholder Thinking: Relationships, Communication, Reporting and Performance; Eds. Andriof, J., Waddock, S., Husted, B. and Rahman, S. S.*, (Sheffield: Greenleaf, 2003).

305. Jones, T. M. and Wicks, A. C., "Convergent Stakeholder Theory", *Academy of Management Review* 24 (1999), 206 – 221.

306. Jones, T. M., "Instrumental Stakeholder Theory: A Synthesis of Ethics and Economics", *Academy of Management Review* 20 (1995), 404 – 437.

307. Jun, C., "The Long-run Performance Following Japanese Rights Issues", *Applied Financial Economics* 8 (1998), 419 – 434.

308. Kadan, O., Madureira, L., Wang, R., Zach, T., "Conflicts of Interest and Stock Recommendations - The Effects of the Global Settlement

and Related Regulations", Washington University Unpublished Working Paper, 2006.

309. Kalay, A. and Adam, S., "Firm Value and Seasoned Equity Issues: Price Pressure, Wealth Redistribution, or Negative Information", *Journal of Financial Economics* 19 (1987), 109 – 126.

310. Kaminsky, G. and Reinhart, C., "The Twin Crises: The Causes of Banking and Balance-of-Payments Problems", *American Economic Review* 89 (1999), 473 – 500.

311. Kaminsky, G., "Currency and Banking Crises: The Early Warnings of Distress", IMF International Finance Discussion Paper No. 629, 1998.

312. Kaoru, H., "Market Discipline to Banks in Indonesia, Korea, Malaysia and Thailand", 2005, http://www.adbi.org/files/2005.01.21. cpp.market. discipline.banks.pdf.

313. Kaoru, H., Hiroko, I. and Kotaro, T., "Banking Crises, Deposit Insurance, and Market Discipline: Lessons from the Asian Crises", RIETI Discussion Paper Series 05 – E – 029, 2005.

314. Kaplow, L. and Shavell, S., "Optimal Law Enforcement with Self-Reporting of Behavior", *Journal of Political Economy* 102 (1994), 583 – 606.

315. Kashyap, A., Lamont, O. and Stein, J., "Credit Conditions and the Cyclical Behavior of Inventories: A Case Study of the 1981 – 1982 Recession", *Quarterly Journal of Economics* 109 (1994), 565 – 592.

316. Kassinis, G. and Vafeas, N., "Stakeholder Pressures and Environmental Performance", *Academy of Management Journal* 49 (2006), 145 – 159.

317. Kaufman, D., Kraay, A. and Massimo, M., "Governance Matters Ⅶ: Aggregate and Individual Governance Indicators, 1996 – 2007", World Bank Working Paper, 2008.

318. Kaufmann, D., "Myths and Realities of Governance and Corruption," in Global Competitiveness Report 2005 – 2006, Chapter 2, World Economic Forum, 2006.

319. Kay, J., "Narrow Banking: The Reform of Banking Regulation", Centre for the Study of Financial Innovation (CSFI), Sept. 15, 2009.

320. KDIC, "Annual Report, 1998 - 2009".

321. KDIC, "KDIC Statistics", May, 2011, http://www.kdic.or.kr/english/publication/conference.jsp.

322. Keeley, M. C., "Deposit Insurance, Risk, and Market Power in Banking", *American Economic Review* 5 (1990), 1183 - 1200.

323. Keeton, W. R. and Morris, C. S., "Why Do Banks Loan Losses Differ?" *Federal Reserve Bank of Kansas City Economic Review*, May (1987), 3 - 21.

324. Kelly, G. and Parkinson, J., "The Conceptual Foundations of the Corporation: A Pluralist Approach", *Corporation Financial and Insolvency Law Review* 2 (1998), 174 - 197.

325. Khotari, S. and Warner, J., "Econometrics of Event Studies", Working Paper, 2006.

326. King, R. and Plosser, C., "Real Business Cycle And The Test of the Adelmans", University of Rochester-Center for Economic Research 204, 1989.

327. Kiyotaki, N. and Moore, J., "Credit Cycles", *The Journal of Political Economy* 105 (1997), 211 - 248.

328. Klueh, U., "Safety Net Design and Systemic Risk: New Empirical Evidence", Munich Discussion Paper No. 2005 - 12, 2005,

329. Knack, S. and Keefer, P., "Institutions and Economic Performance: Cross-Country Tests using Alternative Institutional Measures", *Economics and Politics* 7 (1995), 201 - 227.

330. Knotek Ⅱ, E. S., and Khan, S., "How do Households Respond to Uncertainty Shocks?" *Economic Review* 96 (2011), 63 - 92.

331. Kojima, K., "The 'Flying Geese' Model of Asian Economic Development: Origin, Theoretical Extensions, and Regional Policy Implications", *Journal of Asian Economics* 11 (2000), 375 - 401.

332. Kolstad, I. and Wiig, A., "Is Transparency the Key to Reducing Corruption in Resource-Rich Countries?" *World Development* 37 (2009), 521 - 532.

333. Krigman, L., Shaw, W. H. and Womack, K. L., "Why do Firms

Switch Underwriters?" *Journal of Financial Economics* 60 (2001), 245 – 284.

334. Kroszner, R. and Rajan, R., "Is the Glass – Steagall Act Justified? A Study of the US Experience with Universal Banking before 1933", *American Economic Review* 84 (1994), 810 – 832.

335. Kroszner, R. S. and Rajan, R. G., "Organization Structure and Credibility: Evidence from Commercial Bank Securities Activities before the Glass-Steagall Act", *Journal of Monetary Economics* 39 (1997), 475 – 516.

336. Krugman, P., "A Model of Balance-of-Payments Crises", *Journal of Money Credit and Banking* 11 (1979), 311 – 325.

337. Krugman, P., "Balance Sheets, the Transfer Problem, and Financial Crises", *Journal of International Tax and Public Finance* 6 (1999), 469 – 472.

338. Krugman, P., "The Myth of Asia's Miracle", *Foreign Affairs* 73 (1994), 63 – 78.

339. Kurtz, L., "No Effect, or No Net Effect? Studies on Socially Responsible Investing", *Journal of Investing* 6 (1997), 37 – 49.

340. La Porta, R., Lopez-de-Silanes, F., Shleifer, A. and Vishny, R., "The Quality of Government", *Journal of Law, Economics, and Organizations* 15 (1999), 222 – 279.

341. La Porta, R., Lopez-de-Silanes, F., Shleifer, A. and Vishny, W. R., "Law and Finance", *Journal of Political Economy* 106 (1998), 1113 – 1155.

342. La Porta, R., Lopez-de-Silanes, F., Shleifer, A. and Vishny, W. R., "Legal Determinants of External Finance", *The Journal of Finance* 52 (1997), 1131 – 1150.

343. Laeven, L. and Majnoni, G., "Does Judicial Efficiency Lower the Cost of Credit", World Bank Policy Research Working Paper 3159, Oct., 2003.

344. Laeven, L. and Valencia, F., "Systemic Banking Crises: A New Database", IMF Working Paper 08/224, 2008.

345. Lambsdorff, J. G., "Corruption in Empirical Research: A Review", Transparency International Working Paper, 1999.

346. Lee, J. and Crowley, P. M., "Evaluating the Monetary Policy of the European Central Bank", Texas A&M University-Corpus Working Paper, 2010.

347. Leland, H. and Pyle, D., "Information Asymmetries, Financial Structure, and Financial Intermediation", *Journal of Finance* 44 (1977), 371 - 388.

348. Lensink, R. and Meesters, A., "Institutions and Bank Performance: A Stochastic Frontier Analysis", Feb., 2007, Available at SSRN: http://ssrn.com/abstract=965825 or http://dx.doi.org/10.2139/ssrn.965825.

349. Lepetit, L., Nys, E., Rous, P. and Tarazi, A., "Bank Income Structure and Risk: An Empirical Analysis of Europan Banks", *Journal of Banking and Finance* 32 (2008), 1452 - 1467.

350. Letza, S., Sun, X., Kirkbride, J., "Shareholding Versus Stakeholding: A Critical Review of Corporate Governance", *Corporate Governance: An International Review* 12 (2004), 242 - 262.

351. Leuz, C., Oberholzer-Gee, F., "Political Relationships, Global Financing, and Corporate Transparency", *Journal of Financial Economics* 81 (2006), 411 - 439.

352. Levin, M. and Satarov, G., "Corruption and Institutions in Russia", *European Journal of Political Economy* 16 (2000), 113 - 132.

353. Levine, R., "Financial Development and Economic Growth: Views and Agenda", *Journal of Economic Literature* 35 (1997), 688 - 726.

354. Levine, R., "Law, Endowments and Property Rights", *The Journal of Economic Perspectives* 19 (2005), 61 - 88.

355. Levine, R., "The Corporate Governance of Banks: A Concise Discussion of Concepts and Evidence", World Bank Forum on Global Corporate Governance Discussion Paper No. 3, 2003.

356. Levine, Z. and Zervos, S., "Stock Markets, Banks, and Economic Growth", *The American Economic Review* 88 (1998), 537 - 558.

357. Lin, H.-W., McNichols, M., "Underwriting Relationships, Analysts' Earnings Forecasts and Investment Recommendations", *Journal of Accounting and Economics* 25 (1998), 101 - 127.

358. Ljungqvist, A. and Wilhelm, W. J., "IPO Pricing in the Dot-com Bubble", *Journal of Finance* 58 (2003), 723 - 752.

359. Ljungqvist, A., Marston, F. and Wilhelm, W. J., "Competing for Securities Underwriting Mandates: Banking Relationships and Analyst

Recommendations", *Journal of Finance* 56 (2006), 301 - 340.

360. Ljungqvist, A., Marston, F., Starks, L. T., Wei, K. and Yan, H., "Conflicts of Interest in Sell-side Research and the Moderating Role of Institutional Investors", *Journal of Financial Economics* 85 (2007), 420 - 456.

361. Ljungqvist, A., Marston, F., Wilhelm, W. J., "Scaling the Hierarchy: How and Why Investment Banks Compete for Syndicate Co-management Appointments", New York University Unpublished Working Paper, 2005.

362. Longstaff, F. A. and Schwartz, E. S., "A Simple Approach to Valuing Risky Fixed and Floating Rate Debt", *Journal of Finance* 5 (1995), 789 - 819.

363. López, M., Tenjo, F. and Zárate, H., "The Risk-taking Channel and Monetary Transmission Mechanism in Colombia", A Presentation Prepared for the 2nd BIS CCA Conference on "Monetary Policy, Financial Stability and the Business Cycle", Ottawa, May 12 - 13, 2011.

364. Loughran, T. and Ritter, J. R., "The New Issues Puzzle", *Journal of Finance* 50 (1995), 23 - 52.

365. Louzis, D. P., Vouldis, A. T. and Metaxas, V. L., "Macroeconomic and Bank-specific Determinants of Non-performing Loans in Greece: A Comparative Study of Mortgage, Business and Consumer Loan Portfolios", *Journal of Banking and Finance* 36 (2012): 1012 - 1027.

366. Ludvigson, S. and Steindel, C., "How Important is the Stock Market Effect on Consumption?" Federal Reserve Bank of New York Economic Policy Review No. 2, 1999.

367. Ludwig, A. and Slok, T., "Impact of Stock Prices and House Prices on Consumption in OECD Countries", IMF Working Paper, 2002.

368. Luoma, P. and Goodstein, J., "Stakeholders and Corporate Boards: Institutional Influences on Board Composition and Structure", *Academy of Management Journal* 42 (1999), 553 - 563.

369. Macey, J. R., O'hara, M., "The Corporate Governance of Banks", *FRBNY Economic Policy Review* 9 (2003), 91 - 107.

370. Mackinlay, A. C. , "Event Studies in Economics and Finance", *Journal of Economic Literature* 35 (1997), 13 - 39.

371. Maddala, G. S. and Wu, S. , "A Comparative Study of Unit Root Tests with Panel Data and New Simple Test", *Oxford Bulletin of Economics and Statistics* 61 (1999), 631 - 652.

372. Maddaloni, A. and Peydró, J. , "Bank Risk-taking, Securitization, Supervision, and Low Interest Rates: Evidence from Euro-area and US Lending Standards", *Review of Financial Studies* 24 (2011), 121 - 165.

373. Maddaloni, A. , Peydró, J. and Scopel, S. , "Does Monetary Policy Affect Bank Credit Standards?" 2008, Available at http://www.cepr.org/meets/wkcn/1/1693/papers/MaddaloniFinal.pdf.

374. Mahagaonkar, P. , "Corruption and Innovation: a Grease or Sand Relationship?" Max Planck Institute of Economics Economics Research Paper No. 2008 - 017, 2008.

375. Malik, A. S. , "Self-Reporting and the Design of Policies for Regulating Stochastic Pollution", *Journal of Environmental Economics and Management* 24 (1993), 241 - 257.

376. Malmendier, U. , Shanthikumar, D. , "Are Investors Naive about Incentives?" *Journal of Financial Economics* 85 (2007), 457 - 497.

377. Mamatzakis, E. C. and Remoundos, P. C. , "Determinants of Greek Commercial Banks Profitability 1989 - 2000", *Spoudai* 53 (2003), 84 - 94.

378. Marcela, C. , Moya, R. A. and Powell, A. , "The Importance of an Effective Legal System for Credit Markets: the Case of Argentina", *Defusing Default: Incentives and Institutions*; *Ed. Pagano, M.* , (Baltimore: John Hopkins University Press, 2001).

379. Marcelin, I. , "The Relationship Between Institutions, Financial Development, Banking Performance, Privatization and Growth", PhD Dissertation of Southern Illinois University, 2010.

380. Marcucci, J. and Quagliariello, M. , "Is Bank Portfolio Riskiness Procyclical? Evidence from Italy Using a Vector Autoregression", *Journal of International Financial Markets, Institutions & Money* 18 (2008), 46 - 63.

381. Maremont, M. and Bray, C. , "In latest Tyco Twist, Favored Analyst Got

Private Eye, Gratis", Wall Street Journal, Jan. 21, 2004.

382. Marquez, R. and Hauswald, R. B. H., "Competition and Strategic Information Acquisition in Credit Markets", AFA 2003 Washington, DC Meetings; EFA 2002 Berlin Meetings Presented Paper, Mar., 2002, Available at SSRN: http: //ssrn. com/abstract = 302196 or doi: 10. 2139/ssrn. 302196.

383. Masulis, R. W., "The Effects of Capital Structure Change on Security Prices: A Study of Exchange Offer", *Journal of Financial Economics* 38 (1983), 107 – 126.

384. Matsuyama, K., "Credit Traps and Credit Cycles", *American Economic Review* 97 (2007), 503 – 516.

385. Mauro, P., "Corruption and Growth", *Quarterly Journal of Economics* 110 (1995), 681 – 712.

386. McDonald, L. M. and Rundle-Thiele, S., "Corporate Social Responsibility and Bank Customer Satisfaction: A Research Agenda", *International Journal of Bank Marketing* 26 (2008), 170 – 182.

387. McLaughlin, R., Safeiddine, A. and Vasudevan, G., "The Information Content of Corporate Offerings of Seasoned Securities: An Empirical Analysis", *Financial Management* 27 (1998), 31 – 35.

388. McLaughlin, R., Safeiddine, A. and Vasudevan, G., "The Operating Performance of Seasoned Equity Issuers: Free Cash Flow and Post Issue Performance", *Financial Management* 25 (1996), 41 – 53.

389. McNichols, M., O' Brien, P. C., Pamukcu, O. M., "That Ship has Sailed: Unaffiliated Analysts' Recommendation Performance for IPO Firms", Stanford University Unpublished Working Paper, 2006

390. McWilliams, A. and Siegel, D., "The Role of Money Managers in Assessing Corporate Social Responsibility Research", *Journal of Investing* 6 (1997), 98 – 107.

391. Mehrana, H., Stulzb, R. M. "The Economics of Conflicts of Interest in Financial Institutions", *Journal of Financial Economics* 85 (2007), 267 – 296.

392. Mendoza, E. G and Terrones, M. E., "An Anatomy of Credit Booms: Evidence from Macro Aggregates and Micro Data", FED Discussion Papers

No. 936, Jul., 2008.

393. Menger, C., Problems of Economics and Sociology (Urbana: University of Illinois Press, 1883).

394. Merrouche, O. and Nier, E., "What Caused the Global Financial Crisis? Evidence on Drivers of Financial Imbalances 1999 – 2007", IMF Working Paper, Aug., 2010.

395. Merton, R. C., "A Functional Perspective of Financial Intermediation", *Financial Management* 24 (1995), 23 – 41.

396. Merton, R. C., and Bodie, Z., "Deposit Insurance Reform: A Functional Approach", Carnegie-Rochester Conference Series on Public Policy 38 (1993), 1 – 34.

397. Michaely, R. and Womack, K., "Conflict of Interest and the Credibility of Underwriter Analyst Recommendations", *Review of Financial Studies* 12 (1999), 653 – 686.

398. Michalak, T. C., "The Nexus between Monetary Policy, Banking Market Structure and Bank Risk Taking: An Empirical Assessment of the Risk Taking Channel of Monetary Policy", Paper Submitted to Southwestern Finance Conference, 2011, Available at http://www.southwesternfinance.org/conf-2011/swfa2011_ submission_ 152.pdf.

399. Miles, M. P., Munilla, L. S. and Darroch, J., "The Role of Strategic Conversations with Stakeholders in the Formation of Corporate Social Responsibility Strategy", *Journal of Business Ethics* 69 (2006), 195 – 205.

400. Miller, M. and Rock, K., "Dividend Policy under Asymmetric Information", *Journal of Finance* 40 (1985), 1031 – 1051.

401. Minsky, H. P., "The Financial Instability Hypothesis", NBER Working Paper No. 74, 1992.

402. Mishkin, F. S., "Asymmetric Information and Financial Crises: A Historical Perspective", *Financial Markets and Financial Crises*; *Ed. Hubbard, G. R.*, (Chicago: University of Chicago Press, 1991).

403. Mishkin, F. S., "Monetary Policy Flexibility, Risk Management, and Financial Disruptions", *Journal of Asian Economics* 23 (2010), 242 – 246.

404. Mishkin, F. S., "Monetary Policy Strategy: Lessons From the Crises", NBER Working Paper 16755, 2011, http: //www. nber. org/papers/w16755.

405. Mishkin, F. S., "Will Monetary Policy Become More of a Science?" NBER Working Paper No. 13566, Oct., 2007.

406. Mishkin, F. S., "Lessons from the Asian Crisis", *Journal of International Money and Finance* 18 (1999), 709 - 723.

407. Mishra, A., "Persistence of Corruption: Some Theoretical Perspectives", *World Development* 34 (2006), 349 - 358.

408. Mitchell, R. K., Agle, B. R. and Wood, D. J., "Toward a Theory of Stakeholder Identification and Salience: Defining the Principle of Who and What Really Counts", *Academy of Management Review* 22 (1997), 853 - 886.

409. Morck, R., Shleifer, A., Vishny, R. W., Shapiro, M. and Poterba, J. M., "The Stock Market and Investment: Is the Market a Sideshow?" *Brookings Papers on Economic Activity* 21 (1990), 157 - 216.

410. Mussa, A. S., "Asymmetric Bank Risk Taking and Monetary Policy", Mimeo, 2010, Available at http: //homepages. wmich. edu/ ~ a6mussa/documents/Asymmetric% 20Bank% 20Risk. pdf.

411. Myers, S. C. and Majiluf, N. S., "Corporate Financing and Investment Decision When Firms Have Information that Investor Don't Have", *Journal of Financial Economics* 13 (1984), 187 - 221.

412. Nam, S., "Corporate Governance in the Banking Sector - Indonesia, Republic of Korea, Thailand, and Malaysia", 2004, Available at http: //www. adbi. org/research-program/2004/08/03/502. corporate. governance. research/.

413. Natalucci, F. M., "Exchange Rate Regimes, Financial Distress, and the Timing of Devaluations", Mimeo, New York University, 2001.

414. Newey, W. K. and West, K. D., "Automatic Lag Selection in Covariance Matrix Estimation", *Review of Economic Studies* 61 (1994), 631 - 653.

415. Nkusu, M., "Nonperforming Loans and Macrofinancial Vulnerabilities in Advanced Economies", IMF Working Paper No. 11/161, 2011.

416. North, D. C., "Economic Performance through Time", *American Economic Review* 84 (1994), 359 - 368.

417. Noteboom, B., "Voice-and Exit-Forms of Corporate Control: Anglo-American, European, and Japanese", *Journal of Economic Issues* 33 (1999), 845 - 860.

418. O' Brien, P. C., McNichols, M., Lin, H. -W., "Analyst Impartiality and Investment Banking Relationships", *Journal of Accounting and Research* 43 (2005), 623 - 650.

419. O'Sullivan, M. A., "Contests for Corporate Control", *Corporate Governance and Economic Performance in the United States and Germany* (Oxford University Press, 2000).

420. Okina, K. and Shirakawa, M. and Shiratsuka, S., "The Asset Price Bubble and Monetary Policy: Japan's Experience in the Late 1980s and the Lessons", Bank of Japan Background Paper, Monetary and Economic Studies (Special Edition) /Feb., 2001.

421. Okleshen, M. and Hoyt, R., "A Cross Cultural Comparison of Ethical Perspectives and Decision Approaches of Business Students: the United States of America Versus New Zealand", *Journal of Business Ethics* 15 (1996), 537 - 550.

422. Otley, D. "The Contingency Theory of Organisational Control", *Internal Organisation, Efficiency and Profit; Eds. Thompson, S. and Wright, M.*, (Deddington: Philip Allan, 1988).

423. Padilla, A., Pagano, M., "Sharing Default Information as a Borrower Discipline Device", *European Economic Review* 44 (2000), 1951 - 1980.

424. Pagano, M. and Jappelli, T., "Information sharing in credit markets", *Journal of Finance* 48 (1993), 1694 - 1718.

425. Park, S., *Contagion of Bank Failures: the Relation to Deposit and Information* (New York & London: Garland Publishing Inc, 1992).

426. Persyn, D. and Westerlund, J., "Error Correction Based Cointegration Tests for Panel Data", *The Stata Journal* 8 (2009), 232 - 241.

427. Pesaran, M. H., "General Diagnostic Tests for Cross Section Dependence in Panels", Cambridge Working Papers in Economics No. 0435, Faculty

of Economics, University of Cambridge, 2004.

428. Peters, E. P., *Complexity, Risk and Financial Markets* (New York: John Wiley & Sons, 2001).

429. Pfeffer, J. and Salancik, G. R., *The External Control of Organizations: A Resource Dependence Perspective* (New York: Harper & Row, 1978).

430. Podpiera, J. and Weill, L., "Bad Luck or Bad Management? Emerging Banking Market Experience", *Journal of Financial Stability* 4 (2008), 135–148.

431. Podpiera, R., "Progress in China's Banking Sector Reform: Has Bank Behavior Changed?" IMF Working Paper No. 06/71, 2006.

432. Pope, J., *Confronting Corruption: The Elements of a National Integrity System* (Berlin: Transparency International, 2000).

433. Post, J. E., Preston L. E. and Sachs S., "Managing the Extended Enterprise: The New Stakeholder View", *California Management Review* 45 (2002), 6–28.

434. PRODERE Programme, "More Alternatives for Access in the Financial Market: Social Dimension of Finance", Paper Presented at Workshop Report - Employment Sector, 1997, Available at www. ilo. org/public/english/employment/ent/papers/workshop. htm.

435. Przeworski, A. and Curvale, C., "Does Politics Explain the Economic Gap between the United States and Latin America?" Department of Politics New York University Working Paper, Dec. 14, 2005.

436. Puri, M, "Conflicts of Interest, Intermediation, and the Pricing of Underwritten Securities", Graduate School of Business, Standford University, 1995.

437. Rajan, R. and Zingales, L., "What do We Know about Capital Structure? Some Evidence from International data", *Journal of Finance* 50 (1995), 1421–1460.

438. Rajan, R. G., "Has financial development made the world riskier?" *European Financial Management* 12 (2006), 499–533.

439. Ramalho, R., "The Effects of an Anti-corruption Campaign: Evidence from the 1992 Presidential Impeachment in Brazil," MIT Working Paper, 2003.

440. Rangan, S., "Earnings Management and the Performance of Seasoned Equity Offerings", *Journal of Financial Economics* 50 (1998), 101 – 122.

441. Reinhart, C. M. and Rogoff, K. S. "Is the 2007 U. S. Subprime Crisis So Different? An International Historical Comparison", *American Economic Review* 98 (2008), 339 – 344.

442. Reinhart, C. M. and Rogoff, K. S., "The Aftermath of Financial Crises", NBER Working Paper No. 14656, 2009.

443. Reinhart, C. M. and Rogoff, K. S., "From Financial Crash to Debt Crisis", NBER Working Paper 15795, 2010.

444. Reuter, J. and Zitzewitz, E., "Do Ads Influence Editors? Advertising and Bias in the Financial Media", *Quarterly Journal of Economics* 121 (2006), 197 – 227.

445. Rey, P. and Tirole, J., "Divergence of Objectives and the Governance of Joint Ventures", Mimeo, IDEI, 1999.

446. Reynard, S., "Maintaining Low Inflation: Money, Interest rates, and Policy Stance", *Journal of Monetary Economics* 54 (2007), 1441 – 1471.

447. Ricart, J. E., Rodríguez, M. A. and Sánchez, P., "Sustainability in the Boardroom: An Empirical Examination of Dow Jones Sustainability World Index leaders", *Corporate Governance* 5 (2005), 24 – 41.

448. Rigobon, R. and Sack, B. P., "Measuring the Reaction of Monetary Policy to the Stock Market", *Quarterly Journal of Economics* 118 (2003), 639 – 669.

449. Rinaldi, L. and Sanchis-Arellano, A., "Household Debt Sustainability: What Explains Household Non-performing Loans? An Empirical Analysis, ECB Working Paper, 2006.

450. Robinson, J. W., "Commercial Bank Interest Rate Spreads in Jamaica: Measurement, Trend and Prospects, 2002, www. boj. org. jm/uploads/pdf/papers_ pamphlets. pdf.

451. Rochet, J. C., "Liquidity Regulation and the Lender of Last Resort", Banque de France, Financial Stability Review No. 11, Feb., 2008.

452. Rossi, S., Schwaiger, M. and Winkler, G., "Managerial Behavior and Cost/profit Efficiency in the Banking Sectors of Central and Eastern

European Countries", Austrian National Bank Working Paper No. 96, 2005.

453. Roubini, N. and Setser, B. "Will the Bretton Woods 2 Regime Unravel Soon? The Risk of a Hard Landing in 2005 - 2006", 2005, http://ideas.repec.org/a/fip/fedfpr/y2005ifebx13.html.

454. Salas, V. and Saurina, J., "Credit Risk in Two Institutional Regimes: Spanish Commercial and Savings Banks", *Journal of Financial Services Research* 22 (2002), 203 - 224.

455. Saxena, S. C., "The Changing Nature of Currency Crises", *Journal of Economic Surveys* 18 (2004), 321 - 350.

456. Scholtens, B. and Dam, L., "Banking on the Equator. Are Banks that Adopted the Equator Principles Different from Non-Adopters?" *World Development* 35 (2007), 1307 - 1328.

457. Schwert, G., "Tests for Unit Roots: A Monte Carlo Investigation", *Journal of Business and Economics Statistics* 7 (1989), 147 - 159.

458. Schwert, W., "Stock Returns and Real Activity: A Century of Evidence", *Journal of Finance* 45 (1990), 1237 - 1257.

459. Segoviano, M. A. and Goodhart, C., "Banking Stability Measures", London School of Economics Discussion Paper Series 627, 2009.

460. Shea, J., "Instrument Relevance in Multivariate Linear Models: A Simple Measure", *Review of Economics and Statistics* 79 (1997), 348 - 352.

461. Shiller, R. J., "Human Behavior and the Efficiency of the Financial System", *Handbook of Macroeconomics; Eds. Talyor, J. and Woodford, M.* (Massachusetts: National Bureau of Economic Research, 1998).

462. Shleifer, A. and Vishny, R., "A Survey of Corporate Governance", *Journal of Finance* 52 (1997), 482 - 501.

463. Shleifer, A. and Vishny, R., "Corruption" *Quarterly Journal of Economics*, 108 (1993), 99 - 617.

464. Shleifer, A. and Vishny, R., "Politicians and Firms", *Quarterly Journal of Economics* 109 (1994), 995 - 1025.

465. Shleifer, A. and Vishny, R., "The Limits of Arbitrage", *Journal of Finance* 52 (1997), 35 - 55.

466. Shleifer, A. and Vishny, R., *The Grabbing Hand: Government Pathologies and their Cures* (Cambridge: Harvard University Press, 1998).

467. Sikorski, T. M., *Financial Liberalization in Developing Countries* (Cheltenham: Edward Elgar, 1996).

468. Sinkey, J. F. and Greenwalt, M. B., "Loan-loss Experience and Risk-taking Behavior at Large Commercial Banks", *Journal of Financial Services Research* 5 (1991) 43 – 59.

469. Smith, B., "Private Information, the Real Bill Doctrine, and Quantity Theory", *Contractual Arrangements for Intertemporal Trade; Eds. Prescott, E. and Wallace*, *N.*, (Minneapolis: University of Minnesota Press, 1987).

470. Spiess, D. K. and Affieck-Graves, J., "Underperformance in Long-term Stock Returns Following Seasoned Equity Offerings", *Journal of Financial Economics* 38 (1995), 243 – 267.

471. Stallings, B. and Studart, R., *Finance for Development: Latin America in Comparative Perspective* (Washington DC: Brookings Institution Press, 2006).

472. Stapenhurst, R. and Kpundeh, S. J., "Curbing Corruption: Toward a Model for Building National Integrity", World Bank Publications, 1999.

473. Statman, M., "Socially Responsible Mutual Funds", *Association for Investment Management and Research* May/Jun. (2000), 30 – 38.

474. Stein, J., "Convertible Bonds as Back Door Equity Financing", *Journal of Financial Economics* 32 (1992), 4 – 21.

475. Stigler, G., *The Citizen and the State: Essays on Regulation* (Chicago: University of Chicago Press, 1975.

476. Stiglitz, J. E. and Greenwald, B., *Toward a New Paradigm in Monetary Economics* (Cambridge: Cambridge University Press, 2002).

477. Stiglitz, J. E. and Weiss, A., "Credit Rationing in Markets with Imperfect Information", American Economic Review 71 (1981), 393 – 410.

478. Stigliz, J., "The Fruit of Hypocrisy", Sept. 16, 2008, http://www.guardian.co.uk/.

479. Stiroh, K., "Diversification in Banking: is Noninterest Income the Answer?" *Journal of Money, Credit and Banking* 36 (2004), 853 – 882.

480. Stock, J. H. and Yogo, M., "Testing for Weak Instruments in Linear Ⅳ Regression", *Identification and Inference for Econometric Models: Essays in Honor of Thomas J. Rothenberg; Eds. Stock, J. H. and Andrews, D. W. K.*, (Cambridge: Cambridge University Press, 2005).

481. Sullivan, D. P. and Conlon D. E., "Crisis and Transition in Corporate Governance Paradigms: the Role of Chancery Court of Delaware", *Law and Society Review* 31 (1997), 713 - 763.

482. Sundaresan, S. M., "Intertemporally Dependent Preferences and the Volatility of Consumption and Wealth", *Review of Financial Studies* 2 (1989), 73 - 89.

483. Tanzi, V. and Davoodi, H. R., "Corruption, Public Investment, and Growth", IMF Working Paper, 1997.

484. Taylor, J. B., "Discretion Versus Policy Rules in Practice", *Carnegie-Rochester Conference Series on Public Policy* 39 (1993), 195 - 214.

485. Teachout, Z., "The Anti-Corruption Principle", *Cornell Law Review* 94 (2009), 341 - 413.

486. Teoh, S. H., Welch, I. and Wong, T. J., "Earnings Management and the Underperformance of Seasoned Equity Offerings", *Journal of Financial Economics* 50 (1998), 63 - 99.

487. Thomsen, S., "Business Ethics as Corporate Governance", *European Journal of Law & Economics* 11 (2001), 153 - 164.

488. Tinbergen, J., "Business Cycles in the United States of America: 1919 - 1932", Statistical Testing of Business Cycle Theories 2, Geneva: League of Nations, 1939.

489. Tirole, J., "Corporate Governance", *Econometrica* 69 (2001), 1 - 35.

490. Tovar, C., "Devaluations, Output, the Balance Sheet Effect: A Structural Econometric Analysis", Bank for International Settlements Working Paper No. 215, 2006..

491. Townsend, R. M., "Optimal Contracts and Competitive Markets with Costly State Verification", *Journal of Economic Theory* 21 (1979), 265 - 293.

492. Treisman, D., "The Causes of Corruption: A Cross-national Study",

Journal of Public Economics 76 (2000), 399 - 457.

493. Turnbull, S., "Stakeholder Governance: A Cybernetic and Property Rights Analysis", *Corporate Governance* 5 (1997), 11 - 23.
494. Tversky, A., and Kahneman, D., "Adcances in Prospect Theory: Cumulative Representation of Uncertainty", *Journal of Risk and Uncertainty* 5 (1992), 297 - 323.
495. Van der Walt, N. and Ingley, C., "Board Dynamics and the Influence of Professional Background, Gender and Ethnic Diversity of Directors", *Corporate Governance: An International Review* 11 (2003), 218 - 234.
496. Vermeulen, P., "Business Fixed Investment: Evidence of a Financial Accelerator in Europe", *Oxford Bulletin of Economincs and Statistics* 64 (2002), 213 - 231.
497. Vijverberg, C. C., "An Empirical Financial Accelerator Model: Small Firms' Investment and Credit Rationing", *Journal of Macroeconomics* 26 (2004), 101 - 129.
498. Vogt, S. C., "Cash Flow and Capital Spending: Evidence from Capital Expenditure Announcements", *Financial Management* 26 (1997), 44 - 57.
499. Waddock, S. A., Bodwell, C. and Graves, S. B., "Responsibility: The New Business Imperative", *Academy of Management Executive* 16 (2002), 132 - 148.
500. Wade, R., "The Asian Crisis and the Global Economy: Causes, Consequences and Cure", *Current History* Oct. (1998), 1 - 15.
501. Wagster, J. D., "Canadian-Bank Stability During the Great Depression: The Role of Banking Consolidation and Safety-Net Support", Financial Management Association European Conference, Turin, Italy, Jun. 3 - 5, 2009.
502. Walker, David K., "Deposit Insurance Before and After the Asian Financial Crisis", Canada Deposit Insurance Corporation Working Paper, Aug. 15, 2008.
503. Wallace, W. A. and Cravens, K. S., "Nomination Panels Strengthen Management", *Accounting Today* 7 (1993), 10.
504. Wang, J. and Coffey B. S., "Board Composition and Corporate Philanthropy", *Journal of Business Ethics* 11 (1992), 771 - 778.

505. Wang, J. and Dewhirst, H. D., "Boards of Directors and Stakeholder Orientation", *Journal of Business Ethics* 11 (1992), 115 - 123.

506. Wang, J. K. C., Wei, J. and Stephen, W. P., "An Analysis of the Share Price and Accounting Performance of Rights Offerings in China", Hong Kong University of Science and Technology, 2003.

507. Watson, D., "Cultural Dynamics of Corporate Fraud", *Cross Cultural Management* 10 (2003), 40 - 55.

508. Wedeman, A., "China's War on Corruption", *Preventing Corruption in Asia; Eds. Gong, T. and Ma, S. K.*, (London, New York: Routledge, 2009).

509. Wei, S., "Why Is Corruption So Much More Taxing Than Tax? Arbitrariness Kills," NBER Working Papers 6255, 1997.

510. Weistein, D. and Yafeh, Y., "On the Costs of a Bank-centered Financial System", *Journal of Finance* 53 (1998), 387 - 407.

511. Weller, C. E., "Credit Access, the Costs of Credit and Credit Market Discrimination", *Review of Black Political Economy* 36 (2009), 7 - 28.

512. Westerlund, J., "Testing for Error Correction in Panel Data", *Oxford Bulletin of Economics and Statistics* 69 (2007), 709 - 748.

513. White, R. W. and Lusztig, P. A., "Price Effect of Right Offering", *Journal of Finance and Quantitative Analysis* 15 (1980), 25 - 40.

514. White, W., "Should Monetary Policy 'Lean or Clean'?" Federal Reserve Bank of Dallas Working Paper No. 34., 2009.

515. White, W., "Making Macroprudential Concerns Operational", Financial Stability Symposium Organised by the Netherlands Bank, Held in Amsterdam, Oct. 25 - 26, 2004.

516. Whited, T., "Debt, Liquidity Constraints, and Corporate Investment: Evidence From Panel Data", *Journal of Finance* 47 (1992), 1425 - 1460.

517. Wieland, J., "Corporate Governance, Values Management, and Standards: A European Perspective", *Business & Society* 44 (2005): 74 - 93.

518. Williams, J., "Determining Management Behaviour in European Banking", *Journal of Banking and Finance* 28 (2004), 2427 - 2460.

519. Williamson, J., "What Washington Means by Policy Reform", *Latin*

American Adjustment: How Much Has Happened? Ed. Williamson, J., (Washington, DC: Institute for International Economics, 1990).

520. Williamson, S., "Financial Intermediation, Business Failures, and Real Business Cycles", *Journal of Political Economy* 95 (1985), 1196 – 1216.

521. Windmeijer, F., "A Finite Sample Correction for the Variance of Linear Efficient Two-step GMM Estimators", *Journal of Econometrics* 126 (2005), 25 – 51.

522. World Bank, "The East Asian Miracle: Economic Growth and Public Policy", 1993.

523. Wright, M., Filatotchev, I., Buck, T. and Bishop, K., "Is Stakeholder Corporate Governance Appropriate in Russia?" *Journal of Management and Governance* 7 (2003), 263 – 290.

524. Xiong, W., "Measuring the Monetary Policy Stance of the People's Bank of China: An Ordered Probit Analysis", China Economic Review, 2011, doi: 10.1016/j.chieco.2011.04.002.

525. Yilmaz, R., "Bank Runs and Deposit Insurance in Developing Countries: The Case of Turkey", American University PhD Thesis, Washington DC 20016, 2003.

526. Zahra, S. A. and Pearce Ⅱ, J. A., "Boards of Directors and Corporate Financial Performance: A Review and Integrative Model", *Journal of Management* 15 (1989), 291 – 334.

527. Zappi, G., "Corporate Responsibility in the Italian Banking Industry: Creating Value through Listening to Stakeholders", *Corporate Governance* 7 (2007), 471 – 475.

528. Zappi, G., "Operational Guidelines on Banking Corporate Social Responsibility", Creating Value through Listening to Stakeholders: Strategies, Policies and Tools of CSR, Bancaria Editrice, Rome, 2005.

图书在版编目(CIP)数据

中国金融安全的多向度解析/何德旭等著．—北京：社会科学文献出版社，2012.11
（中国金融安全研究丛书）
ISBN 978－7－5097－3761－3

Ⅰ.①中…　Ⅱ.①何…　Ⅲ.①金融－风险管理－研究－中国　Ⅳ.①F832.1

中国版本图书馆 CIP 数据核字（2012）第 219252 号

·中国金融安全研究丛书·
中国金融安全的多向度解析

著　　者／何德旭　张军洲　张雪兰　等

出 版 人／谢寿光
出 版 者／社会科学文献出版社
地　　址／北京市西城区北三环中路甲 29 号院 3 号楼华龙大厦
邮政编码／100029

责任部门／财经与管理图书事业部（010）59367226　　责任编辑／史晓琳
电子信箱／caijingbu@ssap.cn　　责任校对／王　平
项目统筹／史晓琳　　责任印制／岳　阳
经　　销／社会科学文献出版社市场营销中心（010）59367081　59367089
读者服务／读者服务中心（010）59367028

印　　装／北京季蜂印刷有限公司
开　　本／787mm×1092mm　1/16　　印　　张／25
版　　次／2012 年 11 月第 1 版　　字　　数／434 千字
印　　次／2012 年 11 月第 1 次印刷
书　　号／ISBN 978－7－5097－3761－3
定　　价／59.00 元